DODEKANES

REISE-TIPS

W0415100

VERLAG MARTIN VELBINGER
nhofstr. 1o6 82166 Gräfelfing/München

Dieses vorliegende Buch erscheint als BAND 32 einer Reihe unkonventioneller Reiseführer im VERLAG MARTIN VELBINGER:

SÜDOST - EUROPA

- Bd. o4 Griechenland/ Gesamt
- Bd. 3o Griechenland/ Kykladen
- Bd. 32 Griechenland/ Dodekanes
- Bd. 33 Nordöstl. Ägäis
- Bd. 21 Kreta
- Bd. 35 Ungarn
- Bd. 41 Österreich/Ost
- Bd. 42 Österreich/West
- Bd. 16 Jugoslawien/ Gesamt
- Bd. 34 Jugoslawien/ Inseln-Küste
- Bd. 52 Türkei/Küste

SÜD - EUROPA

- Bd. 11 Toscana/Elba
- Bd. 15 Golf von Neapel/ Campanien
- Bd. 12 Süditalien
- Bd. 14 Sardinien
- Bd. 23 Sizilien/Eol.Inseln
- Bd. o6 Südfrankreich
- Bd. 46 Côte d'Azur/ Provence
- Bd. 13 Korsika

SÜDWEST - EUROPA

- Bd. o5 Portugal/Azo-ren/Madeira
- Bd. 48 Andalusien

WEST - EUROPA

- Bd. 25 Bretagne/ Normandie/ Kanalinseln
- Bd. 26 Franz. Atlantik-küste/Loire
- Bd. 24 Irland
- Bd. 17 Schottland
- Bd. 27 Südengland
- Bd. 57 Wales

NORD - EUROPA

- Bd. 18 Schweden
- Bd. 19 Norwegen/ Süd-Mitte
- Bd. 28 Skandinavien/ Nord
- Bd. 29 Finnland
- Bd. 5o Dänemark

STÄDTEFÜHRER

- Bd. o7 Paris
- Bd. 1o Wien

AMERIKA

- Bd. 53 USA/Westküste Kalifornien
- Bd. 54 USA/ Der Nordwesten Oregon, Washington
- Bd. 58 USA/ Der Südwesten
- Bd. o8 Bahamas/ Florida
- Bd. o2 Südliche Karibik
- Bd. o3 Mexiko
- Bd. 36 Chile/Antarktis
- Bd. 37 Venezuela/ Guyanas
- Bd. 38 Kolumbien/ Ecuador
- Bd. 39 Brasilien
- Bd. 56 Argentinien/ Uruguay/ Paraguay

NAHER OSTEN/ AFRIKA

- Bd. 44 Togo
- Bd. 43 Kenia
- Bd. 51 Marokko

Weitere Titel in Vorbereitung. Bitte Anfrage an den Verlag.

Buchkonzept: Martin Velbinger
Illustration: Bettina von Hacke
Cover, Karten: Martin Velbinger

ISBN: 3-88316-036-9

ALLE ANGEGEBENEN PREISE sind Ca.-Preise, auch wenn sie nicht als solche bezeichnet sind. Für die Richtigkeit und Vollständigkeit aller Angaben, insbesondere der Abfahrtszeiten und Preise kann keine Gewähr übernommen werden.

DRUCK und BINDUNG: Ebner Ulm
SATZ: Verlag Martin Velbinger, Gräfelfing/München
PRINTED IN GERMANY

aktualisiert - erweitert
2. AUFLAGE 1995

Bv.H.

INHALT:

DODEKANES

Transport DODEKANES

Allgemeine Tips:

INHALT:

INHALT:

INHALT:

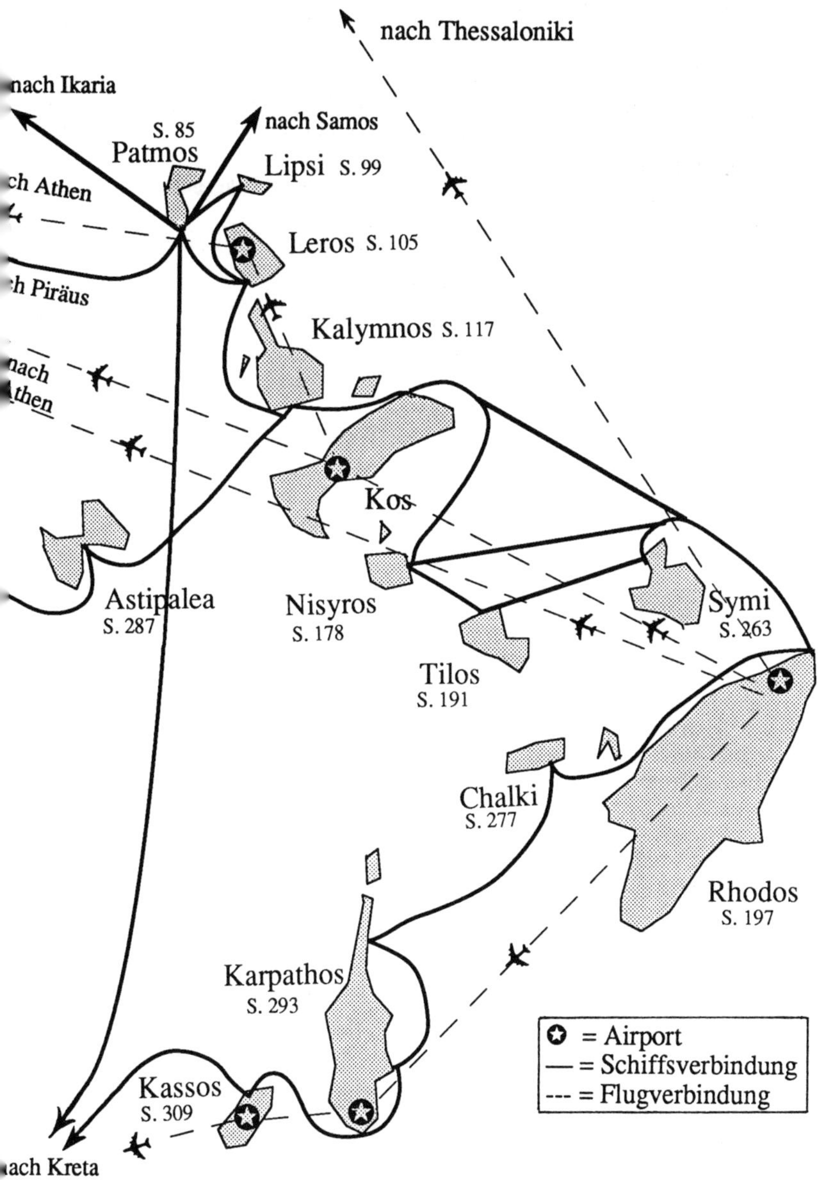

nach Thessaloniki
nach Ikaria
nach Samos
S. 85
Patmos
Lipsi S. 99
ch Athen
Leros S. 105
h Piräus
Kalymnos S. 117
nach
Athen
Kos
Astipalea
S. 287
Nisyros
S. 178
Symi
S. 263
Tilos
S. 191
Chalki
S. 277
Rhodos
S. 197
Karpathos
S. 293
Kassos
S. 309
ach Kreta
= Airport
— = Schiffsverbindung
--- = Flugverbindung

INHALT:

Handwerkszeug

KARTEN: gibt's fast zu jeder Insel. Auch wenn die Karten nicht der uns gewohnten Detailtreue genügen (z.B. fehlen Höhenlinien), so reichen sie für Normalurlaub weitgehend aus. Erhältlich vor Ort, Tips siehe jeweiliges Inselkapitel.

Wer sich vorab Überblick schaffen will: die Freytag & Berndt- Karte (1: 5o.ooo) deckt den Bereich inkl. Kos bis nördlich Ikaria/Samos ab (ca. 1o DM), - sowie eine Karte zu Rhodos (ca. 1o DM).

Wer noch andere Bereiche Griechenlands einbaut: Die "Michelin/Greece" Maßstab 1 : 7oo.ooo, klar kartographiert, zweisprachig und als Übersichtskarte Tip, ca. 12 DM.

Die deutschsprechenden Länder (Deutschland, Österreich, Schweiz) stehen an erster Stelle in der Griech. Fremdenverkehrsstatistik. Analog sind die Fremdenverkehrsbüros recht gut mit Material bestückt. Adressen:

DEUTSCHLAND:	SCHWEIZ:	ÖSTERREICH:
Pacellistr. 5 8o333 München Tel.: (089) - 22 2o 35	Kärntner Ring 5 1o15 Wien Tel.: 52 53 17	G. Kellerstr. 7 8oo1 Zürich Tel.: 32 84 87

Wittenbergplatz 3 a
1o789 Berlin
Tel.: (o3o) - 21 76 262

Abteistraße 33
2o149 Hamburg
Tel.: (o4o) - 45 44 98

Zentrale:
Neue Mainzer Str. 22
6o311 Frankfurt/M.
Tel.: (069) - 23 65 61
23 65 63

Neben normalem Prospektkram dort erhältlich u.a.:

* LISTE der GRIECHENLAND- REISEVERANSTALTER, - nützlich, um sich preisgünstige Angebote rauszusuchen
* INNERGRIECH. FÄHR-/FLUGVERBINDUNGEN

Vor Ort in Griechenland sind offizielle Tourist- Infostellen (ausgenommen Rhodos und Kos) eher Rarität. Ansonsten "dienen" in den Feriengebieten weitgehend private Agenturen mit Infos. Klartext: viel Eigeninteresse.

ANREISE:

PER FLUG: für reinen Dodekanes-Urlaub allen anderen Verkehrsmitteln vorzuziehen! In der Zeit Ostern bis Herbst gibt's jede Menge Direktflüge nach KOS und RHODOS. Preisgünstig, allerdings rechtzeitig buchen! Details siehe unser Flugkapitel...Seite 11

②

PER ZUG/BUS: je nach Termin billiger, benötigt aber retour rund 5 - 6 Tage. Das Flugzeug erledigt dies pro Strecke in ca. 3 Std pro Richtung!
Details ....Seite 16

③

PER AUTO: wenn's irgendwie geht: zu Hause lassen! Es hat (wenn überhaupt!) - nur Sinn, wenn man über mindestens 3 - 4 Wochen Urlaubszeit verfügt und noch andere Regionen Griechenlands, insbes. die des Festlandes mit einbauen will. Details ....Seite 20

①

FLIEGEN

Jede Menge an Angeboten von GRIECHENLAND- REISEVERANSTALTERN, die Direktjets ab BRD, Österreich und Schweiz einsetzen. Bedingung: Flug plus vor Ort Angebot. Kann alles sein, vom Luxushotel bis Ferienquartier oder gar Campingplatz.

Angeflogen werden RHODOS und KOS. Ausweichmöglichkeiten unter anderem Samos, Mykonos, Kreta, Tips siehe unten!

PREISE: haben sich zwischenzeitlich eingependelt. Egal ob Kos, Rhodos, Kreta etc. zahlt man für sogenannte Camping-Flüge (Flug plus Campingplatz; ob man diesen nutzt, bleibt jedem selbst überlassen) in der absoluten Vor- Nachsaison ca. 55o DM, zur Saison jedoch ca. 66o - 7oo DM.

✶ ANGEBOTE der verschiedenen Veranstalter vergleichen! Bei der Griech. Fremdenverkehrszentrale gibts ein Heftchen mit allen Griechenland- Reiseveranstaltern (nennt sich "Urlaub in Griechenland, Reiseveranstalterziele"), kann einige Mark sparen!

Es lohnt sich, auch die Anzeigen des Reiseteils von Tageszeitungen (z.B. Süddeutsche, FAZ, Welt, Zeit) zu studieren, teils sehr günstige Angebote. Gilt auch für Billigflugbüros (Anzeigen in den jeweiligen Stadtzeitungen!).

Darüber hinaus gibts immer wieder mal Schnäppchen, - wenn beispielsweise ein Reiseveranstalter seine Maschine nicht voll bekommen hat und kurzfristig Campingflüge billiger abgibt. Dies speziell auf der sehr dicht frequentierten RHODOS- Destination, in Zeitungen gelegentlich für 36o DM retour gesehen.

✶ FLUGZEIT: z.B. München - Rhodos im Direktflug knapp 3 Std., Direktflüge ab Frankfurt nach Rhodos ca. 3 1/2 Std.

* BUCHUNG: abgesehen von gelegentlichen Schnäppchen (siehe oben), die in jedem Fall nur für kurzfristig Entschlossene in Frage kommen, - sind zur Saison Griechenland-Direktflüge (auch Dodekanes) langfristig zu: gilt von Juni bis tief in den Oktober!

Wer auf fixierte Flugtermine (z.B. wegen Urlaub am Arbeitsplatz) zur HS angewiesen ist, sollte daher möglichst frühzeitig buchen! 2 - 3 Monate vorab sind das absolute Minimum!

* ISLAND- HOPPING: im Angebot von ISTS/München: man bucht Flug plus Hotelcoupons und schlägt sich auf eigene Faust per Regionalfähren durch. - Nach derzeitigen Bestimmungen sind aber sogenannte "Gabelflüge" (also z.B. Flug nach Rhodos, retour ab Kreta, Samos etc.) noch nicht zulässig. Vermutlich Frage der Zeit, wann auch diese Bestimmung "aufweicht", Reiseveranstalter bzw. Reisebüro diesbezüglich fragen!

HANDLING:

* RHODOS- AIRPORT: der dichtest frequentierte Ägäis-Airport. Liegt an der Nordwest-Küste ca. 16 km vom Inselhauptort entfernt, Busse. Vorteil ist das breite Angebot an Direktflügen, sehr lohnende Altstadt in großer Festungsmauer aus dem 13. Jhd. Aber auch relativ dichte Schiffsverbindung zu Nachbarinseln, sowie Rhodos als Drehscheibe des innergriech. Flugverkehrs im Bereich der südöst. Ägäis. Details siehe Seite 197, 198.

* KOS- AIRPORT: relativ weit vom Inselhauptort und von dort abgehender Schiffsverbindungen entfernt. Dafür liegt Kos zentraler (als Rhodos) im Dodekanes, was anschließende Fährzeiten zu Nachbarinseln verkürzt.

* KRETA/HERAKLION: sehr dichter Direktflugbetrieb ab Mitteleuropa. Ab Heraklion gibts tägl. Jetverbindung (Olympic Airways) mit Rhodos, knapp 1 Std., ca. 7o DM einfach, sowie Flugverbindung via Karpathos - Rhodos. Per Schiff (ab Sitia/Kreta) schöne Verbindung, benötigt allerdings Zeit. Details siehe "Karpathos"!

* MYKONOS-AIRPORT: dichter Direktflugbetrieb ab Mitteleuropa, tägl. Flugverbind. mit Olympic nach Rhodos (Flugzeit ca. 1 Std., ca. 6o DM). Als Dodekanes-Einstieg super wegen ausgesprochen schönem Inselhauptort Mykonos. Allerdings im Direktflug bis Mykonos vielfach langfristig vorab zur Saison ausgebucht - und die Olympicmaschinen nach Rhodos mini und meist voll: Mind. 3 -4 Monate vorab sowohl den BRD- Mykonos wie Olymic- Anschlußflug buchen!

  Alternative: ab Mykonos - häufige Schiffsverbindung via Patmos in den Dodekanes. Ausführliche Details zu Mykonos im VELBINGER Band 3o "Kykladen".

* SANTORINI- AIRPORT: Supereinstieg, riesiger Meeresvulkan mit 35o m hohen Steilflanken. Oben am Fels die blendend weißen Kykladenhäuser des Hauptortes Thira, Details siehe Band 3o "Kykladen". Ab Santorini Airport zur Saison 4 mal/ Woche Direktflüge mit "Olympic" rüber nach Rhodos, Flugzeit 1 Std. Zur HS sollte man sowohl Direktflug nach Santorini wie Anschlußflug Olympic langfristig (ca. 3 - 4 Monate) vorab buchen!

* SAMOS- AIRPORT: Direktflüge ab BRD nach Samos. Im Prinzip ein Alternativ-Einstieg für die nördlichen Bereiche des Dodekanes: z.B. Insel Patmos. Allerdings je nach Saison nur 2 - 3 mal/Woche Linienfähren. Überfahrt ca. 3 1/2 Std., ca. 2o DM/ Deck. Ausflugsboote fahren zur HS täglich, kosten allerdings das 3 - 4 fache.

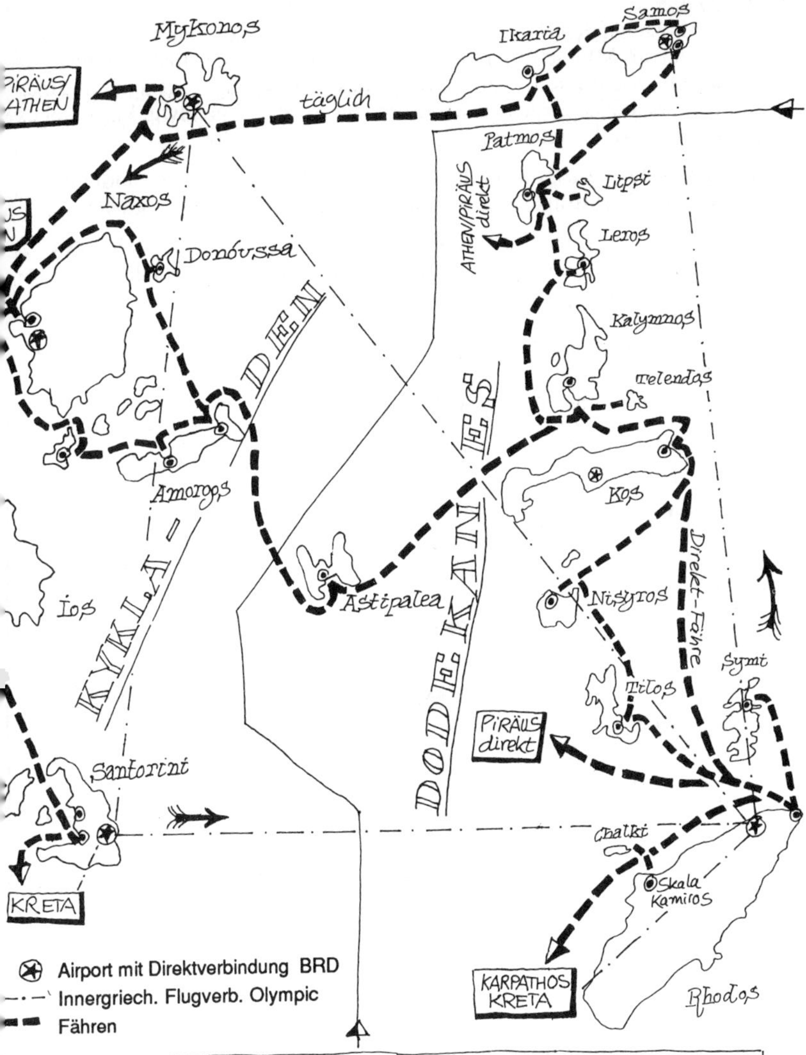

Bei genügend Urlaubszeit (ca. 2 - 3 Wochen) TIP: Charter- Retourflug ab BRD nach Mykonos oder Santorini buchen. Ab hier per Fähre oder innergriech. Olympic Flug im Anschluß einen Rundtrip legen, der via Dodekanes retour nach Mykonos oder Santorini führt!

Preislich bei innergriech. Fähren bzw. Flügen geschenkt.

★ ATHEN

bietet als DODEKANES- EINSTIEG den Vorteil sehr häufiger Flugverbindungen ab Mitteleuropa (sowohl Charter wie Linie): Insbesondere zur absoluten Hochsaison, wenn Dodekanes- Direktflüge ausgebucht sind, findet man auf der Strecke nach Athen immer noch irgendwie Platz (sei es Charter oder verbilligte Linienflugtickets, Tips siehe dort!).

Darüber hinaus gibts nach Athen ganzjährige Charterflugverbindungen, - Dodekanes-Direktflüge jedoch nur zwischen März/April bis Oktober.

Außerdem bringt der Einstieg via Athen die Möglichkeit, noch 1 oder 2 Tage in der Metropole für den in jedem Fall lohnenden Besuch des Nationalmuseums, Akropolis etc. einzubauen.

ATHEN- AIRPORT: Achtung, alle internat. Flüge (Linie wie Charter), die nicht von der Olympic Airways bedient werden, kommen im nördlich der Landepiste gelegenen EAST- AIRTERMINAL an. - Nur die internat. Olympic Airways Maschinen sowie die innergriech. Flugverbindungen gehen ab OLYMPIC TERMINAL, der im Süden der Landepiste liegt.

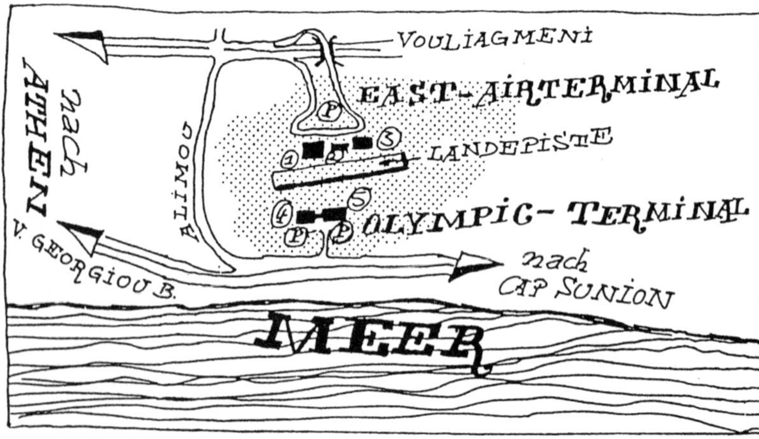

Macht den Gesamt- Transfer schon etwas lästig: wer z.B. mit Lufthansa oder Charterflug in Athen ankommt - und zu Inseln weiterfliegen möchte, muß die weit auseinanderliegenden Terminals wechseln. Hierfür gut 1 Std. rechnen, sofern man nicht auf ein Taxi rückgreift.

① ABFLUG
② CHARTER
③ ANKUNFT
④ OLYMPIC - NAT.
⑤ " - INTERNAT.

Zusätzlich gibt's einen Flughafenbus, der beide Terminals ca. 1 mal/Std. verbindet (zwischen 5 und 24 Uhr) und anschließend weiter zum Hafen Piräus fährt (Details Piräus siehe Seite 35).

ANSCHLUSSFLÜGE nach RHODOS: ab Athen/Olympic Terminal (4) tägl. je nach Saison rund 5- 8 Jetverbindungen, teils werden sogar riesige Airbusse eingesetzt. Fahrplanheft von der Olympic besorgen, ab Athen nach Rhodos derzeit zwischen 7 Uhr früh und 23.55 nachts Abflüge. Flugzeit ca. 1 Std., ca. 12o DM einfach, sofern in BRD gekauft (dafür aber Möglichkeit, vorzureservieren!), in GR etwas billiger.

ANSCHLUSSFLÜGE nach KOS: je nach Saison 3 - 5 mal/Tag, derzeit zwischen 7 Uhr und 23.2o Uhr. Sofern mit Jet bedient, ähnliche Preise und Flugzeit wie Rhodos.

ZEITRECHNUNG: während der Direktjet z.B. München -> Rhodos knapp 3 Std. benötigt, ist man via Umsteigen Athen je nach Anschlüssen gut 1/2 Tag unterwegs. Andererseits: wer beispielsweise mit der Morgenmaschine in Athen eintrifft, kann sein Gepäck im Airport unterstellen, um mit Bus oder Taxi in die Stadt reinzufahren - und mit der Abendmaschine weiter nach Kos oder Rhodos fliegen...

DIREKTFLUG->ATHEN + FÄHRE-> RHODOS: im Gegensatz zum Athen-> Rhodos Flug (1 Std.) ist die Fähre 1/2 Tag plus 1 Nacht unterwegs. Wer aus Gründen der Bequemlichkeit auf der Fähre eine Kabine für die Nachtüberfahrt nimmt, liegt preislich nur knapp billiger als der griech. Inlandsflug. Per Deckspassage (ca. 4o DM einfach) jedoch erhebliche Verbilligung. Details zu Fähren siehe Seite 33 .

LINIENFLÜGE:

Sind teurer als Flüge der Reiseveranstalter. Dafür ist man aber mit einem "Flieg & Spar" auf einer Linienmaschine im Umbuchen sowie in der Wahl des Flugtermins flexibler: nach Athen bekommt man auch kurzfristig und zur Hochsaison immer noch einen Platz.

* **FLIEG & SPAR**: auf allen Linienflügen nach Athen. Die Preise sind gestaffelt nach Saison, z.B. München-> Athen retour ca. 65o- 77o DM, ab Frankfurt ca. 75o - 88o DM, ab Hamburg ca. 85o - 98o DM.

  Somit leider kein billiger Spaß, - verglichen mit den Charterangeboten auf Flügen der Hapag, LTU etc., die zudem direkt Inseln wie Kos und Rhodos anfliegen.

  "Flieg & Spar"- Flüge auf Linienmaschinen gibt es nur nach Athen! Man muß also in dem Fall noch den Retourflug Athen-> Rhodos bzw. Kos hinzuaddieren (bzw. Kosten auf der tägl. Schiffsverbindung), was Extra- Zeit und -Geld kostet.

  Bedingungen "Flieg & Spar": Flugtermine sind vorab fest zu buchen und das Ticket spätestens 24 Std. nach Flugreservierung zu bezahlen. Nachträgliche Umbuchung ist möglich, kostet aber 15o DM. Zwischen Hin- und Rückflug muß ein Sonntag liegen, das Ticket ist max. 6 Monate gültig.

  Jugendliche unter 25 Jahren und Studenten unter 27 Jahren erhalten bis zu 25 % Ermäßigung.

* **IT- TARIFE**: gültig für Jedermann. Gemäß Bestimmungen muß das ausstellende Reisebüro bzw. der Reiseveranstalter Flug plus vor Ort-Leistung anbieten. Kann im Extremfall ein Billighotel sein, was den Ge-

samtpreis entsprechend drückt, - aber auch preisgünstige Angebote wie Flug & Mietwagen.

Je nach Reisebüro/Reiseveranstalter sogar inklusiv Features wie Zwischenstop (z.B. auf der Route München -> Athen in Rom). Ein cleveres Reisebüro weiß, die IT-Tarife im Rahmen ihrer Gültigkeit möglichst optimal zu nutzen...

* **EURO TWEN TICKET**: für Jugendliche bis 24 Jahren: kostet z.B. ab München bis Athen retour ca. 6oo DM, ab Hamburg ca. **75o DM, im** Angebot derzeit ab ca. 8 deutschen Großstädten.

Bedingungen: das Ticket gilt max. 6 Monate. Umbuchung von Flugterminen sind generell möglich, ohne daß hierfür ein Aufpreis gezahlt werden muß. Außerdem sind auf gleichlangen Strecken sogenannte "Gabelflüge" möglich, beispielsweise Hinflug München -> Athen, Rückflug Istanbul -> Frankfurt.

* **LAST-MINUTE- BÜROS**: gibts zwischenzeitlich in allen großen deutschen Airports. Sie verscherbeln nicht verkaufte Angebote von Reiseveranstaltern in letzter Minute zu günstigem Preis. Allerdings zur HS nach Griechenland wenig Chance.

Last Minute- Angebote lohnen sich daher nur für Leute, die sich tatsächlich im "letzten Moment" für eine Reise entschließen. Ansonsten ist es speziell für Hochsaison Termine erheblich sinnvoller, möglichst frühzeitig insbesondere Charterflüge zu buchen, da man sonst Gefahr läuft, keinen Flug mehr zu bekommen.

ACHTUNG: zwischenzeitlich satte Flugsteuer in Griechenland: ca. 4o DM auf internationale und ca. 25 DM auf nationale Abflüge ab Griechenland.

②

Die Dodekanes-Anreise per ZUG/SCHIFF benötigt knapp 1 Woche retour und lohnt sich rein zeitlich nur dann, wenn man mindestens 3 Wochen Urlaub hat. Der Streß in sommerlich heißen und überfüllten Zügen ist ein Thema für sich!

Es gibt im Prinzip 3 Routen:

1.) Balkanstrecke:

Ab München bis Athen rund 4o Std. Zusammen mit der Fähre Piräus -> Dodekanes (1/2 Tag plus Nacht pro Richtung) und Warterei auf die Abfahrt der Fähre ist man schnell auf knapp 3 Tage pro Richtung.

STRECKE: momentan fahren die Züge in Umgehung des Krisengebietes die Strecke via Wien -> Budapest/Ungarn -> Belgrad -> Thessaloniki -> Athen. Im Klartext: der ungarische Streckenabschnitt ist daher reichlich überlastet, und Verspätungen sind vorgeplant. Infos zum aktuellen Stand der Streckenführung bei der DB, OBB.

ATHEN: es gibt vom Bahnhof Züge nach Piräus. Die häufigere Verbindung ist jedoch die Metro, die man ab Station Attiki (siehe Karte nächste Seite!) erreicht und die zwischen 5 Uhr und 24 Uhr alle 5 Min. runter nach Piräus zum Hafen fährt (Karte siehe Seite 35). Anschlußfähren zum Dodekanes in der Regel ab Mittag/Piräus. Sie erreichen Kos am folgenden Morgen bzw. Rhodos im Lauf des Vormittages.

PREISE: München -> Athen in der 2. Klasse retour ca. 65o DM, ab Hamburg ca. 75o DM retour, Platzkartenpflicht. Wegen der Länge der Strecke empfiehlt sich unbedingt Liegewagen (ca. 1oo DM retour) bzw. Schlafwagen (im 3- Bettabteil ca. 18o DM retour). Hinzu kommen Zuschläge wie z.B. ICE in Deutschland. - Beides, Platzkarte und eventueller Liegewagen/Schlafwagenplatz sollte man sich für Hochsaisontermine möglichst 1 - 2 Monate im voraus besorgen.

Der Zug via Balkan ist damit nicht nur sehr teuer (vor allem, wenn man noch Liege- oder Schlafwagen bucht), - sondern steht auch in keinem Verhältnis zu preisgünstigen Flügen, die die Strecke in rund 3 Std. erledigen und somit wertvolle Urlaubstage einsparen.

Anders sieht die Rechnung aus, wer über genügend Urlaubszeit verfügt: Per normal bei der DB (ÖBB, SSB) gekauftem Zugticket sind beliebige Fahrtunterbrechungen für Zwischenstops unterwegs zulässig. Damit wird nicht nur die Anreise streßfreier, auch kann man sich noch Wien oder Budapest ansehen, was von beiden Städten her sehr lohnt.

Infos zu Buchung von Autoreisezügen derzeit: Balkan Tours München, Tel.: (o89) - 55 25 11 -o und Optima Express: o89 - 59 22 72.

2.) via Italien:

Zug bis Ancona/Italien und hier auf die Fähre nach Patras/Griechenland. Preislich kaum teurer die Balkanroute (wenn man dort insbes. Liege- bzw. Schlafwagen bucht). Vorteil: statt "Rumhängen" im stickigen Balkanexpress hat man auf dem Schiff erheblich mehr Bewegungsfreiheit und kann u.U. in den Schiffs-Swimmingpool. Zudem reduzieren sich die rund 4o Std. im Balkanexpress auf ca. 12 Std. Zug für die Strecke München -> Ancona. Der Rest ist Relaxen an Bord des Schiffes.

PREISE: München-> Ancona ca. 23o DM retour. Hinzu kommt die Fährpassage Ancona -> Patras/Griechenland. Per Pullmansitz je nach Saison ca. 225- 27o DM retour, in 4- Bettkabine ca. 3o5- 4oo DM/Person retour. Ab Patras Zug bzw. Bus nach Athen ca. 6o DM.

SCHIFFSLINIEN: Strintzis Line, Anek und Minoan Line, die in etwa ähnliche Preise haben. Fahrzeit Ancona -> Patras: 1 Nacht + 1 1/2 Tag auf See. Wer Kabine will: für HS Termine unbedingt rechtzeitig vorab reservieren!

Ebenso möglich: Zug bis Bari oder Brindisi und von dort per Schiff nach Patras. Spart an Schiffspassagekosten relativ wenig, dafür längere Zugfahrt in Italien.

3.) via Triest:

Der nördlichste der Adria-Fährhäfen, sprich sehr kurze Zuganreise. Das Schiff (Anek- Line) ist bis Patras/Griechenland 2 Nächte und 1 Tag unterwegs, von daher relaxing siehe oben. PREISE: je nach Saison im Pullmansitz ca. 255- 3oo DM retour, in der 4- Bettkabine ca. 36o- 5oo DM/ Person retour. Ab Patras Zug bzw. Bus nach Athen ca. 6o DM.

Ticketkauf und Reservierungen:

Fährtickets können in jedem größeren Reisebüro gekauft und reserviert werden. Insbesondere wer eine Schiffskabine wünscht, - sollte für Hochsaisontermine langfristig vorbuchen. Der langjährige Balkankrieg führte dazu, daß viele Reisende auf die Route via ital. Fährhäfen ausgewichen sind - sprich Fähren überlastet und zur HS langfristig ausgebucht. Dies gilt für Schiffskabinen und Mitnahme von PKW's, nicht aber für Buchung der Decksklasse.

Ermäßigungen:

TWEN-TOUR- TICKETS: Jugendliche unter 26 Jahren erhalten auf festen Strecken Ermäßigung. Trotzdem kostet der Trip via Balkan z.B. München -> Athen immert noch rund 47o DM retour (plus Liegewagen, Platzkarte etc.). Hinzu kommt die Fähre von Athen/Piräus -> Kos, Rhodos etc. In der Regel per preisgünstigem Charterflug nicht nur schneller, sondern auch billiger.

Trotzdem: ein Twen Tour- Ticket z.B. nach Athen bringt den Vorteil, daß es keiner Zeitbeschränkung unterliegt, wann man die Rückreise antritt. Man also noch andere Gebiete Griechenlands (z.B. Kykladen) auf eigene Faust einbauen kann.

INTERRAIL: für Jugendliche unter 26 Jahren. Kostet ca. 51o DM und ist keine Alternative zu preisgünstigen Flügen. Da es zudem nur 1 Monat gilt, bleibt kaum noch Zeit für den Dodekanes und schon garnicht für andere Gebiete Griechenlands.

STUDENTEN- RABATTE auf einigen Schiffslinien zwischen Italien und Griechenland. Details siehe Fährprospekte.

Unterm Strich lohnt die Anreise per Zug nur, wenn man a) viel Zeit hat für Zwischenstops - oder/und b) keinen preisgünstigen Flug mehr findet.

ATHEN: die Fernzüge aus Jugoslawien kommen im Larissa- Bahnhof (siehe Karte) an, hier auch TOURIST- BÜRO mit Athen- Gratisstadtplan und Infos für Unterkunft. Vorsicht vor Schleppern, die vielfach bereits schon mehrere Stationen vor Athen in den

Zug steigen und ihre Etablissements anbieten: Sofern man nicht in höchster Not ist, sollte man nie blindlings zuschlagen, sondern vorher sich die Zimmer ansehen!

Der daneben liegende Peloponnes-Bahnhof (Fußgängerbrücke über die Gleise) bedient die Strecken zur Peloponnes, u.a. auch Patras. - Warum auch immer die Athener Stadtväter beim Bau ihrer Metro keine Station direkt vor dem Bahnhof eingerichtet haben, steht in

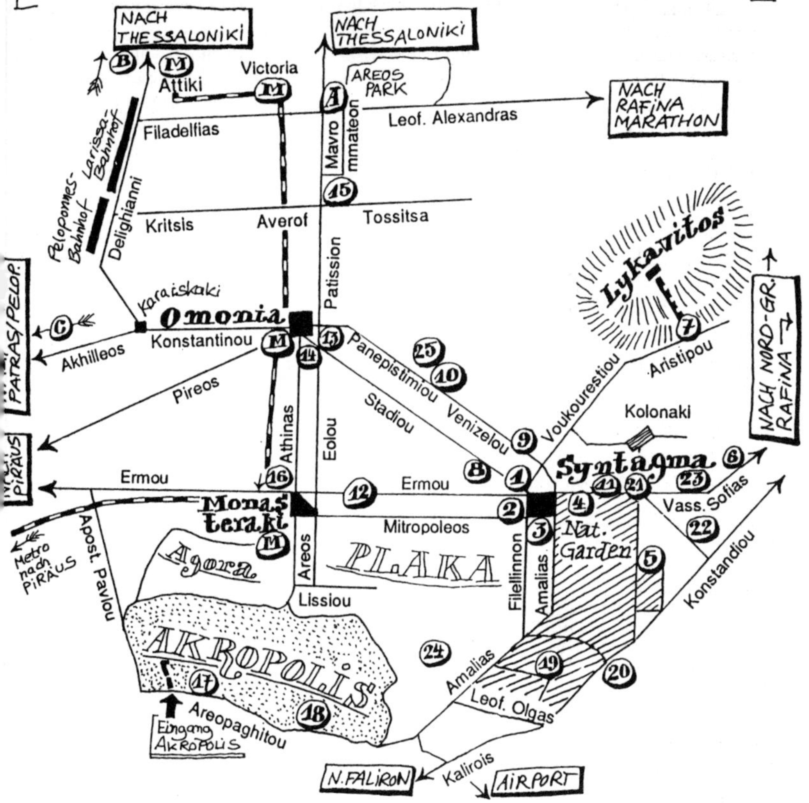

ATHEN- ZENTRUM

1 Tourist Büro
2 Postamt Syntagma
3 Olympic Airways
4 Parliament
5 Präsidenten Palast
6 Brit. Botschaft
7 Talstation Lykavitos
8 National Museum
9 Österr. Botschaft
1o Universität
11 Ägypt. Botschaft
12 Kirche Kapnikarea
13 Hauptpost
14 Telefon 24 Std.
15 National Museum
16 Flohmarkt
17 Odeon H. Atticus
18 Dionysius Theater
19 Exheb. Zappeion
2o Athen Stadion
21 Benaki Museum
22 Byzant. Museum
23 Kykladen Museum
24 Folklore Museum
25 Stadtmuseum

A Busse: nach Cap Sunion, Rafina
B Fernbusse: 26o, Lission Street
C Fernbusse: 1oo, Kifissou Street
M Metrostationen ▬▬ Metrolinie

den Sternen. Sei's drum: die nächstliegende Metrostation ist ATTIKI. Dafür geht die Metro flott via Omonia Square zum Monasteraki im Herzen der Plaka unterhalb der Akropolis (und weiter nach Piräus direkt zum Schiffsanleger der Fähren).

Das HAUPT- TOURISTBÜRO liegt am Syntagma Square Ecke Stadiou in der National Bank of Greece und ist nützliche Anlaufstelle in Sachen Abfahrt der Fähren, die ihre Abfahrtszeiten oft monatlich ändern.

NATIONALMUSEUM (8): unbedingt lohnend, da hier praktisch alle wichtigen archäol. Funde Griechenlands ausgestellt sind, u.a. auch die bedeutendsten Funde der Dodekanes Inseln! Wer die Metro nimmt: liegt genau zwischen den beiden Metrostationen Omonia und Victoria. Ab hier ca. 1o Min. zu Fuß, somit auch gut ab Piräus während eines Inselrundtrips als Zwischenstop und Besuch realisierbar! Achtung: das Museum ist Mo. geschlossen! Ansonsten Di. - So. derzeit nur ca. 9 - 14.3o Uhr offen, ändert sich häufig!

③

Eigenes Auto bringt auf den kleinen Inseln wenig, - siehe Kapitel "Transport" Seite 27 . Zudem Zeitverlust bei der Anreise gegenüber Flug. Es hat für die Anreise (wenn überhaupt) nur Sinn, wenn man längeren Urlaub hat und noch andere Teile Griechenlands mitbesucht.

Abgesehen davon ist die Anreise per eigenem Auto sauteuer via ITALIEN (und Fähren über die Adria nach Patras). Hinzu kommen satte Preise auf den Fähren von Athen/Piräus -> Dodekanes!

In der Regel günstiger: FLUG -> auf Inseln wie Rhodos, Kos etc. und dort vor Ort Mietwagen bzw. Mietmoped.

Wer trotzdem eigenes Auto mitnehmen möchte, folgende Möglichkeiten:

1.) **VIA BALKAN**:
derzeit führt die Hauptroute von WIEN nach BUDAPEST/Ungarn und weiter nach Belgrad in Umgehung des Krisengebietes. Die Strecke bis Belgrad ist satt überlastet mit vielfachen Staus.

Derzeit befahrbar der weitere Streckenverlauf ab Belgrad -> Nis -> Sofia/Bulgarien bzw. Nis -> Skopje -> Tessaloniki -> Athen.

Vorab prüfen, inwieweit für Befahrung der Strecke spezielles Visum, Versicherungen und Papiere nötig sind. Insbesondere auch an den Grenzübergängen derzeit teils sehr lange Wartezeiten.

Stand der Dinge bei Red. Schluß: für Serbien Visumspflicht, das Visum ist nicht an der Grenze erhältlich. Durchreise sehr teuer wegen Straßengebühren und spezieller zusätzlicher Autoversicherung. Engpässe bei der Versorgung mit Benzin (zudem teuer, da teils von Privatpersonen gegen Aufpreis verkauft).

Sowohl für Serbien und Mazedonien gilt: ungenügende Versorgung mit Ersatzteilen bei Autopannen. Außerdem bei Unfällen Engpässe in medizinischer Versorgung. Neusten Stand vorab beim ADAC, ÖAMTC erfragen

Die meisten benutzen daher derzeit die Alternativstrecke Nis-> Sofia/ Bulgarien, oder biegen bereits bei Szeged/Ungarn ab zum Grenzüber

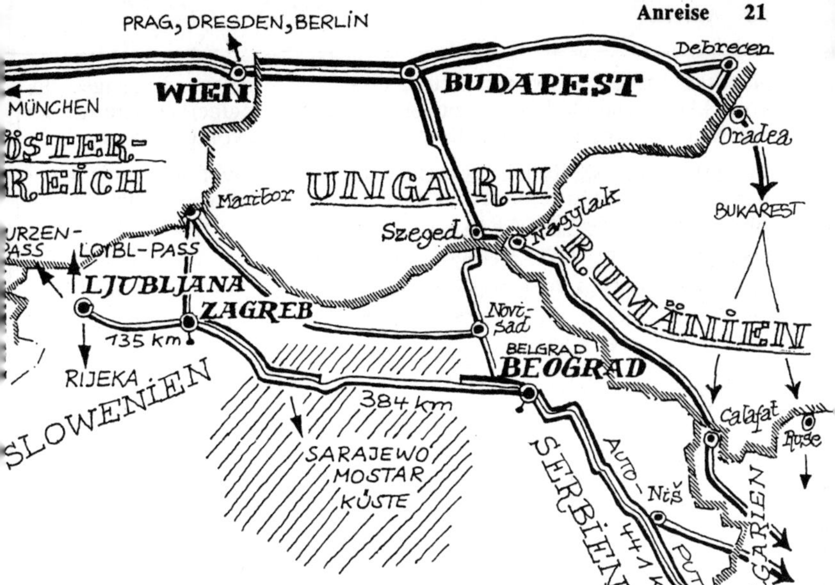

gang Nagylak/Rumänien (um die momentan problematische Strecke durch Serbien zu umgehen). Zur Hochsaison kommt es an diesem Grenzübergang derzeit zu Wartezeiten von bis zu 1 Tag oder teils noch mehr. Über diese Grenze quält sich ein Großteil des LKW und des Gastarbeiter- PKW Verkehrs von Europa in die Türkei und weiter in den Nahen Osten.

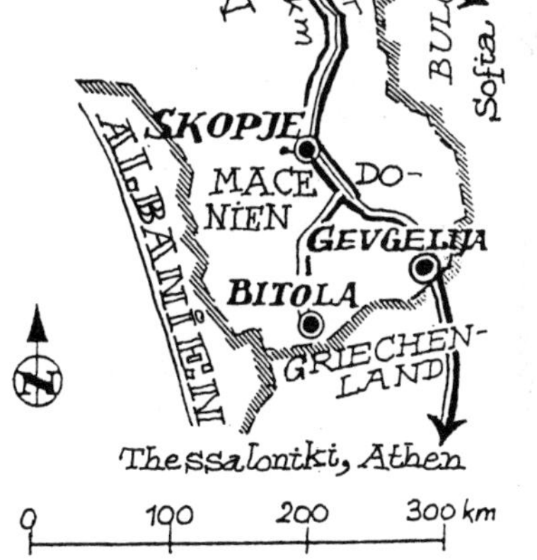

Weiterer Streckenverlauf ab Nagylak auf engen Landstraßen in schlechtem Zustand -> zum Grenzübergang Calafat/-Bulgarien. Er ist entsprechend extrem überlastet, da an Straßenkilometern die kürzeste Querverbindung paralell zum "Autoput" durch Serbien. Wartezeiten von 1 Tag oder mehr keine Seltenheit. Ähnliches gilt für den Grenzübergang Ruse/Bulgarien.

ALTERNATIV ROUTEN: ab Budapest über breitebene Pusta zum Grenzübergang Oradea/Rumänien. Anschließend allerdings schlechte innerrumän. Landstraßen inkl. Karpatenüberquerung (Drakula läßt grüßen), und entlang der Schwarzmeer-küste zum Grenzübergang zwischen Constantina/ Rumänien mit Varna/Bulgarien. Die Grenze nicht so überlastet wie die vorgenannten, da abseits der Direktverbindungen. Weiter nach Istanbul bzw. Einreise nach Nordgriechenland.

SPRIT: Engpässe - vorallem bei bleifrei - in Rumänien und Bulgarien. Gleichzeitig ist die Ein- und Ausfuhr von Sprit in Kanistern von/nach Ungarn, Rumänien verboten.

Neuesten Stand der Grenzprobleme, Visa, Sprit, Straßenbedingungen etc. vom ADAC und ÖAMTC erfragen. Eine durchgängige Wiedereröffnung des Autoputs dürfte derzeitige Routen und Probleme völlig umkrempeln.

Für Zielgebiete wie RHODOS und KOS kann es sinnvoll sein, entlang der türkischen Ägäisküste per Auto zu Häfen zu fahren wie BODRUM -> Insel Kos oder MARMARIS -> Insel Rhodos. Derartige Kurzstrecken sind allerdings in PKW- Mitnahme satt teuer.

Wegen der Fülle an Problemen auf Balkanstrecken (siehe oben) empfiehlt der ADAC derzeit, als Anreise die Strecke via Italien zu wählen und auf dortige Fähren auszuweichen.

2.) **VIA ITALIEN**:
führt die bequemere und an Auto- Kilometern kürzere Anreisestrecke: z.B. München -> Ancona durchgehende Autobahn (81o km), dort aufs Schiff, das einen in 2 Nächten und 1 Tag an Bord nach Patras/ Griechenland bringt. Von hier noch 22o km Autobahn bis Athen.

Ein Komfort, der Geld kostet. Zunächst einmal die Autobahngebühren in Italien, weiterhin der nicht billige Italosprit sowie die Fährkosten.

PREISE in ca. und DM für Retourfahrt
Die 1. Zahl = Nebensaison, 2. Zahl = Hochsaison

ANCONA -> PATRAS
Anek, Strintzis Line

Pullman	225 - 27o
4 Bett	3o5 - 43o
Auto bis 4,25 m	3oo - 43o
Auto über 4,25 m	32o - 5oo

ANCONA -> PATRAS
Minoan Line

Pullman	225 - 27o
4 Bett	26o - 36o
Auto bis 4,25 m	29o - 425
Auto über 4,25 m	32o - 5oo

ANCONA -> PATRAS
Horizon Sea Line

Pullman	15o - 2oo
4 Bett	235 - 3o5
Auto bis 4,25 m	26o - 4oo
Auto über 4,25 m	29o - 470

BARI -> PATRAS
Anek, Poseidon Lines

Pullman	18o - 23o
4 Bett	24o - 33o
Auto bis 4,25 m	145 - 22o
Auto über 4,25 m	15o - 29o

BARI -> PATRAS
Hellenic Inter Ferries/Stern Line

Pullman	21o - 27o
4 Bett	27o - 32o
Auto bis 4,25 m	14o - 165
Auto über 4,25 m	225 - 27o

BARI -> PATRAS
Adriatica

Pullman	kein Angebot
4 Bett	45o - 54o
Auto bis 4 m	16o - 2oo
Auto über 4 m	25o - 27o

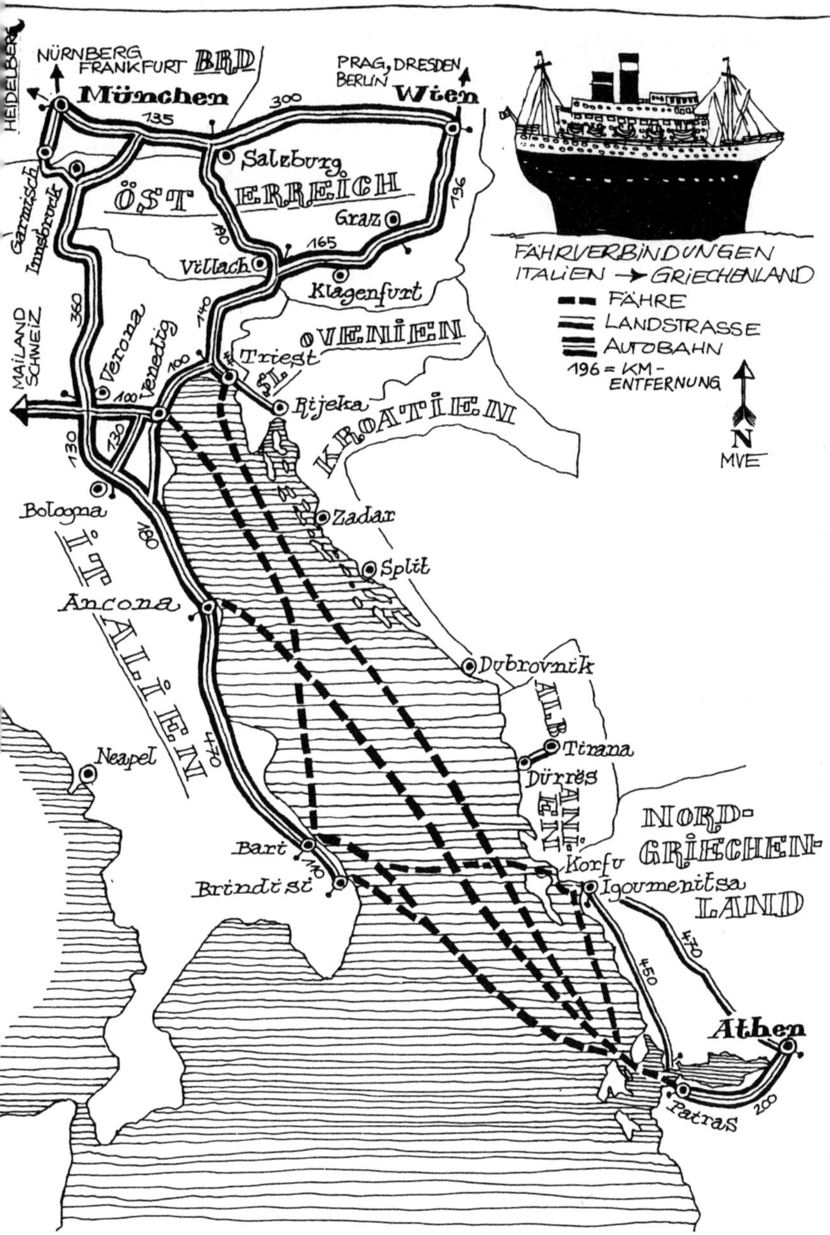

HEIDELBERG
NÜRNBERG
FRANKFURT
BRD
München
PRAG, DRESDEN
BERLIN
Wien
300
135
Salzburg
ÖSTERREICH
Garmisch
Innsbruck
196
Graz
165
Villach
Klagenfurt
380
MAILAND
SCHWEIZ
Verona
Venedig
140
100
Triest
SLOVENIEN
Rijeka
KROATIEN
100
130
130
Bologna
180
Zadar
Split
ITALIEN
Ancona
Dubrovnik
470
ALBANIEN
Tirana
Dürres
Neapel
NORD-GRIECHEN-LAND
Bari
Korfu
Brindisi
Igoumenitsa
470
450
Athen
Patras
200
FÄHRVERBINDUNGEN
ITALIEN → GRIECHENLAND
FÄHRE
LANDSTRASSE
AUTOBAHN
196 = KM-ENTFERNUNG
N
MVE

BRINDISI -> PATRAS
Fragline

Pullman *	155 - 225
4 Bett *	2oo - 325
Auto bis 4,25 m	13o - 13o
Auto über 4,25 m	215 - 235

* Zu grünen Terminen Sondertarif:
Pullman 14o , 4 Bett: 18o

BRINDISI -> PATRAS
Adriatica

Pullman	18o - 27o
4 Bett	235 - 355
Auto bis 4 m	125 - 23o
Auto über 4 m	125 - 23o

VENEDIG -> PATRAS
Adriatica

Pullman	kein Angebot
4 Bett	62o - 67o
Auto bis 4,25 m	25o - 26o
Auto über 4,25 m	35o - 39o

TRIEST -> PATRAS
Anek

Pullman	255 - 3o5
4 Bett	275 - 38o
Auto bis 4,25 m	34o - 5oo
Auto über 4,25 m	365 - 57o

✱ **PREISE**: die oben aufgelisteten Preise gelten für ein Retour- Ticket. Die von den Reedereien hierzu gewährte Rabatte sind bereits berücksichtigt.

ACHTUNG: die Kriegshandlungen auf dem Balkan haben dazu geführt, daß viele frühere Benutzer des Autoputs (siehe Vorkapitel) auf die Italien- Fähren ausgewichen sind. Die Reedereien bauten daraufhin neue und sehr große Fähren, die trotzdem ausgelastet sind. Gleichzeitig wurden die Preise zu Hochsaison- Termine kräftig angehoben.

Alle Angaben zu derzeitigem Stand bei Red.- Schluß. Sobald sich die Lage auf dem Balkan wieder stabilisiert, kann dies zu u.U. billigeren Preisen auf den Fähren führen. Alle Angaben daher nur als grobe Orientierung. Details in den jeweils gültigen Fährprospekten der Reedereien, erhältlich in jedem größeren Reisebüro.

✱ **PREIS-VERGLEICH**: zwar sind auf ersten Blick die Fähren ab BARI billiger als die ab ANCONA.

Bei Benutzung einer Bari-Fähre muß man jedoch die rund 1.ooo km retour zwischen Ancona und Bari extra fahren, - was Zeit kostet, Autobahngebühren und Sprit, gegebenenfalls auch Hotelübernachtungen. O.k.: prinzipiell möglich: statt Autobahn die Landstraße, um sich Gebühren zu sparen. Dies kostet aber erheblich mehr an Zeit wegen vieler Ortsdurchfahrten, Ampeln und Staus sowie mehr an Sprit.

Unterm Strich sind Fähren ab Ancona die bessere Wahl: Sie kosten für einen Golf (bis 4,25 m) pro Strecke lediglich ca. 5o - 1oo DM je nach Saison mehr, - ein Betrag, der sich schnell einspart.

✱ **ZEIT- VERGLEICH**: der Fährhafen ANCONA läßt sich ab München (81o km) in einem langgestreckten Tag erreichen, sodaß man rechtzeitig die Abendfähre von Ancona nach Patras erreicht. Die schnellste Fährverbindung derzeit ab Ancona die *"Minoan Line"*, die mit ihrer Direktfähre abends den Hafen Ancona verläßt und bereits am nächsten Abend Patras erreicht. Ansonsten 2 Nächte + 1 Tag.

Die Fährhafen BARI (1.3oo km ab München) oder BRINDISI (1.4oo km ab München) sind dagegen nicht innnerhalb von 1 Tag erreichbar, sondern benötigen Übernachtung = Extrazeit. Ein Streckenabschnitt, den die Ancona Fähre nachts erledigt und somit Urlaubszeit einspart.

Fahrzeit Bari/Brindisi -> Patras: 1 Nacht + 1/2 Tag. Unterm Strich daher kein Zeitvorteil trotz kürzerer Fährstrecke.

O.g. Zeitvergleich gilt umso mehr, wer nördlich von München wohnt. Erhebliche Extra- Anreisekilometer kommen hinzu, so daß es sinnvoll ist, die Anreisestrecke durch die Ancona- Fähre zu verkürzen.

✦ **ÜBERNACHTUNGSKOSTEN**: der Tramper rollt an Deck der Fähre seinen Schlafsack unter dem Sternenhimmel der Adria aus. Rund 2o DM billiger als die von uns angegebenen Pullman- Sitze: letztere sind geringfügig zurückklappbare Polstersitze (meist unfreundliche Plastik).

Bequemer ohne Frage ist die Schiffskabine: von uns angegeben die jeweils preisgünstigste 4- Bett Kabine. Je nach Reederei unterschiedliche Qualität: teils Innenkabinen mit Doppelstock- Betten, Ventilator und Waschbecken, - teils Außenkabine mit Bullauge für den Blick aufs Meer. Vergleich der Reedereiprospekte lohnt. In jedem Fall aber waagrechte Flachlage im Bett, und dem Pullman- Sitz vorzuziehen.

Im Preisvergleich 4- Bett Kabine auf Ancona-Fähren zu Bari/Brindisi-Fähren nur geringe bis keine Unterschiede, die den Trip via ANCONA doppelt interessant machen, - da man sich hier nicht nur Anreisezeit spart, sondern auch die anfallenden Übernachtungskosten auf der Überlandstrecke Ancona-> Bari/Brindisi.

TIP für Wohnmobilfahrer: einige Reedereien bieten die Möglichkeit, das Fahrzeug an Deck abzustellen, wo man schlafen darf und sich somit Kabinenkosten spart.

✦ **FÄHREN ab VENEDIG bzw. TRIEST**: mit der *"Anek"* ab Triest garnicht mal so teuer (im Vergleich zur Ancona-Fähre) und Tip insbesondere für Österreicher und Bayern! Salzburg -> Triest lediglich 374 km (ab Wien ca. 545 km, ab München ca. 51o km).

Die weitere Strecke ab Triest relaxing an Bord der Fähre, die bis Patras 2 Nächte + 1 1/2 Tag braucht, - statt Autobahn- oder Landstraßenstreß quer durch Italien.

✦ **BRINDISI bzw. BARI -> IGOUMENITSA**: fast konkurrenzlos günstig die Strintzis Line auf der Strecke ab Brindisi. Die Überfahrt bis Igoumenitsa/Nordgriechenland dauert 1o Std. Der PKW kostet je nach Abfahrtstag ca. 65 - 11o DM retour und der Personentransport retour ca. 8o - 12o DM. Dafür aber ab München rund 2.8oo km retour bis Brindisi sowie rund 95o km retour auf der Strecke Igoumenitsa bis Athen (teils auf sehr kurvenreichen Landstraßen über die Bergketten Nordgriechenlands, was Zeit kostet). Insgesamt somit rund 3.75o km (!) retour auf der Straße + die Kurzfähre.

Bonbon: bei Strintzis kann man einen Tarif buchen: hinwärts Brindisi -> Igoumenitsa und zurück: Igoumenitsa -> Ancona.

BRINDISI -> IGOUMENITSA, selbe Strecke zurück
Stritzis Line

Passage/Person	8o - 12o
4 Bett	12o - 155
Auto bis 4,25 m	65 - 11o
Auto über 4,25 m	65 - 11o

BRINDISI -> IGOUMENITSA, IGOUMENITSA -> ANCONA
Stritzis Line

Passage/Person	115 - 16o
4 Bett	Aufpreis
Auto bis 4,25 m	165 - 25o
Auto über 4,25 m	18o - 29o

Unterm Strich eine Fährverbindung für Leute, die sehr viel Zeit haben, um viele Abstecher unterwegs einzubauen. Als reine Anreiseroute für den Dodekanes jedoch kaum diskutabel. Selbes gilt für diverse andere Fährverbindungen auf der Strecke Bari/Brindisi -> Igoumenitsa, die oft zudem teurer sind.

FÄHRPROSPEKTE der Reedereien gibts ab Frühjahr in den größeren Reisebüros. Sofern dort nicht erhältlich: die Griechische Fremdenverkehrszentrale (Telefon siehe "Handwerkszeug" am Beginn des Bandes) hat die Generalagenturen der Reedereien parat. Diese verschicken dann die Prospekte mit neuesten Preisen direkt.

TICKETS: insbesondere bei Mitnahme PKW und Buchung einer Kabine möglichst frühzeitig bei heimischem Reisebüro. Speziell Termine zur Hochsaison sind oft langfristig ausgebucht. Im Ticket muß "o.k." und das betreffende Datum stehen inkl. Stempel des ausstellenden Reisebüros und Unterschrift.

EINCHECK- ZEITEN im Fährhafen beachten! Wer zu spät kommt, verliert trotz "o.k." im Ticket den Anspruch auf die reservierte Passage!

Nachträgliche UMBUCHUNG reservierter Termine ist je nach Kleingedrucktem in den Fährprospekten möglich, - vorausgesetzt, Platz an Bord. Wer zu Hochsaison- Terminen reist, sollte sich relativ klar sein, wann er reisen will. Mit Auto und gebuchter Kabine geht wegen überfüllter Fähren zur Hochsaison oft nix mit Umbuchung.

Kontaktadressen für Umbuchung in den Prospekten der Reedereien. Geht auch telefonisch, dann aber keine Bestätigung im Ticket mit eventuellen Folgen...

* HAUPTSAISON: hinwärts von Italien nach Griechenland je nach Reederei ab 1.Juli bis 3o. Juli, in der Regel aber um die 1. Juli Woche. Sie reicht bis Anfang/Mitte August. Bei Mitnahme eines eigenen Autos mindestens 2 Monate vorab buchen!

  Ab Griechenland nach Italien: teils bereits ab Ende Juli, meist aber Anfang bis Mitte August. Sie reicht bis Anfang September. Einzelheiten siehe Fährprospekte.

* NACHSAISON bringt nicht den Vorteil generell billigerer Fährtarife, sondern auch

höhere Chance für kurzfristige Buchungen sowie Terminumänderung.

TIP: da die Reedereeien ihre Hochsaisontermine unterschiedlich bestimmen, - ist auch hier Preisvergleich sinnvoll. Während die eine Reederei bereits Hochsaison Tarife anbietet, - hat man bei der Konkurrenz u.U. noch die günstigeren Nebensaison Tarife.

Transport DODEKANES

1 Mit dem Auto

Wie bereits in den Vorkapiteln beschrieben, ist (für einen Besuch ausschließlich des Dodekanes) die Autoanreise teuer: Ab Piräus kommen dann nämlich noch saftige Transportpreise auf den innergriechischen Fähren. Dies um so mehr, wenn man Inselspringen plant: Nix mit 1 mal Ticket kaufen und "Zwischenstops unterwegs einlegen", jede Teilstrecke muß extra gekauft werden. Beim Besuch von 3 oder 4 Inseln im mittleren Dodekanesbereich kommt man ab/bis Piräus schnell auf 4oo - 5oo DM!

Andererseits kann man per eigenem Auto lediglich die Hauptinseln Rhodos, Kos besuchen, dort das Fahrzeug stationieren und Nachbarinseln per Schiff ohne Auto ansteuern, um dort per Mietmoped etc. flexibel zu sein.

Die Anreise ab BRD ist mit rund 3- 4 Tagen pro Richtung bis zur betreffenden Insel langwierig. Darüber hinaus verkürzt die Mitnahme eines eigenen Fahrzeuges den Urlaub gegenüber Flug um gut 1 Woche. Es geht wesentlich schneller, per Charter direkt nach Kos oder Rhodos zu fliegen und sich vor Ort ein Moped oder Auto zu mieten.

Unterm Strich Rechenexempel:

* reiner Rhodos- Urlaub: 4 Leute, die sich das Auto teilen, 4 Wochen Zeit haben und via Italien anreisen: Fährkosten Piräus -> Rhodos für den PKW ca. 25o DM retour je nach Größe. Autoabnützung und Sprit eingerechnet, sowie Kabine auf dem Schiff: sicher billiger als 4 x Flug und Mietwagen à ca. 9o DM/Tag.

  Bringt zudem den Vorteil, daß man Surfbretter und alle Reiseutensilien von Badehose bis Schnorchelausrüstung und Fotoapparat im Wagen verstauen kann.

* reiner Urlaub auf Kos: in den meisten Gebieten der Insel genügend Transport per Bus,

so daß eigenes Fahrzeug allenfalls den Vorteil des Gepäcktransportes und der Vor-Ort Flexibilität bringt. 4 Leute im PKW ausschließlich per Fähre nach Kos: siehe oben!

* Inseln wie Patmos, Kalymnos, - speziell aber Tilos, Symi und Chalki benötigen kein eigenes Fahrzeug. Gilt verstärkt für Inseln wie Astypalea oder Kastelorizon, die kaum Straßen besitzen.

* Karpathos ist Sonderfall. Der Ausbau des Insel-Airports für Jets bedingte kräftigen Anstieg der Urlauberzahlen, zumindest auch Verbesserung der Infrastruktur. Mitnahme eigenen Autos rechnet sich heute kaum noch!

INSELSTRASSEN: auf den Hauptinseln (z.B. Rhodos und Kos) insgesamt recht gut, weitgehend Asphalt. Die hügelige bis gebirgige Geographie der meisten Inseln bedingt generell kurvenreiche Streckenführung: Präventiv fahren, es wird in Kurven gerne geschnitten und überholt!

Auf Insel-Nebenstrecken noch jede Menge an Erd- und Schotterpisten. Beachten, daß hier der Bremsweg erheblich länger ist, insbesondere wenn einem in einer Kurve unerwartet ein Fahrzeug entgegenkommt! Details zur Straßenbeschaffenheit siehe einzelne Inseltexte wie auch Karten!

TANKSTELLEN: im Bereich der Inselhauptorte meist am Ortsausgang. Im Inselinneren kann's dünn werden, so daß man rechtzeitig nachtanken sollte. Dort teilweise Sa/So zu, ebenfalls zu Siesta-Zeiten.

SERVICE: auf den Hauptinseln die wichtigsten Automarken mit Werkstätten vertreten. Auf kleineren Inseln besorgen meist Tankstellen den Notdienst.

MIET-Moped, -Mofa, -Motorrad:

Beliebtestes Transportmittel der Urlauber auf den Dodekanes. GRUND: sie sind relativ billig, ca. 15 - 3o DM/ Tag je nach Insel und Größe der Maschine. Außerdem eine schöne Sache, "open air" in der sommerlichen Hitze Griechenlands!

Nennt sich auch "Rent a Scooter". Auf größeren Inseln wie Kos, Rhodos stehen sie zu Hauf am Hafen (bzw. vor größeren Pauschalhotels) und warten auf Anmieter. Ebenso auf kleineren Inseln, dort meist am Hafen des Hauptortes.

Allerdings ist auch jede Menge an Ärger vorprogrammiert, wenn man folgende Präventivmaßnahmen nicht beachtet:

* Die technische WARTUNG der Kisten liegt oft im Argen: die Vermietungssaison ist kurz, in rund 3 - 4 Monaten müssen die Kisten Geld machen. Der eine oder andere Vermieter spart sich hier "Unkosten" in Wartung, und Ersatzteile in Griechenland sind teuer!

  Wenn die Maschine unterwegs bockt, klemmt oder streikt (und kein Eigenverschulden vorliegt), ist zwar der Vermieter derjenige, der für die Reparatur aufkommen muß. Gilt auch für Reifenpannen! Meist ist er aber weit weg vom Ort der Panne, hat keine Zeit oder anderweitig beschäftigt.

Kann sein, muß aber nicht: seriöse Vermieter halten ihre Kisten in Schuß und sind auch bei Pannen schnell mit firmeneigenem Fahrzeug vor Ort, um zu reparieren bzw. für Rücktransport zu sorgen. Vorab klären, was bei Pannen passiert! Wenn sich der Vermieter um klare Auskünfte drückt oder hinter "Sprachverständigungs- Schwierigkeiten" versteckt, ist zunächst mal Vorsicht geboten.

* Vor der Anmietung die Maschine in allen Details prüfen: Bremsen, Reifen, Gangschaltung etc., am besten bei einer kurzen Probefahrt!

* Weiteres Problem: vielfach werden die Maschinen von Leuten angemietet, die zu Hause einen PKW fahren und nur wenig bis keine Erfahrung in motorisierten Zweiradmaschinen besitzen, also die Dinger nur unkomplett in techn. Zustand prüfen können...

* Sofern der Vermieter bei Anmiete den PASS als "Sicherheit" verlangt: Finger weg! Endet vielfach so, daß man bei technischen Pannen den Paß erst dann zurückbekommt, wenn man den Schaden (z.B. gerissenes Zugseil) zu vielfachem Aufpreis beglichen hat, - ein Schaden, für den man im Grunde nicht verantwortlich ist. Abhilfe: Polizei (Sprachprobleme, Lauferei und Ärger...).

* MIETBEDINGUNGEN genau studieren! Das Kleingedruckte (im übelsten Fall ausschließlich in Griechisch) kann beinhalten, daß man für die Reparatur bei technischen Defekten voll verantwortlich ist.

  Prinzipiell: nie Verträge unterschreiben, die derartige Paragraphen enthalten, - und sowieso: nie rein griechische Verträge unterzeichnen! Wenn hier Griechen Geld mit der 2-Radvermietung an Urlauber machen, sollte eigentlich ein deutschsprachiger Vertrag verlangt werden, zumindest aber ein klarer englischer!!

* VERSICHERUNGSSCHUTZ prüfen: es soll Fälle geben, wo griech. Vermieter von Moped, Mofa etc. für die Maschinen überhaupt keinen Versicherungsschutz besitzen. Bei einem Unfall sind beide dran: der Vermieter, aber auch der Mieter. Unterm Strich ist der Urlaub im Eimer...

FAHRZEUGE:

* MOFAS: am billigsten, Preise ab ca. 15 DM/Tag. Vorteil daß sie sich simpel bedienen lassen. Speziell für die gebirgigen Inseln des Dodekanes sind sie jedoch recht PS-schwach, um die steilen Bergstrecken zu bewältigen. Dies, sofern es sich nicht um "raufgetrimmte" Maschinen handelt, und die sind gefährlich, da das Bremssystem nicht mehr der Geschwindigkeit entspricht!
* VESPAS: Preise ab ca. 25 DM/Tag. Sie sind beliebt, da Zweisitzer, aber nicht ungefährlich wegen hohem Schwerpunkt, wer die Maschinen nicht gewohnt ist. Für Erdpisten (und diese gibt's viele auf den Inseln, beispielsweise runter zu Stränden etc.) sind sie sicher die falsche Wahl: beim kleinen Reifendurchmesser erhöhte Sturzgefahr, speziell bei Bodenwellen und Spurrillen!
* 5o ccm- MASCHINEN: Preise ab ca. 2o DM/Tag. Die "Mittelklasse", meist 2-Sitzer. Kräftig im meist gebirgigem Inselinneren und seinen Serpentinenpisten. Wer diese PS- Klasse nicht zu Hause gefahren hat: vorsichtig rantasten; die Klasse mit den meisten Unfällen.
* GELÄNDEMASCHINEN: Preise um 3o DM/Tag je nach PS und Modell. Mit ihren großstolligen Reifen, Federung und PS eigentlich die optimale Klasse, um auch

schlechte Pisten bei viel "Urlaubs- Fun" zu befahren. Leider lassen ungeübte Urlauber die Sau raus und radieren sich per Sturz die Haut - bzw. Abtransport in zum Teil sehr weit entfernte Krankenhäuser. U.a. auch deswegen sollte man die Maschinen vor Anmiete besonders genau auf technischen Zustand prüfen!

* STURZHELM ist in Griechenland Pflicht, steht bei den Vermietern oft aber nur als "Dekoration" in 2- bis 3-facher Ausführung im Geschäft rum. Selbst wenn es ihn bei der Anmiete gibt, wird er von Urlaubern ungern getragen, da die Hitzeentwicklung unterm Helm tagsüber zu groß ist.

  Beachten: wenn's kracht, erhebliche Körperschäden, - abgesehen davon wird man bei Unfällen (auch wenn kein Eigenverschulden vorliegt) in der Schadensregulierung mitbeteiligt, wenn man keinen Helm getragen hat!

* KLEIDUNG: sicher Superfeeling, bei mediterraner Wärme "open air", sprich "oben ohne" zu fahren. Selber schuld, wer mit bloßem Oberkörper fährt: der Fahrtwind läßt die intensive Sonneneinstrahlung nicht mehr fühlen. Danach liegt man mit sattem Sonnenbrand außer Gefecht. Offener Oberkörper bei Stürzen ist separates Thema...

* FAHRTECHNIK: häufige Unfallursache sind überhöhte Geschwindigkeit und fehlende Beherrschung der Maschine. Bremswege in Kurven (speziell auf Schotterpisten) werden unterschätzt. Wer keine Erfahrung auf Zweiradmaschinen besitzt, sollte lieber eine Nummer kleiner anmieten und die Kisten mit dezentem Gas bedienen...

In den Sommermonaten gibt's alljährlich jede Menge an Unfällen. Die Hilfeleistung und Abwicklung zählt, wie uns Botschaftsangehörige berichteten, zu ihren sommerlichen Haupt- "Beschäftigungen". Die Krankenhäuser Griechenlands O.K., -aber meist recht weit weg vom Unfallort.

AUTO-VERMIETUNG:

Gibt's auf den meisten der Dodekanesinseln (Details siehe Inseltexte). Sie sind aber extrem teuer, wer sich vor Ort in Griechenland an den Vermieter wendet. Man muß selbst für Kleinwagen mit rund 9o - 12o DM pro Tag rechnen.

TIP: "Fly & Drive" Angebote von Pauschalveranstaltern. Relativ preisgünstig der Direktflug plus günstiger Mietwagen vor Ort. Angebote vergleichen, teils erhebliche Preisunterschiede!

TIP: "HOLIDAY-Angebote" der renommierten internat. Vermieter wie Avis, Hertz etc. Man bucht vorab zu Hause den Mietwagen und erhält Preisnachlass bis zu 4o % gegenüber vor Ort gemietetem Fahrzeug. Dies sind Preise, mit denen vielfach nat. griech. Autoverleihfirmen nicht konkurrieren können.

FAHRZEUGE: in der Economy Class meist Opel Corsa, Ford Fiesta, Seat und japanische Kleinwagen. Je nach Anbieter auch mit Autoradio und Schiebedach.

Sehr beliebt die japanischen Suzuki-Kleingeländewagen. Vorteil: sie sind sehr schmal für enge Bergstraßen, zudem open air für Frischluft und Sonne. Nachteil: das mitgeführte Gepäck kann nicht im Kofferraum verschlossen werden, da dieser nicht vorhanden. In Sachen Federung eine Art "Knüppelbett", und der Motor hat Charakter wie überdimensionierte Nähmaschine. Neuere Suzuki Modelle sind etwas "geschmeidiger".

AUTOVERMIETER haben ihre Büros in den Airports von Kos, Rhodos, - auf diesen Inseln auch in den größeren Pauschal- Hotels. Ansonsten kann der Portier an der Rezeption vermitteln.

* Internationalen Vermieter wie Avis und Hertz etc. bieten den Vorteil internat. gültiger, mehrsprachiger Verträge. Zudem kann sich ein derartiger Vermieter keine löchrige oder ungünstige Verträge erlauben., da er vertraglich an die Bestimmungen gebunden ist.
* Nationale griech. Vermieter sind im Preisvergleich einer vor Ort Buchung meist billiger. Gründe: keine Lizenz-Zahlung an Avis/Hertz etc. Da sie unter starkem Konkurrenzdruck stehen, bieten sie in der Regel ebenfalls meist neuwertige Mietfahrzeuge an. Kann sein, muß aber nicht. Insbesondere auch deren Mietverträge prüfen!

Eine möglichst umfangreiche VERSICHERUNG z.B. Vollkasko ist in jedem Fall zu empfehlen, da die Griechen meist unterversichert sind! In jedem Fall, egal wo man bucht, sehr genau die Mietverträge studieren, bevor man unterzeichnet!

FAHRZEUG- ÜBERNAHME: zusammen mit dem Vermieter die Funktionen des Fahrzeuges prüfen, also Blinker, Licht, Bremsen, Lenkung etc. Ebenso Stand der Tankuhr notieren sowie Beschädigungen am Fahrzeug (Beulen, Kratzer etc.), - weiterhin Zustand der Reifen/Felgen und des Ersatzrades.

Alles im Protokoll notieren und vom Vermieter gegenzeichnen lassen. Als Mieter hat man Anrecht auf diesen Vorgang, er ist zudem allgemein üblich. Man sollte sich daher Zeit und Ruhe nehmen, selbst wenn der Vermieter wegen "vollem Büro" drängt...

Außerhalb der Saison kann man bei vor Ort besorgten Mietwagen Rabatte aushandeln. Allerdings ist die Saison dort, wo es breites Angebot an Mietwagen gibt (so Kos und Rhodos) sehr lang: Sie geht bis in den Oktober und beginnt teils schon Ostern.

INSELBUSSE

Auf RHODOS dichter Linienbus-Betrieb entlang Ost- und Westküste im Bereich der touristisch erschlossenen Regionen. Ähnliches gilt für KOS, KALYMNOS, LEROS etc. Abgelegenere Regionen dort jedoch nur sehr selten: teils mit Fahrplänen 1 x/Tag, die eine Rückfahrt am selben Tag nicht ermöglichen.

Sofern Busverbindungen bestehen, sind sie extrem billig und bewegen sich in Markbeträgen. Abfahrt jeweils ab Hafenort, dort auch die Fahrpläne. Alle Details siehe jeweiliger Inseltext!

TAXI

Auf den Hauptinseln wie Kos und Rhodos und dort in den Hauptorten relativ viele Taxis. Sie haben ihren Stand im Zentrum bzw. am Hafen/Fähranleger. Ansonsten können sie per Telefon (z.B. von der Hotelrezeption) bestellt werden. Alle Details siehe jeweilige Inselbeschreibung.

Auf Mini- Inseln wie SYMI, CHALKI, LIPSI, aber auch der Vulkaninsel NISYROS nur limitiertes Angebot an Taxis. Wenn hier die Fähren im Hafen anlegten, sind die wenigen Fahrzeuge schnell ausgebucht, was leider öfters zu Preis- Überforderungen führen kann.

Taxameter ist nicht unbedingt die Regel. Sofern vorhanden, wird es im Stadtbereich von Rhodos und Kos eingeschaltet. Trotzdem sollte man sich vorab (z.B. im Touristbüro des Airports von Rhodos und Kos) über gültige Bestimmungen informieren: Aufpreise für Nachtfahrten zwischen 1.oo und 5.oo Uhr, für Übergepäck mehr als rund 1o kg sowie Fahrten außerhalb des Stadtbereiches sowie zwischen Airport und Stadt.

Insbesondere vor Fahrtantritt die Preise und Konditionen mit dem Taxifahrer vereinbaren! Es gibt Fälle, wo Taxifahrer trotz des Vorhandenseins von Taxameter dieses nicht einschalten. Wer hier mit dem Fahrer nicht vorab die Sache bespricht und aushandelt, - riskiert dicken Streit nach Fahrtende. Gilt insbesondere Tourismusgebiete wie auf Kos und Rhodos.

Für Überlandfahrten zwischen den Dörfern per *"TAXI"* oder sogen. *"AGORÉON"* (ohne Taxameter) gelten feste Tarife, die ebenfalls vorab zu erfragen und auszuhandeln sind. Dies speziell bei schlechten Straßen! - Klar, daß nicht nur Wartezeiten bei Zwischenstops unterwegs Aufpreis benötigen. Aufpreis ist speziell für schlechte Pisten üblich, da sie das Fahrzeug des Taxibesitzers beanspruchen. Wenn allerdings ca. 1o km Asphalt runde 5 - 7 DM/Taxi kosten, - für die gleiche Strecke auf Erdpiste bis zu 4o DM gefordert werden, stimmt in den meisten Fällen die Relation nicht mehr.

Um unnötige Meinungsverschiedenheiten nach Fahrtende zu vermeiden: vorab Preis fixieren und sich auf ein Papier aufschreiben lassen, wenn's Sprachprobleme gibt.

TIPS: Wer zu mehreren ein griechisches Taxi mietet: die Taxameter- bzw. vorher vereinbarten Preise gelten dann selbstverständlich pro Taxi und nicht pro Person! - Eine Besonderheit gibt es in Griechenland: der Taxifahrer hat das Recht, unterwegs noch weitere Passagiere einzuladen. Nach Fahrtende muß dann jede Gruppe den Taxameter/vereinbarten Preis zahlen = für den Taxifahrer doppelter Verdienst.

Nicht zulässig dagegen, Beispiel: man mietet zu zweit ein Taxi für eine Strecke von A nach B. Der Taxifahrer lädt unterwegs noch andere Leute ein und fährt dann von A über D (für diese neuen Leute) und weiter nach B. Ebenfalls nicht zulässig, daß man sich als Mieter des Taxis dann vorn auf dem Beifahrersitz zu zweit zusammenquetschen muß, weil noch 3 neue Leute eingeladen werden.

Auch die Griechen schimpfen auf die "Taxifahrer- Mafia": Wenn der Taxifahrer merkt, daß die Zeit zum Airport oder Abfahrt eines Schiffes knapp ist, sind öfters angeblich die Taxameter kaputt, um überhöhte Tarife durchsetzen zu können. Dies ist ebenso wenig zulässig wie Preisabsprachen der Taxifahrer untereinander per Sprechfunk. Beispiel: Taxifahrer fordert für einen 7 km Strandtrip 35 DM, Tourist lehnt das Taxi ab. Anderes Taxi kommt und fordert erstaunlicherweise ebenfalls exakt 35 DM... Kann sein, muß aber nicht; in der Taxifahrer-Zunft gibt's auch ehrliche Gesichter.

Um dem "Ripp-off" in der Taxifahrer-Zunft Einhalt zu bieten, bestimmte die griech. Regierung, daß Taxis rote Nummernschilder führen müssen. Dies dient allerdings weniger dem Schutz an Fahrpreis überforderter Touristen, - sondern dem griechischen Finanzamt. Die Nummernschilder erleichtern der Polizei Kontrollen, um nicht lizensierte Schwarz- Taxis auszufiltern.

FAHRRAD:

Beliebt speziell auf der Insel KOS. Sie ist in ihrem nordwestlichen Teil relativ flach, daher in Kos/Stadt jede Menge an Fahrrad- Vermietern. Preise ab ca. 5 DM/Tag, die Woche ab ca. 25 DM. Allerdings den Drahtesel genau prüfen: Teilweise gibt's bei Nabenschaltung keine Rücktrittbremse, bzw. saumäßig schlechte Kettenschaltungsmodelle!

Ansonsten: Dodekanes mit eigenem Fahrrad (z.B. Mountain Bike) Super-Sache! Wir freuen uns über Erfahrungsberichte!

INSEL-FÄHREN:

Trotz der bedeutenden Airports auf RHODOS und KOS, sowie kleinerer auf Leros, Karpathos und Kastelorizon, die im Direktflug Urlauber reinkarren, sind die Schiffsverbindungen nach wie vor "Nabel" untereinander und zur Metropole ATHEN.

* ab **ATHEN/PIRÄUS**: 1 - 3 mal tägl. Großfähren nach KOS und RHODOS entweder direkt oder mit Zwischenstop in Patmos-> Leros-> Kalymnos. Transportieren PKW´s an Bord, auch Kabinen. Überfahrt bis Rhodos auf Direktverbindungen ca. 14 1/2 Std. bis Kos ca. 1o Std. Teils werden noch weitere Inseln unterwegs angelaufen, was die Überfahrt entsprechend verlängert. Alle Details zu Routen, Fahrzeiten und Preisen siehe Inseltexte.

* Ab **RAFINA** (kleinerer Fährhafen an der Ostküste Attikas, ca. 3o km ab Athen) gibt's häufige Verbindungen in die Region der KYKLADEN und von dort (z.B. Paros oder Naxos) im Sommer weiter zu Inseln wie Kos und Rhodos.

  Benötigt als Verbindungsstrecke mehr Zeit als die Direktfähren von Athen nach Kos und Rhodos, dafür aber Möglichkeit eines Zwischenstops auf den landschaftlich sehr lohnenden Kykladeninseln. Weiterhin gibts Flugverbindung von Paros und Santorini rüber nach Rhodos. Alle weiteren Details siehe VELBINGER Band 3o, Kykladen.

Verbindungen

* Ab **Athen Airport** zum Hafen **Piräus**: Taxi oder Bus, Details siehe Seite 14. Direktfähren zum Dodekanes ausschließlich ab Piräus!

Etwas komplizierter wird's, wer ab Airport zum Hafen **Rafina** will: zunächst Bus in die Stadt, dort Abfahrt Mavromateon Str. 29 (Aeros Park) nach Rafina. Fahrzeit ab Stadtterminal ca. 1 Std. bis Rafina, Abfahrt alle 15 - 45 Min., Preis ca. 3 DM/Person (plus Fahrt Airport-> Stadtterminal ca. 2 DM/Person).

Schneller: ab Airport direkt mit dem Taxi nach Rafina: ca. 15 DM pro Taxi. Wer sich zu mehreren das Taxi teilt, reist kaum teurer als der Bus und zudem schneller sowie mit Gepäck bequemer.

* Ab **Athen/Zentrum bzw. Bahnhof**: zum Hafen **Piräus**: am schnellsten und häufigsten mit der Metro (zwischen 5 Uhr früh und 24 Uhr alle 5- 15 Min.). Fahrzeit nur ca. 2o Min. (Stadtbusse benötigen für die Strecke ca. 1 Std.). Als Verbindung ist die Metro zudem sehr bequem, da sie direkt am Hafen endet, siehe Karte.

Achtung, in Gegenrichtung (wer mit der Fähre in Piräus ankommt): die Metro ist im großen Eckhaus siehe Piräus Karte (C) "versteckt".

FÄHRPLÄNE: seit Jahren beständig ist die Direktverbindung von Piräus nach Kos, Rhodos. Abfahrt gegen ca. 13 Uhr, Ankunft Kos nach Mitternacht, Ankunft Rhodos früher nächster Morgen.

Auf anderen Verbindungen (insbesondere Inselspringen via Kykladen), - aber auch bei Verbindungen innerhalb des Dodekanes gibt's häufig, teils monatlich neue Fahrpläne.

Grobübersicht: im Gratisheft *"Innergriech. Schiffsverbindungen"*, die in Sachen Preise und Häufigkeit erste Übersicht bringt. Erhältlich von der Griechischen Fremdenverkehrszentrale, Adressen siehe Kapitel "Handwerkszeug" im Einleitungsteil dieses Bandes.

VERSPÄTUNGEN: fast auf 15 Min. genau verlassen die Großfähren für Rhodos und Kos den Hafen Piräus. Im Inner-Dodekanes Verkehr (kleinere Fähren), - aber auch via Kykladen sind dagegen Verspätungen bis zu 5 Std. und mehr drin. Dies hat vielfältige Gründe von Schlechtwetter bis zu Motorpannen, aber auch Verzögerungen beim Ein- und Ausladen auf den jeweiligen Inseln.

Wer bei Inselspringen einen Charterrückflug gebucht hat: nach Möglichkeit bereits am Vortag auf der betreffenden Insel (bzw. Athen) eintreffen. Vor allem sollte man auch abgelegene Inseln mit seltenen Verbindungen nicht auf die letzten Tage des Ägäis-Rundtrips einbauen!

PREISE: nach wie vor in DECKSKLASSE und Relation zur Entfernung geschenkt. Z.B. Piräus -> Rhodos (Fahrzeit 1/2 Tag + 1 Nacht) in Deckklasse nur ca. 3o DM! Wer per Rucksack reist, sollte das Billigste, die Decksklasse nehmen: hier reisen die Griechen, viel Flair, und in lauen Sommernächten schön, den Schlafsack an Deck unter dem Sternenhimmel auszurollen. Allerdings warmen Pulli einpacken; nachts wird's an Deck auch im Hochsommer kühl. Die Decksklasse hat zudem den Vorteil, daß es nicht ganz so stickig ist, wie in der verrauchten 2. oder 1. Klasse unter Deck.

SCHLAFKABINEN gibt's nur zusammen mit Buchung Passage1./2. Klasse. Kommt auf der Strecke Piräus -> Rhodos preislich knapp unter dem des Inlandsflugs mit Olympic- Jet. Dieser erledigt die Strecke in rund einer Stunde und erreicht z.B. Kos zu

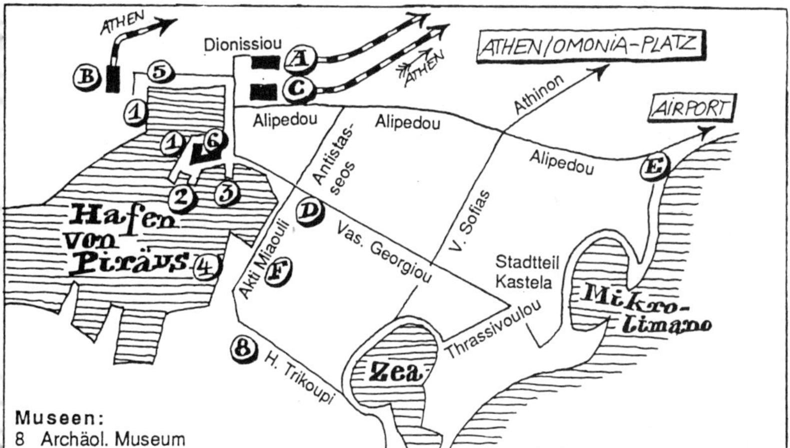

Museen:
8 Archäol. Museum
9 Maritime Museum

Zug, Metro, Bus:
A Zug Peloponnes
B Zug Nordgriechenland
C Metro
D Busse nach Athen/Omonia
E Metro-Station "N. Faliron"

F **Tourist Police/Info**

Schiffe:
1 Abfahrt Großfähren nach Piräus, Rhodos, Chios
2 Kykladen, sowie kleinere Inseln des Dodekanes
3 Salamis und Saron. Inseln
4 Fernfähren Ausland Ägypten, Israel, Italien
5 Tickets für 1
6 Tickets für 1, 2, 3
7 Abfahrt Gleitkufenboote Flying Dolfins

Piräus/Verbindungen

erheblich zivileren Zeiten als die Nachtfähre...

RESTAURANT: existiert auf den Großfähren. Auf kleineren Regionalfähren **vielfach nur Snacks, Kaffee, Bier etc.** - Wer zu Seekrankheit tendiert: in jedem **Fall Pillen mitnehmen**; die Ägäische See kann sehr rauh sein!

PKW: saftig teuer, - in Relation zur Länge der Strecke jedoch immer noch einigermaßen preisgünstig. Piräus-> Rhodos je nach Größe des PKW ca. 9o- 12o DM einfach. Retour 18o- 22o DM. Ähnliche Preise auch nach Kos, Patmos, Leros und Symi.

Kurzstrecken z.B. zwischen Kos und Rhodos in Relation transportierter Km teurer. Mit unterwegs eingelegtem Zwischenstop läuft nix: Jede Strecke muß separat gezahlt werden: Dies geht schnell ins Geld, z.B Kos -> Rhodos per PKW ca. 5o DM einfach.

TIP daher: den PKW ab Piräus auf Hauptinsel wie Rhodos transportieren, wo sich der eigene Wagen wegen umfangreicher Inselstraßen lohnt. Und ab dieser Insel Ausflüge zu Nachbarinseln per Schiff (wobei das eigene Auto auf Rhodos etc. stehen bleibt). Vor Ort dann Mietmoped.

VORBUCHEN: für Deck nicht nötig. Für Kabinen in der HS reicht in der Regel 2 - 3 Tage vorab. - Vorbuchen ist meist nur in Griechenland und direkt bei der Reederei bzw. den Hafenagenten möglich. Achtung: dortige Informationen a la "heute fährt kein Schiff mehr" beziehen sich in der Regel nur auf die jeweilige Agentur und von ihr vertretene Reedereien. Es kann durchaus sein, daß man nebenan in anderer Agentur noch ein Schiff bekommt. Rumfragen bzw. auch (sofern vorhanden) offizielles Touristbüro kontaktieren!

REGIONALFÄHREN: zu den Großfähren ab Piräus gibt's innerhalb des Dodekanes, insbesondere zu kleineren Inseln, noch eine Fülle Regionalfähren. Vielfach kleinere Schiffe mit Fassungsvermögen 1oo bis max. 2oo Personen und limitierter PKW-Transportmöglichkeit. Alle Details siehe Inseltexte.

HYDROFOILS: Gleitkufen- Schnellboote (nur Personentransport), die im Ausflugs-Betrieb speziell ab Kos und Rhodos zu Nachbarinseln wie Nisyros, aber auch Patmos eingesetzt werden. Details siehe Inseltexte.

BADEBOOTE/ KAIKIS: im Sommer ab allen Inseln zu den umliegenden Stränden bzw. kleineren Nachbarinseln, - so ab Pothea/Insel Kalymnos zu den Südstränden der Insel, aber auch rüber nach Pserimos. - Ab Rhodos/Stadt entlang der Ostküste runter nach Lindos, - ab Skala Kamiros/Rhodos rüber zur vorgelagerten Insel Chalki etc. Details siehe jeweilige Inseltexte.

INSELSPRINGEN:

Wer Zeit hat (ca. 2 - 3 Wochen) sehr lohnend! Einstieg z.B. **KYKLADEN** mit Flug nach Santorini (vergl. Seite 12). Dort weiter per Olympic-Inlandsflug nach Rhodos, via Dodekanes rauf nach Samos/Ikaria mit Schiffsverbindung nach Mykonos und retour nach Santorini. Alle Details im VELBINGER BAND 3o "Kykladen".

Ebenso möglich: Einstieg **KRETA**, mit dichten und häufigen Flugverbindungen ab BRD nach Heraklion, Chania und Sitia/Kreta. Auf der Insel tägl. mehrmals Flugverbindung mit Rhodos sowie mehrmals/Woche

Schiffsverbindung via Insel Karpathos nach Rhodos: ein rauher 6 Std. Trip ab Heraklion (bzw. ca. 4 Std. ab Sitia) über die offene Süd-Ägäis bis Karpathos und weitere 5 Std. bis Rhodos. Bringt als Plus, daß Kreta (größte der griech. Inseln) ungemein vielfältig und reizvoll ist. Insbesondere, wenn man genügend Zeit hat, die Inlands-Regionen, Berglandschaften sowie Südküste zu erkunden.

Abgesehen von Flugverbindungen hat eigenes Auto in Kombination Kreta + Rhodos durchaus Sinn. Bei der Großräumigkeit beider Inseln spart es Zeit und Warterei auf Inselbusse und gestaltet den Urlaub flexibler in Inselerkundung. Für die Kombination Kreta + Rhodos mit eigenem Auto sollte man aber mindestens 4 Wochen Zeit haben.

Der innergriechische Flugverkehr wird ausschließlich von der OLYMPIC AIRWAYS bedient. Die Flugrouten gehen sternförmig ab ATHEN, im Sommer eine Reihe an Querverbindungen im Kykladen- und Dodekanesbereich.

AIRPORTS im Dodekanesbereich siehe Karte S. 13 \ ✈für Direktverbindungen ab BRD.

Zusätzlich gibt's für Inlandsverkehr kleinere Airports auf der Insel Leros und auf Kastelorizon. Der Airport auf der Insel Karpathos wurde ausgebaut, so daß er auch kleinere Jets empfangen kann.

PREISE für innergriechische Flüge relativ günstig, z.B. Athen -> Rhodos ca. 13o DM einfach für eine Flugstrecke von rund 3oo km. Flugzeit ca. 1 Std., - gegenüber Schiff rund 12 Std. je nach Strecke. Wer in Griechenland beim örtl. Olympic Airways-Büro das Flugticket kauft, spart wegen günstigerem Wechselkurs.

PLATZRESERVIERUNG: auf den dicht frequentierten Strecken Athen -> Kos/ Rhodos sowie Rhodos-> Kreta (alle per Jet, teils sogar Airbusse!) im Prinzip auch kurzfristig kein Problem, - sprich also auch in Griechenland bei günstigerem Kurs/ Ticketpreis möglich.

Für Strecken, die mit kleineren Propellermaschinen bedient werden, so Querverbindungen zwischen dem Dodekanes und den Kykladen, - sollte man unbedingt zur Hochsaison gut 1 Monat vorab den Platz reservieren. Die wenigen Plätze in den kleinen Propeller-Hupfern sind schnell weg!

Im Prinzip kann man innergriechische Strecken auch in Deutschland, Österreich, Schweiz in jedem größeren Reisebüro bzw. direkt bei den Vertretungen der Olympic Airways kaufen. Zwar pro Flugstrecke rund 1o - 15 DM teurer (wegen anderer Wechselkurs- Modalitäten), ein Aufpreis, der sich jedoch lohnen dürfte.

Check-In: 45 Min. vor Abflug am Flugschalter erscheinen, sonst riskiert man, daß der reservierte Sitz an jemand anderen vergeben wird. Auch die im Ticket eingedruckten Bedingungen für Reconfirmation beachten:

RECONFIRMATION: wer "o.K." im Ticket hat, muß dieses in örtlichem Olympic Airways Büro 3 Tage vor Abflug nochmals bestätigen lassen. Andernfalls wird riskiert, daß man die Reservierung verliert.

NON SHOW GEBÜHR: wer einen gebuchten und mit o.k. bestätigten Flug nicht antritt, riskiert Strafgebühr. Damit will man erreichen, daß die Maschine auch voll den Airport verläßt.

TICKET- UMBUCHUNG: da es sich um normale Linientickets handelt, ist jederzeit Umbuchung der Flugtermine möglich, sofern Platz in der Maschine.

ZWISCHENSTOPS z.B. auf Mykonos (bei einem Flugticket Athen -> Rhodos) - und wie sonst bei Linienflugtickets möglich - geht bei innergriechischen Flügen nicht. Hier muß jede Flugstrecke separat gekauft werden, was die Sache verteuert.

PÜNKTLICHKEIT: in Relation zu den Fähren gut, - sofern das Wetter keinen Strich durch die Rechnung macht. JETS, die bis 10.000 m aufsteigen, sind von Schlechtwetter weniger betroffen. Speziell bei kleineren PROPELLER-MASCHINEN kann es jedoch bei starken Winden, Sturm etc. zu erheblichen Verspätungen bzw. Stornierungen kommen. Sicherheit geht vor und das ist auch gut so! In der Zeitplanung einkalkulieren, wer Querverbindungen zwischen Kykladen und Dodekanes per Propeller plant!

OLYMPIC BUS ab allen von der Olympic Airways angeflogenen Airports gibt's eine Olympic Busverbindung in die Stadt, zum dortigen Olympic Büro. Ebenso in Gegenrichtung ab Büro zu Olympic Abflügen. Der Buspreis ist mit ca. 2 DM/Person recht günstig.

FAHRPLÄNE der innergriechisch Olympic-Flugverbindungen bei allen Olympic-Büros, aber auch allen sonstigen Reisebüros, die Computeranschluß zu den zentralen Terminals besitzen.

SONDERSERVICE: ab Athen Airport Helikopterservice für kapitalkräftige Kunden. Gibt's praktisch zu allen Inseln, auch solchen, die keine reguläre Flugverbindung besitzen. Je nach Länge der Strecke gut einen Tausender (DM) für 4 Leute.

Allgemeine Tips

★ EINREISE

PERSONALAUSWEIS oder REISEPASS für Bürger der EG- Staaten auf dem Flug nach Griechenland - bzw. auf dem Landweg via Österreich, Italien plus Schiff nach Griechenland. Maximaler Aufenthalt in Griechenland derzeit 3 Monate, Verlängerung möglich.

Schweizer benötigen Reisepaß, ansonsten siehe oben. - Wer dagegen via Ex- Jugoslawien anreist, neueste Bestimmungen bei den Botschaften der neuen Staaten bzw. heimischen Automobilklubs anfragen.

★ ZOLL

U.a. Deutschland, Österreich, Italien und Griechenland gehören zur EG. Offiziell sind die Zollschranken zwischen den einzelnen EG- Staaten aufgehoben. D.h.: man kann beliebig Waren für persönlichen Bedarf zwischen den einzelnen Ländern der EG mitführen - vorausgesetzt die Waren dienen nicht dem Handel.

Um hier den Begriff *"persönliche Waren"* und *"Handelsgüter"* abzugrenzen, hat man sich derzeit auf folgende Werte pro erwachsene Person geeinigt:

* 8oo Zigaretten, 4oo Zigarillos, 2oo Zigarren, 1 kg Rauchtabak sowie
* 1o Liter Spirituosen, 9o Liter Wein bzw. 11o Liter Bier

Die o.g. Werte gelten nur für EG- Bürger und im Verkehr innerhalb der EG- Staaten. Wer größere Mengen mit sich führt, muß bei Stichproben glaubhaft machen, daß diese Mengen ausschließlich dem persönlichen Gebrauch dienen.

Schweizer (da nicht EG- Mitglied) unterliegen gesonderten Bestimmungen, die vom heimischen Automobilclub zu erfragen sind. - Ebenso Bürger der EG- Staaten, die die Anreise nach Griechenland durch Nicht- EG-Länder realisieren.

Strikt verboten ist der "Export" ab Griechenland von Antiquitäten jeglicher Art (Vasen, Unterwasserfunde, Wandbehänge, Bilder, Ikonen etc.) älter als ca. 1oo Jahre. Selbes gilt insbes. auch für Reisen durch Ungarn und andere Staaten des ehemaligen Ostblocks.

✶ PKW

FÜHRERSCHEIN und FAHRZEUGSCHEIN für Reisen innerhalb der EG und nach Griechenland. Empfehlenswert ist der Abschluß einer Kurzkasko- und Insassenunfallversicherung, da Fahrzeuge z.B. in Griechenland oft unterversichert sind.

Die Einreise mit eigenen Fahrzeug klappt in der Regel problemlos, wenn die Papiere stimmen. - Bei Ausreise dagegen an der griech. Grenze (speziell auch in ital. Fährhäfen) häufig Drogenkontrollen mit Polizeihunden. Herzliche Bitte: definitiv Hände weg von jeglichen Drogen; selbst geringfügiger Haschischbesitz kann zu empfindlichen Gefängnisstrafen führen! Nicht nur auf Balkanstrecken, auch in Italien und Griechenland ist es keinesfalls ein Kavaliersdelikt, wenn man mit Kokain oder Hasch erwischt wird!

Wer nicht mit seinem eigenen, sondern einem geliehenen PKW nach Griechenland fährt, benötigt eine Vollmacht des Besitzers, die vom ADAC (ÖAMTC, TCI) oder Griech. Konsulat bestätigt sein muß. Das entsprechende Formular gibt's dort. Den PKW im Ausland einer dort wohnenden Person zu überlassen, ist verboten!

✶ GESCHWINDIGKEITSBESCHRÄNKUNGEN

Bei den vielen Unfällen, die es wegen überhöhter Geschwindigkeit gegeben hat, wird speziell auf den Durchgangsrouten Österreich, Schweiz, aber auch z.B. Italien häufig kontrolliert. Drastische Strafen siehe unten!

Geschwindigkeitsbeschränkungen

	Autobahn	Schnellstraße *	Landstraße	Ortschaften
Frankreich	13o/11o **	11o/1oo **	9o/8o **	5o
Schweiz	12o	--	8o	5o
Österreich	13o ***	--	1oo ****	5o
Ungarn	12o	--	8o	6o
Italien	13o	11o	9o	5o
Griechenland	1oo	--	8o	5o

* muß speziell ausgeschildert sein - ** bei Nässe - *** nachts vielfach Tempolimit (ausgeschildert) - **** in einzelnen Bundesländern nur 8o km/h.

Italien: wer außerhalb von Ortschaften die zulässige Geschwindigkeit um mehr als 2o km/h überschreitet, wird schnell 3oo bis 1.6oo DM los! Die italienische Polizei führt die Kontrollen nur in Stichproben durch (gilt speziell auf Autobahnen), weswegen besonders bundesdeutsche Urlauber mit massiver Überschreitung durchbrettern. Wer allerdings in eine Falle reintappt, wird sofort abkassiert.

Österreich: ähnlich drastische Strafen! Als Durchreiseland für sommerlichen Urlauberverkehr in den Süden gab und gibt es eine Vielzahl an Unfällen auf Landstraßen wegen überhöhter Geschwindigkeit. Die Polizei kontrolliert zwischenzeitlich mit Radar- Handgeräten, die kaum zu erkennen sind.

Griechenland: Kontrollen hier speziell im Bereich der Autobahn Korinth -> Athen, aber auch Thessaloniki -> Athen!

ALKOHOL AM STEUER

Zwischenzeitlich scharf gehandhabt, - zu Recht! Drastische Strafen bis hin zu Führerschein- Entzug und Gefängnis (auch für Ausländer!).

Es hatte insbes. auch in südl. Ländern viele schwere Unfälle nach Alkoholgenuß gegeben, so daß selbst das früher "liberale" Italien zu gesetzlichen Limits "gezwungen" war.

Hinzu kommt, daß Gerichte selbst Autofahrer, deren Promillegrenze unter der zulässigen lag, - mitschuldig an Unfällen sprach.

Beachte: bei o,5 Promille-Grenze kann man praktisch garnichts mehr trinken - liegt im Bereich halbes Bierchen! In Ungarn liegt die Grenze gar bei o,o Promille! TIP: Autofahrer generell kein Alkohol!

Derzeit gelten folgende Grenzen:

o,8 Promille:	Deutschland, Schweiz, Österreich und Italien
o,7 Promille:	Frankreich
o,5 Promille:	Kroatien, Slowenien, Rest Ex- Jugoslawien, Griechenland
o,o Promille:	Ungarn

Sonstige Bestimmungen:

GURTANLEGEPFLICHT, - für Moped/-Mofa-/Vespa-/ Motorradfahrer: HELM!

SPEZIELLE VORSCHRIFTEN GRIECHENLAND: in Städten bei ausreichender Beleuchtung Standlicht fahren. Kreisverkehr hat Vorfahrt. Hupen ohne Grund (auch wenn sich niemand dran hält!) ist verboten.

Motorräder außerorts überall 7o km/h.

Vorsicht bei Falschparken im Zentrum von Athen, Thessaloniki und anderen Großstädten: vielfach werden ruckzuck einfach die Nummernschilder abmontiert. Bei verrosteten Schrauben wird die Beißzange tätig. An der Windschutzscheibe klemmt ein Zettel, wo man die Nummernschilder wiederbekommt. - Varianten sind die Greifzange um die PKW- Räder, die Wegfahren unmöglich machen.

In jedem Fall verbunden mit viel Lauferei und Ärger. Eine Unsitte, die zwischenzeitlich auch auf Thessaloniki und die Hafenbereiche Volos, Patras, Kavala und Igoumenitsa übergegriffen hat.

TANKEN/BENZIN

Die "BENZINGUTSCHEINE" in Italien waren in den vergangenen Jahren ein ewiges "Auf und Ab" in Sachen gibt es oder storniert. Neuesten Stand beim heimischen Automobilclub prüfen.

TANKSTELLEN: entlang der Autobahnen und der Haupt-Durchgangs-Routen von Mitteleuropa via Italien nach Griechenland 24 Std. geöffnet. In Griechenland selbst oft nur tagsüber bis Einbruch der Dunkelheit. Teils auch am Wochenende geschlossen. Rechtzeitig Sprit nachtanken, - obwohl das Netz innerhalb der größeren Dodekanes Inseln passabel dicht ist.

BLEIFREI: zwischenzeitlich wurde das Netz diesbezüglicher Tankstellen in Griechenland ergänzt. Trotzdem kann es auf kleineren Inseln Engpässe geben; neuesten Stand beim heimischen Automobilclub erfragen.

★ Geldsachen:

GRIECH. WÄHRUNG ist die "Drachme", die mit altgriechischen Philosophen verziert ist. GELDWECHSELN: in Griechenland günstiger! Auch sollte man nicht verbrauchte Drachmen nach Beendigung des Urlaubs noch in Griechenland selber umtauschen; außerhalb gibt's schlechteren Kurs. 1 Drachme = 1oo Lepta.

Mit welchem Geld reisen?

Im Vergleich zu Süditalien, welches auf selben Breitengraden liegt, ist Griechenland relativ sicher. Selbst ein im Hotelzimmer liegengelassener Geldbeutel würde in den meisten Fällen dem Touristen unversehrt zurückgegeben werden. Wenn Klau, - so hauptsächlich untereinander, also z.B.

in Billighotels, auf Campingplätzen etc. (Abhilfe: keine Wertsachen offen rumliegen lassen).

Welches Geldmittel, ist daher persönliche Entscheidung. Die meisten Leute reisen mit BARGELD und haben als "stille Reserve" EUROSCHECKS in der Tasche.

BARGELD: Geldwechsel in Banken (neuerdings auch Post) zum offiziellen Kurs. Weiterhin in Geldwechselstuben, hier den Kurs vergleichen, manchmal gibt's den offiziellen Kurs, manchmal ein paar Drachmen weniger.

Wenn's brennt, z.B. am Wochenende, tauschen auch größere Hotels, Souvenirshops etc. Allerdings zu schlechterem Kurs, da sie ein paar Drachmen mitverdienen wollen.

EUROSCHECK: ist in Griechenland in größeren Städten und Tourismusgebieten durchweg bekannt und häufig im Einsatz. Der Euroscheck (gedeckt bis 4oo DM/Scheck) läßt sich sowohl zur Zahlung größerer Rechnungen (z.B. Hotels, Automieten etc.) einsetzen, - wie auch rein als Mittel, um an griechisches Bargeld zu kommen.

Eingetauscht werden Euroschecks von allen wichtigen griechischen Banken, - so National Bank of Greece - Commercial Bank - Ionian and Popular Bank und Commercial Credit Bank of Greece. Euroschecks bei Postämtern einzutauschen kann man versuchen, klappt aber wahrscheinlich nicht.

Beachten: Euroschecks sind in Drachmen auszustellen. Genau der Betrag, der auf dem Scheck in Drachmen steht, ist von der griech. Bank auch auszuzahlen, Abzüge in Griechenland sind gemäß Euroscheckabkommen nicht zulässig. Wer hier übervorteilt wird, läßt sich den Filialleiter geben, - ansonsten Beleg des Abzuges aufheben und zu Hause der eigenen Bank zur Rückerstattung vorlegen.

Der Scheck geht dann an die eigene Bank, von der man die Euroschecks bekommen hat. Diese berechnet für den Umtausch pro Scheck max. 1,75 % des Scheckbetrages (bei umgerechnet 4oo DM/Scheck = ca. 7 DM Umtauschgebühr), - als Minimum aber 2,5o DM. Es empfiehlt sich daher, Euroschecks nur über höhere Beträge auszustellen.

Weiterhin: der Umtausch Euroscheck zu Drachmen-Bargeld läuft nach dem Devisenkurs. Dieser ist (in Griechenland) günstiger als der Sortenkurs*. Bei Scheckbeträgen z.B. umgerechnet 4oo DM liegt man daher per Euroscheck trotz Spesen fast genauso günstig, wie wenn man der Bank DM-Bargeld gibt, um dafür Drachmen zu bekommen.

(Sortenkurs = Bargeldumtausch, - Devisenkurs = Euroscheck gegen Bargeld).

Nach Schließung der Banken lassen sich Euroschecks vielfach in Tourismusgebieten auch bei Privatunternehmen (Hotels, Souvenirshops etc.) gegen Drachmen eintauschen. Allerdings Vorsicht! Vielfach saftige Abzüge, die in den Sektor privater "Unternehmergewinne" fallen und zu Hause nicht rückklagbar sind.

Bezahlung von Hotelrechnungen etc. per Euroscheck läuft in der Regel seriös. Wer diesen Bezahlungsweg plant, sollte jedoch vorher mit dem Hotelier besprechen, daß es bei Bezahlung per Euroscheck keine Abzüge gibt!

TRAVELLERSCHECKS: Tip für Vorsichtige und Leute, die zu besonderer Schusseligkeit neigen.

Während man beim Euroscheck als Besitzer und Kontoinhaber bei Schäden mitbeteiligt wird (z.B. ein Fremder klaut die eigenen Schecks, fälscht Unterschrift und hebt Geld ab), - gibt's bei Travellerschecks Komplettersatz.

Travellerschecks kauft man vorab bei der heimischen Bank. Eintauschen kann man sie in den wichtigen griechischen Banken (siehe oben) und den Postämtern, beim Umtausch ist eine geringfügige Bearbeitungsgebühr fällig. Mit gewissen Schwierigkeiten sind Travellerschecks auch eintauschbar bei größeren Hotels, Souvenirshops. Dort allerdings vielfach saftige Umtauschgebühren.

Hauptsächlicher Nachteil der Travellerschecks: sie sind vorab zu kaufen, beispielsweise kauft man 5oo.ooo Dra. Wenn diese verbraucht sind, ist Sense. Beim Euroscheck dagegen gibt's 1o Blankoschecks...

CREDIT-CARDS: so nützlich sie für Besserverdienende in anderen Bereichen Europas sind: in Griechenland nur limitierter Einsatz.

POSTSPARBUCH: nix geht in Griechenland.

GELDNACHSCHUB per POST: Anruf in der Heimat. Die telegraphische Geldanweisung dauert je nach Region in Griechenland 1 - 3 Werktage. Der Betrag geht ans vorher bestimmte Postamt und wird in Drachmen ausgezahlt.

★ Öffnungszeiten:

BANKEN: normalerweise von 8- 14 Uhr (Mo-Do) sowie Fr. bis ca. 18 Uhr geöffnet. Einige dieser Banken, vor allem in stark frequentierten Touristengebieten, sind zur Sommersaison länger, teils sogar auch am frühen Abend geöffnet. Dies gilt insbesondere auch für die Geldwechselstuben, die z.B. auf Rhodos zur Saison oft bis in Nacht geöffnet haben.

Die meisten **GESCHÄFTE** sind während der griechischen Siesta zwischen 14.3o- 17 Uhr geschlossen. Die größeren Warenhäuser in Athen schließen gegen 18 Uhr, die kleineren Geschäfte, besonders Lebensmittelgeschäfte etc. sind meistens bis 2o.3o Uhr offen, - je nach Bedarf aber auch länger.

In ATHEN: kompliziertes Öffnungssystem. Wenn der Beauty Shop z.B. den Rolladen schon unten hat, gibt's im Weinshop durchaus noch Ouzo zu kaufen. Prinzipiell sind alle Geschäfte morgens offen, nachmittags aber an einigen Wochentagen geschlossen. Laufend Neuregelungen!

In Tourismusgebieten zur Saison sind Geschäfte (z.B. Lebensmittel, Souvenirs etc.) oft bis spät in den Abend geöffnet, je nachdem wie es sich lohnt. Einheitliche Ladenschlußgesetze existieren in Griechenland nicht.

SCHIFFSBÜROS: über die normalen Öffnungszeiten hinaus auch zur Ankunft/Abfahrt des betreffenden Schiffes geöffnet, sofern das Büro der Reederei gehört. Deckspassagiere können die Tickets auch an Bord kaufen.

MUSEEN/ ARCHÄOL.STÄTTEN: Achtung, in der Regel am Montag geschlossen. Ansonsten geöffnet: 8 bzw. 1o Uhr bis Einbruch der Dunkelheit, kann aber auch 17 Uhr oder gar 15 Uhr sein! Leider gibts zudem ständige Änderungen der genauen Öffnungszeiten, so daß man sich sicherheitshalber vorab im Hotel, Campingpplatz etc. erkundigt, - um nicht vor verschlossenen Türen zu stehen; spart unnötige Wege.

KIOSKE: eine griechische Spezialität. Sie stehen in den größeren Städten an fast jeder Straßenecke, in kleineren Orten auf der Haupt-Platia bzw. am Hafen. Hier bekommt man von Zigaretten ("Pallas") über Postkarten, Briefmarken, Schreibmaterial, Sonnenbrillen, Taschenlampen zu Süßigkeiten und Zeitschriften so ziemlich allen Kleinkram. Viel Flair, auch ist der Kiosk für die Griechen wichtiges Kommunikationszentrum, für das, was im Ort "intern" läuft. Rotes Telefon für Ortsverbindungen, graues (sofern vorhanden) für Fernverbindungen.

„O.T.E.“ Telefonieren:

FERNGESPRÄCHE (innerhalb Griechenlands z.B. zu Nachbarinseln sowie nach Mitteleuropa etc.):

Prinzipiell gibts in jedem größeren Ort ein Gebäude der **OTE**. Am Schalter meldet man das Gespräch an und bekommt eine Kabine zugewiesen. Nach Abschluß des Gespräches wird am Schalter abgerechnet.

> Insbesondere am frühen Abend zu den Haupttourismusmonaten Juni, Juli, August kann es zu erheblichen Wartezeiten vor den OTE-Kabinen kommen, wenn jedermann nach Hause telefonieren will. Auch sind die Leitungen (per Funk) dann oft hoffnungslos überlastet, und es kann eine Zeit dauern, bis man Verbindung bekommt. Abhilfe: außerhalb der Stoßzeiten (meist 18 - 21 Uhr) telefonieren. Hinzu kommt, daß die Verbindungen nicht immer die beste Tonqualität besitzen, sprich Rauschen, teils Echo oder sehr leise...

Wer Ferngespräche ab **Hotelzimmer** führt, sollte sich vorab erkundigen, in welcher Höhe das Hotel/die Pension etc. Aufpreis pro Gebühreneinheit verlangt. Der Aufpreis kann vor allem bei längeren Telefonaten saftig ausfallen. Abhilfe: "Lockruf" in der Heimat mit Bitte, daß man in Hotel/Pension zurückgerufen wird. Spart zudem die Warterei vor dem OTE Schalter.

Funktelefone per D-Netz: das europa-globale D-Netz befindet sich auch in Griechenland in Ausbau. Derzeit abgedeckt der Großraum Athen, Thessaloniki sowie eine Vielzahl an Inseln (teils auch Rhodos). Die Entwicklung geht rasant voran, so daß bald auch die Inseln des Dodekanes abgedeckt sein dürften. Sofern derzeit Funkverbindung vorhanden, kommt man per D- Netz- Handy oft schneller und bei besserer Sprachqualität Verbindungen in die Heimat.

ORTSGESPRÄCHE: laufen meist per Kabel bei besserer Sprachqualität. Realisierbar ab OTE-Gebäude sowie ab Hotel, Kiosk, teils auch ab Restaurant/Kafeneion etc.

Zwar baut Griechenland zunehmend TELEFONZELLEN. Verschiedene Farben kennzeichnen die Funktion, - dh. nur für Ortsgespräche, - bzw. für Ferngespräche. Der Ausbaustand (insbes. bei kleineren Dodekanes-Inseln) ist momentan aber noch mehr als ungenügend. Zudem funktionieren manche Zellen nicht, dh. schlucken Münzen "grenzenlos" oder aber eine Münze und "grenzeloser Telefonverkehr"...

VORWAHL

Direktwahl ab Griechenland nach

BRD	oo 49	+ Stadt (erste Null weglassen) + Teilnehmer
Schweiz	oo 41	"
Österreich	oo 43	"

Direktwahl ab BRD, Schweiz, Österreich nach Griechenland:
oo 3o + Stadt (erste Null weglassen) + Teilnehmer

* UNHÖFLICH: griechische Familien zwischen 14 und 16 Uhr (=Siesta) anzurufen. Dafür abends länger möglich, d.h. bis ca. 21 Uhr. Der Grieche meldet sich am Telefon übrigens nicht als erster, sondern wartet, bis der Anrufer seinen Namen nennt. Ausnahme: Hotel-Rezeption, Behörden, Flugbüros etc.

  In Griechenland herrscht eine wahre Telefonitis. Erinnere mich noch an einen Morgen im Hellenikon-Airport Athen, wo mindestens 8o Leute vor einem Schalter eines Olympic-Inlandfluges warteten, weil der Olympic-Mann gerade (wohl schon 15 Min. oder so) weg war zum Kaffee-Trinken.

  Permanent das Telefon, und die Griechen mit wahrer Freude über den Counter-Tisch rüber zum Telefon gelangt: "Hier Olympic Airways" auf griechisch, - "nein, kein Flug im Moment. Nein! Woher rufen Sie uns an? Ach, Heraklion, eine schöne Stadt, meine Tante..."

* Auch der Telefonverkehr zwischen den Inseln geht per Funk. Deutlich sichtbar jeweils auf einem der höchsten Inselgipfel der O.T.E.- Parabolspiegel. Da die Anlagen nicht nur installiert, sondern auch gewartet werden müssen, geht eine Erdpiste rauf und Tip für Superpanoramablick!

  In der Vorwahl-Nummer sind öfters mehrere Inseln zusammengefaßt (s. Tabelle!). Wer ab Griechenland telefoniert: unten stehende Vorwahl (z.B. Kos) o2 42 + Nr. des gewünschten Teilnehmers. Wer ab Ausland, also BRD, Schweiz, Österreich telefoniert: oo3o + 241 (= Rhodos; Null immer weglassen!) + Nummer des Teilnehmers.

INSEL	VORWAHL	INSEL	VORWAHL	INSEL	VORWAHL
Astipalea	0242	Kos	0242	Rhodos	0241
Kalymnos	0243	Leros	0247	Symi	0241
Karpathos	0245	Lipsi	0247	Tilos	0241
Kassos	0245	Nissiros	0242		
Kastelorizon	0241	Patmos	0247	**ATHEN**	**o1**

* Mini-Inseln (z.B. Symi oder Telendos) sind an die nächst größere Insel angeschlossen (z.B. Symi an Rhodos: o241).
* Telefonnummern: die Telefonbücher sind in griechischer Schrift organisiert. Wer beispielsweise einen Freund anrufen möchte, der auf einer Nachbarinsel Urlaub macht, - oder vorab ein Hotel reservieren: am besten den Hotelportier um Mithilfe bitten, daß er die entsprechende Tel.- Nummer raussucht.
* Telefonieren von Mini-Nestern: hier bedient meist das Kafeneion am Hauptplatz das Dorf mit Telefon und Post. Selbstverständlich verlangt der Kafeneionbesitzer einen geringen Aufpreis für seinen Service. Wohl nicht die Stelle, wo man längere Ferngespräche in die Heimat führt, - so doch nützlich als Notnagel, beispielsweise wenn der letzte Bus weg ist, um sich ein Taxi ranzutelefonieren.

FAX

Heute hat praktisch jedes Hotel, selbst oft kleinere Pensionen einen Fax-Anschluß. Dies ist der bequemste und billigste Weg für Anfragen und Reservierungen.

Außerdem kann man über den Fax-Anschluß persönliche Briefe und Nachrichten an Gäste des Hotels/ der Pension etc. schicken, die dann ohne Extrakosten weitergereicht werden. Wer in der Heimat keinen eigenen Fax besitzt, kann diesen auch vom nächsten Postamt gegen zivile Gebühren verschicken.

Der insgesamt preisgünstigste und schnellste Weg, Briefe oder Nachrichten ab Mitteleuropa nach Griechenland zu verschicken.

Die Übermittlung einer Din A 4 Seite per Fax dauert ca. 1 Min. und ist praktisch im selben Momenent beim Empfänger. Zu zahlen die Kosten für ein 1 Min.-Telefonat. Briefe nach Griechenland können dagegen rund 1 Woche oder mehr benötigen. Auch im Vergleich zu einem Telefonanruf ist der Fax billiger: Per Telefonanruf muß der Gast oft erst lang gesucht bzw. weitervermittelt werden, wobei in der Regel einige Zeit vergeht, was Telefongebühren kostet.

In Gegenrichtung (Fax ab Hotel): sofern die Unterkunft Faxanschluß besitzt, stellt sie diesen auch den Gästen zu Verfügung, - allerdings gegen Aufpreis. Dieser addiert sich zu den normal entstandenen Telefonkosten und kann saftig sein! Daher vorab Gebühren klären; es hat Fälle gegeben, wo Hotels für die Versendung einer Din A 4 Seite 4o DM oder mehr verlangten! - Alternative: zur nächsten OTE- Station oder Nachbarhotel.

Besitzer von D-Netz Handies können, - sofern in der griech. Region per Netz abgedeckt, - auch Faxe empfangen und versenden. Ebenso ist der Datentransfer Computer -> Handy -> Computer möglich.

Post „ΤΑΧΥΔΡΟΜΕΙΟΝ"

Praktisch jeder Ort größer als 5oo Einwohner hat sein POSTAMT. Dies ist in größeren Orten ein eigenes Gebäude, - in kleineren Dörfern übernimmt die Taverne bzw. das Kafeneion oder der Minimarkt am Dorfplatz den Dienst.

BRIEFKÄSTEN: sind gelb, wie auch bei uns, - allerdings seltener vorhanden. Abhilfe: Kioske (wo es auch Briefmarken gibt) oder Postamt.

POSTLAGERNDE SENDUNGEN: "Poste Restante" auch in Griechenland möglich. Auf Inselpostämtern kein Problem, da es pro Ort nur ein Postamt gibt, - in den Großstädten wie Athen, Thessaloniki etc. geht der Brief automatisch ans Hauptpostamt (sofern kein spezieller Vermerk).

Tip: wer nach Post fragt, auch unter Vornamen suchen lassen, da auch in Griechenland oft üblich, daß der Nachname vorangestellt wird.

BEFÖRDERUNGSZEIT ab Griechenland: sehr unterschiedlich, ob Athen oder Mini-Insel, Vorhandensein eines Airports oder Kaiki, - vor allem auch interne Postprobleme... Ab größerem Ort, also z.B. Athen, Thessaloniki, Korfu, Heraklion etc. dauerts bis Deutschland ca. 4-7 Tage trotz täglicher Flugverbindung und genereller Beförderung per Flugzeug. Ab Inselpostämtern sollen Briefe und Ansichtskarten schon mal 3 Wochen unterwegs gewesen sein...

Postkarten brauchen meist länger als Briefe, - gelegentlich kommen beide überhaupt nicht an. Wichtige Sachen wie z.B. Filme etc. daher besser nicht per Post schicken. In dringenden Fällen: LUFTFRACHT per UPS oder anderer privater Unternehmen. Benötigt für die Strecke Griechenland -> Mitteleuropa (dort Hauszustellung) nur 1 - 2 Tage, ist allerdings teurer als die Post. Bezüglich Adressen vorab in der Heimat im Branchenverzeichnis erkundigen.

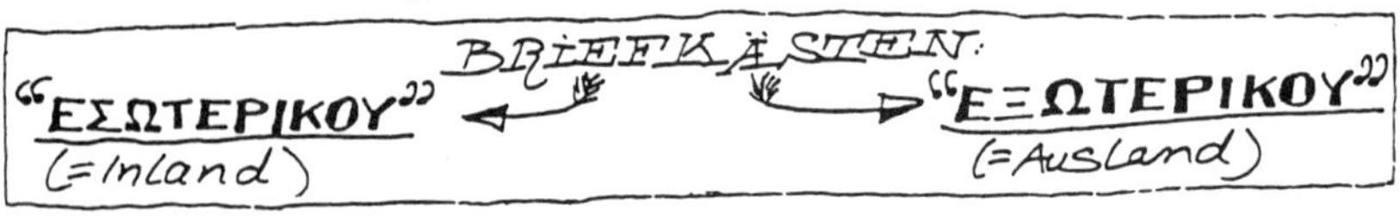

Wer Radio, Rasierer etc dabei hat: in Griechenland fast durchweg 22o Volt/5o Hz. Nur noch gelegentlich auf Dörfern des Landesinneren oder kleineren Inseln: 11o Volt/Gleichstrom. In jedem Fall aber diese Spannung auf den innergriechischen Schiffen. Auch bei den internationalen Flugzeugen wird man in der Bordtoilette diese Spannung antreffen.

Unsere Stecker passen, sofern es sich nicht um Schukostecker sondern um die (an Radios, Rasierern etc.) üblichen Flachstecker handelt!

WASSER ist auf den Inseln wegen Regenarmut ein echtes Problem! Zum Teil kommt es aus Brunnen und ist wegen Inselcharakter häufig stark salzig, - zum Teil auch "matte Tropfen" aus der Dachzisterne, deren Wasser in der Tageshitze vor sich hinbrütet. In den Sommermonaten, wenn es praktisch keinerlei Regenfälle auf den Dodekanes gibt, stammt es entweder aus den Brunnen (siehe oben!), oder wurde kostspielig mit Tankschiffen rangekarrt.

Derartiges Wasser eignet sich allenfalls zum Zähneputzen, sollte jedoch nicht in größeren Mengen getrunken werden, um Magenverstimmungen zu vermeiden.

Als **Trinkwasser** gibt's auf den Inseln sogenanntes "Mineralwasser" in 1,5 Liter Flaschen in dortigen Lebensmittelgeschäften. Leider sind sie aus Plastik und nicht gerade umweltfreundlich, da sie kaum verrotten. Insbesondere wahllos in die Landschaft geworfen, verschandeln sie zudem die schöne Inselnatur. Vergl. auch Kapitel "Umwelt/Müll"!

Dusch-Orgien: Man kann sich vorstellen, welche Wassermengen ein Rhodos, mit knapp 1 Mill. Touristen pro Saison, benötigt. Analog Insel Kos etc. Nicht ohne Grund ist der Wasserpreis auf den Dodekanes rund 4 - 5 mal so teuer wie in der BRD.

Viele Billighotels und Privatquartiere stellen in den Sommermonaten daher stundenweise den Wasserhahn ab, um Geld zu sparen. Mag zwar ärgerlich sein, wenn man sich gerade unter der Dusche eingeseift hat und das Wasser wegbleibt. Abhilfe: vorab sich beim Hotelier nach den "Wasser-Terminen" erkundigen! Und herzliche Bitte: mit Wasser sparsam umgehen; es ist auf den griechischen Inseln ein kostbares Gut!

Zeitverschiebung

Mitteleuropa ↔ Griechenland

In gesamt Griechenland (somit auch Dodekanes) gilt die Osteuropäische Zeit (OEZ). Die Zeitverschiebung zu unserer Mitteleuropäischen Zeit (MEZ) beträgt **+ 1 Std.** Wenn es also bei uns z.B. 7 Uhr früh ist, zeigt die Uhr in Griechenland bereits 8 Uhr.

Die Umstellung von Sommer- auf Winterzeit erfolgt in Griechenland zum selben Zeitpunkt wie bei uns.

Feiertage

1. Jan., - 6. Jan. (Dreikönig), - Karfreitag/Ostern: wird riesig gefeiert, wobei das Osterfest in Griechenland zu anderem Zeitpunkt stattfindet als bei uns in Mitteleuropa. Termin variabel zwischen Mitte und Ende April, Infos von der Griech. Fremdenverkehrszentrale. -

25. Mai: Tag der Unabhängigkeit (Aufstand gegen die Türken 1821). - 1. Mai: Tag der Arbeit, - 15. Aug.: Maria Himmelfahrt, - 28. Okt.: Gedenktag an die Befreiung von den ital. Faschisten, - 25./26. Dez.: Weihnachten.

Darüber hinaus haben viele Ortschaften ihr Regionalfest, bei dem der Ortsheilige oder andere Anlässe gefeiert werden. Alle Details siehe Liste der Griech. Fremdenverkehrszentrale, dort gratis erhältlich.

✶KLIMA/ GÜNSTIGSTE REISEZEIT

Die griechischen "WINTER"-MONATE (Anfang Nov. - Ende Febr.) bringen den Dodekanes-Inseln das, was sie dringend brauchen: vereinzelte bis sporadisch starke Regenfälle.

Eine Jahreszeit der diesig kühl-feuchten Luft bei Temperaturen um 6 - 1o Grad. Wenn es ganz arg geht, gibt's sogar Schnee: das rangiert dann aber als Sensation.

Unterm Strich sind die Dodekanes-Inseln kein Winter-Urlaubsziel wie beispielsweise das auf nördlicherem Breitengrad liegende Mallorca. Ausgenommen weniger Hafenhotels ist alles dicht, zudem reduzierter Fährbetrieb. Der Urlaubsbetrieb beginnt:

OSTERN: erste Charter-Direktflüge ab Mitteleuropa, die Tavernen- und Hotelbesitzer noch ausgeruht. An Vegetation wohl schönste Jahreszeit: der Ginster an den Hängen in voller Blüte, die Felder grün, die Lufttemperaturen noch nicht so brütend heiß wie im Hochsommer. Sie liegen tagsüber bis ca. 2o Grad, allerdings nachts noch empfindlich kalt. Wegen ständiger Winde, insbes. in exponierten Lagen: unbedingt dicker Pullover, Jeansjacke etc. - Nix mit Baden: Wassertemperaturen um 14 - 16 Grad!

Für die Zeit direkt um Ostern rechtzeitig Flüge vorbuchen! Hat sich zwischenzeitlich als "Geheimtip" und in Ausnutzung der Osterschulferien für den Dodekanesbesuch rumgesprochen. Auf eigene Faust kommt man zwar mit Unterkunfts-Beschaffung klar, - mit kurzfristiger Buchung von Direktflügen kann's jedoch schwierig werden.

FRÜHJAHR (Mitte März bis Ende Mai): optimale Reisezeit, wer nicht auf Baden steht, sondern die Inseln in ihrer Natur, beispielsweise auf Wanderungen erleben möchte. Die Tagestemperaturen angenehm ohne die brütende Hitze des Hochsommers, keine Probleme mit Unterkunft. Eine Zeit der Ruhe, aber auch billiger Flugpreise auf Direktrouten.

Allerdings reduzierter Fahrplan der Inselfähren, die zudem Probleme mit den Frühjahrsstürmen der Ägäis haben. Zeitlich daher genügend flexibel und mit Reserven reisen!

HOCHSAISON (Anfang Juni bis tief in den September): verläuft analog der Schulferien und hat seinen Höhepunkt in der Zeit: Mitte

Juni, Juli, bis Ende August.

VORTEIL: alles voll in Betrieb: Tavernen, Mopedvermieter, Discos etc., aber auch die Badekaikis quer zwischen den Inseln und zu abgeschiedenen Inselbuchten. Ebenso Busse zu Stränden. - Wer Remmi-Demmi sucht, beispielsweise in Rhodos oder auf Kos, Kontakte etc., dürfte in dieser Jahreszeit am besten bedient sein. Zudem die häufigsten Fähr- aber auch Flugverbindungen.

NACHTEIL: schwierig, kurzfristig an preisgünstige Flüge zu kommen. Auch im Sektor Unterkünfte erhebliche Engpässe, Details und Tips siehe Kapitel "Unterkunft". Auch auf ansonsten abgelegeneren Inseln zu dieser Zeit dickes Remmi-Demmi; definitiv nix mit "Einsamkeit"!

BADEN: ab Anfang Juli besitzt die Ägäis im Dodekanes Temperaturen um 25 Grad, entsprechender Betrieb an den Stränden. Mittags brütende Hitze über dem ausgedorrten Land bei Luft-Temperaturen bis zu 4o Grad und mehr.

SEPTEMBER/OKTOBER: der Hauptbetrieb, aber auch die mittagliche Hitze klingt gegen Mitte September ab: Das Meer ist von der sommerlichen Hitze immer noch bis Anfang Oktober hinein auf ca. 22 Grad angewärmt.

Im Grunde die optimale Zeit für den Besuch der Dodekanes-Inseln, wer Baden mit Inselerkundungen verbinden möchte. Die letzten Charterflüge, aber auch größere Hotels schließen Ende Oktober.

ÄGÄIS-STÜRME: anfällig sind zwar besonders Frühjahr und Herbst, - es muß jedoch das ganze Jahr über mit Winden gerechnet werden, die so kräftig sind, daß sie die Schiffspläne komplett durcheinander werfen. Sie können auch im Sommer so große Stärke erreichen, daß selbst die Großfähren die Abfahrt verschieben.

Gilt insbesondere für die kleineren Fähren: in dem Zusammenhang mehrere Möglichkeiten: Fähre "überspringt" Hafen, weil das Anlegen am Hafenkai wegen Wellen (und "Ranwerfen an den Kai") zu gefährlich wäre. Oder aber: Fähre hat bereits festgemacht und wartet erst mal die härteste Periode der Winde ab...

Kann 4 - 5 Stunden dauern, was im Anschluß den Fährplan komplett durcheinanderwirft. Einer der Gründe, warum es im Ägäisbereich praktisch monatlich neue Fahrpläne für die Inselfähren gibt. Es handelt sich hier um eine "Anpassung" auf den aktuellen Stand.

KLARTEXT in Sachen INSELSPRINGEN: weniger Problem auf Inseln, die häufig von Fähren angelaufen werden. Auch wenn's einen Ägäis-Sturm gibt, geht's danach irgendwie nach relativ kurzer Zeit weiter. - Verhängnisvoll kann's dagegen in Reiseplanung auf kleineren Inseln werden, wenn sie nur 2 - 3 mal/Woche angelaufen werden, - insbesondere wenn die Fähre wegen Sturm die Insel ausklammern muß...

★ AUSRÜSTUNG/KLEIDUNG:

Ein warmer PULLOVER, Jacke etc. sollte in jedem Fall im Reisegepäck sein. Abends wird's kühl. Darüber hinaus tagsüber bei Besteigungen von Inselgipfeln viel Wind und kühlere Temperaturen in Höhen von 7oo -

1.ooo m, die im Dodekanesbereich häufig erreicht werden.

Schönes Souvenir sind die griechischen Pullover aus Schafswolle, die es zwischenzeitlich auf praktisch jeder Insel und in jedem Souvenirshop gibt. Die Preise sind billiger, als was man in Mitteleuropa zahlen würde. Auch ist Handeln üblich (auf stark touristischen Inseln wie Rhodos, Kos etc. gut 15 - 2o %). Zugleich aber auch Qualität überprüfen.

Realistische Preise orientieren sich sowohl an Maschendichte, aber auch Wollqualität. Anprobieren empfiehlt sich; es gibt u.a. weiche Wollqualität, aber auch äußerst grobe "Kratz- Pullis". - So schön die Dinger aussehen und sich bei abendlichem Tavernenbesuch im windgeschützten Hafen als "wärmend" bewähren: Für Inselgipfel-Besteigungen sind sie wegen ihrer groben Strickart meist 2. Wahl. Je gröber die Masche desto mehr friert man, weil der Wind durchbläst.

Wer Wanderungen plant, die insbes. in höhere Lagen führen oder Berggipfel erreichen, - benötigt in jedem Fall Daunenjacke und Regenschutz.

Gutes SCHUHWERK für Wanderungen. Die Insel-Pfade sind steinig. So bequem ansonsten der Turnschuh Marke Adidas, Puma bis xy ist, auf derartigen Pfaden sind solide Wanderschuhe die bessere Wahl! Von zu Hause mitbringen; vor Ort auf den Inseln praktisch nicht erhältlich. Badesandalen bewähren sich bei steinigen Inselstränden.

HOSEN bzw. SHORTS sind bequem bei sommerlichen griechischen Temperaturen. Wer durch die Macchia steigt, ist mit festen Jeans am besten bedient (da der Planzenwuchs sehr stachelig ist). Der Minirock ist bei abendlichem Tavernenbesuch durchaus ok., - nicht dagegen beim Besuch von Klöstern, Details siehe dort.

BLUSEN/HEMDEN: durch die Bank reine Baumwollsachen einpacken! Optimal beispielsweise T-Shirt, Jeans etc. und bei Hitze angenehm zu tragen, - Nylon, Polyestersachen läßt man besser komplett zu Hause.

SONNENSCHUTZ: Cremes etc. gibt's auch vor Ort. Wer auf eine spezielle Marke eingeschworen ist, bringt sie sich von zu Hause mit. Das Angebot vor Ort in Touristengebieten ist jedoch vergleichbar oder fast besser als bei uns zu Hause.

Achtung: die Sonne brennt in südlichen Breitengraden intensiver als in Deutschland. Wer frisch in Rhodos, Kos etc. eingeflogen ist, - sollte sich zunächst die ersten Tage vorsichtig der Sonne aussetzen. 15- 2o Min. fürs Erste sind ok., wer keinen Sonnenbrand riskieren will. Selbes gilt für den "Ritt auf dem Moped/Motorrad".

Nix schlimmer, als wenn man sich als "roter Lobster" im Bett wegen Sonnenbrand nicht mehr umdrehen kann. Abhilfe: After Sun- Gel, erhältlich in Apotheken.

KLEINKRAM: ein Reisewecker ist nützlich für Inselspringen, wenn Fähren, Flüge oder Inselbusse früh am Morgen losgehen. - Radio mit Tape Recorder: schön, um heimische Musik und Radiostationen aufzunehmen als Reise- Erinnerung, - oder aber eigene spezielle Musik nach Geschmack genießen zu können. Bewährt haben sich Walkmans mit eingebautem Radioteil und Möglichkeit, aufnehmen zu können. Sie sind klein und handlich, Preis um 2oo DM.

Taschenlampe: nützlich, um in dunklen Nächten auf steinigen Pfaden den Weg zu finden, bei Autopannen etc. Tip sind hier die neuen Alu- Leichtgewicht Taschenlampen. Sie besitzen gerade mal 1,5 cm Durchmesser und wiegen weniger als 1oo Gramm, dies bei gleicher Lichtleistung der bisherigen und erheblich schwereren Taschenlampen.

Schweizer Taschenmesser ist ebenso sinnvoll wie die Mitnahme von Nähzeug, Schreibpapier, Kuli und Sicherheitsnadeln. Die Dinge gibts selbstverständlich auch in Griechenland, - in Basisausrüstung im Reisegepäck spart man sich aber den Weg zum nächsten Geschäft.

BADESACHEN: synthetisch, da schnell trocknend und leicht im Gepäck. - Badeschlappen aus Plastik schützen den Fuß vor Steinen am Meer und Hitze auf Beton bzw. Felsplatten. Im Hotel bieten sie Schutz vor Fußpilz.

ROMAN/SPIELE: Insellektüre für lange Abende. Schön sind auch Spiele, z.B. Schach, das es in kleiner Ausführung als Magnetschach in heimischen Spielwarengeschäften zu kaufen gibt.

✶ FOTOGRAFIEREN / FILMEN / VIDEO

Nicht genehmigt ist das Fotografieren und Filmen von militärischen Anlagen. Dort stehen Verbotsschilder (durchgestrichene Kamera).

In Museen ist Fotografieren teils verboten, in anderen Museen dagegen erlaubt, sofern man keinen Blitz verwendet. Schild am Eingang beachten bzw. fragen.

Archäologische Stätten (Freigelände): Fotografieren und Filmen erlaubt, sofern kein Stativ verwendet wird. Begründung u.a.: man will vermeiden, daß antike Mauerreste, Steine etc. durch die spitzen Nägel des Stativs beschädigt werden.

Fotografieren/Filmen von Menschen: insbesondere bei älteren Einheimischen ist Höflichkeit und Respekt angebracht: d.h. vorher freundlich fragen. Wenn die Griechen dann "nai" sagen, bedeutet das ja, - "óchi" dagegen nein. Siehe auch Kapitel "Gesten und Gruß"!

FILM-MATERIAL: in Griechenland wesentlich teurer als bei uns daheim. Für einen 24 Bilder Negativ- Farbfilm zahlt man in Griechenland rund 1o DM, also fast das Doppelte. Beim Kauf darauf achten, daß das Verfallsdatum noch nicht überschritten ist und daß der Film nicht aus einem heißen Schaufenster etc. herausgeholt wird.

VIDEO-FILMEN: immer mehr Leute fröhnen dem schönen Hobby. Vorteil: nicht nur bewegte Bilder, sondern der Ton gleich dazu. Heutige Videokameras sind so lichtstark, daß man auch bei Restlicht (z.B. Kerzenschein) filmen kann.

Als meistverkauftes System scheint sich "Video 8" durchzusetzen. Aufge zeichnet wird auf einer Kasette, die nur unwesentlich größer als eine Audiokassette ist und Kapazität bis zu 12o Min. besitzt. Die Version "Video Hi 8" bringt dabei die beste Farbqualität.

Gute Kameras sind u.a. die von Sony (TR- Serie): Leicht, kompakt und schnell in Scharfeinstellung. Für diesen Kameratyp gibts bei Sony ein gelbes Gehäuse, mit dem bis zu ca. 3 m Wassertiefe gefilmt werden kann: heißer Tip für Schnorchler.

✶ GESUNDHEIT / ÄRZTL. VERSORGUNG

Medizinische Versorgung: in der Regel gute INSELÄRZTE und APOTHEKEN. Selbstverständlich kann man auf Inseln mit rund 1o.ooo Einwohnern keine KRANKENHÄUSER im Stil bundesdeutscher oder derjenigen von Athen erwarten. Wenn der Zahn drückt oder Spezielles anliegt: ab mit der nächsten Fähre nach Kos/Stadt, Rhodos/Stadt oder Athen!

In gravierenden Fällen wird der Helikopter von Olympic Airways angefordert, der in rund 1 Std. Direktflug zum Athener Spezialkrankenhaus bringt. Die offiziellen Helikopter-Landeplätze (markiert) befinden sich in exponierter Lage auf Hügeln oder Bergkuppen; Grund: leichter anzufliegen.

Selbstverständlich landen in akuten Notfällen und bei starkem Wind die Helikopter nicht auf den offiziellen Plätzen, sondern wählen durch Berghänge windgeschützte Privatfelder von Bauern.

Während die Inselapotheken in der Regel mit gängigen Medikamenten gut bestückt sind, ist ein anderes Thema die SPRACHE. Apotheker und Ärzte sprechen in der Regel zumindest Englisch; ein (in Wortschatz umfangreiches!) griech./deutsches Lexikon kann im Notfall jedoch nützlich sein, um präziser die Krankheits- Sympthome erklären zu können.

Weiterhin erfährt man durch Anruf bei der dt. Botschaft bzw. ADAC - München (oo49-89-222.222), welche Ärzte vor Ort Deutsch sprechen.

TOILETTEN: separates Thema. Während sie in guten Hotels und Restaurants in der Regel absolut sauber sind, - trifft man in manchen Billigstpensionen und Basic- Campingplätzen auf Sanitäranlagen, die nicht unbedingt "top-hygenisch" sind. Sprich: gelbbraune Färbung der Schüssel, fehlende Toilettenbrille, Gestank etc. Kann sein, muß aber nicht. Abhilfe: Skifahrerstellung ohne Kontakt mit der Schüssel.

Sofern es sich um ein "Plumps-Klo" handelt (= Loch, durch welches die Fäkalien in eine Grube fallen): kein Toilettenpapier ins Loch werfen, da dieses angeblich den Zersetzungsvorgang unten in der Grube behindert und/oder die schmale Röhre zur Grube verstopfen kann.

Auch möglich: Dusche direkt über der Toilettenschüssel angebracht. Wer sich also duscht, muß sich breitbeinig über die Schüssel stellen. Hat zumindest den Effekt, daß die Brille gereinigt wird...

Im großen Ganzen hat man derartige Erlebnisse nur, wenn man absolut "basic" reist, d.h. in billigsten Herbergen logiert bzw. auf einfachsten Campings nächtigt. Griechenland ist in Relation zu anderen südeuropäischen Ländern sehr sauber, wobei Ausnahmen die Regel bestätigen. Ein Attribut, was jedoch nicht immer für die Toiletten der innergriech. Fähren gilt, - vor allem, wenn man in der billigsten Klasse reist.

SONNENBRAND: weißbleiche Mitteleuropäer fliegen in 2 - 3 Std. nach Kos, Rhodos - und wollen recht schnell braun werden. Sprich: ruck-zuck an den Strand plus Sonneneinstrahlung über Stunden. Dies geht schief! Die ersten Tage sollte man sich nur kurz (ca. 3o Min.) der prallen südländischen Sonne aussetzen, sofern man keinen Sonnenbrand wünscht. Zudem sollte man sich gut einkremen mit Sonnenmilch (hoher Schutzfaktor).

Die momentane Mode: *"gut gebräunt aus dem Urlaub zurück = Urlaub war top"* dürfte in den kommenden Jahren Modifikation erfahren wegen Ozonloch und zunehmendem Hautkrebs! In Neuseeland gibts z.B. regelmäßig zusammen mit dem Wetterbericht Warnungen in Sachen Ozon und maximaler Zeit, die man die Haut der Sonne aussetzen sollte. Dort ist das Attribut "brauner Haut" out. Weitere Details siehe VELBINGER Band 36 "Chile/Antarktis".

Was jedoch nicht heißen soll, daß man die Sonne völlig meiden sollte. Sie ist für den Menschen wichtig, da sie die Produktion wichtiger Vitamine anregt. Keine Exzesse; wie immer: das Mittelmaß ist richtig.

Achtung: Reflektion durch das Wasser verstärkt die Wirkung der Sonneneinstrahlung. Gilt in Wassernähe bzw. bei Bootstrips. - Warnung ebenfalls vor Entblößtem auf Mofa und Moped. Wegen kühlem Fahrtwind spürt man nicht die Wirkung der Sonne und liegt abends dann "flach" mit sattem Sonnenbrand. Abhilfe: After Sun Gel.

DURCHFALL: wegen übermäßigem Genuß von Olivenöl (z.B. im Salat, Oktopus etc.) durchaus möglich. Anderer Grund: Lebensmittelverunreinigung. Abhilfe: Kohletabletten. Sollte der Durchfall nach 2 Tagen nicht aufhören, oder aber Koliken im Bauchbereich auftreten oder gar Blut im Stuhlgang: umgehend Arzt aufsuchen!

Daß man sich durch den Genuß von scharfen Gewürzen (z.B. "heiße Peperoni" etc) "fit machen könne gegen Durchfall", - so gelesen in anderen Führern, - ist nur die halbe Wahrheit. Zwar regen derartige Kondimente die Magenschleimhaut an und aktivieren sie gegen Parasiten. Anderseits ist der Magen eines Mitteleuropäers an derartig "scharfe Kost" in Übermaß nicht gewöhnt und kann gerade deswegen mit Durchfall reagieren...

AIDS: dringende Warnung! Im Urlaub sind viele freier - und erwarten in gewisser Weise neben Baden, Sonne auch das sexuelle Erlebnis. Warum nicht, kann megagut sein!

Ich kenne einen Fall, wo sich eine 2o-jährige Deutsche auf Rhodos in einen Griechen verliebte und heiße Liebesnächte bester Qualität verbrachte. Zum Abschied schenkte er ihr ein Päckchen, das sie erst in Deutschland öffnen solle. Dort fand sie eine tote Ratte und Begleitbrief: "es war wunderschön mit Dir, aber - sorry - Du hast jetzt Aids. Tschau, Dein Adonis"... Fataler kann ein Traumurlaub kaum enden!

Klartext: die "Loveboys von Rhodos" versprechen Liebesglück und erfüllen dies in der Regel auch. Wichtig, daß der Penis vorab den Condom übergezogen bekommt! Selbes gilt auch für sämtliche sonstigen Liebesabenteuer mit Deutschen (infiziert in Kenia oder Thailand etc.) und jeglichen sonstigen Nationalitäten. Selber schuld, wer den Penis reinrutschen läßt, - ohne daß der Condom schützt. Letzteren gibts in Griechenland in jeder Apotheke/Pharmacie. Auf Genitalien deuten, und der Apotheker weiß Bescheid, was man kaufen will.

"FREISCHWIMMER zur TÜRKISCHEN KÜSTE": sie liegt zum Greifen nahe, oft nur wenige Kilometer. Allerdings dringende Warnung: die Strömung in diesen Meeresarmen ist äußerst stark. Selbst sehr gute Schwimmer wurden von der Strömung auf die offene Ägäis hinausgetrieben.

Dem Verlag ist ein Fall bekannt, wo ein deutscher Tourist wegen politischer Probleme in der Türkei auf diesem Wege nach Griechenland flüchten wollte. Er gilt seither als verschollen...

✶ MÜLL/UMWELT

Es ist eine Unsitte in Griechenland, daß man selbst für kleinste Einkäufe (die Zigarettenschachtel, der Coladrink etc.) in den Geschäften eine Plastiktüte in die Hand gedrückt bekommt. Papiertüten, wie in den USA, sind in Griechenland weitgehend unbekannt.

Der Kram wird anschließend hemmungslos in die Landschaft geworfen, bzw. auf Schiffen von Bord. Nach kräftigen Ägäis Winden kommt der ganze Müll von Plastik- Mineralwasserflaschen - Shampoo etc. wieder an Land, und die Plastikeinkaufstüten hängen wie die Riesenkondome einer Konsumgesellschaft in den Büschen.

Eindeutige Schuldzuweisung, wer hier das größere Dreckschwein in Sachen Müll ist, - der Grieche oder der Urlauber, - ist nicht möglich. Vielfach beobachtet, selbst der gebildete griech. Klerus kippt seinen Müll aus dem Kloster den Berg runter. Zumindest als Urlauber und Gast in Griechenland sollte man Vorbild setzen:

* sofern man die Wahl hat: keine Getränke in Plastikflaschen oder Aludosen kaufen. Plastiktüten generell ablehnen! Wenn der Grieche im Geschäft Deutsch spricht, mit entsprechendem Kommentar, warum (Papiertüten sind übrigens genauso stabil wie Plastiktüten)!
* Bei Getränken möglichst die Marke wählen, die in Pfand-Glasflaschen abgefüllt ist. Wenn Einweg-Glasflaschen, nie in die Landschaft werfen! Zwar schädigt Glas als Naturprodukt (aus Sand) nicht chemisch die Natur (siehe Plastik), zerbrochenes Glas ist jedoch kaum noch aus dem Sand oder Kies der Strände zu entfernen.

  In Sachen Aludosen sei darauf hingewiesen, daß sie aus Bauxit hergestellt werden (z.B. Guyanas und Brasilien/Südamerika), wobei immense Elektrizität nötig ist, die in dortigen Ländern durch gigantische Staudämme gewonnen wird. Stauseen, die große Landstriche unter Wasser setzen und die Natur schädigen.

So sinnvoll Aluminium in verschiedenen Industriezweigen ist, - als Getränkeverpackung ist Alu definitiv verzichtbar!

* Zwar ist kaum zu erwarten, daß demnächst griech. Gesetze kommen, die den Plastik- und Alu-Unsinn verbieten. Bei rund 7 Mill. Touristen, die pro Jahr nach Griechenland kommen (und zur Saison Hauptgetränkekonsumenten sind), hat man jedoch Steuerungsmöglichkeiten, - sofern genügend Leute mitmachen!

* Müll gehört in die Tonne (vielfach von den Griechen am Strand aufgestellt). Wenn sie voll ist, bitte die Sachen nicht daneben legen. Der Wind treibt den Dreck in die Landschaft. Sondern mitnehmen ins Hotel bzw. Campingplatz zum dortigen Abfalleimer. Selbes gilt, wenn keine Mülltonne vorhanden ist.

UMWELTSCHUTZ steckt in Griechenland leider noch in den Anfängen. Daß es mit der massiven Luftverschmutzung im Großraum Athen so nicht weitergehen kann, ist zwar den meisten Griechen klar, für andere Probleme fehlt vielfach noch das Bewußtsein: so wird nach wie vor hemmungslos mit Dynamit und feinmaschigen Netzen gefischt.

Die Ägäis, früher reich an Fischen, selbst Hummer und Krabben, - ist heute weitgehend leer. Normaler Fisch wird vielfach aus der Türkei, von Israel und Zypern importiert, Edelfische (Hummer etc.) sogar aus Afrika und Südamerika (Chile) eingeflogen. Ebenfalls kümmert man sich nicht um die Schonzeiten, so daß sich die Fischbestände der Ägäis nicht mehr regenerieren können.

Ein weiteres Thema ist die WASSERVERSCHMUTZUNG: durch die Ägäis läuft die Hauptschiffahrtsroute von Istanbul kommend aus dem Schwarzen Meer. Nicht nur Wasserbelastung durch Rohöl und Müll, der hemmungslos über Bord geworfen wird. Auch von Landseite fließen heute rund 85 % aller Abwässer ungereinigt ins Meer. Zwar gehört der Bereich der Dodekanes/Kykladen zu den saubersten Gewässern des Mittelmeeres. Mag damit zusammenhängen, daß es dort wenig Siedlungs-Ballungsräume und fast keine Industrie gibt. Für viele Griechen ist es daher uneinsichtig, hier Umweltschutzmaßnahmen durchzuführen. Eines muß jedoch klar gesehen werden: bereits geringe Mengen an Gift, die ins Meer geleitet werden, gelangen in die Nahrungskette: der Mensch ißt sie mit dem Fisch!

ARTENSCHUTZ: besonders gefährdet sind die Mönchsrobben. Nach Schätzung der Wissenschaftler gibt es auf der Welt nur noch 5oo Exemplare, die Meeressäugetiere sind daher vom Aussterben bedroht. Es gibt sie heute nur noch in Griechenland (z.B. Insel Kefalonia und nördliches Mykonos; also nicht im Dodekanes) sowie an ganz wenigen anderen Stellen des Mittelmeeres. Ihre Bestände reduzieren sich von Jahr zu Jahr.

Herzliche Bitte: verzichtet auf Fahrten mit Ausflugsbooten zu den Brutstätten der Mönchsrobben!! Sie werden durch die Boote gestört, suchen ihre angestammten Plätze nicht mehr auf, wodurch die Zeugung von Nachkommen gefährdet ist!

Meeresschildkröten: ebenfalls vom Aussterben bedroht, haben ihre Nistplätze gegenüber der Dodekanes Inseln an der türkischen Küste. Ausführliche Infos von:

"Greenpeace", 2o459 Hamburg, Hohe Brücke 1. Rückporto beilegen, besser aber gleich Spende zur Unterstützung der Greenpeace-Arbeit!

★KIRCHEN und KLÖSTER

Zwar sind die Kapellen und Klöster auf den Dodekanes-Inseln nicht ganz so zahlreich wie auf den Kykladen (siehe VELBINGER, Band 3o Kykladen), aber auch hier gibt es eine Vielzahl an sehenswerten kirchlichen Bauten. Herausragend ist dabei das Johannes-Kloster auf Patmos, der größte klerikale Festungsbau der gesamten Ägäis! (siehe Seite 91)

Sehr schön und abgelegen: Kloster Panormitis auf Symi. An der Südspitze der Insel, praktisch nur mit dem Boot erreichbar (hier auch Übernachtungsmöglichkeit). Unbedingt erwähnenswert auch die Kirche Ag. Panagia in Lindos (auf Rhodos) mit reich geschmücktem Innern.

Für den **BESUCH** wird eine angemessene Kirchenspende erwartet. Je nach Größe der Kirche/des Klosters sind rund 1o - 15 DM angemessen. Sie dient der kostspieligen Erhaltung der Kirchen/Klostergemäuer. Wer als Besucher reicher ist, legt mehr Geld hin.

KLEIDUNG: zwar gibt es Fälle, wo hauteng miniberockte Girls Zutritt erhielten. Normen der Höflichkeit sind jedoch gemäß Klerus "züchtige Bekleidungen". Sprich: nix mit Shorts, Badehose oder gar Bikini. Bei Frauen sind die Beine bis rauf zum Busen keusch zu bedecken.

Die Gründungslegenden der einzelnen Dodekanes-Klöster gleichen denen der Kykladen. In der Regel wird berichtet, daß eine Ikone in einer Inselbucht an Land geschwemmt wurde und den "Anstoß" zur Klostergründung gab. Variante: fromme Nonne/Mönch kommt mit Ikone an Land.

Errichtet wurden die Klöster immer oberhalb des Meeres und in Festungsbauweise. Durch den Fleiß der Mönche, die Elementares in Kultivierung der kargen Inseln durch Terrassenanbau beitrugen und für Einkünfte sorgten, - aber auch durch die Frömmigkeit der Inselbewohner (sprich Spenden) sammelte sich schnell einiges an Wertgegenständen in den Klöstern an.

Ein Kloster zu "knacken" galt daher bei den Piraten, die ab ca. 12. Jh. die Ägäis verunsicherten, als "höchstes der Gefühle". Dabei ging es weniger darum, Kunstschätze einzusammeln; allein die Tatsache reichte, daß in diese viel Gold und Silber eingearbeitet war.

Im Rahmen fortschreitender Waffen-Technik wurden selbst Superfestungen wie "Chryssovitissa" (Insel Amorgos/Kykladen) mehrfach geknackt und im Anschluß von den Mönchen mühsam und in noch höherer Festungs-Perfektion wiederaufgebaut.

Andere DODEKANES-KLÖSTER liegen weniger spektakulär, hatten in ihrem Inselbereich jedoch ähnliche wirtschaftliche, religiöse und politische Bedeutung. Allgemein ist, daß sie im 2o. Jh. starken Schwund an Mönchen/Nonnen aufweisen.

Vielfach sind es nur noch 1 oder 2 Personen (zudem in hohem Alter!), die diese ehemals wohlhabenden Klostergebäude pflegen, - insbesondere aber auch bereit sind, in dieser absoluten Einsamkeit zu leben. Dem jungen Priesternachwuchs erscheint zumindest der Dienst für die Gemeinde in lebendigen Hafenorten, Chora etc. sinnvoller, - als sich hier in totaler Kloster-Einsamkeit als Mönch auf Gott zu konzentrieren.

✶ GESTEN und GRUSS

Wer sich mit einem Griechen unterhält und dieser **neigt den Kopf leicht diagonal** so bedeutet dies: "ja, einverstanden".

Dagegen bedeutet: **Kopf spicken, wegweisen**: "nein, nicht einverstanden", bzw.: "wiederholen, habe nicht verstanden".

Kopf schütteln: "nicht verstanden".

Von daher recht klare Zeichen, - auch in Bezug Handbewegungen:

* nach unten zum Körper winkend: "kommen, folgen"
* nach unten vom Körper wegwinkend: "weg, aus den Augen, nein".

In der Sprache kanns jedoch Mißverständnisse geben: JA heißt auf Griechisch *"nai"* (gesprochen ähnlich "nä"), - NEIN dagegen *"óchi"*.

Wenn man sich begegnet, sagt man *"kaliméra"* oder *"kaliméra sass"* (Guten Tag Ihnen), - Häufig auch *"chaírete"* (freut Euch). Am besten mit gleichem Gruß antworten. Auf Kreta vielfach üblich: *"ora kalí"*, was so viel wie "gute Stunde, viel Glück" bedeutet.

Begrüßt der Grieche mit *"kalós orisáte"*, meint er: seien Sie willkommen! Man antwortet: *"kalós sass vrika!"* (gut daß ich Sie getroffen habe). Es gibt viele Varianten; die Gruß- Kurzform ist *"jassas"* (hallo, tschüss).

Verabschiedung: *"stó kaló"* (alles Gute) oder mit *"jía chará"* (Gesundheit und Freude).

✶ GASTFREUNDSCHAFT

War vor rund 15 Jahren noch in weiten Teilen Griechenlands (abseits der Tourismusgebiete) üblich und Bestandteil griech. Lebensauffassung. Dem Fremden als "Weitgereisten" sei Gastfreundschaft entgegen zu bringen, - ähnlich wie die Griechen als z.B. Kapitäne und Matrosen auf den Weltmeeren unterwegs waren, wo ihnen ebenfalls in fernen Ländern Gastfreundschaft zu teil wurde. Nicht ohne Grund bedeutet Ξενος ("xenos" oder "xena" = weibl.) in der griech. Sprache sowohl "Fremder" als auch "Gast".

Klar daß heute im Zeitalter des Massentourismus (allein rund 1 Million Besucher auf Rhodos alljährlich) derartige Traditionen nicht mehr im Stil wie früher gepflegt werden können. D.h.: je touristischer die Region, desdo kommerzieller und auf Drachmen ausgerichtet läuft der Ferienbetrieb.

Der Wanderer weit abseits ausgetretener touristischer Pfade kommt jedoch öfters noch in den Kontakt griechischer Gastfreundschaft. Wer eingeladen wird, bitte niemals den Gastgeber ausnutzen. Zu den Grundregeln der Höflichkeit gehört, Einladungen (z.B. für einen Drink) nicht abzuschlagen, - aber bei der ersten nächsten Möglichkeit von sich aus den Gastgeber einzuladen. Alles bitte nicht mit deutsch-typischer Verbissenheit betreiben à la "Schlagabtausch gegenseitiger Einladungen", - sondern mit Lockerheit und Liebenswürdigkeit. Einladungen sehen Griechen als Geste ("ich mag Dich, Du bist mir sympatisch"), - und was ist schöner, als hier eine eigene Geste gegenüberzusetzen: "Ich mag Dich auch"!

Zum Glück sind die Zeiten von Schmarotzern (insbes. aus der Tramperszene) vorbei, wo es vielen darum ging, durch Einladungen möglichst billig über die Runden zu kommen. Der Grieche weiß inzwischen sehr genau zu unterscheiden.

✶FRAU und FAMILIE in GRIECHENLAND

In der griechischen Gesellschaft dominiert nach wie vor vom Mann. Bis vor Jahren noch war es z.B. Frauen verboten, das Kafeneion zu besuchen. Erst 1975 wurde in der griech. Verfassung die Gleichberechtigung zwischen Mann und Frau verankert und erst 1983 die Mitgift abgeschafft. Meilensteine in der Geschichte, - zunächst allerdings weitgehend nur auf dem Papier.

Trotz Gesetzgebung bestimmt außerhalb der Großstädte immer noch das PATRIARCHAT und nicht das Gesetz, "wo's lang geht", - also welchen Mann die Tochter heiratet, Fragen der Mitgift etc.

Dies sind alte Traditionen, - noch heute in ländlichen Gebieten verankert im Familienverbund. Denn nur wenn die Familie "funktioniert", d.h. eng zusammenhält, ist dies Garant, sich bei harten Lebensbedingungen (z.B. karge Böden und geringe Einkünfte) durchzusetzen, sprich zu überleben.

Im Gegensatz zu Mitteleuropa hält in Griechenland die Familie eng zusammen und ist unter diesem Aspekt intakt. Alte Leute werden daher auch nicht ins Altersheim abgeschoben, sondern sind wertvoller Bestand der Familie, da sie über reiche Lebenserfahrung verfügen. Der Sohn, der einen guten Job in Deutschland hat, würde diesen umgehend abbrechen, wenn seine Mutter schwer krank ist. Alle Schwierigkeiten werden gemeinsam gemeistert. Wie auch in ländlichen Regionen Italiens tritt die Frau außerhalb des Hauses weniger in Erscheinung, hat drinnen aber das Regiment.

Das Oberhaupt der Familie (der Vater) bestimmt in allen Lebenslagen (= Patriarchat). Nicht selten bestimmt er, welchen Mann seine Tochter zu heiraten hat - wobei nicht die Liebe sondern materielle Gründe (Ausweitung des Grundbesitzes etc.) Ausschlag geben. Stirbt das Oberhaupt, bestimmt der älteste Sohn.

Über ihm steht der Dorf- Pope, der die Regeln des sozialen Zusammenlebens überwacht (unter Hinweis auf göttliche Strafen, Beichte etc.), - der aber auch wegen seines hohen Ansehens die Rolle eines "Psychotherapeuten" in allen Lebenslagen übernimmt. Je nach Qualitäten des Popes "berät" dieser entweder in positivem Sinne. Oder aber übt massiven Druck aus, - wenn sich beispielsweise die

Tochter weigert, einen vom Vater vorgeschriebenen Ehemann zu heiraten, den sie im Grunde ihres Herzens nicht liebt.

Ohne Frage - und damit keine Mißverständnisse entstehen - handelt es sich bei den Dorfpriestern um hohe Persönlichkeiten, die mit viel Geschick und Lebenserfahrungen für den Zusammenhalt von Familie und Dorf Sorge tragen. Dies allerdings unter den traditionellen und bisher gültigen Kriterien.

Heutiger Stand: das Fernsehen (auf allen Inseln zumindest per Satellit zu empfangen) zeigt die "Genüsse modernen Lebens" wie z.B. Auto, gewisser Reichtum durch Jobs in der Fabrik bzw. Tätigkeit im Ausland.

Viele Jugendliche sehen daher keinen Sinn mehr im kargen Inselleben und wandern aus. Kirche: naja, - aber Disco und eigenes Auto zehnmal besser! Von daher hat auch der Insel-Pope nur noch reduzierten Einfluß. Die bisherigen Großfamilien lösen sich daher zunehmend auf. Bestehen bleibt die Form der Kernfamilie, d.h. die Eltern bleiben auf dem Land, - während die Kinder ihre Einkünfte in Athen, Deutschland, Schweiz, USA oder den Tourismusgebieten von Kos, Rhodos beziehen.

TOURISMUS (die weiße Industrie)

Den Wirtschaftsplanern des modernen Griechenlands war nach Beendigung des Papadopoulos- Militärregimes (Mitte 7o-er Jahre) klar, daß die permanente Bevölkerungsabwanderung von griechischen Inseln einer Lösung bedurfte.

Bisher landwirtschaftlich orientiert, brachten die meist kargen Inseln zu wenig Profit. Auch lagen die Absatzmärkte für derartige Produkte zu weit entfernt.

Das weitere Kapital der Dodekanes Inseln: optimale Bedingungen für den Tourismus, beständige Sonne und zum Teil exzellente Strände. Während Urlauber nach Rhodos noch Ende der 5o-er Jahre eine äußerst langwierige Seereise bzw. Propellerflug auf sich nehmen mußten, - brachte die Einführung des Jets als Transportmittel für Urlauber (ab 7o-er Jahre) den Durchbruch. Fortan erreichbar in ca. 2 - 3 Std. ab Mitteleuropa boomte die weiße Industrie, und riesige Hotelbauten zunächst an der Nordspitze von Rhodos und Kos entstanden.

U.a. Engländer brauchten nicht mehr ihr heimisches und an Meerestemperaturen kühles Blackpool oder Bournemouth aufsuchen, sondern jetteten per Pauschaltrip (Flug & Hotel) preiswert nach Rhodos oder Kos. Auch bundesdeutsche Veranstalter zogen nach.

Die Hoffnungen nach grenzenlosem Wachstum erfüllten sich jedoch nicht. Zunehmend machten ab Ende der 8o-er Jahre Billig- Angebote an der türkischen Ägäisküste denen von Rhodos und Kos Konkurrenz.

DODEKANES- URLAUBER sind heute insbesondere Skandinavier, die per Charterjet einfliegen. Vorteil für sie: im Gegensatz zu Skandinavien Alkohol ohne Limit. - Deutsche, Schweizer und Österreicher kommen per Pauschaltrip nach Kos und Rhodos wegen guter Badebedingungen und meist preisgünstiger Pauschalangebote.

Schade, wenn man sich nur auf die traditionellen **4 B** (Baden, Braunwerden, Bumsen und Bechern) beschränkt. Die Inseln des Dodekanes sind landschaftlich ungemein schön und lohnen die Erkundung auf eigene Faust. Alle Details und Tips zum Entdecken siehe dieser Band.

in eigener Sache:

Es liegt in der Natur der Dinge, daß bei der Fülle an konkreter Information, die dieses Buch enthält, sich im Laufe eines Jahres einiges ändern kann.

Deshalb bitten wir um Mitteilung von Abweichungen. Wer uns ansonsten irgendwelche ausgefallenen Tips wie neue Routen, schöne Hotels mit viel Atmosphäre oder ähnliches schickt, wird bei der Neuausgabe dieses Buches namentlich zitiert.

Bitte schreibt uns, wir freuen uns über jeden brauchbaren Tip, weil wir es wichtig finden, daß man nicht irgend ein blödes Laberbuch, wie leider viele Reiseführer, mit sich schleppt, sondern etwas, was wirklich nützlich und hilfreich ist.

Griechenland-Redaktion

VERLAG
MARTIN
VELBINGER

Bahnhofstr. 1o6 - 82166 Gräfelfing

Unterkunft

Vorweg: wer im Dodekanes- Bereich zur HAUPTSAISON reist, muß mit entsprechenden Engpässen bei HOTEL-ZIMMERN rechnen. Teils sind sie von sogenannten "Repetern" (Leute, die Jahr für Jahr kommen) ausgebucht, teils in fester Hand von Pauschalveranstaltern, die Flug & Hotel anbieten.

Gleichzeitig eine Vielzahl an PRIVATZIMMERN, sodaß man in den meisten Fällen klarkommt, wenn man sich rechtzeitig ans jeweilige Tourist-Büro wendet (sprich: frühzeitig am Tag auf der Insel eintrifft).

HOTELS

Führend im Hotel-Bettenangebot sind die Inseln RHODOS und KOS, Direktcharter ab BRD und breites Angebot der Pauschalveranstalter.

Die Qualität auf KOS sehr unterschiedlich, vergl. unsere Hotelbeschreibungen/Kos. - Die RHODOS- Hotels vorwiegend (und äußerst massiv!) im Bereich Rhodos/Stadt + ca. 5 km Umkreis. Dort jede Menge an Hotel-Kästen aller Kategorien und vorwiegend im Angebot der Pauschalveranstalter. Wer Rhodos wählt, hat sicher breiteres Sightseeing-Angebot als auf Kos, zudem auch jede Menge an Nightlife, Restaurants, Duty Free und Diskos.

Auch auf den anderen Dodekanes-Inseln gibts Hotels (siehe Inseltexte), der massive Sommertourismus findet dort seine Unterkunft jedoch vorwiegend in Privatquartieren.

* **HOTELS**: auf den Hauptinseln Kos, Rhodos vielfach günstiger: pauschal Flug & Hotel zu buchen. Kostet zur HS oft Bruchteil der normalen Preise, als wenn man Flug und das Hotel separat besorgt. Spart zudem Buchungs- und Reservierungsärger. Klartext: Hotel so-so in o8/15 à la Tourismusmaschine mit Privatbad, SW- Pool etc. Und den Rest (Ausflüge etc.) bei Bedarf auf eigene Faust realisieren.

* **VOR/NACHSAISON**: einerseits pauschal erhebliche Preisnachlässe auf Flug& Hotel-Combis. - Zum anderen auf eigene Faust und vor Ort entsprechende Preisnachlässe in Aushandlung möglich. Allerdings: die HS geht im Dodekanes mit seinem warmen Klima sehr lang, sprich ca. Ostern bis tief in den Oktober...

* **HOTEL auf eigene Faust**: bindend ist der im Zimmer ausgezeichnete Preis, wobei in Vor- und Nachsaison entsprechende Nachlässe auszuhandeln sind, - je nach Auslastung des Hotels.

PRIVATZIMMER

Im Dodekanes weit verbreitet. Allein in Rhodos/Stadt rund 12.ooo Privat-Betten. Vermittlung auf den großen Inseln wie Kos, Rhodos über das örtliche, staatliche Touristbüro (Adressen siehe Hauptteil/Inselbeschreibungen). Auf kleineren Inseln übernehmen Privat-Agenturen die Zimmervermittlung, die ihre Büros in Hafennähe haben. Die Preise liegen je nach Saison und Lage ab ca. 25 DM fürs DZ, rauf HS bis ca. 4o DM.

* **Tips und Kniffs**: in Vor- und Nachsaison (wenn die Privatzimmer nicht ausgelastet sind) kommen die Anbieter vielfach an den Hafen zur Ankunft der Schiffe. Man sollte daher nicht das erstbeste Angebot ungesehen nehmen. Die Tatsache, daß die Zimmer- Anbieter an den Hafen kommen, dokumentiert, daß der Ort nicht ausgelastet ist... Andere Sache, wenn man spät abends im Hafen eintrifft: hier kann es zweckmäßig sein, zunächst das erstbeste Zimmer für eine Nacht zu nehmen, damit man Bleibe hat und am nächsten Tag eventuell besseres suchen.

* **Preise**: sind in Vor- und Nachsaison Verhandlungssache. In der HS (ausgenommen eventuell Rhodos) kaum Verhandlungsspielraum; die wenigen Zimmer speziell auf kleineren Inseln sind schnell weg.

* Im Gegensatz zu Hotels bis E- Klasse unterliegen die **Privatquartiere** keiner Preis-Kontrolle durch das staatliche griech. Tourismusministerium. Sprich: die Anbieter können hier ihre Preise frei nach Angebot und Nachfrage gestalten. Es gibt daher auch keine verbindlichen Preise an der Zimmertür des Privatquartiers. Die Preise daher unbedingt vorab vereinbaren. Auch in Bezug Extras wie Duschbenutzung etc.

FERIENHÄUSER/APPARTEMENTS

Speziell auf Kos und Rhodos. Im Preis inkl. Kücheneinrichtung, die insbesondere Familien preiswerte Selbstverpflegung ermöglicht. Details zu Veranstaltern über die Griech. Fremdenverkehrszentrale.

KLÖSTER

Während in anderen Bereichen Griechenlands KLÖSTER meist nicht mehr für Privatübernachtung offen stehen, - gibts im Bereich des Dodekanes mehrere. Relativ großer Betrieb z.B. Kloster Panormitis/Insel Symi. Das Kloster finanziert hiermit seine anderen Klosterbesitztümer im Erhalt. Details siehe Inseltexte.

CAMPING

Nur wenige Plätze auf den Dodekanes-Inseln, so u.a. auf Rhodos, Kos, Patmos und Leros. Details siehe jeweilige Insel-Texte. Wer abseits zelten will, muß den betreffenden Bauern (dem das Grundstück gehört) um Genehmigung fragen.

WILDCAMPEN in Griechenland strikt verboten, auch wenn es gelegentlich noch in abgelegenen Gebieten praktiziert wird.

HINWEIS: Strikt verboten auch offenes Lagerfeuer! Das im Sommer ausgedorrte Land, speziell die Sträucher mit ihren Harzen, brennen wie Zunder. Wer hier erwischt wird, selbst wer nur beim Anlegen eines Lagerfeuers beobachtet wird, wandert umgehend ins Gefängnis. Die Strafen sind drakonisch; im besten Fall längere Untersuchungshaft, und bei gutem (teuren) Anwalt hohe Geldstrafe bei Verweisung des Landes und Verbot, Griechenland für mehrere Jahre zu betreten.

IM FREIEN SCHLAFEN (sprich am Strand Schlafsack ausrollen) ist ebenfalls verboten, und die örtliche Polizei schnell zur Hand. Gründe: wer schafft den Müll weg, Verdienstausfälle in örtlichem Übernachtungsangebot.

Vorweg: wer rustikale Küche mag (saftiger Hammel bzw. Fisch oder Oktapus über Holzkohlenfeuer bruzzelnd, mit vielen Kräutern gewürzt),- für den ist die Griechische Küche die Beste in Europa. Hängt auch viel mit der Atmosphäre zusammen: gemütliche Hafentavernen, wo man in lauen griechischen Nächten draußen am Wasser sitzt. Das beginnt damit, daß der Wirt einen mit in die Küche nimmt und dort die Deckel der Töpfe lupft, aus denen die verlockendsten Düfte entsteigen. Hier stellt man sich das Essen zusammen.

So zumindest die griechische Tradition, die man nach wie vor auf dem Land sowie in Athen und den weiteren Provinzstädten und Dörfern (abseits der Touristen-Lokale) findet.

Ansonsten hat der Tourismus einiges in Urlaubsgebieten verändert: Statt Topfgucken: 4-sprachige Speisekarte. Nix mit "Topfschnuppern", vielfach auch die Gerichte auf o8/15- Sachen wie "MEATBALLS" - "SOUFLAKI" und "GREEK SALAD" reduziert.

★Die griech. Küche hat lange Tradition: man sagt, daß der erste Berufskoch seine Heimat in Griechenland hatte. Die Berufsköche flüchteten vor den Piraten in die Klöster und hier bekamen sie zum Unterschied statt schwarzer Mönchshüte weiße Mützen. Demnach wurden also auch die ersten weißen Kochmützen in Griechenland getragen.

Sie setzt sich international zusammen: die Spaghettis kommen von den Italienern, "Mousaka" (Auberginenauflauf) aus Arabien, die Knoblauch-Begeisterung aus dem Inneren des Balkans - und unser König Otto brachte sich nach Griechenland sein bayrisches Bier mit.

★Nach griech. Tradition beginnt die Mahlzeit mit dem Aperitif, z.B. OUZO (starker Anisschnaps) oder, je nach Gegend auch "Tsikoudia" oder "Raki" (Nationalgetränk Kretas, das den Mann vom Jüngling unterscheidet!).

OUZO wird aus der zweiten Traubenpressung gewonnen (die erste ist für den Wein). Mit kaltem Wasser vermischt schmeckt das recht gut. Vorsicht aber, die Sache nach Seemannsart unverdünnt direkt reinzukippen. Angeblich verarbeiten Leber und Nieren den Anisschnaps langsamer, und immer wieder passiert es, daß Matrosen, die am Vorabend gesoffen haben, am nächsten Morgen beim Genuß reinen Wassers in einen zweiten Vollrausch verfallen!

Dazu werden "MEZEDES" gereicht: je nach Gegend ein Stückchen Tintenfisch, oder "Marides" (kleine Fische, die man in einem Stück ißt), oder gekochte "Garnelen" bzw. verschiedene Muschelarten. Bzw: "Keftedes" (Klöße aus Lamm- oder Kalbfleisch), oder "Dolmadakia" (gewürzte Klöße aus Hackfleisch und Reis, die in Wein- oder Krautblätter gewickelt sind) sowie weitere Vorspeisen wie "Tsatsiki" oder Oktopus" siehe unten.

Im Anschluß serviert der Wirt das HAUPTGERICHT, Details siehe unten. Nie eine ausgefeilte "Gourmet-Küche" wie in Frankreich oder Italien erwarten, so doch eine Küche, die von Herzen kommt und durch ihre vielfältigen Kräuter schmeckt.

So zumindest die Tradition. Die Realität liegt heute in Tourismusgebieten etwa in der Mitte dazwischen, Auswahl der wichtigsten Gerichte:

VORSPEISEN:

Tsatsiki	lecker, Knoblauch mit Joghurt, Zwiebeln und Gurken
Dolmadakia	Reis mit gewürztem Hackfleisch in Wein- oder Krautblättern
Oktopus	Polypenarme in kleinen Stückchen zerschnitten, in Öl, Essig, Pfeffer und Kräutern (z.B. Oregano) eingelegt. Kann je nach Fähigkeit des Wirtes ein Leckerbissen sein! Varianten: über Holzkohlenfeuer gegrillt, mit Olivenöl, Oregano und Zitrone, - oder: Oktopus in Weißweinsoße, Öl, mit Zwiebeln und Tomaten gedünstet und heiß mit Salz und Pfeffer serviert...
Rosiki	Russischer Salat
Ramosalada	Fischrogen Salad
Spetsofai	Auberginen mit Tomaten, Wurstscheiben, grünen Paprikaschoten in Olivenöl

HAUPTGERICHTE/FLEISCH:

Lamm- (Arní) und Hammelfleisch (Arnáki) dominieren in Griechenland als Fleischgerichte, in der Regel butterweich (speziell bei Kochgerichten wie "Stifado", siehe unten), jedoch Vorsicht beim Essen wegen eventueller Knochensplittern, wenn der Metzger nicht sauber gearbeitet hat. Wer Pech hat, erwischt einen altersschwachen Hammel mit zäherem Fleisch, aber nicht die Regel.

Kalbs- und Rindfleisch: ist insbesondere auf den Inseln Importware, da wegen dortiger Bedingungen die Tiere nicht gezüchtet werden können.

Zu einem Hauptgericht gehört in der Regel eine BEIGABE (Spinat, Bohnen, kleine Zwiebelstückchen etc. sowie Kartoffeln), die je nach Taverne/Restaurant entweder automatisch mitserviert werden, oder aus der Vitrine zusätzlich ausgewählt werden müssen.

Souflaki	Fleischspieß. Kann lecker sein, aber auch zäh zwischen den Zähnen festhängen. Die Zitrone gehört dazu, ebenso Gewürze, Kräuter und dazwischengelegte Zwiebelstückchen. Preise und Größe unterschiedlich, analog der Sättigungsgrad.
Gyros	Schweinefleisch, mit großem Messer vom beheizten Drehspieß in Scheibchen runtergeschnitten, mit versch. Kräutern gewürzt, zusammen mit Zwiebeln, Tomaten, Petersilie, Oregano und Olivenöl. In der Regel sehr lecker! Wird entweder als Beigabe zu Hauptgerichten serviert, - oder als Snack im V-förmig gerollten Papiertütchen (zusammen mit Zwiebelscheiben und Soße), - bzw. in eingeschnittener Semmel bzw. "Pita"-Fladenbrot.

Stifado	gekochtes Lammfleisch, mit Nelken und Zimt gewürzt, zusammen mit Zwiebelscheiben und Gemüsebeigaben sowie Kartoffeln.
Sikoti	Leber vom Grill. Beigaben in der Regel: Kartoffeln, Gemüse, Zwiebeln und gedünstete Tomaten
Arní súwlas	Lamm am Spieß über offenem Holzkohlenfeuer, beständig mit Olivenöl und Zitronensaft "befeuchtet", Salz, Pfeffer und Kräuter.
Arní psitó mé patátes	Lammkeule, mit Knoblauch gespickt, Zitronensaft, Salz, Pfeffer, im Rohr gebraten und mit Tomaten und Kartoffeln serviert.
Paiothaki	Lammkotelett über Grill
Prizola	Kalbskotelett vom Grill
Keftedes	Frikadellen (der Bayer sagt: Fleischpflanzerl bzw. der Grieche gegenüber Touristen *"meat balls")*. Ein Gericht, das mir bei vielen Griechenland- Recherchreisen übel im Ohr liegt: wenn eine Taverne keine große Auswahl hat und man fragt, was es gibt: "meat balls, souflaki & Greek Salad". In der Regel sind die *"meat balls"* nicht gegrillt, sondern gekocht, ihre Qualität sehr unterschiedlich: von äußerst langweilig bis hin zu lecker, wenn entsprechend gewürzt wurde (Knoblauch, Kräuter etc.). - Gibt's in Varianten, z.B. zusammen mit Reis in Paprika eingefüllt und zählt hier zu den Billiggerichten.
Moussaká	Auflauf aus geschlagenen Eiern, Auberginen, Hackfleisch, Nudeln und geschmorten Kartoffeln. Preis und Geschmack je nach Region sehr verschieden. Schmort ähnlich wie die Reis-Hackfleisch gefüllten Paprikaschoten den ganzen Tag auf dem Blech.

HAUPTGERICHTE/FISCH:

Das Problem sind hier weitgehend durch Dynamit und engmaschige Netze leergefischte griechische Gewässer. Die Auswahl beschränkt sich heute auf wenige Fischlein, plus Polypen und Kalamares.

Wo größere Auswahl in den Kühltruhen der Tavernen und Restaurants besteht, haben die Tierchen oft eine weite Reise hinter sich. Der Lobster beispielsweise aus Chile/ Südamerika, Kanada etc., - Scampis kommen nicht selten aus Grönland, Edelfische aus Zypern, Afrika etc. Analog sind für derartige Tiere hohe Preise fällig. Wir verzichten hier auf Auflistung der griech. Namen, da sie in den Tavernen/Restaurants sowieso mehrsprachig auf der Speisekarte erscheinen bzw. in der Kühlvitrine zu besichtigen sind.

SALAT:

"Greek Salad" (Bauernsalat) gehört zu jeder griechischen Mahlzeit, herrlich erfrischend und relativ preiswert. Inkl. Tomaten, Zwiebeln, Peperoni, Oliven, Blattsalat und FETA (weißer Schafskäse). Angemacht mit Olivenöl, Essig, Pfeffer, Salz und Kräutern (z.B. Oregano). Je nach dem, wie üppig der Wirt den Teller gefüllt hat, - reicht ein Greek Salat durchaus für den "kleinen Hunger dazwischen".

BROT (Psomí):

gehört zur Mahlzeit wie neró (Wasser) zum Kaffee. Serviert wird, wie im Süden Europas üblich) weißes Stangenbrot. Das Brot wird in einfacheren Restaurants und Tavernen dabei auch wie "Besteck" benutzt, z.B. in Suppen reingetunkt bzw. zum Auftunken von Soßen etc. - Das bei uns in Mitteleuropa übliche Schwarzbrot gibt es in Griechenland dagegen in Tavernen (und auch sonstwo) fast nie.

PITA (gebackener Pizzateig mit Gewürzen u.a. Oregano) kommt aus Italien und findet zunehmend Zuspruch in Griechenland. Es wird ähnlich wie Weißbrot parallel zum Hauptgericht gegessen.

PAXIMADI: ideal für Wanderer, nicht jedoch auf dem Tavernentisch. Steinhart hält es sich bis zu 1/2 Jahr und länger, bei Bedarf wird es mit Trinkwasser aufgeweicht und essbar.

NACHSPEISEN:
Die Mahlzeit beschließt man mit OBST (Orangen, Mandarinen, Äpfeln), im Sommer Wassermelonen, Feigen, Trauben etc.). Wer dagegen KUCHEN (Torte, Blätterteiggebäck etc.) zum Nachtisch möchte, bekommt dies in normalen Tavernen nicht, sondern muß in die Konditorei bzw. zum Bäcker rüberwechseln. Ausnahme: Restaurants von größeren Hotels: hier durchaus möglich, daß man auch Gebäck und Kuchen als Nachtisch bestellen kann.

Die RECHNUNG kommt in der Regel auf der Kaffeeuntertasse, flott hingekritzelt, teils wird auch per Kuli auf der Plastiktischdecke abgerechnet, die dann zusammen mit den Essensresten zusammengerollt und weggeschafft wird.

Überprüfen kann nicht schaden, in der Regel Aufpreis fürs Gedeck und Brot. Ebenso ist Trinkgeld in Aufrundung der Summe bzw. 3- 5 % üblich. (Vergl. auch "Hauptmahlzeiten/Bezahlung").

Getränke

KAFFEE

WASSER (neró): zum Essen wird gemäß griech. Tradition normalerweise gekühltes Leitungswasser in der Karaffe serviert. Analog der Region reicht die Qualität von leckerem Quellwasser in Gebirgsregionen bis hin zu stark salzhaltigen Tropfen der Küstenregionen.

Auf Dodekanes- Inseln mit ihren seltenen Regenfällen ist (leider) meist weniger schmackhaftes Leitungswasser üblich. Man bestellt sich deshalb besser Mineralwasser, das entweder mit oder ohne Kohlensäure in o,7 - 1,5 l Flaschen kommt.

BIER ("bira") ist wichtigstes "Begleitgetränk". Es wurde von deutschen Brauern bei Staatsgründung eingeführt, Marke "Fix", - die heute noch existiert, - wobei aber Marken wie "Henninger" und "Löóö-wenbräu" heute dicker mit der Pfote in Griechenland steht. Auch holländische und dänische Marken sind in den griechischen Raum eingedrungen.

Ob hier nach "deutschem Reinheitsgebot" gebraut wird, oder chemische "Korsetts" zur Haltbarkeit und im Rahmen der EG verwendet werden, wäre ein lohnendes Thema für Umweltmagazine! Nachdem durch Gerichtsbeschluß in Deutschland das Reinheitsgebot nicht mehr zwingend vorgeschrieben ist und viele Brauereien Chemie zusetzen, steht ähnliches in GR zu erwarten. Verpackung: 1/2 Liter in wiederverwendbaren Glasflaschen gibt es. Bitte jegliche Einwegverpackung wie Aludosen etc. ablehnen, Grund siehe Seite QW.

SOFTDRINKS: das Übliche von Cola bis "Einheimisches" mit teils recht passablen Sachen wie Orangen- Limo, die höheren Fruchtsaftanteil haben kann (nicht muß) und dann etwas besser schmeckt.

"limonáda" = Zitronenlimo, *"portokaláda"* = Orangenlimo

WEIN: es dominieren Flaschenweine (Weiß/Rot), die die diversen Großabfüller des Festlandes auf die Inseln bringen. "Achaia Patras" dürfte der Marktführer im Flaschenfüllen sein, es gibt weitere. Durchtesten: die Geschmackspalette reicht von trocken-herb bis extrem süßlich. Derartige Weine sind durchaus trinkbar, exquisite "Supertropfen" jedoch Rarität.

WEINHERSTELLUNG im frühen Mittelalter. Zu sehen links Träger mit Körben, - oben die Weinpresse, unten Bottich zum Zerstämpfen der Weintrauben. Rechts oben: Abfüllung in Holzfass.

GRIECH. WEINGOTT DIONYSIOS: römisches Mosaik von Pompe . Für die Römer war der Gott eine recht üppige Gestalt (siehe Darstellung), - unterstrichen dadurch, daß er auf einem Löwen ritt. Offenbar war Dionysios auch sehr trinkfest - wie sich das für den Gott gehört - siehe riesiger Krug!

WEIN wurde in Griechenland bereits in der Antike angebaut. Es gab sogar einen eigenen Gott, DIONYSIOS, zuständig für jede Form des Rausches und alles, was sonst noch mit Wein zusammenhängt. So zumindest die griechische Sage.

Geschichtlich nachgewiesen: bereits um 2.ooo v. Chr. wurde in Griechenland Wein getrunken. Beliebter Sport (wie viele Vasengemälde aus dieser Zeit zeigen): den Becher 3/4 auszutrinken und den Rest des Weines auf ein Ziel zu schleudern. Sieger war, wer das Ziel am präzisesten traf.

Ob mit dem Spiel die Trinkfestigkeit getestet werden sollte, - und/oder der griech. Wein bereits damals nicht bester Qualität war, so daß man ihn in wahrstem Sinne des Wortes "verschleuderte", ist nicht gesichert.

Im Rahmen der Gründung griech. Kolonien um 1.ooo v. Chr. in Süditalien, Sizilien und Nordafrika wurde die Weinrebe auch in diese Regionen exportiert. Weitere Verbreitung in den folgenden 5 Jahrhunderten ist Gebiet des heutigen Spanien, Portugal und Südfrankreich.

Die Römer, ebenfalls begeisterte Weingenießer, perfektionierten die Weinherstellung sowohl was Weinreben-Sorten betraf, wie auch Know How in besten Anbaulagen und der Weiterverarbeitung. Die römischen Tropfen (u.a. der von Geschichtsschreibern gerühmte *"Opimian"*) galten damals um Christi Geburt als beste Europas und wurden gemäß historischen Berichten auch noch mit Alter von 125 Jahren (!) gern getrunken. Dies beweist, daß man nunmehr auch das Altern von Weinen in Griff hatte.

Von Italien wurde das Know How in andere römische Provinzen exportiert, so u.a. nach Gallien bzw. nach Germanien, beste Lagen heute noch an Rhein und Mosel.

Die europäische Weinkultur war damit geboren, und die besten Spitzenweine kommen heute aus den traditionellen ehemaligen römischen Gebieten so Italien und Frankreich. Tropfen aus Griechenland gelten dagegen unter Kennern als "eher unbedeutend".

Immerhin: trinken kann man sie, auch wenn sie nicht vom Hocker hauen

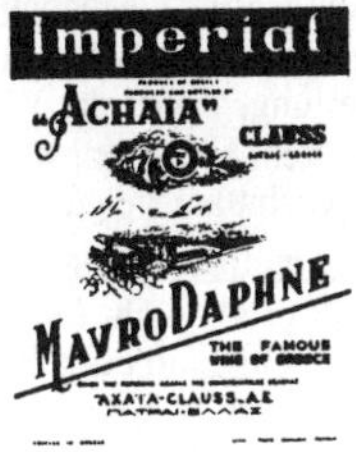

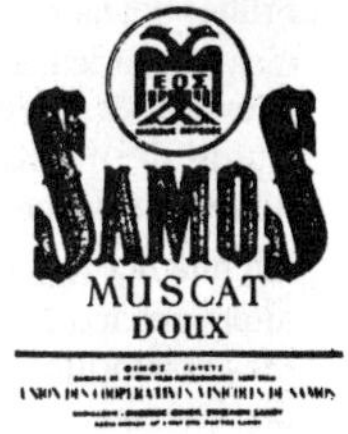

(ausgenommen im Rausch). Trockene griech.Weißweine gelten unter Kennern als "nicht sehr bemerkenswert", obwohl man Weine wie den "*Domestica*" durchaus zu Fischgerichten trinken kann.

Wichtigstes Anbaugebiet für griech. Weiß- und Rotweine ist der Peloponnes im Bereich um Patras südöstlich. Die Region liefert rund 65 % der Weinproduktion Griechenlands, - weitere um Athen /Attika und in Macedionien/Nordgriechenland plus Chalkidiki. - Die Insel Kreta ist hauptsächlich bekannt für Rotweine. Leider findet bei o.g. Regionen oft Verschnitt bei Tischweinen statt, was die Weine (salopp ausgedrückt) "aufpäppelt", nicht unbedingt aber den Geschmack von Weinkennern trifft...

"*Manrodáphne*" (ein sehr süßlicher Rotwein): gilt unter Griechen als "Frauenwein", kann jedoch passabel schmecken, sofern man diese Geschmacksrichtung mag und der Tropfen kein vermengter Massenwein ist.

Ähnlich der"*Samos*": ein weißer, sehr süßer Likörwein, der es "in sich hat" - sparsam genießen, andernfalls saftiges Kopfweh am nächsten Tag!

Gute, aber sehr schwere Rotweintropfen von der Insel Thira. Vulkanische Böden liefern bekanntlich exzellente Weine. Sofern kein Verschnitt stattfand: Tip! Allerdings quantitativ vorsichtig genießen; sie sind sehr schwer.

Die Insel Rhodos hat ihr Hauptanbaugebiet beim Berggipfel Ataviros im Inselnordwesten. Die Weinkellerei "Emery" im Ort Embonas erfreut sich Zuspruch mit ihren Produkten, auch Sekt... Dies in Erwähnung, da die Insel Rhodos Bestandteil dieses Bandes ist.

RETSINA: nimmt Sonderstellung ein und gilt unter Griechen als meistgetrunkener. Während des Fermentierungsvorgangs des Weines wird Kiefernharz beigegeben, was dem Wein den typischen Beigeschmack verleiht.

Für frisch angekommene Griechenland- Urlauber ist der Geschmack zunächst befremdlich da im Geschmack etwas

Terpentin- ähnlich. Nix, wie "Wein normalerweise schmeckt". An den Retsina muß man sich erst gewöhnen, bevor man ihn (eventuell) liebt.

Früher bewahrten die Griechen ihren Wein u.a. in Ziegenhäuten auf, die mit Harz abgedichtet wurden. Dabei entdeckte man angeblich, daß die Harzung der Wein haltbarer wird. Dies war der Beginn der Retsina- Herstellung, wobei der Wein in Holzfässern gelagert wurde, die mit Kiefernharz abgedichtet waren. Heute selbstverständlich Großherstellung in riesigen Metall- Silos, wobei der Harzgeschmack beigegeben wird.

Ob nun der Retsina durch die Harzbeigabe haltbarer ist, gilt als umstritten. Nachweislich altert geharzter Wein nicht gut. Auch gilt er als nicht unbedingt "transportfähig". Um dies abzuprüfen, kippen Griechen kleine Mengen in ein Glas und schütteln dies. Behält der Retsina seinen typischen Geruch, handelt es sich um eine gute Sorte. Bei Essig Geruch besser andere Marke kaufen. Auch sollte Retsina nicht älter als 1 Jahr sein.

Warum Retsina bei Griechen der Marktführer wurde: man hatte sich an den typischen Geschmack gewöhnt und konsumierte ihn als Tischwein. Es gibt ihn in der roten und weißen Variante. Basis für Retsina sind in der Regel durchschnittliche Tischweine. Den Retsina gibts als Weiß- und Rotwein.

WEIN VOM FASS (apó to varéli): teils gute, regionale Inselweine, die "vor der Haustür" produziert werden, gut munden und nicht transportfähig sind. Langsam rantasten: teils Exzellentes, - teils leider auch "Gehirnputzer".

Oinons lefkos =	Weißwein	Endikos diatrimenon =	reifer Qualitätswein
Oinos erythros oder mavros =	Rotwein	Xiros =	trocken
Kokkineli =	Roséwein	Afrothes =	Schaumwein
Palaion =	alter Wein	Oinoparagogos =	Weingut
Epitrapezio =	Tischwein	Oinopoieion =	Weinkellerei

WEINFESTE: alljährlich Ende August in Daphne bei Athen und im Rodini Park bei Rhodos/Stadt. Dauer: 2 Wochen. Gegen geringen Eintritt darf darf der Besucher so viel Wein trinken wie er will bzw. kann. Und genau darin liegt der Pferdefuß versteckt: insbes. die wenig trinkgeübten Skandinavier (aber auch andere Nationen) langen hier erheblich über den Durst zu und liegen anschließend flach. Hinzu kamen schwere Auto-Unfälle von alkoholisierten Besuchern, so daß man überlegte, die Weinfeste abzuschaffen. Weitere Details siehe auch "Rhodos/Stadt", Kapitel "Rodini Park".

Hochprozentiges

OUZO: griechisches Nationalgetränk. Ein Anisschnaps, der entweder pur oder durch Beigabe von Wasser getrunken wird. Letzteres gibt dem Ouzo eine milchige Farbe. Man sagt, daß er ein Abkömmling des türkischen Raki sei. Griechen sehen dies aber anders. Weitere Details siehe Seite

BRANNTWEIN: gibt's als Marke "Metaxa", die zu Recht Weltruf erlangt hat, - aber auch in Eigenproduktion regionaler Brennereien: hier wenn möglich vom Faß kaufen! - LIKÖR: verschiedene Inseln besitzen ihren eigenen Likör, durchtesten. - Darüber hinaus sind die Dodekanes Inseln Kos und Rhodos Freihandelszone. Somit breites Angebot an Whisky und anderen importierten Spirituosen.

Mahlzeiten

1.) **FRÜHSTÜCK**: prüfen, meist ist es im Hotelübernachtungspreis inkl. Die großen Pauschalhotels richten sich am Urlaubergeschmack, sprich Filterkaffee mit Milch/Zucker, Brot, Marmelade, Käse und Wurst. Je nach Qualität des Hotels am Buffet in Selbstbedienung, inkl. Fruchtsaft, Joghurt, Cornflakes etc.

Oder aber am Tisch serviert, wobei gelegentlich Eier und andere Sonderwünsche wie Omeletts, Joghurt etc. gesondert auf der Rechnung erscheinen.

Die Frühstückszeiten liegen ähnlich wie in Hotels anderer europ. Länder: nach 1o (teils 11) Uhr ist oft dicht! - Wer später aufwacht: entweder Nachlieferung gegen Aufpreis, oder ab in die nächste Milchbar, Konditorei, Bäckerei etc., wo's Frühstück gibt.

Jaúrti	γιαουρτι	Joghurt	ZAHLEN:
" me sáchari	με σαχαρη	" mit Zucker	1 éna
" mé méli	με μελι	" mit Honig (lecker!)	2 dhío
awgá mátja	αυγα ματια	Spiegeleier	3 tria
awgá vrastá	αυγα βραστα	gekochte Eier	4 teséra
omlétta	ομλεττα	Omlett	5 pénde
rizógalo	ριζογαλο	Reispudding	(wer sich mehr
psomí	πσομι	Brot	Eier zum Früh-
ghála	γαλα	Milch	stück bestellt:
kafés	καφεσ	Kaffee	weitere ZAHLEN
verschiedene Kaffee-Arten siehe separates Kapitel "Cafe"!			am Ende des Buches)

"BREAKFAST": wer in Billigpensionen ohne Frühstücksmöglichkeit logiert: in Orten mit viel Tourismus bieten oft auch Tavernen Frühstück an, meist mit "Breakfast" ausgeschildert. - Wer dagegen auf dem Campingplatz wohnt: Frühstück meist in Bar bzw. Restaurant des Campingplatzes.

2.) **HAUPTMAHLZEIT**: im Sommer, wo die meisten Dodekanesbesucher den Tag am Strand verbringen, nimmt man sich für mittags einen Snack mit bzw. stärkt sich in einer Strandtaverne. Die Hauptmahlzeit dann abends: Der Betrieb beginnt gegen 19 Uhr und erstreckt sich bis tief in die Nacht.

Stoßzeiten in Tourismusgebieten die Zeit ca. 19.3o - 21 Uhr, wo man sich oft schwertut, einen freien Tisch zu finden. Andererseits wird es einem auch bei komplett vollen Tischen nicht übel genommen, wenn man den Abend nach Beendigung des Essens am Tisch fortsetzt bei Wein oder anderen Getränken.

Anders in abgelegenen Tavernen des Inselinneren und Bergdörfern: Oft ist hier bereits 21 Uhr die Küche dicht. Gilt auch für die Hafentavernen in der absoluten Vor- oder Nachsaison.

BESTELLEN: entweder per Speisekarte, die in Tourismusgebieten 4-sprachig ist, oder man geht in die Küche bzw. an die Kühltheke, wo Fische etc. ausgestellt sind.

Bezüglich der Speisekarten: da der Druck von rund 5o Speisekarten und separat für nur 1 Restaurant teuer ist, denkt man in Griechenland praktisch. Es wird einfach alles, was an Speisen in Griechenland gang und gebe ist, in der Karte aufgenommen und in hoher Auflage (=preiswert) gleich für viele Tavernen gedruckt. Dort, wo der Wirt dann in die Speisekarte Preise reinschreibt, hat er diese Gerichte in der Regel auch verfügbar. Wenn trotzdem mal Speisen fehlen: dem Wirt nicht böse sein; in Griechenland sieht man die Sache nicht so verbissen.

Das GEDECK (Auftischen des Bestecks sowie Brot) wird in der Rechnung mit einer Pauschale extra berechnet. Das Besteck kommt (ausgenommen in Teuer-Restaurants) im Körbchen: jeder bedient sich selber. Auch wird es zwischen den einzelnen Gerichten in Tavernen nicht ausgetauscht.

BEILAGEN: beachten, wer sie bestellt, bekommt sie in normalen Tavernen - und wie in Griechenland üblich, tellerweise (z.B. 1 Teller Bohnen, 1 Teller Gemüse etc.). Eine zunächst ungewohnte Sitte, die sich aber so fortsetzt, daß man durchaus zu mehreren von ein und dem selben Teller ißt. Ebenso ist es nicht unhöflich, wenn man sich für eine Flasche Bier 2 Gläser bestellt und gemeinsam die Flasche leert.

Oben genanntes gilt für Tavernen. In den Teuer-Restaurants von Kos und Rhodos (sowie besseren Hotels) läuft die Sache wie in Mitteleuropa: separates Besteck pro Gericht, die einzelnen Mahlzeiten mit Beilage gemäß Speisekarte, und jeder bestellt sein persönliches Getränk.

BEZAHLEN: zwar haben sich die Tavernenwirte in Tourismusgebieten inzwischen daran gewöhnt, daß die Deutschen in geradezu penibeler Exaktheit die Rechnung auseinanderteilen und separat pro Person bezahlen. Sie horchen höflich zu, selbst dann noch, wenn der Taschenrechner zum "Ausdividieren" rausgekramt wird...

Den Griechen ist derartiges Verhalten aber fremd. Für sie ist das Essengehen eine Sache des gemeinsamen Genusses, und hierzu gehört, daß man selbstverständlich abwechselnd die Tischrunde einlädt. Wer sich die Philosophie überlegt, die hinter dieser griech. Tradition steht: im Grunde nachahmenswert!

Hier wird "deutsch bezahlt" wurde zwischenzeitlich zu einem stehenden Begriff in der griech. Sprache. Ebenso ist den Griechen das andere Extrem fremd: die bei deutschen Tischrunden üblichen "Streitereien" nach einem genüsslichen Abend, "wer nun die Rechnung bezahlt"... Immerhin gibt's spätestens am nächsten Tag jede Menge Chance für Revanche!

Das Kafenion

Treffpunkt der Männer und Kommunikationszentrum. Griechische Frauen hatten bisher keinen Zutritt, wohl aber ausländische Touristinnen. Eine Tradition, die heute noch in ländlichen Gebieten aufrechterhalten wird, -

jedoch keine Gültigkeit mehr in den Kafeneions der großen Städte besitzt.

Die Kafenions befinden sich traditionell am Hafen bzw. Hauptplatz, - bzw. liegen hübsch in engen Gassen der Inselnester.

Im Sommer kleine Tischchen unter schattenspendenden Bäumen, deren Stamm weiß gekalkt ist gegen Ungezieferbefall. In den kälteren Wintermonaten zieht man sich ins Innere des Kafenions zurück. Je nach Kafenion gibt's Kuchenleckereien, die aus der naheliegenden Konditorei bzw. Bäckerei kommen.

Basis ist der griech. Kaffee (siehe unten), - neuerdings gibts auch Nescafé, der eiskalt und mit Zucker serviert wird. Vorher wird er in einem Cocktail-Becher durchgeschüttelt. - Selbstverständlich führt das Kafeneion auch Spirituosen wie Ouzo, Raki und Metaxa, - Getränke, die die Griechen jedoch in Maßen genießen.

Für sie ist das Kafeneion nicht nur ein Ort der Kommunikation, wo über Gott und die Welt gesprochen wird, Disskussionen und Tratsch stattfindet, aber auch Geschäfte abgeschlossen werden. Sondern zugleich ein Ort der Spiele: besonders beliebt ist *"Domino"* oder *"Tavli"*, letzteres ähnlich unserem Blackgammon.

Oder aber die Männer relaxen in der Sonne und spielen mit dem **KOMBOLOI**. Das ist ein Kettchen mit 12 oder 18 dicken Steinen (aus Kunststoff, Holz etc. an Faden), die man durch die Finger gleiten läßt, mit den Steinen spielt oder aber die Kette um den Daumen wirft. Wie Psychologen nachgewiesen haben: äußerst entspannend! Ähnlich wie bei uns Angestellte mit Büroklammern hantieren und diese deformieren. Nur daß der Kolomboi sich erheblich entspannter hantieren läßt bei zudem geringerer Aggression.

Hauptbestandteil im Kafeneion (nach Kommunikation) ist der **GRIECHISCHE KAFFEE**. Im Ursprung eine türkische Angelegenheit, Zubereitung in kleinen Töpfchen oder Metall- Kännchen, in denen das Wasser, Kaffeepulver zusammen mit Zucker über dem Feuer gekocht werden. Die Türken waren lange Zeit Beherrscher Griechenlands, aber bitte niemals nach "türkischem Kaffee" fragen!

vari glikós	stark und süß
métrios	stark, mit wenig Zucker
skéttos	stark, ohne Zucker
métrios vrastós	leicht und wenig Zucker
glikis vrastós	leicht und süß
díplo	eine doppelte Portion

Je nach dem wie süß man den Mokka will, bestellt man siehe oben/Kasten. Serviert wird in kleinen Gläschen oder Keramik-Minitassen.

Das Metall- Kännchen (*"bríkia"*, siehe oben) besitzt einen langen Griff zum Festhalten über dem Feuer (kann auch ein Gaskocher sein), damit man sich die Hand nicht verbrennt. Sie verjüngen sich nach oben, was die Schaumbildung beim Aufkochen fördert.

Beachte: den Mokka kippt man nicht runter wie bei uns beim "Italiener", - sondern genießt ihn in Griechenland wie ein Bonbon, das man auf der Zunge zergehen läßt. Dazu Wasser in separatem Glas: Mokka auf der Zunge und geringe Menge an Wasser hinzu, - so beginnt "Relaxen im Kafeneion" à la griechisch. Hinzu kommt: Sonne, Landschaft und Gespräche genießen, - Zeit existiert, dominiert aber nicht mehr.

Selbes gilt (für Griechen) beim Abschluß von Geschäften im Kafeneion: Kaffee- Trinken ist Genuß und fast Zeremonie!

Erlebnisse im Dorf- Kafeneion, nicht jedoch in denen von größeren Städten. Dort bestimmt bei Geschäften immer mehr der FAKTOR ZEIT,- einer der Hauptgründe für den Streß unserer Konsumgesellschaft, die rein an Geld orientiert ist und für die Seele sowie des Genießens des Lebens kaum noch Freiraum bietet.

Auf dem Land gibt es folgende Mischformen von Kafeneions:

"ΚΑΦΕΝΙΟΝ"	Café
"ΚΑΦΕ–ΟΥΖΕΡΙΑ"	Café + Ouzo (Mezedes)
"ΚΑΦΕ–ΜΠΑΡ"	Café + Mezedes
"ΠΑΝΤΟΠΩΛΕΙΟΝ"	Kolonialwarengeschäft mit Café
"ΤΑΛΑΚΤΟΠΩΛΕΙΟΝ"	Milchladen mit Joghurt etc.
"ΖΑΧΑΡΟΠΟΛΑΣΤΕΙΟΝ"	Konditorei + Café

SPORT

BADEN

Im Bereich der Dodekanes nicht nur mit das klarste und sauberste Wasser des Mittelmeers. GRUND: es gibt kaum bis keine größeren Städte (ausgenommen Rhodos/Kos-Stadt) und zudem keine Industrie.

Wenn es trotzdem an den Stränden Dreck geben kann, - speziell bei Nordlage, resultiert dies aus fehlendem Umweltbewußtsein der Griechen (Plastikmüll hemmungslos z.B. über Bord der Schiffe; wird bei starken Winden an die Strände getrieben) - und der Tatsache, daß wichtige Handelsschiffsrouten durch den Raum verlaufen. Zunehmende Belastung auch durch die Urlauber, denen es an Umweltbewußtsein fehlt: zurückgelassene Flaschen, Dosen etc.

STRÄNDE: meist Steine, Feinkies, teils auch Sand. Die besten Strände (Sand) auf RHODOS im Bereich der Nordspitze, dort jedoch im massiv mit Menschen in der Saison überflutet und wegen Stadtnähe nicht die saubersten Griechenlands.

KOS: besitzt gute Sandstrände an seiner Nordküste, die jedoch bei entsprechenden Winden vom Strandgut der christlichen Seefahrt eingedeckt werden. Zumindest im Bereich der Hotels wird zur Saison ständig weggeräumt. Exzellente Sandbuchten zudem im Bereich der Landzunge zur Südspitze. - Gute Strände auch auf anderen Dodekanes-Inseln, Details siehe jeweilige Inselbeschreibung!

Die WASSERTEMPERATUREN liegen je nach windgeschützter Lage der betreffenden Badebucht ab Juli bei ca. 24 Grad. Baden ist (ohne speziell abgehärtet zu sein) auch in der Zeit Anf. Juni sowie Mitte bis Ende Okt. möglich. Als bester Monat für Badeferien gilt der September.

Wer kann, kommt nicht während der Sommermonate Juni bis August, wo alle Ferien haben und die Tage extrem heiß sind.

Oben ohne ist zwischenzeitlich an den Haupt-Tourismusstränden von Kos und Rhodos üblich. Ansonsten bitte derartige Entblößung meiden. Das Oberteil trocknet schnell, und nach griechischer Moral gehört ein schöner Busen in den Privatbereich zwischenmenschlicher Sexual-Beziehungen...

Vollkommen textilfrei bitte nur dort, wo die Strände dafür freigegeben und vorgesehen sind. Wer gegen bestehende Sitten Griechenlands verstößt - speziell in abgelegeneren Regionen - handelt sich nicht nur den Mißmut der Griechen ein, sondern provoziert schnell die Polizei und damit nicht unerhebliche Strafen. Berücksichtigt: ihr seid Gast in Griechenland und solltet daher unbedingt auch die Landessitten einhalten!

Wird immer beliebter in Griechenland bei teils optimalen Buchten, wie z.B. Lindos/Insel Rhodos. Alle Details siehe entsprechende Surf- Literatur. Teils auch Verleih von Surfbrettern sowie Surfschulen. Adressen von Veranstaltern über die Griech. Fremdenverkehrszentrale.

Bei der Fülle noch unentdeckter bzw. unerforschter antiker Unterwasserschätze ist das in vielen Teilen Griechenlands das Tauchen strikt verboten und wird entsprechend bestraft.

Ausführliche Liste wo Tauchen erlaubt ist (auch in Bezug auf Tauchschulen und Nachfüllmöglichkeit von Flaschen) gibt es bei der Griech. Fremdenverkehrszentrale.

Bei - für Mittelmeerverhältnisse - extrem klarem Wasser der Ägäis, ist nicht nur Tauchen, sondern insbesondere auch SCHNORCHELN ein äußerst schöner und beliebter Urlaubssport.

Wer noch nie geschnorchelt hat: Ausrüstung gibt es preiswert in Griechenland selber. Als Tauchmaske ist die simpelste Form die empfehlenswerteste: Glasbrille von Nase bis zu den Augenbrauen, und der Schnorchel separat, ohne Ball. Flossen sollten die gesamte Fußunterfläche bedecken bis zum Knöchel, da sie gegen Seeigel und auf Stein zusätzlichen Schutz bieten. Die Größe der Flossenfläche wählt man je nach Muskelkraft.

HARPUNIEREN ist streng verboten. Auch wenn die "Waffen" gelegentlich in den Geschäften herumstehen: laßt die letzten Fischlein, die in der Ägäis herumschwimmen in Ruhe!

Insbesondere die Ägäis mit der Vielzahl ihrer Inseln und lohnenden Ankerbuchten zählt zu einem der schönsten und beliebtesten Segelreviere des Mittelmeeres. Detailinformation über Jachtcharter von der Griechischen Fremdenverkehrszentrale.

Tennisplätze besitzen nur ganz wenige (meist A- oder B-Klasse) Hotels der Dodekanes. Schade! Bei der Griechischen Fremdenverkehrszentrale gibts eine Liste derjenigen Hotels, die über eigene Tennisplätze verfügen. Öffentliche, also auch für Nicht- Hotelgäste benutzbare Plätze existieren derzeit im Dodekanesbereich nicht.

Praktisch jede der Dodekanesinseln bringt Wanderungen von 1 - 2 Std. hin zu Ganztageswanderungen. Besonders lohnend die Insel RHODOS (siehe Inseltips), KOS im Bereich seiner Bergregionen und PATMOS.

*Beste Jahreszeit für Wanderungen auf Dodekanesinseln ist der Mai. Dann sind die Temperaturen noch nicht so brütend heiß wie in den Hochsommermonaten Juni/Juli/

Aug. und das Land noch nicht so ausgedorrt (Blütenreichtum). Allerdings mit dem Nachteil noch recht kalter Wassertemperaturen um 13 - 15 Grad! - Wer Wandern mit Baden kombinieren will, sollte die Zeit Mitte Sept. bis Anf. Okt. wählen: Schön, wenn man während einer Wanderung sich in einsamer (da abgelegener) Badebucht zwischendurch erfrischen kann! -

* **Wanderungen** früh am Morgen beginnen! In der Regel fahren die ersten Insel-Busse ab Hafen recht früh gegen 6 Uhr rauf in die Bergdörfer des Inselinneren. Wer die Wanderung dann gegen 7 oder 8 Uhr beginnt: eine angenehme Zeit da es noch frisch-kühl ist.

* **Ausrüstung**: guter Sonnenschutz (breitkrempiger Hut, Sonnencreme) ist Pflicht, wer sich unterwegs nicht einen satten Sonnenbrand, - Stich holen will! Eine Sonnenbrille bei dem gleißenden Licht kann für die empfindliche Netzhaut zusätzlichen Schutz darstellen. - Gutes Schuhwerk und zwar leichte, atmungsaktive Wanderschuhe. Sie sollten eine gute Sohle haben (da die Pfade steinig sind) und über den Knöchel reichen, um dem Fuß Halt zu geben. - Hose: z.B. Jeans als Schutz gegen dorniges Gestrüpp, - Baumwollhemd, T- Shirt etc. Generell kein Polyester, Nylon etc.!

  Unterkühlung, so paradox es klingt, ist anderes Problem auf Wanderungen. Man kommt schnell ins Schwitzen. Außerdem herschen bei Bergbesteigungen und/oder Trails, die in größere Höhen raufführen (Dodekanes bis ca. 1.000 m Höhe), starke Winde. Auch im Sommer gehört ein engmaschiger Pullover sowie leichte Jacke ins Wandergepäck, die vor Wind schützt. Wasserflasche aus Plastik, Alu etc., - bei längeren Wanderungen Kompaß, sowie Verpflegung, Schweizermesser etc. - Zum Transportieren: leichter, kleiner Nylonrucksack.

* **Orientierung**: echtes Problem. Einmal gibt es keine sauberen Wanderkarten für den Dodekanes (so wie wir das für z.B. die europ. Alpen gewohnt sind mit Höhenlinien etc.)

  Weiteres Problem: die vorhandenen Karten sind oft ungenau in Angaben der Berggipfel, vielfach fehlt der genaue Verlauf von (im Sommer ausgetrockneten) Bachläufen sowie anderen Orientierungspunkten. Auch sind die Pfade, Dörfer und andere Orientierungspunkte in den Karten oft nur ungenau eingezeichnet.

* **Pfade**: die Ziegen- und Eselspfade verzweigen sich vielfältig in der Landschaft. Weder gibts vor Ort Wegmarkierungen, noch gar Wegweiser an den Abzweigungen. Die Pfade dienen nun mal den Bedürfnissen der Bauern und Hirten, nicht aber denen der Urlauber und Wanderer. Analog bedeutet bei Abzweigungen ein breiterer und besser ausgetrampelterer Pfad nicht unbedingt, daß es sich hier um den Hauptweg handelt: vielfach endet dieser hinter einer Bergkuppe bei einem Schafpferch, Hütte etc. und danach ist Sense. Zumindest ist dann der Grund klar, warum er mehr ausgetrampelt war... Ab hier oft nur noch Querfeldeinkraxelei.

  Breitere Pfade bei Abzweigung in einsamem Gelände führen vielfach zu Tierpferchen oder Anwesen. Im Lauf der Zeit wird man gewisses Fingerspitzengefühl bei Abzweigungen entwickeln: z.B. kann viel Schafs- und Ziegenmist auf einem abzweigenden Pfad ein Indiz sein, daß er zu einem stärker frequentierten Schafspferch führt, also Sackgasse. - Eselsmist dagegen, speziell in Verbindung mit Bonbonpapier, Zigarettenschachtel etc. kann ein Indiz sein, daß es sich hier um den Hauptpfad handelt.

* Vorab INSELBUS- FAHRPLAN studieren, wann ab Zielpunkt der Wanderung der letzte Bus retour fährt! Speziell auf Rhodos problematisch, da für Wanderer interessante Regionen nur selten per Bus bedient werden.

Dieser DODEKANES-BAND enthält rund 3o Wanderungen. Wir freuen uns jederzeit über ergänzende Berichte und Detailschilderungen!

Literatur:

Die Regale sind voll mit Griechenland-Literatur, hier eine Auswahl an nützlichen und interessanten Bänden:

1.) Zum Einstimmen

"DIE GRIECHISCHEN INSELN", Ernle Bradford, erschienen im Prestel-Verlag München, flüssig geschrieben. Aufzeichnungen eines Griechenland-Erlebnisses per Yacht, mit geschichtlichem Background. Liest sich gut und macht viel Vorfreude, wenn man auf die Inseln will! 42 DM.

MERIAN, Heft 9/Sept. 1989 "Rhodos/Dodekanes": 12,8o DM. Lohnt sich speziell wegen sehr guter Fotos, die zum Reisen anregen.

"GRIECHISCHE INSELN": Erhart Kästner. Berühmte Reiseschilderung von 1944, auch heute noch lesenswert, mit viel Liebe und sehr lebendig geschrieben. Insel Taschenbuch. 166 Seiten, 9 DM.

KRETA-RHODOS-ZYPERN: J. Gaitanides/S. Worm: Taschenbuch, das vor allem die Geschichte der drei Inseln behandelt, Rhodos selbst wird auf knapp 6o Seiten beschrieben. Fischer Verlag, 16 Fotos, 256 Seiten, 12,8o DM.

2.) Bildbände

"GRIECHENLAND, DIE INSELN": Richard Speich, Emmanuela de Nora. Breites Spektrum an s/w und Farbfotos zur griechischen Inselwelt. Insbesondere auch zu jeder Insel kurzer einführender Text. Erschienen im Brückmann Verlag München, 176 Seiten, 68 DM.

"RHODOS SEHEN & ERLEBEN": Klaus Gallas, mit vielen sehenswerten Fotos und Stichen. Kenntnisreiche Texte vor allem zur Geschichte von Rhodos. Süddeutscher Verlag München. 164 Seiten, 39,8o DM.

"GRIECHISCHE INSELN": Johannes Gaitanides, Laslo Irmes, Fotos zum Alltagsleben der Griechen, zu Landschaft, Architektur etc. Feuilletonistische Texte und Kurzvorstellung der einzelnen Inseln. Silva Verlag Zürich. 194 Seiten, 58 DM.

"LICHT ÜBER HELLAS": Inge und Arved von der Ropp, Evi Melas, wirklich beeindruckende Fotos zu Kultur, Alltag und Landschaft. Vorwort zu Geschichte und Kunst Griechenlands. DuMont Verlag. 2o8 Seiten, 98 DM.

3.) Geschichte, Kunstgeschichte, Architektur

"GRIECH. INSELN 3/DODEKANES": von Ingeborg Lehmann, erschienen im Schröder Verlag, jetzt bei Bruckmann München. Geschichte und Kultur, ausgezeichnet und penibel bis ins letzte Detail. 544 Seiten, 39,8o DM.

Knaurs Kulturführer "GRIECH. INSELN": Hardcover, viele Farbfotos, im A-Z System aufgebaut. Behandelt werden praktisch alle Inseln Griechenlands, sowohl auf der Ionischen Seite wie im Bereich der Ägäis. Sightseeing gemischt mit Geschichtlichem, Archäologischem und Kunstgeschichtlichem. 325 Seiten, 32 DM.

"DIE GRIECH. INSELN": Evi Melas, erschienen in der Reihe DuMont Kunstführer, Köln. Das rund 5oo-seitige Werk behandelt eine Vielzahl griechischer Inseln (auch über den Bereich der Dodekanes hinaus). 38 DM.

"DIE SIEBEN WELTWUNDER": Werner Ekschmitt. Sehr interessantes und vor allem anschaulich geschriebenes Buch über die Weltwunder der Antike (u.a. Koloss von Rhodos), viele Abbildungen. Philipp von Zabern Verlag Mainz. 277 Seiten, 78 DM.

"DER JOHANNITERORDEN, DER MALTESERORDEN": Adam Wienand (Hrsg.): Ursprung, Bedeutung und Wandlung des Ritterordens von der Gründung bis in unsere Zeit. Sehr sorgfältig, detailreich und interessant beschrieben. Knapp 5o Seiten zum Wirken des Ordens auf Rhodos. Wienand Verlag. 7oo Seiten mit 16o Abbildungen, 88 DM.

KUNST UND LITURGIE DER OSTKIRCHE: Konrad Onasch: byzantinisch-slawische Liturgie und ihre Auswirkung auf die Kunst: Ikonen, Architektur etc. In Lexikonform. Böhlau Verlag, 495 Seiten, 48 Tafeln mit 8o Abbildungen, 39,8o DM.

"LEXIKON BYZANTINISCH CHRISTLICHER SYMBOLE": Günter Spitzing: für kunstgeschichtlich und theologisch Interessierte: erklärt die Bedeutung und den Symbolgehalt von Ikonen, Msaiken, Fresken etc. Diederichs Verlag. Viele Abbildungen, 344 Seiten 68 DM.

"DAS GEHEIMNIS DER ORAKEL": Philipp Vandenberg, spannend geschriebener Report über die archäologische Suche nach den antiken Orakelstätten. Orbis Verlag München. 352 Seiten, 16,8o DM.

"SOKRATES IM SUPERMARKT": Klaus Bartels, heiter-besinnliche Glossen aus der Antike. Schöningh Verlag. 2o8 Seiten, 39,8o DM.

"GRIECH. GESCHICHTE": Erich Bayer, detaillierte Geschichtsschreibung von den ersten Anfängen des Griechentums bis zur Auflösung der griechisch-hellenistischen Staatenwelt. Kröner Verlag. 841 Seiten, 34 DM.

"GRIECHISCHE GESCHICHTE": Hermann Bengtson, von den Anfängen bis in die Römische Kaiserzeit, gibt eine umfassende Übersicht. C.H. Beck. 632 Seiten, 44 DM.

"DIE MYTHOLOGIE DER GRIECHEN": Karl Kerényi, zwei Bände, die zum einen Götter- und Menschheitsgeschichten und zum anderen Heroengeschichten zum Thema haben. Deutscher Taschenbuchverlag. Beide Bände je ca. 34o Seiten, zum Preis von 9,8o DM.

"DAS KLASSISCHE GRIECHENLAND UND DIE DEMOKRATIE": John K. Davies, untersucht die Blütezeit der griechischen Kultur, viel Quellenmaterial. Deutscher Taschenbuchverlag. 3oo Seiten, 16,8o DM.

"REISEN MIT HOMER": Ernle Bradford, segelt auf den Fährten des Odysseus zu den schönsten Stätten des Mittelmeers. Lebendig geschrieben, erschienen im Scherz Verlag. 256 Seiten, 24,8o DM.

"RHODOS": G. Konstantinopoulos, S. Meletzis, H. Papadakis: kurzer Textteil über Geschichte, Natur und Kultur. Viele s/w Fotos aus dem Museum von Rhodos/Stadt. Verlag Schnell & Steiner, 14,8o DM.

"DAS ANDERE RHODOS": Klaus u. Yvonne v. Bolzano: Allgemeines zu Geschichte, Kunstgeschichte, Ikonographie. Viele Kirchen werden detailliert beschrieben. 2o8 Seiten, 27,8o DM.

4.) Sport, Sonstiges

"HÄFEN UND ANKERPLÄTZE GRIECHENLANDS - BAND 3": Delius Klasing Verlag Bielefeld. Hervorragend gemacht und unabdinglich für alle Sportschiffer. Band 3 behandelt den Bereich des Dodekanes, darüberhinaus auch Kreta und die ostägäischen Inseln. 232 Seiten, 155 Pläne. 39 DM.

"GRIECHISCHE KÜSTEN": H.M. Denham/G. Radspieler: Führer für Sportschiffer, sehr nützlicher und zuverlässiger Band, beinhaltet das Ionische Meer, Kreta und die Ägäis. 284 Seiten, 54 DM.

GRIECH. KÜCHE: es gibt eine Vielzahl an Büchern. Unser Tip: Gräfe & Unzer Verlag: "Griechisch Kochen", 12o Seiten, 29,8o DM. Einführung in die Küche der einzelnen Regionen, einfache, aber raffinierte Rezepte, schöne Fotos.

"LANDSCHAFTEN AUF RHODOS": Noel Rochford. Im Schmalformat. Kompakter, handlicher Wanderführer, der auch Tips für Autotouren gibt. Sehr nützlich für jeden, der gerne wandert. Sunflower Books. 128 Seiten, 22 DM.

5.) Naturführer

"PFLANZEN DER MITTELMEERKÜSTEN", W. Lippert/D. Podlech, praktischer Naturführer im handlichen Format, nach Blütenfarben geordnet. Gräfe & Unzer Verlag. 4oo Farbfotos, 4oo Zeichnungen. 256 Seiten, 28,8o DM.

"WAS BLÜHT AM MITTELMEER?": Peter u. Ingrid Schönfelder, ebenfalls handlich, geordnet nach Blütenfarbe und -form. Kosmos Naturführer. 313 Farbfotos, 1oo Farbzeichnungen. 32o Seiten, 39,8o DM.

"MITTELMEERFLORA": H. Reisigl/E. und O. Danesch, kleineres Format, Einführung in den Lebensraum der Mittelmeerflora, Hallwag Verlag. 2o4 farbige Abbildungen, 144 Seiten, 14,8o DM.

"WOLKENWETTER": Dieter Walch/Ernst Neukamp, ein ausgezeichneter Ratgeber zur Erkennung von Wetterentwicklungen und -vorhersagen. Faszinierende Fotos und verständlich geschriebener Text, für den Urlaub und für zu Hause. Gräfe & Unzer Verlag. 17o Farbfotos, 144 Seiten, 29,8o DM.

6.) Literarisches

"DIE HEXE VON PATMOS": Märchen von den griechischen Inseln. Romiosini Verlag, 168 Seiten, 12,8o DM.

"ASTRADENI DIE STERNENBINDENDE": Evjenía Fakinu: zeitgenössischer Roman, dessen Handlung teilweise auf Symi spielt. Romiosini Verlag, 19,8o DM.

7.) Karten

"MICHELIN/GREECE": Maßstab 1: 7oo.ooo, dürfte derzeit eine der besten Übersichtskarten für Gesamtgriechenland sein. Übersichtlich kartographiert, arbeitet nicht nur die Hauptstraßen klar raus, die gegen Nebenstraßen abgesetzt sind. Zudem sind landschaftlich besonders schöne Strecken markiert. 11,8o DM.

"RV/GRIECHENLAND": Maßstab 1: 8oo.ooo, bildet sehr viele Details ab (Berge, Sehenswürdigkeiten etc.), ist dadurch manchmal etwas unübersichtlich aber sehr informativ. Auch einige Stadtpläne. 12,8o DM.

Mit DETAILKARTEN zu den einzelnen Inseln sieht's nicht ganz so schlecht aus wie bei den Kykladen, trotzdem: Das meiste, was es derzeit im Handel gibt, wurde vielfach in Eigenregie hergestellt und entspricht nicht dem Standard, den man sonst von Detailkarten gewohnt ist, also in der Regel z.B. keine Höhenlinien. Kann soweit gehen, daß gar die Berge grob mit Farbe hingekleckst sind oder komplett fehlen, Orte an bis zu ein km oder mehr verschobener Stelle eingetragen sind und vieles mehr, wie nicht exakter Küstenverlauf etc.

Insel-"Detail"-Karten gibt's auf den Inseln selber in den dortigen Schreibwaren- bzw. Souvenirshops. Zum Teil auch als Importware in Deutschland, Österreich, Schweiz. Die offiziellen geographischen Karten sind militärische Verschlußsache.

Eine rühmliche Ausnahme aus dem österreichischen Verlag FREYTAG & BERNDT: RHODOS 1: 1oo.ooo. Stimmt in Straßenverlauf und in Höhenangaben. Übersichtliche Kartographie und Kurzinfos zu Insel und Stadt Rhodos. 9,8o DM.

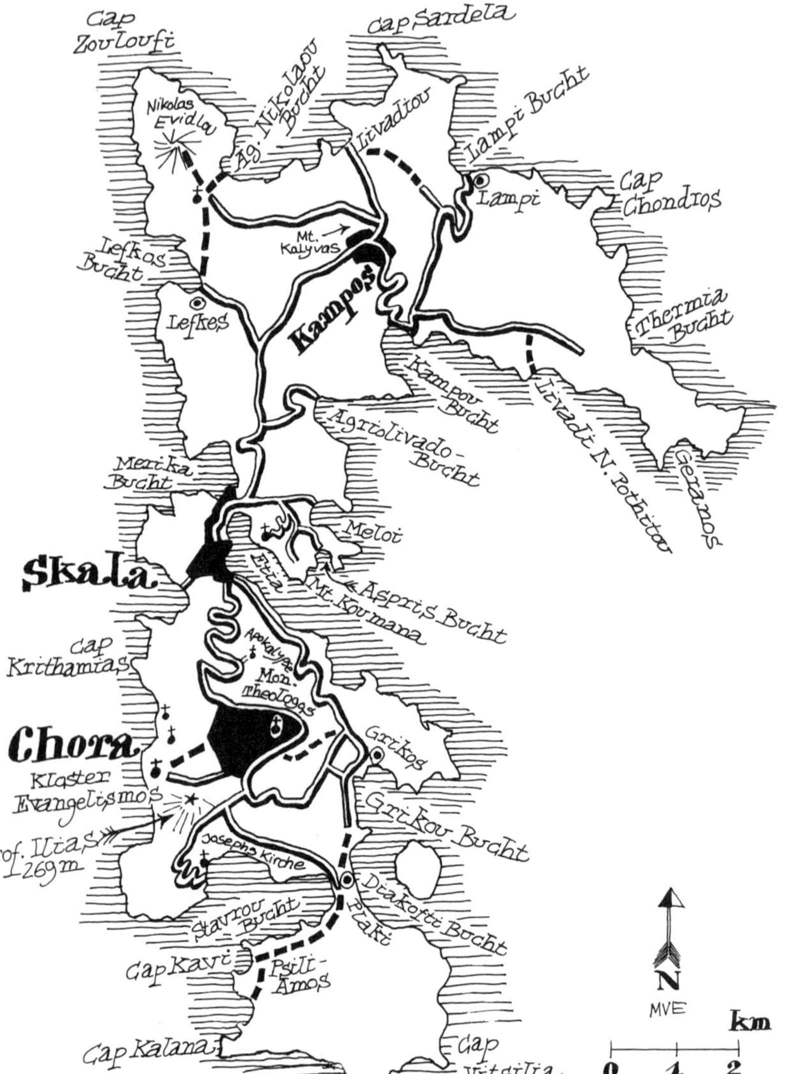

Insel Patmos

Insel Patmos

Wild zerklüftete Vulkaninsel, braune Lavabrocken und gelbverdorrtes Dorngestrüpp. Großartige Landschaft und schöne Badebuchten. Ideal für Baden und Wandern. Malerische Dörfer mit weißen Kykladenhäusern und schmalen Gäßchen. - Sehr zu empfehlen für gemütliche und abwechslungsreiche Ferien!

Verbindungen von/nach Patmos

Piräus -> Patmos: PKW- Fähren im Sommer 6 - 7 mal/ Woche. Fahrzeit ca. 1o Std., pro Person Deck ca. 23 DM, 2. Klasse ca. 4o DM, PKW je nach Größe ca. 9o- 12o DM. Teils auch Fähren Piräus -> via Mykonos oder Paros, die je nach Strecke ab ca. 11 Std.benötigen.

Patmos -> Rhodos: im Sommer mit PKW- Fähren tägl., wobei das Schiff immer in Kos stoppt, je nach Route zusätzlich in Leros, Kalymnos. Fahrzeit je nach Anzahl der Stops zwischen Patmos und Rhodos ca. 7 - 8 Std. Eine Kleinfähre verbindet zudem Patmos -> Lipsi (ca. 1 Std.) -> Leros (ca. 1 Std. 15 Min.) -> Kalymnos -> Astypalea (3 Std. 1o Min.).

Schnellboot (nur Personentransport): Patmos -> Kos -> Rhodos in nur ca. 3 1/2 Std. Im Sommer 3 x/Woche, ab Kos häufiger. Allerdings satte 7o DM/Person, somit erheblich teurer als die Normalfähre.- Weiterhin: Patmos -> Lipsi (2o Min.) -> Leros (2o Min.) -> Kos (1 Std.).

Patmos -> Samos: PKW- Fähre im Sommer mehrmals/Woche, entweder direkt nach Pythag./Samos (1 Std.) -> Vathi/Samos (4o Min.) oder mit Stop auf Fourni bzw. Agathonissi (plus 3o - 4o Min. bis Samos).

Patmos -> Ikaria: PKW- Fähre im Sommer mehrmals/Woche, Überfahrt ca. 5o Min.

Patmos -> Nordgriechenland: via Samos -> Chios -> Lesbos -> Limnos nach Kavala/Festland. PKW- Fähre, die bei der Länge der Strecke entsprechend Zeit braucht, im Sommer 1 - 2 mal/Woche.

Patmos -> Kykladen: seltene Verbindungen sowie meist Umsteigen nötig (z.B. Leros oder Kalymnos).

ACHTUNG: die Ägäis ist im Bereich um Patmos relativ rauh; mit Verspätungen bzw. Stornierungen von Abfahrten muß insbesondere im Frühjahr sowie Sept./Okt. gerechnet werden. Daher zeitlich nicht zu knapp planen!

AUSFLUGSBOOTE (Ablegestelle vor dem Hotel Astoria/Hafen Skala): zu den umliegenden Inseln wie Lipsi, Leros, Fourni, Samos und Agathonissi - sowie nach Kalymnos, Ikaria und Kos.

FLUG: Patmos hat keinen eigenen Flughafen. Nächste Airports: Leros und Samos (mit Olympic) und dann relativ schnell per Boot (1 bzw. 3,5 Std.) nach Patmos.

Wer mit Charter ab Mitteleuropa kommt, hat als nächstliegenden Airports Samos und Kos. Wegen häufigerer Schiffsverbindungen ist Kos günstiger.

AUTO mitzunehmen hat wegen der Kleinräumigkeit der Insel Patmos wenig Sinn. Abgesehen davon gute Infrastruktur auf Patmos mit Badebooten und Bussen.

KARTEN: bezüglich Inseldarstellung dürfte die rote Patmos- Karte die bessere sein (auf dem Cover Fotos wie Dias). Sie hat auf der Rückseite einen groben Stadtplan der Skala und Chora.

Die blaue Patmos- Karte (auf dem Cover in 2 Kreisen Patmos Foto und Griechenland Karte) ist dagegen im Chora- Plan "etwas" genauer.

Allerdings sind beide Karten nicht komplett in Bezug auf existierende Straßen und Inselpisten. Wir haben daher den aktuellen Pistenstand in unserer Patmos-Übersichtskarte eingetragen. Streckenbeschreibung, auch was Zustand und Befahrbarkeit anbelangt, siehe folgender Patmos- Text!

Geschichte: siehe Seite 92.

Insel Transporte

Badeboote: fahren im Sommer ab Skala (vor dem Hotel Astoria) rauf an alle schönen Strände der West und Nordküste sowie runter in den Süden (Grikos, Psili Amos).

Insbesondere die Strecke rauf in die Lambi Bucht kann recht bewegt werden, da das Boot quer übers Meer die Ostküstenbuchten abkürzt. Die Boote fahren je nach Bedarf 1 mehrmals am Tag pro Richtung, morgens hinwärts und am späten Nachmittag wieder zurück.

Busse Skala - Chora, Skala - Grikos, Skala - Kampos, alle mehrmals täglich ab Hafen/Skala.

Taxistand an der Fähranlegestelle. Wegen der kurzen Inselentfernungen ist Taxifahren relativ billig.

Pferdekutsche Rundtour 35 Min. für 15 DM, wartet am Taxistand.

Tankstellen: bei Hotel Hellenis und an der Ausfallstraße nach Chora.

Motorbike-rent: "Makis Tores" Nähe Hotel Chris, pro Tag 2o-3o DM; "Ioanis Apostolides" gegenüber der Fähranlegestelle, 2o-25 DM, ab 5-6 Tagen Preisnachlaß. Vermietet auch Privatzimmer, DZ mit Bad ca 3o DM.

★ Skala (ca. 1.5oo E.)

Inselhafen in schmaler Bucht; die leuchtend weißen Häuser ziehen sich den Hang hinauf bis zur Bergkuppe. Unten am Wasser viel Leben: Fischerboote, Hafentavernen, jede Menge Cafés und Shops.

Direkt am FÄHR- KAI liegen im weißen Gebäude mit Rundbögen und Turm: (1) Tourist Police - (2) Post - (3) private Touristinformation mit Zimmervermittlung. Die OTE (15) liegt im Ortsinneren, siehe Karte!

Skala ist ein moderner, aber in seiner weißen Architektur angenehmer Hafenort, viel Vegetation. Im Inneren des Ortes mit seinen engen Straßen Bank, Apotheke. Zur Sommersaison fast täglich in der Bucht große Kreuzfahrtdampfer.

Besonders schön, wenn man mit dem Fährdampfer nachts in die Bucht einfährt: unten die Lichter des Hafenortes Skala und darüber die hell angeleuchtete Festung der Chora!

Fast alle Hotels, sowie Privatquartiere liegen unten in Skala. - Oben in der Chora nur Privatzimmer, - weitere Hotels in Grikos, sowie Pension in Lampi (siehe dort).

Privatzimmer werden meistens von Agenturen oder dem Tourist-Büro vermittelt, die am Fährhafen liegen. Oft besitzen die einfach eingerichteten, aber preisgünstigen Zimmer eine kleine Terrasse, auf die man sich abends gemütlich bei einem Wein zusammensetzen kann: großartiger Blick auf die Unterstadt und Hafen!

HOTELS AM HAFEN:

"Hotel Astoria" (C), altes Hafenhotel gegenüber der Bootsanlegestelle. Die Frühstücksterrasse unter der Markise ist wegen der Lage enorm frequentiert. Der Hotelbesitzer ist dick im Geschäft, ihm gehört nicht nur das Ausflugsboot, sondern auch mehrere Inselbusse, mit denen Kreuzfahrtschiff-Gäste auf die Chora gekarrt werden. Big Business, wobei nicht nur die Bilder an der Wand schief hängen können. Ein Teil der Zimmer vornraus mit kleinem Balkon. DZ je nach Saison um die 3o-35 DM.

"**Hotel Skala**"(B), leicht von der Uferstraße zurückgesetzt, eines der größten Hotels der Insel: rund 8o sehr geräumige Zimmer mit komfortablen Bäder, Radio und Tel. Von den Balkons schöner Blick über die Bucht bzw. Berge. Großer Frühstücksraum im Tiefgeschoß, Rauhputz und TV. Derzeit das wohl komfortabelste und beste Inselhotel, DZ ca. 5o - 8o DM.

"Hotel Patmion" (C), an der Uferpromenade Nähe "Hotel Skala". Gehört der Gemeinde, von außen hübsch mit Arkaden- Rundbögen, 2 Stockwerke. Von den 17 Zimmern gehen 1o vornraus. Diese sind geräumig, haben Privatbad, Balkon und Buchtblick. Die anderen teils mit Gemeinschaftsbad. Insgesamt etwas verwohnt. DZ je nach Saison und Zimmer 3o-35 DM.

"**Hotel Chris**" (C), neben "Patmion", Uferstraße. Modernes, dreistöckiges Gebäude. Große Terrasse zur Uferstraße, der Aufenthaltsraum mit TV und niedrigen Tischchen. Die Zimmer haben PVC- Böden und sind einfach möbliert, Polsterstühle, teils laufen auch Heizungsrohre durch den Raum. Große, pink-geflieste verwohnte Wannenbäder. Vorn raus mit Balkon, DZ ca. 5o-6o DM.

"Hotel Rex" (D), direkt am Hafen bei Busabfahrt und Tourist Polizei. 16 einfach möblierte Zimmer mit Schiebetür zur Dusche, schmale Balkons. DZ ca. 25-3o DM.

"Hotel Byzantion"(B) etwa 15o m östl. vom vom Hafenkai, siehe unsere Karte.

Das moderne Hotel wirkt fast wie kleine Burg. Rundbogenfenster mit Holzjalousien, die Rezeption in Naturstein, gut ausgestattete Holz-Bar mit langem Tisch und offenem Kamin. 16 relativ kleine Zimmer, auch die Bäder recht klein, ausgestattet mit Tel. und Radio. Es gibt eine Cafeteria, Sauna, sowie auf dem Flachdach Sonnenbaden mit Ägäisblick. DZ ca. 4o DM.

★ HOTELS IM ORTSINNEREN/SKALA:

"**Hotel Villa Zacharo**", (C) an der Straße nach Chora, hübsch in einem Garten gelegen. Zum Hotel gehört eine überdachte Pizzeria. 9 relativ kleine Zimmer mit Privatbad (auf der Toilette sitzt man mit einem Bein in der Duschwanne...), durch die Fenster teils Blick auf Chora und Festung. Insgesamt ganz angenehm, allerdings DZ ca. 5o - 7o DM.

"**Hotel Galini**" (C) weißes, abgewinkeltes 2 stöckiges Gebäude, in einer Seitengasse Nähe "Villa Zacharo". Terrasse mit viel Grün umrankt, TV-Raum, Holzdecken und Rundbögen. Der helle freundliche Frühstücksraum mit frischen Blumen, an den Wänden alte Petroleumlampen. Die geräumigen Zimmer sind apart holzmöbliert, große gelb geflieste Bäder. 11 Zimmer mit Tel. DZ ca. 45 - 55 DM.

"**Hotel Diethnes**" (D), Rezeption mit Muschelsammlung, die Zimmer einfachst möbliert, klein, auch was Bäder und Balkon betrifft. Sauber, DZ. ca. 3o - 4o DM.

"**Hotel Kastro**", gleicher Stil wie Hotel Diethnes, Blumen ums Haus, kleine Terrasse. Funktional eingerichtet; ob einem die Schachbrett-PVC-Böden und vielen Plastikblumen gefallen, ist Geschmackssache. Die recht kleinen Doppelzimmer mit Duschkabine für ca. 4o - 55 DM.

"**Hotel Plaza**" (C), Hotel im Kykladenstil, große Außenterrasse, geräumige, dunkel möblierte Zimmer. Toiletten mit Sitzbadewanne, DZ ca 4o-55 DM.

★ HOTELS IM NORDEN/SKALA (ca 1o Min vom Zentrum):

"**Hotel Hellenis**" (C), moderner einstöckiger Bau an der Uferstraße Richtung Kampos. Große Frühstücksterrasse von wildem Wein überrankt. 15 hell möblierte Zimmer, große Balkons, von den Frontbalkons herrlicher Blick auf Hafen und Chora. Unser Tip! Für Velbinger-Reisende 1o % Rabatt. Nette Wirtsleute, DZ ca. 45 DM.

"**Hotel Australis**" (D), in üppiger Gartenanlage, allerdings etwas laute Dieselmotoren des Skala- Kraftwerkes im Hintergrund. Gemütliche Frühstücksterrasse im Garten. Geräumige Zimmer, teils mit Balkon. Alle Zimmer gehen in einen blühenden Innenhof. DZ ca. 4o - 55 DM.

"**Pension Sidney**", nebenan, blumenreicher Atriumhof. Einige der Zimmer mit grün bepflanzten Terrassen, andere im ersten Stock (über Außentreppe zu erreichen). Gemeinschaftseisschrank, Bäder ohne Duschwanne. Familiäre Atmosphäre und Tip. DZ ca. 3o - 35 DM.

Patmos Flower Camping, 1,5 km von Skala (Uferstraße nach Osten) in der Bucht Meloi. Liegt Nähe Strand, im Hauptgebäude Snackbar und überdachte Terrasse. Die Zelte stehen zwischen dicht angepflanzten, aber noch recht jungen Bäumchen. Minimarkt, Mopedverleih, zum Miloi Strand ca. 5o m, Tamarisken, Sand und Taverne. Geöffnet ist der Campingplatz 1.5 - 15.1o.

"O PANTELIS", Parallelstraße zur Uferpromenade. Lärmiger Großbetrieb, innen Wartesaalatmosphäre, draußen Tische beidseitig der Gasse. Reichhaltige Auswahl, allerdings etwas überteuert, Bier gibts derzeit nur in Dosen.

"O GRIGORIS", gegenüber der Fähranlegestelle, man sitzt mitten im Geschehen der an- und abfahrenden Kreuzfahrtschiffe. Überdachter Platz und Dachterrasse. Ausgezeichnet gewürzte Gerichte, dazu reichhaltiges Angebot und zudem preiswert.

"TAVERNE BPRAXOS" (siehe Karte 28). Gemütlich, Wein aus dem Faß, große Essensportionen. - Weiteres Restaurant neben dem Laubeneingang zum Hotel Skala, mehrere gute Tavernen am Hafenkai unter den Platanen mit typischen griechischen Spezialitäten.

Disco: Disco-Bar Meltemi, holzgetäfelte Bar, Dancing bis tief in die Nacht.

Shopping: Breites und für Griechenland preiswertes Angebot an Spirituosen, da es Zollvergünstigungen gibt. Ansonsten Schmuck und Keramik.

★ Chora

Die Altstadt von Skala, 26o m hoch in den Bergen. Eine 5 km Serpentinenstraße führt hinauf. Man kann mit dem Bus ab Hafen rauffahren (rund 1o Busse pro Tag). - Oder, was viel schöner ist, rauflaufen: ca. 1/2 Std., wenn man die Abkürzungen benutzt. Dichte Macchia, Dornengestrüpp und herrliche Ausblicke auf die Bucht von Skala.

Auf halber Höhe zwischen Skala und Chora, seitlich der Straße bevor man nach Chora kommt, liegt das weiträumige, im 17. Jh. gebaute und später festungsartig ausgebaute KLOSTER DER APOKALYPSE. Es enthält eine dem Hl. Nikolaus geweihte Felsenkirche mit hübschem,ikonenverziertem Holzaltar.

Hier gibt es auch die HÖHLE, in die der Apostel Johannes verbannt worden sein soll und hier seinem Lieblingsjünger Prochoros das Johannes-Evangelium diktiert hat. Im Licht eines flackernden 7-armigen Kerzenleuchters: Ikonen, orthodoxe Altäre und in einer Höhlenvertiefung eine Kuhle, in der das Haupt des Apostels nachts geruht haben soll. In dieser Höhle wird auch das Osterfest gefeiert.

Von hier aus sind es noch 2,5 km aufwärts bis zum Parkplatz unterhalb der Chora und ab hier weitere

1o Min Fußmarsch bis zur Hauptsehenswürdigkeit, dem Johanneskloster.

Die ALTSTADT der Chora besitzt schöne Plazas mit Platanen und gemütlichen Tavernen und Kafenions. Den Weg zum Kloster säumen Souvenir- und Juwelierläden.

Die Chora ist im Zentrum unheimlich hübsch: keine Autos, sondern schmale, verwinkelte Gäßchen mit Torbögen, Durchgängen unter Häusern und kleinen versteckten Tavernen im Inneren; viel Atmosphäre!

Die ALTSTADT wurde weitgehend von den Kretern gebaut, die zur Zeit der türkischen Besetzung Kretas nach Patmos flüchteten. Ganz oben auf der Bergkuppe herrlicher Blick auf die wilde, zerklüftete Vulkaninsel mit ihren vielen, versteckten Buchten und hinüber zur gewaltigen Klosterfestung der Chora in den Bergen.

Das JOHANNESKLOSTER ist absolut sehenswert. Es überragt wie eine Festung die Altstadt. In den Klosterkirchenarkaden alte Fresken, in der Klosterkirche selbst eine große geschnitzte Ikonenwand. Von hier direkter Zugang zur kleinen, mit Fresken bemalten Marienkapelle aus dem 12. Jhd. mit wunderschön geschnitzem und goldblattiertem Altar von 16o7. Im Kloster halten noch rund 37 Mönche die Stellung.

Schatzkammer und die Bibliothek sind leider nicht zugänglich.

Das Klostermuseum (Eintritt ca. 2,5o DM) ist im rückwärtigen Teil untergebracht, in der ehemaligen Backstube. Zu sehen sind viele orthodoxe Sakralgegenstände, Ikonen und einzelne Bücher aus der Bibliothek, mit denen für diese Zeit üblichen, herrlichen Anfangsbuchstabenverzierungen.

Das Kloster soll um 1o9o am Standort eines Artemis-Tempels und späteren Basilika erbaut worden sein. Details zur Kloster- und Insel-Geschichte siehe nächste Seite!

Sehenswert in der Chora ist ein weiteres Kloster, das Nonnenkloster MONI ZOUDOCHOPIQI. Gegründet 16o7, ein riesiger weißer Klosterbau am südwestlichen Ortsrand der Chora. Uralte Fresken im Vorraum der vom Klosterhof zugänglichen Kirche. Außerdem sehenswerte Ikone aus dem 16. Jhd.

Private Übernachtungsmöglichkeiten in der Chora: viel Ruhe und Ausgeglichenheit in alten Patrizierhäuser: DZ ab ca. 25- 3o DM, allerdings nur sehr limitiertes Angebot, das im Sommer schnell ausgebucht ist. Erheblich mehr Privatquartiere gibts unten in Skala.

Rest. "GIORGOS", am kleinen Parkplatz unterhalb der Burg. Sehr sauberer Innenraum, draußen sitzt man auf einer Empore unter kühlendem Schilf- Mattendach.

Rest. "OLYMPIA": am Hauptplatz, der Platia Levias. Weißgedeckte Tische unter Sonnenschirmen, über eine Innentreppe zum mattenbedachten Dachgarten, schöner Blick!

Rest. "VAGELIS", ebenfalls auf der Platia, Tische von Markisen überdacht, zum Essen hübscher "Paradiesgarten" hinter dem Restaurant. Beide Restaurants nehmen bis auf eine schmale Gasse die ganze Platia ein.

Johannes Kloster PATMOS

Geschichte:

Das Patmos Kloster beherrscht nicht nur optisch die Insel, es dürfte zugleich der gewaltigste klerikale Festungsbau der Ägäis sein! 1o88 nach Chr. schenkte der Kaiser Alexios Komnenos dem Abt Christodoulos die damals unbewohnte und dornige Insel Patmos, - verbunden allerdings mit der Verpflichtung, hier ein Kloster zu bauen.

Die Schenkungsurkunde, ein rund 7 m langes Papier zur Rolle aufgewickelt befindet sich im Klosterarchiv. Die Bauarbeiten auf der Bergspitze oberhalb der geschützten Hafenbucht (heutiges Skala) erwiesen sich von Anbeginn schwierig: die Fachleute und Bauarbeiter, die aus Konstantinopel zur Verfügung gestellt worden waren, hatten wenig Lust, dauerhaft hier zu bauen, da zunächst Frauenverbot herrschte. In späteren Jahren musste daher dieses Verbot aufgehoben werden, um die Arbeiter "bei Laune" zu halten.

Da zugleich die Gewässer in den Inseln vor der Türkischen Küste äußerst piratengefährdet waren, entschloß man sich von Anbeginn zu massiven dicken Festungsmauern. Auch wurde zunächst die Schutzmauer errichtet, das Klosterbauwerk kam später. Höhe der Mauern 15 - 2o m, Grundriß beachtliche max. 7o x 53 m, also fast so groß wie ein Fußballplatz - und dies für ein Kloster!

Ende 12./Anfang 13. Jhd. lebten im Kloster bereits 15o Mönche (auch diese Zahl ein Superlativ), die auf Grund von Sonderrechten des Kaisers mit klostereigenen Schiffen schwungvollen Handel betrieben. Der Festungsbau wird in vielen Bereichen erweitert und ergänzt.

Ab Beginn 16. Jhd. Bau der ersten Herrenhäuser um die Festung (eines der ältesten dürfte das Haus des Sofoulis sein: gemäß Inschrift 1522 gebaut! Vergl. weitere Inschriften beim Bummeln durch die Altstadt!) Zur Zeit des Krieges zwischen Venezianern und Türken (1645 - 1669) diente die Hafenbucht unterhalb der Festung als Flottenstützpunkt für die Venezianer, - und ab 1669 die Festung als Aufnahmelager für Flüchtlinge aus Kreta, welches unter starkem türkischem Beschuß lag.

Je weiter sich die Türken auf Kreta ausbreiten, desto mehr Kreter flüchten u.a. nach Patmos und errichten unterhalb der Festung die heutige, extrem verwinkelte Altstadt. Stück für Stück entstanden einzelne Stadtteile: Reeder bauten "Frydi" unterhalb der Nordseite der Festung (=kürzeste Entfernung zum Hafen) - kretische Flüchtlinge ihren Stadtteil "Kritika".

Apostel Johannes

Die äußersten Häuser waren wie kleine Festungen mit hohen Hauswänden gebaut, nach außen ohne Fenster. Eingang ins Ortsinnere nur durch enge Gassen-Öffnungen, die bei Gefahr verschlossen werden konnten.

Unten in der Skala gab es bis hinein ins 17. Jhd. nur Lagerhäuser sowie wenige Verwaltungsgebäude. Vor Einbruch der Dunkelheit begab man sich rauf in den Schutz der Chora. Die erste Inselstraße war der 1794 eingeweihte und gepflasterte Weg zwischen Chora und Skala, die heute noch als Eselspfad und für Fußgänger als Abkürzung zwischen beiden Orten in Gebrauch ist.

Besondere Bedeutung erlangte das Johannes-Kloster ab 1713, als hier der Mönch Makários Kalogéras die berühmte PATMOS-SCHULE einrichtete: innerhalb eines 7-jährigen Studiums der Sprachen (Latein, Griechisch) aber auch Theologie, Kirchenmusik und Rhetorik konnte man ein Diplom erlangen. Die Qualität des Unterrichtsprogrammes und seiner Lehrer war so hoch, daß sie bald den Ruf als eine der besten Schulen des Nahen Orients genoß. Viele berühmte Gelehrte, aber auch Kirchenführer gingen aus ihr hervor; die Schule bestand bis 1856.

Westlich der Chora liegen am Berghang oberhalb des Meeres eine Reihe von Mönchsklausen und kleineren Klöstern, die seinerzeit als Rückzugsort in absolute meditative Stille dienten. Das größte ist das KLOSTER EVANGELISMOS.

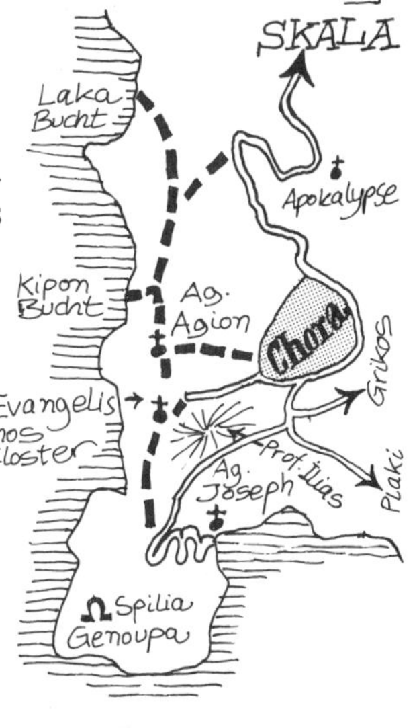

Zu erreichen über eine Straße, 1 km, die südlich an der Chora entlangführt. Das Kloster wurde 1935 - 1937 auf der Stelle einer Einsiedelei erbaut. Äußerst gepflegte Anlage in einem Park (nur 9 - 11 Uhr geöffnet), lohnenswert der Blick, außerdem die im Klosterbereich liegenden Kirchen aus dem 12 und 17. Jhd. mit Fresken und Ikonen.

Vom Kloster kann man entweder Richtung

Süden weiterwandern, wo man auf die Piste zur Josephskirche trifft:

Pistenbeschreibung: ab Chora 1,5 km, guter Schotterweg, endet an einem Steinbruch, wo ein Gatter den weiteren Weg versperrt. Deshalb ist die Weiterfahrt an die Bucht runter zur verlassenen Klosterkirche Joseph mit dem Auto nicht möglich. Abstieg auf dem Betonserpentinenweg nur zu Fuß möglich.

BESTEIGUNG PROFITIS ILIAS (269m), dem höchsten Berg der Insel. Fußpfad ab Chora (oder Kloster Evangelismos) durch dichte Macchia. Da es keinerlei höhere Vegetation in dieser Gegend gibt: einfach auf die höchste Erhebung zuhalten! Viele Schafe und Ziegen, teilweise sind die Hänge kultiviert mit Anbauterrassen.

Oben ein (abgesperrtes) Kloster (18. Jhd.), sowie herrlicher Rundblick auf Insel, insbesondere Chora und Festung.

KIPON- BUCHT: westl. unterhalb der Chora. Pfad entweder ab Kloster Evangelismos, oder ab Chora via Ag. Agion direkt (vergl. Karte!). Runterwärts in die Bucht ca. 3o Min., raufwärts entsprechend länger, da ein Höhenunterschied von ca. 26o m in nur 1 km Länge überwunden werden muß. Lohnt sich als Wanderung wegen Ausblick, - der Strand zum Baden allerdings weniger.

Ab Ag. Agion führt ein weiterer Pfad oben am Küstenhang nordwärts, der nach ca. 1,5 km auf die Straße Chora- Skala trifft.

★Insel Südspitze

Geprägt durch den 25o m hohen Bergklotz des Prassovouno (in Karten auch Prasino). Hier liegt einer der schönsten Badestrände der Insel, der

PSILI AMOS: Kleiner Sandstrand, mit Steinen durchsetzt, Taverne mit Sommerbetrieb. Zu erreichen am bequemsten mit dem Badeboot ab Skala.

Per Straße: nur via Chora. Südl., unterhalb des Ortes biegt die Asphaltstraße in großer Ostkurve nach Grikos ab. Direkt in dieser Kurve (vergl. Karte!) zweigt rechts eine gut befahrbare Staubpiste ab, die in 2,4 km runter an den Istmus von Diakofti/Plaki führt: einsames Bauerngehöft und sumpfiges Gelände mit etwas verschmutztem 15o m Strand.

Ab Plaki geht ein Fußpfad in ca. 3o Min. rüber zur Psili Amos Bucht. Sie besteht im Grunde aus 2 Buchten, die durch ein Felskap geteilt sind: Fast noch schöner die südlich gelegene mit sehr langem Sandstrand, an dem derzeit FKK geduldet wird.

Wanderzeit Chora -> Psili Amos: ca. 1 Std. pro Richtung, ähnliche Zeit wird ab Grikos zu Fuß zum Psili Amos benötigt.

★ Grikos

Fischernest 5 km von Skala an der Südostküste. Verfügt über eine Handvoll Hotels/ Tavernen. Busverbindung ab Skala rund 6 mal am Tag, sowie ca. 2 - 3 mal ab Chora. Ebenfalls (im Sommer) Kaikiverbindung.

Strand: Sand mit Steinen durchsetzt, teils auch Kiesstrand. Im Ortsbereich, speziell vor dem Xenia Hotel,Tamarisken. Wasserqualität unterschiedlich, teils Unterwasserpflanzen.

An der Landzunge südl. des Ortes ist Nacktbaden üblich, was z.Z. von der Inselpolizei stillschweigend geduldet wird.

"Hotel Artemis" (C), moderne, rustikale Architektur. Schöner Blumengarten mit 2 hübschen Frühstücksterrassen. Innen dominieren Rauhputz, Natursteinböden und Massivholztüren. Rund 3o, allerdings recht kleine Zimmer mit Duschwanne, Tel., Radio und großem Balkon bzw. Terrasse. DZ- ca. 4o-6o DM.

"Hotel Xenia" (B), weder von hinten, noch von vorn, noch innen besonders hübsch. Ein 3- stöckiger steriler Betonbau. Abgetretene Parkettstufen, uralte Wannenbäder. Fürs Doppelzimmer stellt man sich je nach Saison ca. 55-7o DM vor.

"Hotel Grikos" (C), Flachbau, ca. 5o m zum Meer. Die Aufenthaltshalle wirkt trotz aufgehängter Pflanzen und schmiedeeiserner Laternchen etwas kahl. Die Zimmer sind geräumig, Bad, teils auch Kochstelle und Spüle. Tel., Balkon, DZ ca. 45 - 6o DM.

"Hotel Alexandros" (C), vom selben Besitzer wie Grikos, an den Hang gebautes, verschachteltes Kykladenstilhotel mit herrlichem Blick über die Bucht. DZ ca. 6o DM.

"App. Panorama" (C) direkt oberhalb der Straße Grikos-Chora, terrassenförmig angelegt, mattenüberdachte Terrassen mit bequemen Sitzgruppen. Restaurant nur zur Saison offen. 18 App. mit Kl. Kochstelle, Spüle, Eisschrank, geräumige Zimmer, ca. 5o-85 DM.

"Hotel Flisvos" (D), Flachbau, Taverne im Hochparterre, direkt am Uferweg, zum Strand 1oo m. 7 kleine, einfache aber saubere Zimmer. DZ ca. 25 DM.

"App. Apolafsis" (C), selber Besitzer, 8 App. mit Küche, Bad, Balkon, App. ca. 4o-5o DM.

TAVERNE FLISVOS, schattige Terrasse, ausgezeichnete griechische Küche (bes. Moussaka!).

TAVERNE O STAMATIS, direkt am Wasser, vor Hotel Grikos gelegen, immer gut besucht.

★ Inselnordteil

Der buchtenreiche Nordteil der Insel bringt einen Schwung Badestrände. Die meisten können im Sommer per Boot ab SKALA erreicht werden.

MILOI: Sandstrand, wenige Tamarisken, sowie Strandtaverne und

Campingplatz. Da die meisten Leute in Skala logieren und der Miloi Strand der nächstgelegene ist (knapp 2 km ab Skala, bzw. 3o Min. zu Fuß), ist er zugleich einer der meistbenutzten der Insel.

Leider dokumentiert sich dies in manchmal nicht gerade sauberem Strand (weggeworfene Bierdosen etc.) Herzliche Bitte: haltet den Strand sauber; Ihr seid Gast auf der Insel und würdet Euch auch nicht freuen, wenn man Euch zu Hause den Müll vor die Wohnungstür kippen würde!

Zu erreichen: Ausfallstraße ab Skala. Am Ortsende geht rechts die Straße nach Miloi ab. Von der Abzweigung noch ca. 1,5 km.

Lohnender Abstecher: auf halbem Weg zur Miloi Bucht zweigt rechts eine steile Beton-Serpentinenpiste rauf zum Kloster ETIA (25o m überm Meer) und sagenhafter Blick auf Skala und Chora! Üppige, schattige Gartenanlage mit Laubengängen und Sitzplätzen. Fast noch schöner ist der Panoramablick vom Gipfel des Koumana (siehe unsere Karte).

Die Taverne "TO MELLOI" am Strand mit kleiner Auswahl, aber reichlich auf den Teller, gut und preiswert.

AGRIOLIVADI: rund 2,5 km ab Skala bzw. zu Fuß rund 5o Min. Eine Staub- Schotterpiste führt an den Strand runter, im letzten Abschnitt Gartenlandschaften und 25o m schöne Sandstrandbucht mit Tamarisken und Anlegesteg für die Kaikis. Taverne direkt am Wasser, außerdem Sommerhäuschen.

Wer will, kann ab Agrolivadi entlang der Küste und Abkürzung übers Kap Fokias rüber zum Strand von Kampos laufen, ca. 35 Min.

KAMPOS: einzige bedeutende Siedlung im Inselnorden. Liegt oberhalb des Meeres in den Bergen. In der Dorftaverne "Panagos" am Platz gegenüber Kirche und Busstop gute und preiswerte Küche (Tip ist "Stifado"). Schöner Blick vom MT. KALYVAS, direkt nördlich vom Dorf aufsteigend.

KAMPOS- STRAND: vom Dorf Kampos führt eine 1 km lange Serpentinenstraße an den Strand runter: rund 2oo m Sand-Kiesbucht, tamariskenbewachsen, beidseitig der Bucht Felsen. Mehrere Tavernen an der Uferstraße, Holzpritschen-, Sonnenschirmverleih.

Einer der beliebtesten Strände im Norden wegen guter Erreichbarkeit und breitem Sportangebot: die Palette reicht von Surfbrett-, Segelboot-, Tretbootverleih bis hin zu Wasserski und Paragliding.

Vom nördlichen Ende der Bucht steiler Fahrweg via Vagia. Rund 1 km nach Kampos Strand rechts ein Pfad runter zum **LIVADI POTHITOU-**Strand.

LAMPI-STRAND: ab Kampos-Strand in 2,5 km über gut ausgebaute, allerdings schmale Straße und Pass in Serpentinen runter an den Strand.

Besonderheit: der 3oo m lange Strand besteht aus Tausenden bunter Steine mit Maserung wie Intarsien.

Direkt am Strand "Pension Dolphin": klein aber gemütlich. Die Rezeptionstheke selbstverständlich aus den farbigen Strandsteinen, an den Wänden Segelwinden und Taue. 11 sehr kleine Zimmer mit eingebauten kleinen Bädern, sehr sauber. Besitzer und Frau sind aus Australien zurückgekehrte Insulaner. DZ ca. 3o DM, auch Taverne.

KAVI LIVADIOU-BUCHT: über eine 1,5 km lange Piste ab Kampos zu erreichen. Die Straße führt über macchiabewachsene Hügel an den paradiesisch gelegenen Strand. Eine 1oo-m-Bucht, baumbewachsen, im Inland Gemüsegärtchen und terrassenförmige Getreidefelder.

AG. NIKOLAOS: 2 km gut befahrbarer Weg ab Kampos durch Berglandschaft. Der Endpunkt der Straße ist derzeit ein einsamer Bauernhof. Hier beginnen mehrere Pfade: nördlich runter zur Nikolaos Bucht, - nordwestlich Besteigung des knapp 19o m hohen Nikolas Evdilou, - südlich runter zur Lefkas-Bucht.

LEFKAS: Westküste, schöner 1oo m langer Sand-Steinestrand. Sonnenschutz durch Tamarisken, je nach Meereswind oft jedoch viel Seetang, viel Seeigel. Mit dem Bus nach Kampos fahren, jedoch 1 km vor Kampos aussteigen (dem Fahrer Bescheid sagen, sonst hält der Bus nicht an). Am Strand keine Eßmöglichkeiten, also eigene Vorräte mitnehmen. Gehzeit von der Straße zum Strand ca. 3o Min.

Transport zu den Stränden:

BUS: Skala - Kambos nur ca. 3 mal am Tag pro Richtung. Prinzipiell, wenn's gerade mit der Uhrzeit klappt, eine Möglichkeit. Dem Busfahrer Bescheid geben, damit er einen an der betreffenden Abzweigung zum Strand rausläßt. Insbesondere nützlich für den Lefkes- Strand, der nur selten von Kaikis angelaufen wird. - Derzeit keine weiteren Busverbindungen in den Nordteil der Insel.

KAIKI: bequemste Möglichkeit. Abfahrt Skala vor dem Hotel Astoria neben Fährkai. Mit den Kaikis läßt sich beispielsweise "Strandspringen" praktizieren, also z.B. je nach Abfahrtszeiten rauf zum Agrolivadi Strand, erfrischendes Bad, dann zu **Fuß** zum Kampos Strand und am Spätnachmittag entweder mit Kaiki oder Bus retour nach Skala. Läßt sich beliebig auch mit anderen Stränden kombinieren.

ZU FUSS: bei den kurzen Inselentfernungen kein ernsthaftes Zeitproblem, zumindest bei den meisten Stränden. Kenne Leute, die zunächst mit dem Kaiki erstmal alle Strände ausprobiert haben, um den eigenen Lieblingsstrand zu finden (z.B. Psili Amos im Süden). Anschließend morgens, wenns noch kühl ist zu Fuß rüber, abends retour per Kaiki...

MIET- MOPED: prinzipiell möglich, wie auch die relativ preiswerten Taxis. Wofür aber die Luft verstänkern und (per Moped) gewisses Risiko auf rutschigen Schotterpisten eingehen: bei der guten Kaiki-Infrastruktur würde ich persönlich dieses bzw. eigene Füße vorziehen.

Insel Lipsi

Zentrale Insel eines Archipels von Mini-Inseln. Liegt rund 18 km östlich der Insel Patmos. Die Hauptinsel Lipsi bietet einige recht gute Strände. Sie besitzt außer dem Hafenort LIPSI keine weiteren Dörfer.

Ansonsten Eselspfade zu abgelegenen Stränden, die im Schnitt in 3o - 5o Min. zu Fuß zu erreichen sind. Im Hafenort limitierte Unterkunftsmöglichkeit ohne speziellen Komfort. Wandern auf der Insel ist möglich, - allerdings gehts weitgehend durch schattenlose Hügel/Berglandschaft.

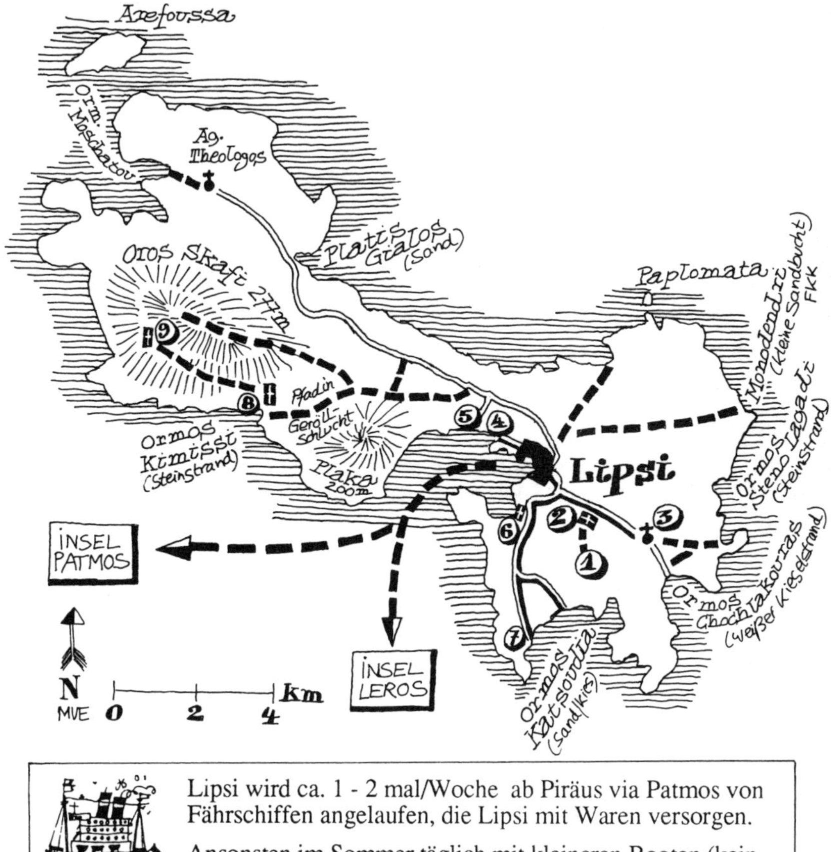

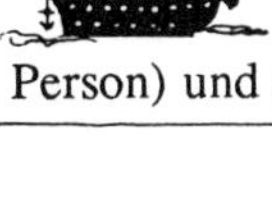

Lipsi wird ca. 1 - 2 mal/Woche ab Piräus via Patmos von Fährschiffen angelaufen, die Lipsi mit Waren versorgen.

Ansonsten im Sommer täglich mit kleineren Booten (kein PKW- Transport) ab Patmos (Überfahrt ca. 1 Std., 12 DM/ Person) und ab Leros (ca. 1 1/4 Std., 13 DM). - Zusätzlich im Sommer ca. 5 mal/Woche Schnellboote ab Patmos (2o Min.) und Leros (2o Min.), kein PKW- Transport, pro Person und Strecke ca. 15 DM.

Mitnahme eines eigenen Autos erübrigt sich, da es kaum Straßen gibt, die Insel kompakt ist und man zudem auf die selten verkehrende PKW-Fähre angewiesen wäre. Auf der Insel derzeit weder Auto- noch Mopedvermietung.

Haupttransportmittel auf der Insel sind Schusters Rappen, sowie Pritschen-PKWs, die auf der Piste Hafen rauf zum Platis Gialos fahren.

KARTEN: "Tourist Map Lipsi", herausgegeben von Dimitrios Davaris/ Athen und in den Shops des Hafenortes erhältlich. Ob die Anschaffung lohnt, kann jeder selber entscheiden. Die Karte bringt nur groben Inselumriß, zudem wird nicht zwischen Pisten und Eselspfaden unterschieden.

GESCHICHTE: weder spektakuläre archäologische Funde, noch fanden außergewöhnliche Ereignisse auf Lipsi statt. Die Insel wird selten von den griech. und röm. Geschichtsschreibern erwähnt. Im Kastro (vergl. Inselkarte: Nr. 1) fand man Vasen aus der mykenischen Epoche; zur röm. Epoche und danach folgenden Jahrhunderten reichte das Kastro in seinen Befestigungsanlagen nicht aus, um Schutz gegen Piratenangriffe zu bieten. Die Insel wechselte daher laufend den Besitz, analog dessen, wer gerade Herr in diesem Raum der Ägäis war.

Von 1523 bis zu den griech. Befreiungskämpfen Anf.19. Jhd. waren es die Türken, zu denen die Insel per Vertrag von Konstantinopel auch 1832 wieder kam. 1912 - 1945 kam die Insel zu Italien und nach Beendigung des 2. Weltkrieges letztlich zu Griechenland.

✶ Lipsi/Ort (ca. 6oo Einw.)

Einziger Ort der Insel, ansonsten nur verstreute Gehöfte. Er liegt an der wichtigsten und durch Südlage windgeschützten Lipson- Bucht.

Es gibt 2 Anlegestellen: (A) für die Fährschiffe, - (B) für die Ausflugsboote von Patmos und Leros. Der Ort ist weitgehend modern in weißer Beton- Skelettbauweise, besitzt jedoch einen hübschen Ortskern um die oberhalb des Hafens gelegene PLATIA (vergl. Karte). Sehenswert ist die AG. THEOLOGOS- Kirche an der Platia. Sie wurde 1931 mit Spenden von im Ausland lebenden Insulanern gebaut und ist überladen mit stehenden und hängenden Leuchtern. Viele Ikonen aus neuerer Zeit, sowie die "Ikone der schwarzen Muttergottes".

Sie stammt aus dem 16. Jhd. und erhielt ihren Namen, da sie in sehr dunklen Tönen gemalt ist. Sie soll der Legende nach in einem Gebüsch gelegen haben. Die Sonne soll jedoch auf sie geleuchtet haben, so daß sie im Gebüsch aufblitzte und somit gefunden wurde. Immerhin eine Variante zu den sonst üblichen Legenden der "an die Küste angespülter Ikonen und Marienbilder"...

Neben der Kirche 2 Kafenions, - sowie anschließend ein kleineres Insel-MUSEUM. Zu sehen u.a. 2 Säulenkapitelle, die im Nord-Westen der Insel gefunden wurden und aus dem 2. Jhd. v. Chr. stammen, sowie Gesteinsfunde (u.a. ein mit Opal-Ader durchzogener Stein), Meeresamphoren, ein Perlmuttkreuz und alte Trachten hinter Glas.

Lipsi/Ort besitzt eine Handvoll Tavernen, einige Krämerläden, ein Mini-Supermarkt und Bäckerei im Ort. An der Platia Post/Telefon. Geldwechseln ist in der Post möglich. An der Platia auch ein kleines, privates Touristbüro.

"Hotel Kalypso", 3-stöckiger Zweckbau im Zentrum der Hafenbucht. Per Marmorstufen gehts zu den Zimmern rauf: 16 einfach eingerichtete Zimmer, die Bäder unterschiedl. groß mit Schiebetür. Bei unserem Check fehlten die Klodeckel, der Duschabfluß mitten im Raum. Die meisten Zimmer gehen vornraus, allerdings 3 Zimmer nach hinten mit Blick auf Hinterhof und Hotelmüll.

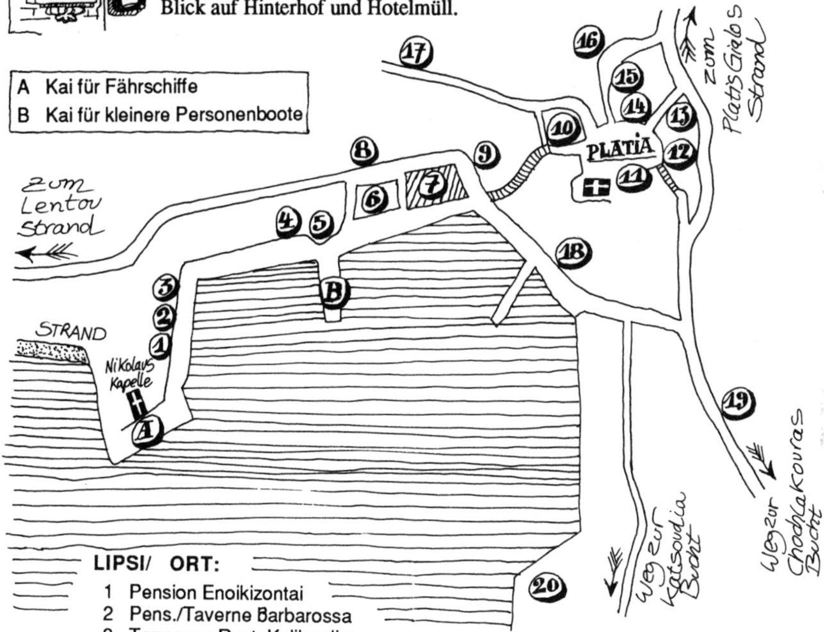

LIPSI/ ORT:

1 Pension Enoikizontai
2 Pens./Taverne Barbarossa
3 Terrassen Rest. Kalikardia
4 Taverne
5 Kafenion
6 Hotel Kalypso
7 Platz am Hafen mit Eukalyptus-Bäumen. Am Eck gegenüber Hotel Kalypso Abfahrt zum Platis Gialos Strand
8 Pansion
9 Taverne
1o POST/TEL. GELDWECHSEL
11 zwei Kafenions
12 privates TOURISTBÜRO und MUSEUM
13 Bäckerei
14 Rathaus
15 Eisdiele
16 Snackbar
17 Schule
18 Minimarkt
19 Kirchen Ag. Nektarios und Ag. Irini mit schönem Hafenblick
2o Elektritzitätswerk

Freundlicher Besitzer, der gut Englisch spricht und unten im Restaurant als leckere Spezialität Fischsalat und Oktopus mit Reis und Tomatensauce anbietet. Das DZ mit oben beschriebenem Privatbad je nach Saison ca. 3o - 4o DM.

"**Pansion**", 2-Stock und oberhalb des Hafens. Zimmer einfachst mit Waschbecken und (bei unserem Check nicht ganz sauberen) Gemeinschaftstoiletten. Pluspunkt ist die große Terrasse mit Hafenblick. Übernachtungspreise sind Verhandlungssache je nach Auslastung der Herberge.

"**Pension/Restaurant Barbarossa**", Einfaches Inselrestaurant am Hafen/Fährkai. Die Figur der Wirtin verrät die gelobte Küche; sie ist intern bekannt als beste der Insel! (sowohl auf Figur, Wirtin wie Küche zu beziehen)! Vermietet werden 8 Zimmer in einer Neubaupension. 2 davon haben Bad, 6 verfügen über Gemeinschaftsbäder. Der DZ- Preis liegt je Ausstattung und Saison bei ca. 17 bis 23 DM. Bei Bedarf werden auch private Räume mit Waschgelegenheit im Tiefparterre des Restaurants vermietet.

Privatzimmer im Ort: es gibt rund 6 Vermieter, Preise fürs DZ liegen je Saison bei ca. 17 - 3o DM.

Von den 198o gebauten Kapellen AG. NEKTARIOS und AG. IRINI schöner Blick über die Hafenbucht. Sie wurden mit Geldern von Auslandsgriechen gebaut. In einem großen Terrassenwinkel ein Vogelgehege mit scheuen Papageien und Sittichen.

ORMOS LENTOU: zu Fuß ca. 5 Min. ab Hafenort. Der erste Teil ca. 1oo m mit Sand und Sonnenschutz durch Tamarisken, - der zweite Teil ca. 15o m Sand/Kies ohne Sonnenschutz. Der Ormos Lentou ist im Sommer wegen Ortsnähe der meist-frequentierte Strand der Insel.

ORMOS KATSOUDIA: südl. des Hafenortes, zu Fuß ca. 3o Min. entlang der Straße. Eine Steinebucht mit kurzem Sandstrand (PAPANDRIA). Sonnenschutz durch Tamarisken, landein Schilf. 2 im Sommer betriebene Tavernen, sowie Hausruinen.

ORMOS CHOCHLAKOURAS: im Südosten der Insel. Ebenfalls ab Lipsi/Hafen per Straße zu erreichen (zu Fuß ca. 3o Min.), vorbei der Panagia to Charou (gebaut im 17 Jhd., mit einer Ikone: die Muttergottes hält in ihrem Schoß den gekreuzigten Jesus). Der Strand mit weißem Kiesel und je nach Wetter- und Windbedingungen sehr klarem Wasser.

Er gilt als einer der besten im Ostteil der Insel. Im Sommer, wenn die Ausflugsboote von Patmos in Lipsi/Hafen eintreffen, im Anschluß Badekaikis vom Hafen rüber zum Chochlakouras.

Vom Chochlakouras führen Pfade querfeldein in 5 Min. zu den nördl. gelegenen Steinstrand- Buchten des ORMOS STENO LAGADI.

Besteigung des KASTRO- Hügels (ca. 11o m): ab Anargyroi Kirche (vergl. unsere Insel-Karte). Oben schöner Blick über Lipsi und die umliegenden Inseln. Hier oben stand früher ein hellenistischer Turm.

MONDODENDRI: Ostküste und ab Hafen in ca. 3o Min. zu Fuß. Eine kleinere Sandbucht, die dem FKK- Betrieb dient.

PLATIS GIALOS: wichtigster und bester Strand der Nordküste. Eine Sandbucht, die über eine Piste ab Hafen erreicht wird. Im Sommer PKW´s mit Sitzpritschen ab Hafen/vorm Hotel Kalypso, Fahrzeit ca. 2o Min, knapp 1o DM pro Person. Oder: zu Fuß pro Richtung gut 1 Std.

Die Piste führt weiter bis zur Kapelle AG. THEOLOGOS. 165o vom Kloster Insel Patmos gebaut mit Schöpfwasserbrunnen. Zu Fuß ca. 15 Min. ab Platis Gialos. Ab Kapelle runter zur Badebucht am ORMOS MASCHATOU, der allerdings wegen offener Nordwestlage je nach Ägäis-Winden kräftigen Wellengang aufweisen kann.

ORMOS KIMISSI: Südküste, eine kleine Badebucht mit weißem Kieselstrand. Sie ist nur über einen Eselspfad zu erreichen, der etwa auf der halben Strecke zwischen Lipsi/Hafen und Platis Gialos von der dortigen Piste abbiegt und zwischen den Bergkuppen des Sfakia und Plaka in einer Geröllschlucht zum Meer runterführt. Zu Fuß ab Hafen ca. 1 Std. pro Richtung.

Unten an der Bucht die Kapelle "Kato Koimisi". Wer will, kann die Wanderung am Südhang des Skafi ausdehnen, wo hoch an der Felswand auf einem kleinen Plateau die Kapelle "Epano Koimisi" liegt. Sie war noch bis 198o Eremitenklause, ist heute jedoch verlassen. Direkt bei der Kapelle geht's fast senkrecht über Steilküste ins Meer runter. Das weiße Kirchlein am Steilhang des Sfaki kann man zudem schön vom Schiff ausmachen, wenn man von Patmos mit dem Boot nach Lipsi fährt.

Insel Arki

Nördlich von Lipsi. Die Hauptinsel hat gerade rund 6 qkm, vorgelagert Mini- Felseilande. Bewohnt ist Arki von rund 1oo Menschen, die hauptsächlich mit Fischfang ihren Lebensunterhalt verdienen.

Keine Hotels und nur sehr wenige Privatzimmer (DZ zur Saison ab ca. 25 DM). Es sind vorwiegend Ausflugs- Badeboote, die im Sommer ab Patmos die Insel als Tagestrip besuchen.

Ansonsten 2 mal/Woche kleines Schiff auf der Strecke Patmos -> Arki -> Agoathonissi -> Pythagorion/Insel Samos.

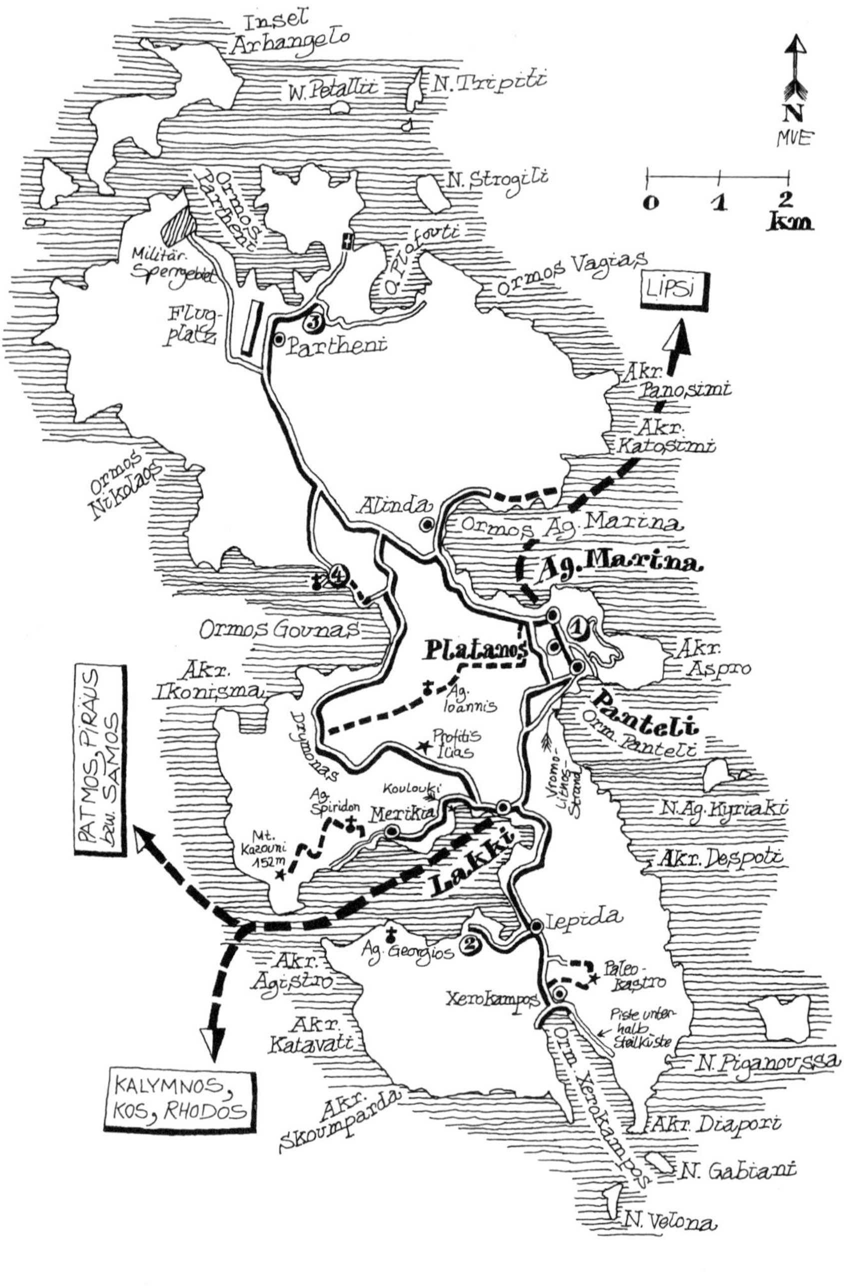
Insel Arhangelo
W. Petallii
N. Tripiti
N
MVE
0 1 2 km
N. Strogili
Ormos Partheni
Militär-Sperrgebiet
O. Plakouti
Ormos Vagias
LIPSI
Flugplatz
3
Partheni
Akr. Panosimi
Akr. Katosimi
Ormos Nikolaos
Alinda
Ormos Ag. Marina
Ag. Marina
4
Ormos Gounas
1
Platanos
Akr. Aspro
Akr. Ikonisma
PATMOS, PIRÄUS bzw. SAMOS
Ag. Ioannis
Panteli
Orm. Panteli
Drymonas
Profitis Ilias
Vromolithos-Strand
Koulouki
Ag. Spiridon
Merikia
N. Ag. Kyriaki
Mt. Kazouni 152 m
Lakki
Akr. Despoti
Lepida
Ag. Georgios
2
Akr. Agistro
Paleokastro
Xerokampos
Piste unterhalb Steilküste
Akr. Katavati
Orm. Xerokampos
N. Piganoussa
KALYMNOS, KOS, RHODOS
Akr. Skoumparda
Akr. Diapori
N. Gabiani
N. Velona

Insel Leros

Nur durch eine Meeresstraße von der Nachbarinsel Kalymnos getrennt. Haupthafen ist das modern-sterile LAKKI (Lakkion) an der gleichnamigen Westbucht. Schöner die ineinander übergehenden Orte AG. MARINA - PLATANOS - PANTELI - ALINDA an der Inselostseite, unterhalb der Johanniterfestung.

Kahle Berge, in den Tälern viel Anbau von Obst und Gemüse. Es gibt Palmen, Kiefern und Eukalyptusbäume. Die Insel verfügt über 7 tiefe Buchten, allerdings keine Superstrände, noch der beste Strand: ALINDA.

Es gibt Leute, die Leros lieben. Den meisten ist die Insel jedoch zu kahl, bringt kaum Abwechslung in Nightlife bzw. Sightseeing und auch keine großartige Szenerie wie z.B. Patmos.

Verbindungen

Schiff: die Hafenbucht von Lakki ist auch für die großen FERN-FÄHREN tief genug: im Sommer fast täglich Verbindung auf der Strecke Piräus-> Patmos-> Leros-> Kalymnos-> Kos-> Rhodos. Achtung: nicht alle Schiffe halten in Leros! Die Überfahrt ab Piräus dauert ca. 11 - 12 Std., Preis pro Person ca. 23 DM/Deck, 4o DM/2. Klasse, der PKW je nach Größe ca.9o- 12o DM einfach. - Auch Direktfähren ab Piräus -> Leros, Überfahrt ca. 1o Std., selber Preis wie oben.

Abfahrt Piräus in der Regel 13 Uhr, sprich Ankunft Leros irgendwann zwischen 23 und 1 Uhr nachts. Nicht gerade eine zivile Zeit. Gilt auch, wenn man ab Leros zu Nachbarinseln wie Kalymnos oder Kos weiter will. Hinzu kommt, daß die Fähren nicht selten Verspätung haben.

Ca.- Fahrzeiten: Piräus-> Patmos: 1o Std., Patmos-> Leros: 45 Min., Leros-> Kalymnos: 1 1/2 Std., Kalymnos-> Kos: 1 Std. Hinzukommen die jeweiligen Zeiten im Hafen, die in den Schiffsplänen mit 15 Min. angegeben sind, sich aber auf 3o Min. und mehr ausdehnen können.

REGIONAL-FÄHREN: im Sommer ab Leros tägl. rauf nach Patmos-> Samos (teils via Insel Lipsi) - sowie südl. nach Kalymnos-> Kos. Sie haben vielfach zivilere Abfahrtszeiten, nehmen jedoch nicht immer PKWs mit. - Weiterhin: 1 mal/Woche ein Dampfer, der von Rhodos kommend fast alle bewohnten griech. Inseln vor der türkischen Küste abklappert und nach Chios, Lesbos -> Limnos in Thessaloniki seine Route beendet.

SCHNELLBOOTE: im Sommer auf der Strecke Leros-> Kos (1 Std.) und Leros -> Patmos (4o Min.), ca. 15 DM/Person, kein PKW- Transport.

AUSFLUGSBOOTE: im Sommer zu Nachbarinseln z.B. Insel Lipsi und Insel Kalymnos. Abfahrt ab Ag. Marina bzw. Lakki.

Ab Xerokampos/Südbucht im Sommer Badeboote rüber nach Kalymnos, fahren nach Bedarf. Weiterhin im Sommer ab Lakki mehrmals pro Woche Ausflugsboote rüber nach Patmos.

Ab Leros/Südbucht Xerokampos im Sommer je nach Bedarf Badeboote rüber nach Kalymnos.

Flug: mit kleineren Propellermaschinen der Olympic Airways tägl. auf der Strecke Leros - Athen, sowie 4 mal/ Woche nach Kos. Rechtzeitig vorbuchen; die Maschine hat nur wenige Plätze und ist schnell ausgebucht! Das Flugfeld von Leros liegt im Inselnorden bei Partheni. Bus ab Hafen Lakki/ Büro der Olympic Airways zum Flughafen ca. 3 DM, Taxi ca. 8 DM.

Eigenes Auto nach Leros mitnehmen wird teuer, siehe oben! Bei der Kleinräumigkeit der Insel und relativ guter Busverbindungen ist es für Leros nicht nötig.

Insel Transporte

Der **Inselbus** fährt im Sommer 5 mal/Tag die Strecke Xerokampos -> Lakki -> Platanos und 4 mal/Tag auf der Strecke Platanos -> Alinda - >Partheni. Der Fahrpreis ist mit knapp 1 DM pro Strecke geschenkt. -

Taxi: existieren. Teils bedienen sie die selben Strecken wie der Bus (Fahrschein ca. 4 mal so teuer wie Busticket), - teils können sie auch für spezielle Strecken gemietet werden. Unbedingt vorab den Preis vereinbaren!

Fahrradvermietung: "Zorros Kyriakos" in Lakki. Preiswert bei ca. 5 DM pro Tag. Da die Insel einigermaßen flach ist, keine schlechte Idee, sie per Fahrrad zu erkunden. Weitere Vermietung:"Stamapoy" in Panteli (siehe Ortspläne)

Auto/Motorrad- Vermietung: "K. Konstantinos" im Hafenort Lakki. Ein offener Jeep kostet ca. 9o DM/Tag, - ein Motorrad ca. 25 DM/Tag. Sowie "Kyriakos" in Lakki.

KARTEN: "Leros Tourist Map", insgesamt recht brauchbar: enthält eine Inselkarte, sowie einen Stadtplan von Lakki und Platanos/Ag. Marina/ Panteli. Was die Inselstraßen betrifft, ist sie allerdings nicht ganz update: so fehlt beispielsweise die Straßenverbindung zum Prof. Ilias.

Geschichte: aus der Zeit der mykenischen Besiedlung (ca. 1.5oo v. Chr.) stammt das Paleiokastro, das auf der Anhöhe oberhalb der beiden Südbuchten Xerokampos und

Lakkion errichtet war. Beide Buchten ließen sich somit in Bezug eventueller Angreifer überwachen. Reste der Zyklopenmauern sind heute noch zu sehen.

Ähnlich wie die Kykladen wurde auch die Dodekanes-Insel Leros von den Ioniern ca. 9oo v. Chr. besiedelt, die auf dem 155 m hohen Pityki (oberhalb von Platanos) eine Befestigungsanlage errichteten. Die heutige Forschung nimmt an, daß hier auch die antike Inselhauptstadt lag.

Sowohl zur hellenistischen wie auch römischen Epoche fristete die Insel ein Randdasein. Sie war wirtschaftlich zu unbedeutend. Zur byzantinischen Epoche kam die Insel 1o87 in den Besitz des Klosters von Patmos. Wegen ihrer Vielzahl an geschützten Buchten wurde sie zunehmend beliebtes Ziel und Stützpunkt der Piraten. Diese reparierten in den tiefen, blickgeschützten Buchten ihre Schiffe, plünderten die wenigen Inselsiedlungen und konnten sich vor eventuellen Angriffen von See verstecken, aber auch durch Sperrung der schmalen Buchteingänge wirkungsvoll verteidigen.

Für die Besitzenden (zunächst Samos, später Provinz Dodekanes) wurde Leros zunehmend ein unsicheres "Pflaster" und daher 1319 als Komplettangebot (inkl. Rhodos und Kos) den Kreuzrittern des Ordens des Heiligen Johannes verkauft. Diese errichteten auf dem Pityki und Grundmauern der ehemaligen antiken Burganlage eine gewaltige Festung: das heute noch bestehende Kastro. Mit dieser Festungsanlage konnten sie die Insel rund 2oo Jahre und trotz mehrfacher Türkenangriffe bis 1522 halten.

1522 kam Leros in türkischen Besitz. Diese bauten die Kastro- Festung weiter aus. Über die Jahrhunderte diente die Kastro- Festungsanlage der Überwachung und Sicherung des Eingangs der türkischen Festlands- Bucht von Mandalaya. Leros blieb bis 1912 türkischer Besitz.

1. Weltkrieg: wegen ihrer geschützten Meeresbuchten wurde die Insel zunächst 1916- 18 Navy-Basis der Engländer und kam im Anschluß zu Italien. Die Italiener bauten die Bucht von Lakki zu einer perfekten Marinebasis aus, sie war im 2. Weltkrieg wichtigster Flottenstützpunkt der Italiener im Dodekanes. Insbesondere Lakki wurde massiv von den Alliierten aus der Luft bombardiert, - Grund, warum es dort kaum noch alte, traditionelle Inselhäuser gibt. Die heutigen Lakki- Bewohner dekorieren teils ihre Mäuerchen mit entschärften und bunt bemalten Bomben, - ganz schön pervers!

1948 kam Leros zu Griechenland. - Zur Zeit der griech. Militärdiktatur (1967- 74) befand sich auf der Insel ein Internierungslager für konträr marxistisch/leninistisch gesinnte Griechen. Das Lager war berüchtigt für brutale Mittel jeglicher Art.

Heute ist Leros wichtiger militärischer Stützpunkt vor der türkischen Küste (Garnison im Norden der Insel) und lebt ansonsten von Landwirtschaft und Viehzucht. Zusätzliche Arbeitsplätze geben eine Damenunterbekleidungsfabrik sowie eine Psychiatrische Klinik im Süden der Insel.

★Lakki (ca. 1.7oo Einw.)

Der große Naturhafen besitzt einen Kai für die Großfähren, die die Insel mit dem "Rest" des Dodekanes, aber auch Piräus/Athen verbinden. Palmen und Parkanlagen. Der Ort wurde im 2. Weltkrieg massiv bombardiert und wirkt in seiner fast Schachbrettanlage mit den neuen Gebäuden etwas nüchtern. Bank, Post, Telefon.

Es gibt an der Uferpromenade ein Kino für laue Leros- Nächte (vielfach englischsprachige Filme mit griech. Untertitel).

"**Hotel Leros Palace**", markant am Hauptplatz/Uferpromenade. Das zweistöckige Gebäude war zu italienischen Leros-Zeiten bestes der Insel, ist heute jedoch kräftig in die Jahre gekommen, sowohl was Möbel wie Bäder betrifft. 2o große Zimmer, 4 davon mit eigenem Bad, der Rest mit Waschbecken und Gemeinschaftstoilette. Nicht unser Leros Tip. DZ ca 25 - 33 DM je nach Zimmer und Saison.

"**Hotel Miramare**" im Ort, Rundumbalkons mit Blick auf Gemäuer und Fährhafen. Die Rezeption ist holzverkleidet, auf dem Holzschreibtisch Schild mit Goldlettern "Manager". Vorsicht im Treppenhaus: die Vasen (mit Kunstblumen) sind zum Umwerfen geeignet. Getränkeautomat war bei unserem Check defekt. 13 kleine, simpel möblierte Zimmer, ins Bad geht's über eine Stolperstufe. DZ ca. 35 - 4o DM. Nicht unser Tip, außer man kommt mit der Fähre spät in der Nacht in Leros an: Besitzer wartet mit seinem Fahrzeug am Fährkai.

"**Hotel Akropolis**", 2 stöckiges Hafenhotel gegenüber Kino. Unten ein Schuhladen und Souvenirshop. Über Seiteneingang geht's per Treppe zu den Zimmern rauf. Geräumige, hohe Zimmer mit weißen Eisenbettgestellen, Tisch, Stühlen und einfachem Schrank. Großgeblümte Vorhänge. Wegen dem günstigen Preis (DZ ca. 2o DM, 3-Bett Zimmer ca. 3o DM, ohne Bad!) ist es für Billigreisende durchaus zu empfehlen.

Zimmer, sofern nicht belegt, werden auch im 1. Stock des Altersheims (Nähe Fähranlege) ungewöhnlich preisgünstig angeboten. DZ ab ca. 15 DM mit Bad und Balkon. Deutsche Touristen, die hier wohnten, waren sehr zufrieden.

"**Hotel Artemis**", 3-stöckiger Zweckbau mit Balkon rundrum. Liegt im rückwärtigen Ortsteil (siehe Karte). Im Erdgeschoß südländ. Bar/Frühstücksraum mit markisenüberdachter Außenterrasse. 12 große Zimmer, Standard-möbliert, Tel., Bäder blau gefliest ohne Duschwanne, breite Balkons. Die Wirtsleute freundlich und zuvorkommend, zu empfehlen, DZ ca. 3o DM.

"**Hotel Katerina**", Standardgebäude mit Längsbalkons, mitten im Ort. Cafeteria im Erdgeschoß, 1o kleine, aber saubere Zimmer mit eigenem Bad und Duschwanne. Ist o.K., DZ ca. 3o DM.

"**Hotel Xenon Angelou**" an der Ortsumgehungsstraße oberhalb des Ortes. Das alte Farm- und Sommerhaus, 13o Jahre alt, ist im Besitz einer aus Alexandria/Ägypten stammenden Familie. Das Haus hat ohne Frage ein gewisses Flair, von der Frühstücksterrasse (anbei Orangenbäume) schöner Blick auf das Castro. Die Möbel der Zimmer sind nicht mehr die jüngsten, auch die Nachttischlämpchen (BJ ca. 5o-er Jahre), so doch saubere Zimmer mit eigenem Bad, und von den hohen Fenstern vielfach schöner Blick! Insgesamt Tip, das DZ ca. 35-4o DM. Wer dieses Buch vorzeigt, bekommt 1o % Rabatt auf Übernachtung.

"TAVERNA MARIA" gegenüber der Fähranlegestelle. Hier werden 1 Std. vor Abfahrt jeder Fähre die Tickets an einem der Tische verkauft. Der sehr geschäftstüchtige Wirt hat 2o Jahre in Erlangen gearbeitet, spricht fließend Deutsch und vermittelt Privatzimmer. In der Taverne ißt man gut, aber nicht preisgünstig.

"REST. SOTOS" (siehe Ortsplan), ein Gartenrestaurant gegenüber der

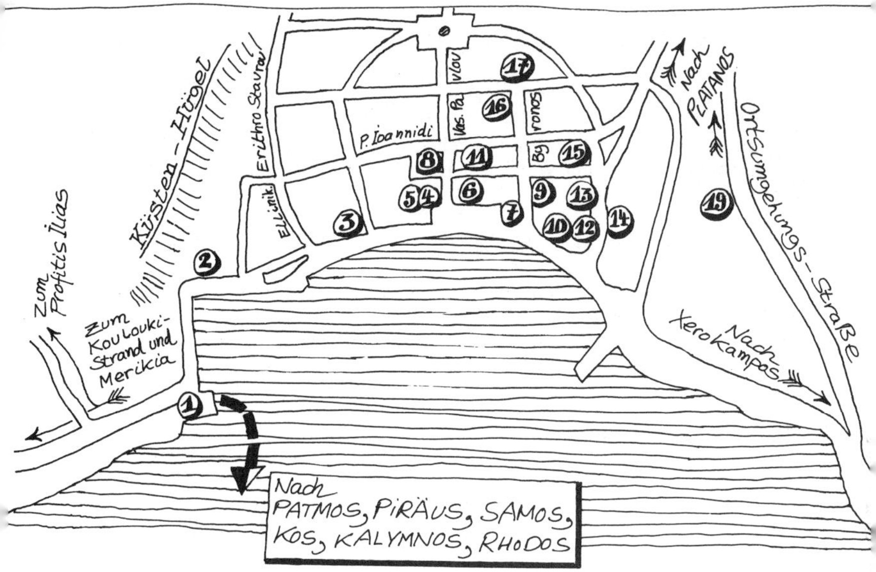

LAKKI

1 Fähranlegestelle
2 Tav. Maria (auch Fährtickets)
3 Pizzeria/Cafet. Oi Phoilikes
4 Pizza Neapolitan
5 OTE und Tav. To Posidonion
6 Hotel Leros Palace
7 Kino
8 Hotel Miramar
9 Fahrradverleih Kyriakos
10 Fahrrad-, Motorrad- und Autoverleih Konstantinos
11 POST und Rest. Sotos
12 Fährbüro
13 Apotheke
14 Bank
15 Hotel Katarina
16 Supermarkt
17 Hotel Artemis
18 Hotel Xenon Angelou

Post, geführt von einer Schwedin. Gilt als das beste von Lakki! -

Mit schönem Blick im "HOTEL XENON ANGELOU" (siehe Hotels). -

Wer Pizza will, bekommt sie in den beiden Pizzerias "NEAPOLITAN" neben der OTE am Hafen, sowie in der "PIZZERIA/CAFETERIA OI PHOLILIKES" am Hafen unter 4 Palmen, siehe Ortskarte.

Koulouki Strand: westlich von Lakki und etwa 5 Min. zu Fuß ab Fährkai. Kleiner, gepflegter Sandstrand mit Tamarisken und Restaurant.

Die Straße geht ab Koulouki noch ca. 1,5 km weiter bis MERIKIA: Häuserruinen in einem Eukalyptuswald, davor feiner Kiesstrand. Ab hier unten an der Bucht entlang ein 1 km schlechter Schotterweg bis zu einem alten Fabrikgelände, das heute zur Schweinezucht genutzt wird. Diese Bucht stinkt nach Schweinekot und ist zum Baden weniger zu empfehlen.

Wer will, kann zur Westspitze der Lakkion Bucht wandern: ab Merikia zunächst den Schotterweg (siehe oben Richtung "Schweinebucht") ca. 4oo m und dann in die Berge rauf zum oberhalb liegenden Kirchlein Ag. Spiridon. Schöner Blick über die Bucht und den Südteil der Insel. Der Weg verläuft ab Ag. Spiridon weiter auf dem rund 15o m hohen Buchthang westl. 1,5 km bis zur Spitze: Mt. Kazouni. Bei klarem Wetter am Horizont im Nordwesten die Insel Patmos, - südlich Blick auf Kalymnos.

SÜDEN DER INSEL

Besuch lohnt wegen schönem Blick ab Xerokampos, zum Baden weniger attraktiv.

Ab Lakki 3 km Asphaltstraße bis LEPIDA (auch "Ephida" geschrieben). Kein besonders schöner Ort. Hier liegt 5oo m westl. an der Lakkion Bucht die Psychiatrische Klinik. Sie wurde von den Italienern ca. 194o gebaut und soll heute angeblich die größte Griechenlands sein.

1km weiter über einen Bergrücken bis XEROKAMPOS. Beide Orte gehen fast ineinander über. Xerokampos ist ein nichtssagender Fischerort mit einer annehmbaren Taverne an der Hauptstraße. Steinestrand, dessen Wasser nicht unbedingt zum Baden einlädt, es geht extrem flach rein, Pflanzen im Wasser. Der Besuch lohnt vorwiegend wegen dem schönen Blick über vorgelagerte Inseln nach Kalymnos (im Sommer Kaikis nach Kalymnos).

an der Ortseinfahrt rechts. Es ist derzeit der einzige der Insel. Kein Wegweiser, kein Hinweisschild am weißgemauerten Eingangs-Torbogen. Der Platz ist wegen vieler Bäume angenehm, den Rest muß jeder selber ausprobieren. Über den Sitzplätzen vor der Bar reitet eine 2 m große Hexe auf Besen.

PALEOKASTRO: rund 2oo m vom Ortskern Lepida und an der Straße nach Xerokampos zweigt links eine Betonpiste ab, später als Fußpfad weiter den Berg rauf. Zu sehen: Mauerwall und Gebäudereste.

NORDEN DER INSEL

Hier liegen die besten Inselstrände (Alinda) und der schönste Ort (Siedlungs- Konglomerat: Ag. Marina/Platanos/Panteli).

Die Hauptverbindung ab Lakki in den Norden der Insel führt über Platanos (3 km) und weiter (8 km) zur Partheni- Bucht, wo auch das Flugfeld liegt. Diese Strecke nehmen auch die Busse.

Alternativ kann man die Westroute Lakki via Prof. Ilias zum Ormos Gournas fahren. Sie ist ebenfalls asphaltiert, aber sehr schmal und kurvenreich, so daß sie als Anfahrt von Lakki zum Flugfeld praktisch nicht benutzt wird. Nur die Hauptverbindung (siehe oben) berührt Platanos.

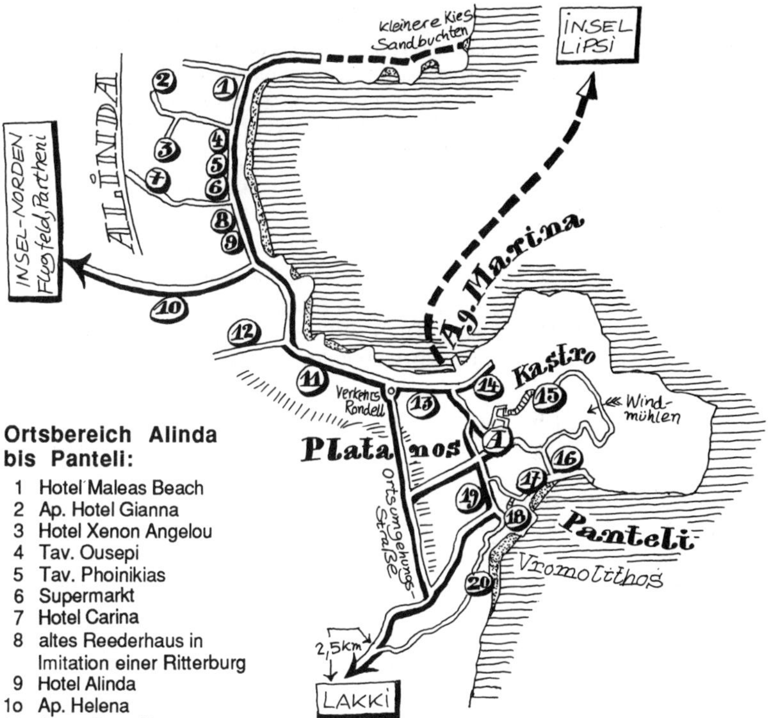

Ortsbereich Alinda bis Panteli:

1 Hotel Maleas Beach
2 Ap. Hotel Gianna
3 Hotel Xenon Angelou
4 Tav. Ousepi
5 Tav. Phoinikias
6 Supermarkt
7 Hotel Carina
8 altes Reederhaus in Imitation einer Ritterburg
9 Hotel Alinda
1o Ap. Helena
11 Rest. Esperithes/ Hotel Athina
12 Hotel Gianna
13 Supermarkt
14 Taverna Tolimani Cafeteria Tav. Nicolaos 2 Reiseagenturen
15 Fußweg zum Kastro
16 Hotel Pandeli
17 Taverne Psaro, Disco und Tav. Ostria
18 Hotel Rodon
19 Rent a Bike Stamapoy
2o Tav. Francos

★ Panteli - Platanos - Ag. Marina (ca. 2.5oo Einw.)

Zentraler und größter Inselort; die 3 Ortsteile gehen nahtlos ineinander über und erstrecken sich in der Talsenke zwischen den beiden Meeresbuchten.

Am sehr geschäftigen Hauptplatz (siehe Karte: A) von **PLATANOS** spielt sich das Hauptgeschäftsleben der Insel ab. Tagsüber ständiges Rangieren von Autos und LKWs in den engen Gassen. Direkt am Hauptplatz "Rest. Phitari", eine Cafeteria, Gemüseläden, Taxihaltestand. Sowie ein kleineres Museum (zu sehen: Grabplatten, Relief etc.). Der Ort zieht sich am Tal rauf und wird vom Felsgipfel des Kastro überragt.

KASTRO: zwei Möglichkeiten, zu Fuß eine steile Kraxelei von gut 2o

Min. Wer mit eigenem Auto oder Mietmotorrad unterwegs ist, fährt die neue 2 km Asphaltstraße, die in großem Bogen östlich zu den Windmühlen raufführt, diese umrundet und bei einem Parkplatz beim Kastro endet. Sie ist sehr kurvenreich, auch geht's in kurzer Strecke ziemlich steil 15o Höhenmeter rauf, so daß schmalbrüstige Mofas oft schlapp machen.

Unterwegs schöner Ausblick auf die tief eingebuchtete Ostküste der Insel. Nach Passieren der 4 Windmühlen im Bereich des Bergkammes abwechselnd Blick zur Nord- und Südküste. Das Burgtor ist von 7 - 19 Uhr geöffnet. Von der Burg großartiger 36o Grad- Panoramarundblick!

Innerhalb des Burggeländes eine kleine Madonnenkirche mit restaurierten Fresken, goldplattiertem Altar und alten Ikonen. Hinter Gittern ein kleines Kirchenmuseum. Der oberste Teil der Burg ist nicht zugänglich, da von den Militärs okkupiert, - deshalb auch Fotographierverbot!

Die Burg wurde vom Johanniterorden zu Beginn des 14. Jhd. angelegt und hielt über 2oo Jahre diversen Angriffen stand. Nach Übernahme der Insel durch die Türken wurde die Festung von den Türken weiter ausgebaut. Nach Patmos war sie die wichtigste Festung vor der türkischen Küste, vergl. auch "Geschichte/Leros".

Während des 2. Weltkrieges diente das Kastro als Ausschauposten für die Besatzer. Verschiedene Bombenschäden durch Luftangriffe im 2. Weltkrieg wurden zwischenzeitlich repariert.

PANTELI: besitzt im Ortsbereich 2 kleinere Strände. Der eine, direkt im Ortszentrum ca. 7o m Sand. Der andere südl. anschließend hinter Felscap mit ca. 4oo m Kies ("Vromolithos"). Hier liegt die "Taverne Francos", ausgesprochen hübsch mit Mäuerchen direkt am Wasser, Schatten durch Tamarisken auf der Terrasse. Sie ist nur über eine schmale Küsten-Schlängelstraße zu erreichen, die ca. 2,5 km nach Lakki von der Hauptstraße rechts abbiegt (vergl. unser Ortsplan!) und letztlich im oberhalb des Meeres gelegenen Ortsteil von Panteli landet:

"**Hotel to Rondon**", im Ortsteil Panteli (vergl. unsere Karte: Nr. 18) und hoch über dem Meer. Zwar offiziell nur als "E-Klasse" quotiert, so doch von der Lage unbedingter Tip! Der Eingang mit "leichtem Hauch zum Kitsch" (auf Mäuerchen postierte weiße Pseudo-Putten, die anmutig Vasen tragen). 18 freundliche Minizimmer mit Minibädern. Dort befindet sich zwischen dem Waschbecken und der Toilette die Dusche, was zu Mords-Pritschelei führt. Dafür wird man mit Superblick vom Zimmerfenster belohnt. DZ je nach Saison ca. 37 - 45 DM, freundlicher Familienbetrieb, Wirt und Sohn sprechen Englisch.

Zu Fuß kommt man über Treppen senkrecht runter an den Panteli- Strand; mit Auto oder Mietmotorrad muß man eine Inlandsschleife Ri. Platanos fahren, um anschließend retour an den Strand runterzukommen.

Kurz vor Erreichen des Panteli- Strandes die "TAV. OSTERIA" mit Parkplatz und daneben eine Disco. - Unten am Strand, dort wo die Straße den Strand erreicht: "TAV. PSARO" sehr schön vor einem Fels direkt am Wasser. Eine weitere Taverne am östlichen Ende der Bucht. In der Parallelstraße zum Strand die "PIZZERIA SYRTAKI".

AG. MARINA: der Hafen der Inselhauptstadt Platanos. Noch relativ viele Prachtvillen aus der Zeit/Beginn dieses Jhds. erhalten, allerdings leider reichlich verwahrlost. Trotzdem: Ag. Marina hat Flair, speziell auch sein idyllischer Hauptplatz am Hafen mit den Tavernen! Von der Hafenmole im Sommer Ausflugsboote rauf zur Insel Lipsi. Westl. des Ortes an der Uferstraße nach Alinda Bäckerei und Supermarkt.

Die Post und OTE an der Ortseinfahrt Ag. Marina (vom Ortsteil Platanos kommend).

Nix im Ortsteil Ag. Marina, - der Strand vom Ortsteil Panteli (siehe oben!) passabel, jedoch in Strandqualität nicht super.

Dafür ist man mit dem Inselbus (2 x am Morgen, 2 mal am Nachmittag) ab siehe Karte: A /Platanos-Hauptplatz schnell und billig oben in ALINDA (2 km), wo sich die besten Strände (Sand/Kiesel) der Insel befinden. Wenn alle Stricke reißen: warum nicht 1- Tagesausflug rauf zur Nachbarinsel Lipsi...

ALINDA: die Straße ab Ag. Marina führt entlang der Küste. Beim Verkehrsrondell (ca. 35o m ab Zentrum/Ag. Marina) Abzweigung links für die Ortsumgehung, schöner Blick auf Platanos, - bzw. geradeaus weiter nach Alinda. - Oben am Hang weit verstreut Häuser in Gärten. Der Siedlungsbereich zieht sich rauf bis Alinda.

Alinda selbst ist heute der wichtigste Urlauber- und Badeort der Insel.

Auf halber Strecke: "REST. ESPERITHES", gegenüber Hotel Athina. Gilt als bestes Restaurant von Leros. Man sitzt schön in großem Garten unter Bäumen und Palmwedel-gedecktem Dach. Die Wirtin (stammt aus Tasmanien/ Australien) ist auf exclusive Küche bedacht. Viele Spezialitäten, einfallsreich und ausgezeichnet gewürzt. Eine Augenweide sind die verschiedenen Salate! Preise überraschend günstig.

"TAV. FOINIKAS", im Ortszentrum/Strand von Alinda. Die Speisenauswahl groß und gut, Preise annehmbar. - Gleich daneben "TAV. OUSEPI".

Achtung: das Wasser in Alinda ist nicht genießbar; Brackwasser. Man muß zum Kaffee- oder Teekochen (wer sich im Hotelzimmer selbst versorgt), unbedingt Mineralwasser verwenden!

Die meisten Inselhotels von Leros befinden sich in Alinda. das Preisniveau ist moderat bis gehoben, die Strandqualität mittel (siehe "Baden"). Das "Night- Life" beschränkt sich auf die o.g. Tavernen, - oder man wirft das Mofa an und fährt die 3 km bis zur Disco in Panteli (siehe dort).

"Hotel Athina", 2 stöckiger und verschachtelter Flachbau mit Balkons. Liegt in Gärten und hat privaten Flair. Wenige Meter zum Meer, dort kleiner Kiesstrand mit

Tamarisken. Leider häuften sich bei unserem Check die Abfälle auf dem Parkplatz neben dem Hotel. Die 15 Zimmer dunkel möbliert, mittelgroß mit Privatbad und Duschwanne. Wer nicht mehr ausgeben will, das DZ ca. 3o - 4o DM.

"**Hotel Gianna**", an kleiner Stichstraße ab Meer. Es gibt einen gemeinschaftlich zu benutzenden Eisschrank, Frühstückstische. 22 Zimmer, einfach möbliert, Bad, 18 davon mit Seeblick. Der Wirt nimmt dafür 4o DM.

"**Appartements Helena**", 2oo m vom Strand an der Straße zum Flugplatz. Das Haus 3 Stock, modern mit Loggiabalkon in Gartenanlage. Zimmer o.k., modern möbliert, sauber ca. 5o DM.

"**Hotel Alinda**", kleineres 2-Stockgebäude mit Balkons und Rundbogen im 1. Stock vornraus zum Meer und schmalem Kieselstrand. 15 Zimmer, teils mit eigenem Bad und nicht immer vorn raus zum Meer. Den Möbeln täte Renovierung gut. Vorwiegend an Pauschalurlauber vergeben, DZ auf eigene Faust ca. 3o-35 DM.

"**Hotel Carina**", an Stichstraße vom Meer, die bei der 1oo Jahre alten Reedervilla abzweigt, optisch wie ein kleines Castell und markantestes Gebäude von Alinda! - Das Hotel Carina modern, nüchtern mit 2 Häusern 2 Stock. 18 Zimmer, zwar klein, aber sauber mit Privatbad. Vom Preis o.k., ca. 35 DM, in Vor- und Nachsaison je nach Auslastung billiger. Freundliche Wirtin, die australisch eingefärbtes Englisch spricht.

"**Hotel Xenon Angelou**", 4oo m vom Strand landein über Stichstraße. Eine ehemalige, 1oo Jahre alte Sommervilla in alter Gartenanlage. Die Zimmer sauber, mit Bad und Tel., selber Besitzer wie "Xenou Angelou" in Lakki. DZ ca. 45 DM, wer dieses Buch vorzeigt, bekommt 1o % Rabatt aufs Zimmer.

"**Meleas Beach Hotel**", das größte und teuerste Hotel am Strand. 3 Stock, hellbraun gestrichen direkt am schmalen Strand, der von der Uferstraße getrennt ist. Großer, lederbepolsteter Aufenthalts-Bar-Frühstücksraum. 47 Zimmer mit Bad, Tel, Balkon, DZ Halbpension ca. 9o - 12o DM.

Diverse **Privatzimmer** im Ort (ausgeschildert "Rooms to let"), zur HS aber oft ausgebucht.

Die Bucht besitzt Sand, meist aber Kieselstrand oder beides vermischt. Ab nördl. Ende geht die Straße weiter, dann Pfad zu 3 kleineren Kies- Sand Inlets (vergl. unsere Leros Karte!). Zu Fuß je Strand ca. 1o - 2o Min. ab "Leros Beach", es gibt Sonnenschutz durch wenige Tamarisken, teils FKK.

AB ALINDA Asphaltstraße ca. 6 km rauf nach **PARTHENI**, wo das Flugfeld liegt. Die linke Nordspitze mit militärischem Sperrgebiet, an der Partheni Bucht Fischerboote sowie Militärkasernen. Eine Schotterpiste führt ab Kasernen 2 km weiter, quer durch Schießplatz zum kleinen Kirchlein AG. KIOURA: Kirchenfest am 2o.1o., Blick rüber zum Inselchen N. Strogili, hinter der Kirche Zisterne.

Ebenfalls ab Kaserne (und rechts abzweigend) eine 1 km Piste zum ORMOS PLOFOUTI: kleine Bucht mit Kiesel-Sand-Tangstrand. Baden im Prinzip möglich. Keine Bäume, aber eine Taverne.

ORMOS GONAS/Westküste: die Bucht kann (vergl. unsere Karte) sowohl von Alinda wie auch Lakki erreicht werden. Die Badebedingungen sind allerdings nicht optimal: weitgehend verschmutzter Sandstrand, auch Tang. Hübsch gelegen dagegen die kleine ISIDORKAPELLE: sie liegt (über einen Damm erreichbar) rund 1oo m vor der Küste auf einem kleinen Felseiland im Meer.

In eigener Sache:

Es liegt in der Natur der Dinge, daß bei der Fülle an konkreter Information, die dieses Buch enthält, sich im Laufe eines Jahres einiges ändern kann.

Deshalb bitten wir um Mitteilung von Abweichungen. Wer uns ansonsten irgendwelche ausgefallenen Tips wie neue Routen, schöne Hotels mit viel Atmosphäre oder ähnliches schickt, wird bei der Neuausgabe dieses Buches namentlich zitiert.

Bitte schreibt uns, wir freuen uns über jeden brauchbaren Tip, weil wir es wichtig finden, daß man nicht irgend ein blödes Laberbuch, wie leider viele Reiseführer, mit sich schleppt, sondern etwas, was wirklich nützlich und hilfreich ist.

Dodekanes-Redaktion
VERLAG MARTIN VELBINGER
Bahnhofstr. 1o6 - 82166 Gräfelfing

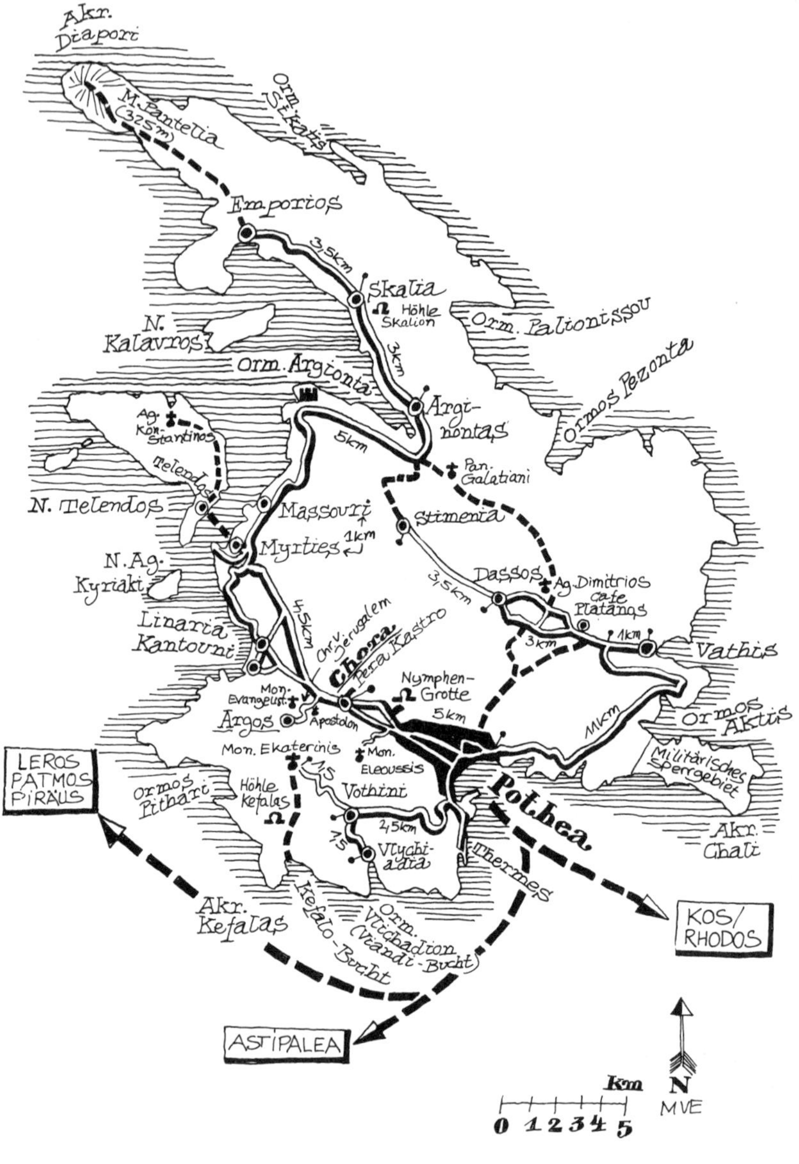
Akr. Diaporti
M. Pantelia (325m)
Orm. Stikatis
Emporios
3,5km
Skalia
Höhle Skalion
N. Kalavros
Orm. Palionissou
3km
Orm. Argonta
Ormos Pezonta
Ag. Konstantinos
Argi-nontas
Telendos
5km
Pan. Galatiani
N. Telendos
Massouri
Stimenia
1km
Myrties
N. Ag. Kyriaki
Dassos
Ag. Dimitrios
Cafe Platanos
3,5km
Linaria
Kantouni
4,5km
Chr. v. Jerusalem
Chora
Pera Kastro
3km
1km
Vathis
Nymphen-Grotte
Mon. Evangelist.
Apostolon
5km
Argos
11km
Ormos Aktis
Mon. Ekaterinis
Mon. Eleoussis
Militärisches Sperrgebiet
LEROS PATMOS PIRÄUS
Ormos Pithari
Höhle Kefalas
Vothini
Pothea
2,5km
Akr. Chali
Vlychiadia
Thermes
Akr. Kefalas
Kefalo-Bucht
Orm. Vlichadion (Vlandi-Bucht)
KOS/ RHODOS
ASTIPALEA
km
0 1 2 3 4 5
N
MVE

Insel Kalymnos

Die Insel der Schwammtaucher, obwohl zwischenzeitlich Fischfang und Tourismus zu wichtigeren Einnahmequellen geworden sind.

Landschaftlich eine durchaus lohnende und schöne Insel: sie ist von bis zu 7oo m hohen und kahlen Bergketten durchzogen, die langgestreckte Täler abteilen. Hier Anbau von Obst und Gemüse.

Der Hafen POTHEA: eine lebendige Stadt mit 1o.ooo Einwohnern vor den Bergen des Inselinneren. Sie zieht sich in einem langgestreckten Inlandstal an den Hängen rauf und geht fast über in die ehemalige Inselhauptstadt CHORA.

Tourismus vorwiegend an der WESTKÜSTE (Myrties/Massouri) mit guten Stränden und klarem Wasser, - sowie POTHEA mit Badekaikis zu Sandbuchten an der Südküste und zur östl. vorgelagerten Insel Pserimos.

Verbindungen

Schiff: täglich ab Piräus via Patmos -> Leros nach Pothea/ Kalymnos. Fahrzeit ca. 13 1/2 Std., auch Direktfähren, die ca. 11 Std. brauchen. Gemäß derzeitigen Fahrplänen erreichen die Fähren Kalymnos mitten in der Nacht. Preise: ca. 23 DM Deck, 2. Klasse ca. 4o DM, PKW je nach Größe ca. 9o - 12o DM.

Die Großfähren, die von Piräus kommen, fahren ab Kalymnos weiter nach Kos (ca. 1 Std., Deck ca. 1o DM, PKW ca. 4o- 5o DM), - Rhodos (+ 4 Std.). Bei Buchung Kalymnos -> Rodos ähnlicher Preis wie Kalymnos-> Kos.

REGIONALFÄHREN: ab Kalymnos nach Astypalea (Fahrzeit 1 1/2 Std bis 2 1/2 Std. je nach Größe der Fähre) und weiter nach Piräus (+ 9 Std.). Weiterhin im Sommer 2 mal/Woche Kalymnos -> Leros -> Lipsi -> Patmos -> Samos. Kleinere Fähren, die bei Seegang entsprechend schaukeln und Zeit benötigen....

SCHNELLBOOTE: schnell, aber teuer, - kein PKW Transport. So Kalymnos -> Kos in ca. 3/4 Std., ca. 4o DM/Person. Kos -> Rhodos: ca. 2 Std., 3o DM/Person.

nächster **Airport** auf Kos. Er wird sowohl von innergriechischen Jets ab Athen angeflogen (plus Regionalflüge runter nach Rhodos), - wie auch per Charter ab Mitteleuropa.

Mitnahme eigenen Autos auf Kalymnos kann sinnvoll sein, um von den Busabfahrtszeiten unabhängig die Insel zu erkunden. Allerdings bei Fähranreise teuer, zudem gibts ausreichend Taxis auf der Insel. Für einen reinen Badeurlaub ist eigenes Auto definitiv entbehrlich!

Insel Transporte

Bus: ab Pothea/Hafen 2- 3 mal/tägl. nach Vathis, sowie ca. alle 3o - 6o Min. auf der Strecke Linari-> Myrties -> Massouri. Die Fahrpreise bei ca. 1- 2 DM billig.

Taxi ist gängigstes Verkehrsmittel auf der Insel. Fungieren einerseits als Linien-Taxis auf festgelegten Strecken und zu festen Preisen pro Person. Z.B. nach Vathis ca. 4 DM, Myrties/Massouri ca. 5 DM (normales Taxi ca. 1o DM).

Der Grund für diese Kalymnos- Linientaxis dürfte in der Weitläufigkeit der Siedlungen im Haupttal ab Hafen Pothea (sowie im nächsten Tal ab Vathis) liegen, sowie in größerer Flexibilität: Per Linientaxi mit 4 Leuten an Bord ist man flexibel, schon mal seitlich liegende Häuser anzufahren. Was nützlich ist, insbesondere, wenn die Leute ab Hafen mit Gepäck kommen. Und was kaum per Linienbus mit 2o oder mehr Leuten zu praktizieren ist.

Zum anderen kann man sich ein Taxi für den privaten Individualtrip mieten. Hier gilt der Preis pro Taxi und sollte in jedem Fall vorab vereinbart werden!

Taxistandplatz in Pothea ist der Kyprou Platz.

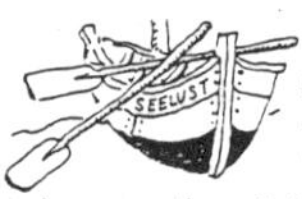

Bade- Kaikis: zur HS tägl. ab Pothea gegenüber Olympic Hotel: Kaikis entlang der Südküste zur Viandi- Bucht und weiter zur Kefalo- Bucht (Sandstrand). Wer gerne wandert, nimmt das Morgenkaiki zur Kefalo Bucht, hier ca. 3o Min. rauf zur Kefalas Höhle, weitere 45 Min. zum Kloster Ekaterinis und ca. 6o Min. retour zum Viandi Strand. Dort retour in den Hafenort per Nachmittags-kaiki, jedoch vorab die Abfahrtszeit des Kaiki klären. Sonst kann man ab Viandi 7 km über die Straße zurückwandern!

Zur HS bei Bedarf 1 Tagestouren "Round the Island". - Weiterhin Kaiki-Verbindungen ab Pothea rüber zur südöstl. vorgelagerten Insel Pserimos, - sowie ab Massouri/Kalymnos zur westl. vorgelagerten Insel N. Telendos.

Sowie zur HS (Abfahrt beim Hotel Olympic) 1 -Tagestouren zu den Nachbarinseln Leros, Kos und Patmos.

Motorräder bei "Costas" in Pothea. Eine Vespa, Honda oder Suzuki ca. 15- 2o DM pro Tag, Zweisitzer ca. 25 DM je nach Saison. Außerhalb der Saison bei Anmiete ab 3 Tagen 1o % Rabatt.

KARTEN: insgesamt relativ brauchbar ist die "Kalymnos-Tourist Map". Herausgegeben von D. G. Davaris/Athen, erkenntlich am Cover mit 2 Kreisen: in dem einen eine Gr-Karte, im darunterliegenden ein Foto von Pothea. Sie enthält eine Inselkarte plus Pothea-Ortsplan.

GESCHICHTE: Funde in Höhlen bei Emborio im Inselnorden, sowie in Grotten oberhalb des heutigen Hafenortes Pothea beweisen, daß Kalymnos bereits im 4. Jahrtausend

v. Chr. besiedelt war. Die Archäologen fanden neolithische Werkzeuge und Keramik. - Ca. 1.2oo v. Chr. dann Besiedlung durch die Dorer. Zur hellenistischen Epoche prägte die Insel eigene Münzen. Man fand u.a. Münzen aus der Zeit 6. Jhd. v. Chr., die das Gesicht eines bärtigen Mannes mit Helm zeigen, auf der Rückseite eine Lyra.

Ähnlich wie andere Dodekanes Inseln wurde Kalymnos von den Persern erobert (546 v. Chr.) und kämpfte auf der Seite der Perser in der Schlacht von Salamis (48o v. Chr.) gegen die Griechen, die bekanntlich die Schlacht gewannen. Bis 443 v. Chr. war die Insel zunächst unabhängig, trat dann aber aus polit. Gründen dem Att.-Delischen Seebund bei: Als Insel war sie klein und militärisch schwach, der Seebund bot hier Schutz.

Ca. 1oo v. Chr. wurde Kalymnos von den Römern erobert und 73o n. Chr. dem Byzantin. Reich eingegliedert. 1313 - 1522 gehörte die Insel dem Johanniter Orden, anschließend den Türken bis zu den griech. Befreiungskämpfen 1821. Hier war Kalymnos eine der ersten Inseln, die sich gegen die Türkenherrschaft auflehnte. In den Verträgen nach griech. Staatsgründung 1834 kam Kalymnos jedoch wieder zur Türkei.

1912 wurde Kalymnos (wie die gesamte Dodekanes- Gruppe) von Italien besetzt und bliebt unter italienischer Besatzung bis zur Beendigung des 2. Weltkrieges. Bei den Italienern hieß die Insel "Calino". Seit 1947 per Vertrag griechisch.

★ Pothea (ca. 1o.ooo Einw.)

Die Stadt liegt schön an einer weiten Uferbucht. Sie zieht sich in einem Tal aufwärts mit engen Zickzackgassen im Stadtinneren, wo man zu Fuß schneller als mit einem Fahrzeug vom Fleck kommt. Breite Uferpromenade, an der auch die meisten Tavernen liegen.

Eine lebendige und geschäftige Stadt (gegr. im 19.Jh.), die in ihren Randbereichen fast nahtlos in die alte Inselhauptstadt Chora übergeht.

Tourist INFO

Touristbüro nördlich der Fähranlegestelle hinter dem Hotel Olympic. Hier Zimmervermittlung und Infos über Fährabfahrten, sowie Abfahrten der Badekaikis. Es wird Englisch gesprochen.

Post und OTE in der Nähe des Kyprou-Platzes (Taxistandplatz) im Ortsinneren.

EINKAUFEN: überall werden Schwämme angeboten. Preisvergleich lohnt sich, da starke Varianten. Zu berücksichtigen ist auch, ob es sich um einen (teureren) Naturschwamm handelt (saugfähiger), oder einen Kunstschwamm aus einer der beiden Fabriken beim Hafenkai. Letztere können besichtigt werden, im Anschluß Verkaufsausstellung. Die dort angebotenen Schwämme jedoch kaum billiger als in den Shops der Stadt.

SCHWAMMFISCHEREI: Das Schwammtauchen in der Ägäis hat alte Tradition. Bereits Homer berichtet in der Ilias von Schwammtauchern, die mit 3-Zackspieß die Schwämme raufholten und an Land säuberten.

Während über die Jahrtausende in der Ägäis nur für Eigenbedarf getaucht wurde (z.B. auf anderen Dodekanesinseln wie Symi, Chalki, sowie vor der Insel Hydra, Euböa und

Limnos), konzentrierte sie sich ab Beginn des 19. Jhd. auf Kalymnos.

*Getaucht wurde **im 19. - Anf. 2o. Jhds.** nach der Methode: "Atem anhalten und sich per Stein runterziehen lassen". Dort schnell möglichst viel Schwämme per Dreizack abreißen und per Signal am Seil sich wieder raufziehen lassen. Tauchtiefe zunächst rund 3 - 7 m. Die Kalymnos-Taucher galten als sehr mutig und sollen durch Training in der Lage gewesen sein, die Luft bis zu 2 oder gar 3 Min. anzuhalten. Klar: wer länger die Luft anhalten kann, bringt mehr Schwämme nach oben.

Als die Tiefen bis 7 m leergefischt waren, wagte man sich in immer größere Wassertiefen. Dies nach wie vor mit der "Luftanhalten und Stein Methode". Letztlich sollen mit dieser Tauchmethode Tiefen bis zu 25 m erreicht worden sein. Jeder Taucherfahrene weiß, daß man zum Erreichen größerer Wassertiefen Zwischenstation unterwegs einlegen muß, damit sich der Körper des Tauchers anpasst. Andernfalls kann es zu Lungenembolie und Lähmung bzw. Tod kommen.

Analog war bei dieser Fangmethode, sowie zunehmender Wassertiefe die Unfallrate extrem hoch.

*Verabschiedet wurden damals (wie auch heute noch in Tradition) die Schwammtaucher durch ein großes Fest im März/April. Mit ihren Booten mußten sie wegen leergefischter Gründe vor der türkischen Küste zunehmend weiter entfernte Gebiete aufsuchen, so speziell vor der nordafrikanischen Küste. Dieses Verabschiedungsfest war der Zeitpunkt der ersten großen Tränen, da die Familien nicht sicher waren, ob ihre Männer lebend zurückkehrten. Die Ungewissheit bestätigte sich dann positiv oder negativ nach der Rückkehr im Okt./Nov., ebenfalls mit großem Fest verbunden.

***Seit ca. 195o** wurde mit Tauchausrüstung (Eisenhelm, Luftschlauch) getaucht. Dieses Gerät war billig aus militärischen Beständen aufgekauft, ermöglichte einerseits Tauchtiefen bis ca. 6o m. Zwar einerseits Reduzierung der Unfälle, da der Taucher somit sich schrittweise an die Tiefe anpassen konnte. Trotzdem kam es jedoch zu vielen tödlichen Unfällen wegen veraltetem Tauchgerät.

***Heute** wird mit moderner Tauchausrüstung gearbeitet, wobei sich die Unfallrate wegen Geräten, aber auch Erfahrung der Taucher drastisch reduzierte.

Gleichzeitig ist allerdings auch die Kalymnos Schwammfischerei drastisch zurückgegangen. Während noch in den 5o-er Jahren beim Verabschiedungsfest rund 5ooo Taucher die Insel verließen, sind es heute allenfalls 7o:

Seit 1972 ist den Kalymnos Tauchern das ertragreiche Fischen vor der nordafrikanischen Küste aus Gründen des Konkurrenzschutzes verboten. Ihre Fanggründe liegen heute im EG- Raum (speziell vor Sardinien, Sizilien, Malta und Korsika).

Während Kalymnos Ende der 6o-er Jahre noch rund 1oo Tonnen Schwamm/Jahr fischte (beim Leichtgewicht eines Schwammes ein beachtlicher Wert!), waren es zu Beginn der 8o-er Jahre nur noch ca. 4o Tonnen. Zu einem weiteren Todesstoß kam es durch die Fabriken künstlicher Schwammproduktion. Derartige Kunst-Schwämme besitzen zwar nicht die Wassersaugkraft eines Naturschwammes, reichen für den Normalgebrauch aber aus. Insbesondere sind sie erheblich billiger zu produzieren.

MUSEUM (vergl. unsere Karte: Nr. 12): am nördl. Talrand in der ehemaligen Villa eines reichen Schwammhändlers. Im Parterre Bibliothek, Fotogeräte aus der Jhd.- Wende, sowie neolithische Keramikfunde aus der Vathi-Höhle, Miniskulpturen und Steinfunde von Milos und Nisyros.

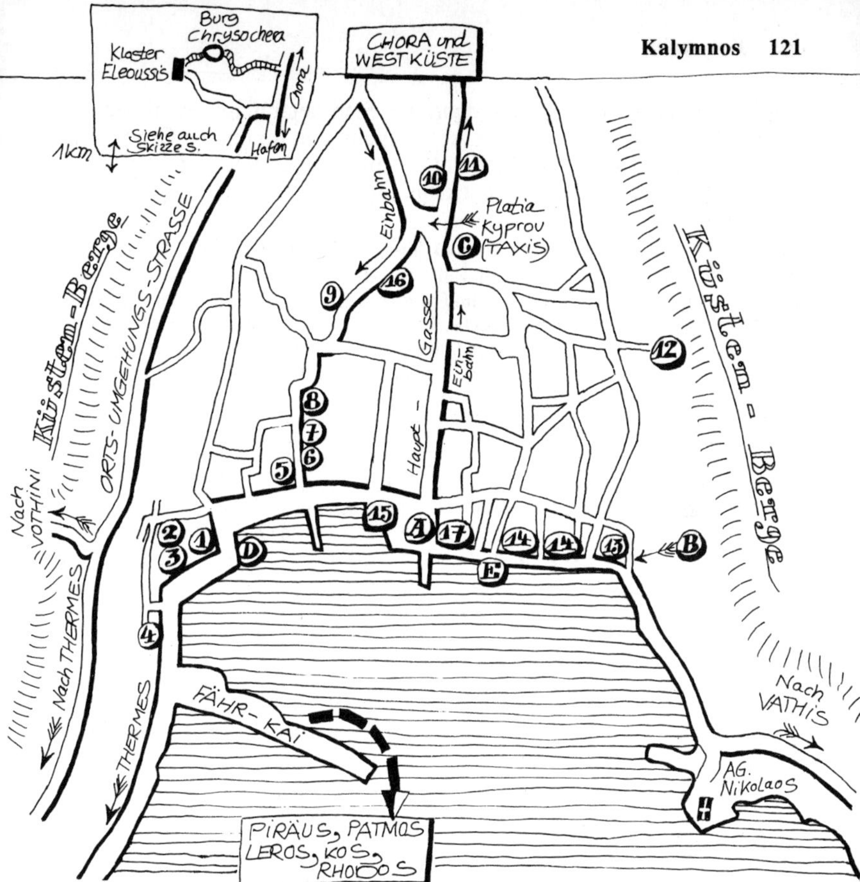

POTHEA

A Abfahrt Busse nach Chora und Westküste
B Abfahrt Busse Vathis
C Abfahrt Linientaxis
D Abfahrt Kaikis Südküste und Ausflugsboote Nachbarinseln
E Abfahrt Kaikis Insel Pserimos

1 Hotel Olympic
2 Pension Patmos
3 TOURIST INFO
4 Schwammfabrik
5 Rest. Stelios und Hotel Thermae
6 Nationalbank
7 Hotel Alma
8 Hotel Vacanellis
9 Hotel Evanik
1o POST
11 OTE
12 Museum
13 Taverne Kampouraki
14 mehrere Tavernen
15 Rathaus
16 Restaur. Garden
17 Markthalle

Weiterhin ein Speisezimmer mit Möbeln und komplett gedeckter Tafel aus der Zeit.

Im 1. Stock alte Schriften und Ikonen, sowie das Wohnzimmer des Schwammhändlers mit englischem und franz. Möbliar, China-Porzellan, alten Gemälden und 2 Raffael- Kopien.

Eine <u>ORTSUMGEHUNGSSTRASSE</u> führt entlang des südlichen Talrandes mit schönem Blick auf den Hafen und die Stadt. Der Einstieg ist, von der Chora Ri. Pothea kommend, bei Stadtbeginn ausgeschildert mit "Vothini/Thermes". Nahe dieser Abzweigung und im oberen Ortsbereich das KLOSTER ELEOUSSIS, welches sowohl über eine Stichstraße wie auch Treppenweg erreicht werden kann. Schöner Stadt- und Buchtblick!

"**Hotel Olympic**": 4- Stock direkt am Hafen und Nähe Fährkai. Die Bar im Erdgeschoß mit Haifisch- Attrappe, eine zweite Bar im 1. Stock mit gleicher Attrappe. Im Frühstücksraum mit kleiner Außenterrasse läßt sich das Hafenspektakel miterleben. 42 mittelgroße Zimmer, die einfach möbliert sind und Privatbad (Wanne/Dusche) besitzen. Von den Zimmern vornraus vom Balkon schöner Hafenblick. Besitzer spricht Englisch, das DZ je nach Saison ca. 4o - 55 DM.

"Hotel Thermae": 3-stöckiges Hafenhotel direkt am Uferkai und gegenüber der Nat. Bank. Im Paterre das Rest. "Stelios", seitlich gehts per Treppe rauf zur Rezeption im 1. Stock. 18 möblierte und tapezierte Zimmer mit Heizung, unterschiedlich groß von mini bis riesig. Jeweils mit Privatbad und, sofern man ein Zimmer vornraus erwischt: vom Balkon Hafenblick. Der sympathische Besitzer (mit deutscher Frau verheiratet) spricht gut Englisch und etwas Deutsch. DZ ca. 37 DM.

"Hotel Alma": in selber Straße rund 6o m stadteinwärts. Hafenabsteige und bei unserem Check nicht unbedingt zu empfehlen.

"Hotel Vazanellis": anschließend Hot. Alma, ein 2- stöckiges und abgerundetes Eckhaus mit Rundumbalkon. Kleiner Textilladen im Parterre. "Wohnküchen"- Rezeption neben Ein- und Aufgang über steile Treppe zu den Zimmern. 6 Zimmer mit gemustertem Kunststoffmobiliar, aber sauber. 2 Gemeinschaftsbäder. DZ ohne Bad ca. 25 DM, das 3-Bettzimmer ca. 3o DM.

"**Hotel Evanik**": selbe Straße, rund 1oo m weiter Stadt- einwärts. Kleineres, 2-stöckiges Haus mit 24 Zimmern, Kiefernholz- Betten, Minibad, aber sauber. Fürs DZ werden je nach Saison ca. 45 - 55 DM verlangt.

"Pension Patmos": Kleines 2-stöckiges Haus (völlig verbaut) in Fährhafennähe hinter der Touristeninformation gelegen. Zimmer mit Bad ohne Duschwanne, Kleiderhaken mit Bügeln statt Schrank. Nur 2 Zimmer mit Balkon im 1.Stock sind empfehlenswert. DZ ca. 25 DM.

Privatzimmer: machen den Großteil des Bettenangebots des Ortes aus. Sie liegen meist in Seitengassen abseits der Uferpromenade. Zwar kein Hafenblick, so doch vielfach je nach Lage ruhiger. Je nach Auslastung werden sie bei Ankunft der Fähre am Kai angeboten. Vermittlung auch im Tourist Büro hinter dem Olympic Hotel. Preise liegen je nach Saison und Zimmerausstattung (mit/ohne eigenem Bad) zwischen ca. 2o und 3o DM fürs Doppel.

Die meisten Restaurants und Tavernen entlang der Uferpromenade ab Markthallen und Rathaus. Man sitzt schön unter Markisen. Offenkundig ist der Konkurrenzdruck der einzelnen Betriebe hart. Trotzdem in die Kühlvitrinen sehen und die Gerüche studieren (ölig? Kräuter etc.). Zumindest im Fischangebot ist Pothea o.K., Haupteinkunft der Insel neben Tourismus heute der Fischfang.

Der Stadtbadestrand liegt am südlichen Ortsende (die Küstenstraße am Fährkai vorbei Ri. Thermes): Sand/ Steine-Strand, mit Disco, im Sommer voll und recht wenig attraktiv. -

Trotzdem ist Pothea als Standquartier o.K.: häufige Busverbindung rüber zu den Westküstenstränden zwischen Katouni und Massouri (Details siehe dort. - Sowie Kaikis zu den Südküstenstränden Viandi und Kefalo, - und rüber zur östl. vorgelagerten Insel Pserimos. Details siehe jeweils dort!

✦ Südküste

Die Küstenberge steigen auf bis zu 3oo m und bilden beim Dorf Argos ein kleineres Hochtal. Die Südküste besitzt keine durchgehende Straßenverbindung entlang der Küste, nur Badekaikis im Sommer.

POTHEA ⋙→ THERMES: ganz enge Ortsdurchfahrt im südlichen Hafenbereich, sofern man nicht die oberhalb am Hang verlaufene Ortsumgehungsstraße nimmt. Die Straße endet nach 2 km in Thermes bei einem etwas renovierungsbedürftigen Restaurant und Badehaus, in dessen Innerem sich rechts und links des Ganges die Badezimmer aufreihen. Die Temperatur des schwefelhaltigen Thermal-Wassers liegt bei rund 37 Grad.

Gebadet wird nach ärztlicher Verordnung, weswegen die wenigen Kabinen im Haus meist von Griechen belegt sind. Baden vor dem Gebäude im Meer bedeutet einen Kiesstrand, der nicht unbedingt die 2 km - Anreise lohnt.

Im Sommer fährt ein BADE- KAIKI tägl. ab Pothea (ca. 8 DM) entlang der Südküste und bedient die beiden Strände:

* VIANDI- BUCHT (auch "Ormos Vlichadion" genannt): besteht aus 2 Teilen: der eine Kies/Sand, der andere mit Steinen, aber sauber. Das Ufer ist mit Tamarisken bewachsen. Am Ende der südwestl. Bucht eine gute Taverne, ringsum Sommerhäuser. Diese Bucht ist auch durch eine, vom Inland kommende Straße zu erreichen. Fürs Kaiki gibts eine kleine Mole. Nach Ausladen der Badegäste fährt es weiter zur westl. gelegenen:

* KEFALO- BUCHT: Sandstrand. Keine Straßenverbindung. Ab Bucht kann man im Küstental ca. 3o Min. rauflaufen zur Kefalas Höhle. Sie ist 8o m lang, besitzt Stalagmiten und -Titten und liegt am linken oberen Talrand. Ab der Höhle eine gut 45 Min. Wanderung zum Kloster Ag. Ekaterinis, von wo eine 1,5 km Schotterstraße zum Dorf Vothini führt, das Straßenverb. (1,5 km) mit dem VIANDI-Strand besitzt. Ab hier retour mit dem Kaiki nach Pothea.

Da es keine ordentlichen Wanderkarten für die Insel Kalymnos gibt, die beispielsweise Höhenlinien, Trailverlauf etc. enthalten, sollte man sich vom Kapitän des Kaikis den Weg beschreiben und in der derzeitigen (grobgestrickten) Inselkarte eintragen lassen. Insbesondere auch abklären, wann das letzte Kaiki ab Viandi Bucht nach Pothea fährt!

Zwar ist der Pfad ab Kefalo Bucht bis zur Höhle wegen vieler Besucher ausgetrampelt. Es gibt jedoch viele seitlich abzweigende Ziegenpfade; wer sich "versteigt" insbes. im weiteren Trailverlauf zum Kloster Ekaterinis, - landet in der Prärie der Bergwelt von Südkalymnos...

Per Straße: ab Pothea die Ortsumgehung (siehe unser Ortsplan) und Abzweigung nach Vothini: die Straße wendet sich ab Abzweigung ins Inselinnere und führt durch ein Hochtal, das mit Macchia bewachsen ist.

Nach ca. 2,5 km ab Abzweigung wird das Dorf VOTHINI erreicht: eine kleine Ansiedlung mit verstreuten Häusern zwischen wenigen Bäumen. Im Ort kleiner "Coffeshop", sowie eine 1,5 km schmale Asphaltstraße an die Küste runter zur Viandi- Bucht. -

Ebenso ab Vothini eine 1,5 km Schotterpiste rauf zum Kloster EKATERINIS. Es geht im Hochtal beständig bergan. Der Eingang zum Kloster ist mit Eisengitter verschlossen, um den draußen weidenden Ziegen den Zutritt zu verwehren. Im Klosterinneren schönes Nonnenhaus wie Spielzeugschachtel. Eine korpulente Nonne führt durch die Klosterkirche. Auch wenn die Kirche nichts Außergewöhnliches bietet, - bitte die allgemein übliche Klosterspende nicht vergessen!

✶ Ostküste

Ausgenommen VATHIS (11 km nördl. des Hafenortes Pothea) - besitzt die Ostküste der Insel Kalymnos weder Straßen- noch Bootsverbindung. Es gibt keine weiteren Siedlungen. Ein Gebiet rauher Steilküsten und Berggipfel zwischen 5oo bis 7oo m Höhe.

POTHEA»→VATHIS: die Straße verlässt Pothea östl. und führt zunächst oberhalb der Steilküste der Hafenbucht durch wenig attraktives Gelände: E-Werk, Gasflaschenfüllwerk, Müllhalden.

Anschließend jedoch schöne Strecke oberhalb der Küste mit Blick auf Kos. Die Halbinsel zum Kap Chali ist militärisches Sperrgebiet und wird von der Straße abgeschnitten. Nach Überquerung eines kleineren Bergpasses gehts rüber zum Ormos Aktis, der in seiner 2. Bucht schönen Sandstrand besitzt (über steile Piste runter, allenfalls für Mopedfahrer bzw. zu Fuß).

VATHIS: Die Bucht mit ihrem malerischen Fischerhafen gleicht einem engen Fjord. Der Ort selbst dehnt sich westl. landein in ein weites Tal aus. Viel Citrusanbau, Obstgärten und Gemüseanbau: optisch wie eine Oase in der sonst kahlen Berglandschaft!

"Hotel Galini": 2-stöckiger Neubau direkt an der Hafenbucht. Das Juli 87 eröffnete Hotel besitzt 14 Zimmer mit Balkon und Privatbad. Freundlich mit Kiefernmöbel eingerichtet, sauber und große Bäder. Auch der Frühstückraum mit seiner Terrasse zum

Meer ist freundlich, die Preise mit 25 - 33 DM fürs DZ je nach Saison o.K. Gegenüber am Hang gibt's zusätzliche Zimmer in Privathaus. Insgesamt Kalymnos Tip!

Ansonsten im Ort **Privatzimmer**. Vermittlung über die Tavernen am Hafen.

Im Sommer ab Vathis Kaikiverbindungen zu umliegenden Sandstränden. Der Ort selber wird ab Pothea 2 - 3 mal am Tag mit Bussen, sowie mit den Linientaxis erreicht.

VATHIS- TALOASE: eine schmale Asphaltstraße führt ab Hafenbucht Vathis durch die Garten- und Oasenlandschaft im Tal westlich. Die weitverstreuten Häuser von VATHIS gehen in die Ortschaft DASSOS über. Hier Tankstelle, große Platane am Dorfplatz und Fußballfeld. Derzeit keine Übernachtungsmöglichkeit in Dassos.

Ein Pfad führt über die südliche Bergkette nach Pothea - sowie nördliche Kette nach Argiontas. Es waren die früheren Verbindungswege der in der Taloase lebenden Bauern. Seit Bestehen der Straßen werden die Pfade kaum noch genutzt. Sie sind zudem in Ermangelung sauberer Insel-Detailkarten schwer zu finden.

Karl Jäger schrieb uns, daß die Wanderung günstiger in Gegenrichtung ist: "Blick aufs grüne Tal von Vathis. Einstieg von Massouri kommend hinter einer nur im Sommer bewirtschafteten Taverne dem zunächst breiten Weg folgen, an dessen Ende rechts beragauf halten. Der Pfad ist mit rote Punkten gekennzeichnet". Die Wanderung anschließend bergab benötigt rund 3 Std. bis Dassos, welches man vor sich im Tal als Ziel hat.

Ab Dassos eine schlechte Schotterpiste im Tal weiter aufwärts zur Siedlung STIMENIA am Talende. Von hier ein gut 6 km Trail über die Bergkette runter zur Bucht von Argiontas.

Der Rest des **INSEL-OSTENS** ist nicht erschlossen. Nördl. vom Hafen Vathis erhebt sich der höchste Inselgipfel mit knapp 7oo m, oben die kleine Wallfahrtskapelle PANAG. KYRA PSILI. Der Nordostfinger der Insel besteht aus einem rund 5oo m hohen Gebirge, welches nur an seiner Südseite bis EMPORIOS Straßenverbindung besitzt (Details s. dort), an seiner steilen Nordküste jedoch nicht erschlossen ist.

★ Westküste

Im Bereich KATOUNI - MASSOURI der wichtigste Siedlungsbereich, mit weit über die Küstenhänge verstreuten Häusern. Zugleich hier auch die besten Inselstrände und meisten Unterkünfte.

POTHEA -> CHORA -> MYRTIES: die Straße von Pothea zur Westküste führt zunächst durch eine lange Baumallee (Eukalyptus und Kiefern) mit weiß gekalkten Stämmen, schattig und windgeschützt. Kurz vor Verlassen der Stadtgrenze liegt am linken und südlichen Berghang des Tales, hinter den Windmühlen die Burg CHRYSOCHERA. Zu Fuß kommt man über einen steilen Treppenweg rauf, der bei den Windmühlen den Berg raufführt.

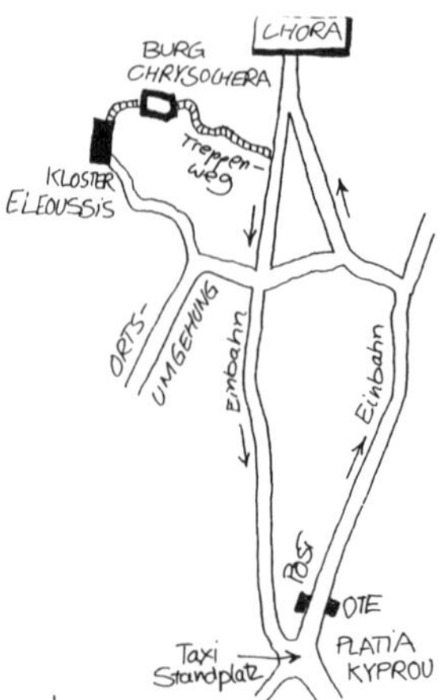

Wegen des Einbahnstraßensystems in diesem Bereich ist der Beginn des Treppenweges etwas schwierig zu finden:

Er liegt an der stadtein führenden Einbahnstraße (siehe Skizze). Zu Fuß ab Platia Kypro ca. 1 km bis zur Abzweigung des Treppenweges. Der Aufstieg selber benötigt ca. 2o Min.

Wer mit eigenem Auto/Mietmoped unterwegs ist, kommt über eine Straße, ab Ortsumgehung rauf bis zum Kloster Eleoussis, das über einen kurzen Pfad mit der Burg Chrysochera verbunden ist.

Die BURGFESTUNG wurde vom Johanniter Orden im 13. Jhd. angelegt und kontrollierte wegen ihrer markanten Lage die Hafenbucht. Ausgrabungen (Scherbenfunde) dokumentierten, daß diese Stelle bereits 1.5oo v. Chr. besiedelt war; zur hellenistischen Zeit soll hier eine Akropolis gelegen haben.

Heute zu sehen Mauerwerk aus dem 13. Jhd, sowie eine Kapelle mit Fresken aus dem 14. - 16. Jhd. n. Chr. - Hinter dem Burgfelsen liegt das moderne und terrassenförmig angelegte Nonnenkloster MON. ELEOUSSIS. Schöner Blick auf die Hafenbucht. Es fungiert zugleich als Altersheim.

Weiter auf der Hauptstraße Richtung Chora und am gegenüberliegenden

nördlichen Talhang die NYMPHENGROTTE. Der Eingang liegt in der Nähe der 1955 gebauten Nikitas Kapelle. Die Höhle ist in ihrem Inneren ca. 17 x 6o m groß. Die Forscher fanden Hinweise, daß sie in der Steinzeit als Wohnstätte diente. Weiterhin deuten aus der Antike stammende Opfernischen darauf hin, daß sie zu dieser Zeit als Heiligtum gedient haben könnte.

Vom Hauptraum führt ein Gang ins Berginnere. Im Volksmund hat die Höhle den Namen "Grotte der 7 Nymphen": Gemäß einer alten Inselsage sollen zur Piratenzeit und Beginn unseres Jahrtausends 7 Jungfrauen in der Höhle erfolgreich Zuflucht gesucht, anschließend jedoch nicht mehr den Ausgang gefunden haben...

CHORA: die im Mittelalter gegründete und damalige Inselhauptstadt beim Bergsattel rüber zur Westküste stellt heute (ca. 2.ooo Einw.) einen weitflächigen Siedlungsbereich am Hang dar. Interessant allenfalls das PERA-KASTRO oberhalb des Ortes. Ab Ortszentrum über Pfad steil rauf in ca. 15 Min.

Es ist von 3 Seiten durch den steil abfallenden Berghang geschützt und stammt aus der byzantinischen Zeit als Rückzugs- und Schutzfestung gegen Piratenangriffe. An den Mauern angebrachte Wappen der Kreuzritter bezeugen, daß das Kastro auch zu dieser Zeit als Schutzfestung genutzt wurde. Zu sehen heute nur noch Mauerreste, die die Natur sich zurückerobert, - sowie mehrere Kapellen, die die Chorabewohner in Stand halten. Schöner Blick.

Ab westl. Ortsausgang Chora zweigt eine Betonstraße ab, die den

Berghang südlich der Chora raufklettert und in 3,5 km rüber ins Hochtal von **ARGOS** führt. Vom Hang schöner Blick auf die Chora. Nach ca. 1,5 km rechts das (geschlossene) Kloster APOSTOLON, Kirchenfest 3o. Juni, gehört dem Kloster von Patmos.

Nach Überwindung eines Passes gehts runter ins Tal von Argos (ca. 1oo Einwohner). Ebenfalls an der Straße das Kloster EVANGELISTRAS, noch heute von Nonnen bewohnt. Besuch lohnt sich; Teppichweberei sowie Herstellung schöner Inseltrachten!

CHRISTUS v. JERUSALEM: nahe der Abzweigung der Betonstraße Chora - Argos liegen die Ruinen einer frühchristlichen Basilika. Etwas schwierig zu finden; liegt in einem Feigen-und Olivenhain, wenige Meter von der Straße. Am besten Einheimische fragen!

Sie wurde im 5. Jhd. nach Chr. aus den Steinen eines Apollontempels errichtet, der an dieser Stelle bereits in der früh-hellenistischen Zeit bestand. Der byzantinische Kaiser Arkadios sei auf einer Seereise von Jerusalem nach Konstantinopel in einen Seesturm geraten und habe als Nothafen Kalymnos angelaufen. Als Dank für seine Rettung habe er an dieser Stelle in das Apollonheiligtum eine christliche Kirche gebaut.

Die Kirche gilt unter Kunstgeschichtlern als wichtigster Inselfund aus der byzantinischen Zeit, zumal hier eine heidnische Kultstätte mit einer frühchristlichen Kirche verbunden wurde. Für den Laien, der über kein Background-Wissen verfügt, jedoch nur eine Stätte von Mauerbruchwerk in schöner Gartenlandschaft.

Die Straße ab CHORA an die Westküste verläuft am Hang in 4, 5 km nach MYRTIES, - gleichzeitig ab Chora eine Straße runter an die Bucht von:

LINARIA/KANTOUNI

1 Snackbar
2 Taverne Sea and Sun
3 Hotel Drossos
4 Taverne Dyonysos
5 Ortskirche
6 Hotel Panormos
7 Pension Ger akios
8 Pension Venezuela
9 Katina by the Rocks
10 Cafeteria
11 Rest. Marinos

LINARIA/KANTOUNI:

Der 2 mal 2oo m lange Strand ist von einer Felsnase unterteilt und besteht aus grauem Sand/Kies.

In der Bucht, auch "Panormos" genannt, mehrere Tavernen. Zentrales Hotel:

"**Hotel Dossos**" mit gut 5 Stock überdimensional in der kleinen Bucht. 53 Zimmer mit eigenem Bad, DZ ca. 4o DM.

"**Pension Gerakios**", 2o einfach möblierte Zimmer mit eigenem Bad und Balkon. Von uns befragte Gäste äußerten sich positiv. Das DZ ca. 2o - 27 DM je Saison. - **"Hotel Panormos"** hat uns weniger überzeugt. -

Vom Busumkehr in Kantouni am Strand führt ein steiler Fußpfad am Berghang rauf zum Kloster STAVROU. Die Kirche ist in eine Höhle gebaut, an den weißen Wänden zahlreiche Ikonen und Votivgaben.

Bei der Bushaltestelle und Rest. Marinos biegt eine schmale Betonstraße ab, 2 km zum **PLATIS GYALOS** Strand. Schwarzer Sand und oberhalb der Küste die Pension Gyalis. Der Strand ist ca. 75 m lang und 3o m breit, von einigen Tamarisken bewachsen und von Felsen begrenzt. Am Ende des Strandes eine kleine Taverne. Gegenüber im Meer liegt die kleine Insel Kyriaki mit weißem Kirchlein.

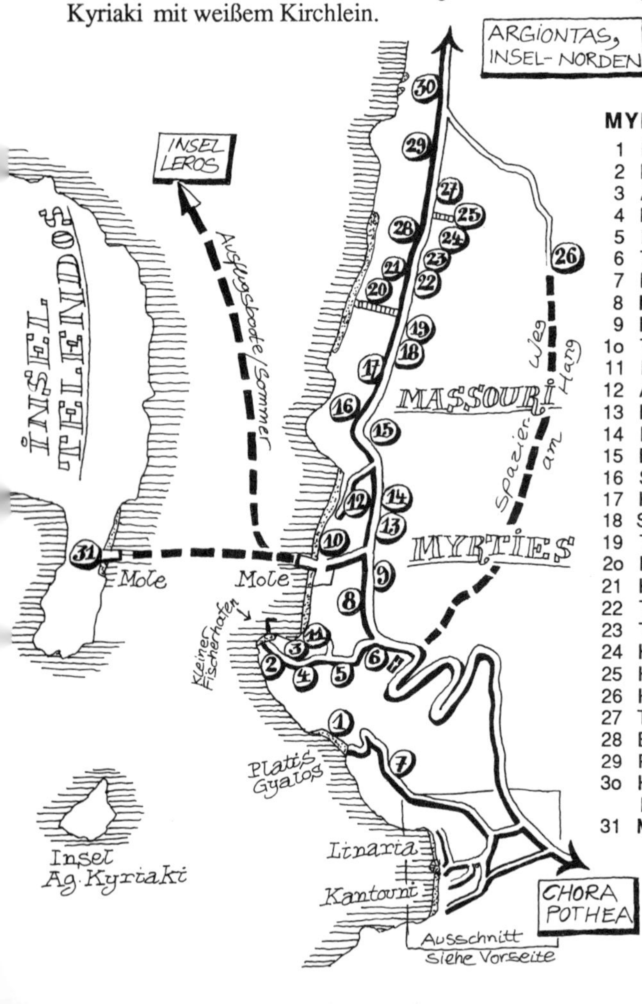

MYRTIES/MASSOURI

1 Platis Gyalos Taverne
2 Rest. Blue Sea
3 Australia App.
4 Hotel Zephyros
5 Pens./Rest. Le petit Paris
6 Taverne Pythaxi
7 Pension Plati Gialos
8 Marilena Hotel
9 Hotel Myrties
1o Taverne Stallas
11 Hotel Themis und Rest
12 Agrogiali App.
13 Hotel Delfini
14 Hotel Atlantis
15 Disco
16 Snackbar
17 Hotel Plaza
18 SUPERMARKT
19 Tav. Kokkioudis
2o Hotel Cally Beach
21 Hotel Massouri Beach
22 Tav. Kakinides
23 Tav. Matheos
24 Hotel Vouros
25 Hotel Ioanna
26 Hotel Venus
27 Tav. Tolero Chorio
28 Elena App.
29 Rest. Drosia
3o Hotel Continental
Hotel Armeos Beach
31 Mole, Tavernen

✶ Myrties/Massouri

7,5 bzw. 8,5 km vom Hafen Pothea entfernt, im Sommer alle 3o - 6o Min. Busverbindung, sowie Linientaxis.

Wichtigstes Urlaubs- und Feriengebiet der Insel. Die weißen, meist 2-stöckigen Häuser verteilen sich über den Hang. Derzeit noch keine großen Hotel-Klötze. Der Strand (grober Sand bis feiner Kies) ist zwar nicht super, so doch insgesamt passabel, geschützte Lage und schöner Blick auf den Steilfels-Klotz der gegenüberliegenden Insel Telendos.

Die meisten Hotels und Tavernen reihen sich entlang der rund 1 km langen Orts-Durchgangsstraße, die knapp oberhalb der Küste entlang führt und kaum Parkmöglichkeit für PKWs besitzt. Die Hotels sind weitgehend von mitteleuropäischen Reiseunternehmen in Beschlag genommen, und zur HS gibts definitiv Engpässe für die Unterkunftsbeschaffung vor Ort und auf eigene Faust.

Von allen am Hang gelegenen Hotels schöner Blick auf die 7oo m breite Meeresstraße und Telendos; wer die Wahl hat: unbedingt Zimmer vornraus nehmen! Der Sonnenuntergang hinter Telendos ist 1. Klasse!

Wir beschreiben die Hotels und Pensionen in der Reihenfolge, wie sie entlang der Straße und Abzweigern liegen:

"**Hotel/App. Australia**", auf der Halbinselnase, die südl. die Myrties Bucht begrenzt. 2 stöckiges Haus mit Balkons vornraus. Fest in der Hand von Pauschalveranstaltern. Unterhalb ein Steinstrand, sowie kleiner Fischerhafen.

"**Hotel Zephyros**", 2-Stock Rauhputz, 32 Zimmer, relativ klein mit Marmorböden, große Bäder mit Duschwanne. Die Balkons teils zum Meer, teils nach hinten in Gartenlandschaft. Der Frühstücksraum angenehm mit viel Grünpflanzen. Sehr gepflegtes Hotel, das DZ ca. 4o - 5o DM je nach Saison, Besitzer vermietet auch Mopeds.

"**Pension Le Petit Paris**": zu Pension umfunktioniertes Privathaus in Besitz einer Französin. 6 Minizimmer, einfachst möbliert, Bäder ohne Duschwanne, riesige Terrassen. Das Frühstück wird im Gartenrestaurant serviert, dort abends auch gute Küche mit franz. Einschlag. DZ je Saison ca. 25 - 28 DM.

"**Hotel Themis**": liegt unterhalb bisher gen. Hotels direkt am Meer und Steinestrand. Das 2 stöckige Haus besitzt im Erdgeschoß großen Bar/Restaurantraum mit schönem Blick rüber zur Insel Telendos (Ähnliches gilt für die Zimmer vornraus im 1. Stock!). Die Besitzer haben 2o Jahre in Canada gelebt und bieten reichhaltige griech. Küche. Das Frühstück ließ bei unserem Check jedoch zu wünschen übrig (Mini- Kaffeerationen, am Sonntag das Brot vom Samstag nicht aufgetoastet etc., unverständlich beim guten Restaurant- Service abends!).

9 Zimmer mit großen Bädern, allerdings Achtung: Stolperstufe! Freundlich hell möbliert, DZ ca. 35 - 45 DM.

"**Hotel Myrties**": an der Hauptstraße, 3 Stock, teils mit Rankpflanzen. Im Erdgeschoß gibts einen Frühstücksraum, in dem auch mal Bettwäsche gebügelt wird, ein kleines Reisebüro und TV. Kanaries im Haus, Hühner dahinter. Schmale Zimmer,

Gemeinschafts Toiletten, 8 Zimmer mit Waschbecken ca. 2o - 25 DM das Doppel.

"Hotel Delfini": Direkt an der Straße. Modernes, langgestrecktes 2-Stockhaus, im Erdgeschoß markisenüberdachte Frühstücksterrasse, schöner Blick auf Telendos. Im 1. Stock quer rüber gemeinsamer Balkon, der mit abgeschrägter Wand unterteilt ist. 19 Zimmer, die meisten mit Meeresblick, Dusche WC, Tel. Das DZ ca. 35 - 5o DM.

"Hotel Atlantis": neben Hotel Delfini, über eine Treppe geht's rauf zur schönen, weinberankten Frühstücks- Terrasse im Erdgeschoß. Superblick auf die Meeresstraße und die vorgelagerte Insel Telendos. Besitzer ist ein ehemaliger Schiffsingenieur, der gut Englisch spricht. Viel Grünpflanzen und Blumen, die 17 Zimmer einfach möbliert mit Bad und Balkon. Alle vornraus, schöner Blick und bei ca. 25 - 3o DM Tip!

"Acroyali Appartements": direkt unterhalb "Atlantis" und am Strand. Ganzjährig von Reisegesellschaften ausgebucht.

"Hotel Plaza": 3-stöckiger moderner Neubau, direkt an der Straße, per Treppe runter zum Strand. Riesige, kahle Empfangshalle, schwarze Bartheke. Auch dem Frühstücksraum fehlt noch die Patina. 62 Zimmer, groß mit schwarzen Möbeln, Marmorböden und komfortablen Privatbädern, Tel. Balkon. Das DZ je nach Saison ca. 5o - 65 DM. Hier auch Mopedverleih.

"Hotel Cally Beach": direkt am Sand-Steinestrand. Wände und Säulen der Restauranträume und Treppenhaus mit kräftigsten Farben bemalt: Küstenlandschaft, Palmen, Kakteen, Blumen. Im Aufenthalts- und Frühstücksraum Naturpalmen, breite Fensterfront zur Terrasse und Meer. Clubsesselgruppen im gr. Aufenthalts- und TV-Raum. Farbig gestreifter Marmorboden (Thassos-Marmor). 17 mittelgroße Zimmer, hell möbliert, mit Tür zum Balkon und Fenster. Tel. Bäder mit Duschwanne, kleine Balkone. DZ (B&B) ca. 45 DM. (Frühstück nach Wunsch)

"Hotel Massouri Beach": direkt an der Uferstraße/Meeresseite, Zugang über Treppe zum Beach. Bar- und Frühstücksraum in dunklem Holz, aufgelockert durch Holzsäulen von Kakteen umrankt. Kunstblumen auf allen Tischen. Holzgetäfelte Bar. Riesige Terrasse hoch über der Bucht, mattenüberdacht, mit Blick auf Insel Telendos. 32 große Zimmer dunkel möbliert, recht wohnlich; Wannenbäder. Zimmerterrassen groß. Zimmer mit Bad, Balkon, Tel. DZ (B&B) ca. 4o-5o DM. Sehr nette ältere Wirtin. Das Hotel ist sehr zu empfehlen!
(Bus und Taxistand nebenan, an kleinem Platz)

"Hotel Vouros": Etwas zurück von der Straße erhöht gelegen. Von Reisegesellschaften ausgebucht!

"App. Elena": Direkt an der Uferstraße (Meeresseite) gelegen gegenüber Rest. "Matheos" und Hotel Vouros. Durch Kontrakte während der ganzen Saison ausgelastet.

"Hotel Ioanna"; Von der Hauptstraße aus viele Treppenstufen nach oben, keine Parkmöglichkeit. Kleine freundliche Kieferholz-Reception mit Sitzecke. Einfacher Frühstücksraum mit kleiner Terrasse zum Meer. 16 große Zimmer (11 davon zum Meer), standardmöbliert, Bäder mit Duschwanne von britischen Reisegesellschaften verwohnt. Laut Wirt sehen Zimmer, von Engländern bewohnt, aus "wie griechischer Salat!" Zimmer mit Bad und Balkon, teils zum Meer, teils zum Garten. DZ (B&B) ca 35 DM. Der humorige Wirt baut ein Hotel auf der Insel Telendos. Seiner Meinung nach: "Gute Idee!"

"Hotel Venus" (Afroditi): 2-stöckiger, verschachtelter Bau mit Einzelbalkonen

(Eisengeländer) hoch am Hang über dem Ort gelegen. Kleine steile Zufahrt; gute Parkmöglichkeit. Ansprechende, nette Atmosphäre. Zugang zu den Zimmern über Außentreppe. 13 kleine Zimmer mit Kiefernmöbel; Bäder blau gefliest mit Duschwanne; Minibalkone gerade für "Zwei" dicht auf dicht mit Einblick zum Nachbarn. Küchenecke, Eisschrank in jedem Zimmer. Zimmer mit Dusche, Balkon, Tel. DZ ca. 4o-45 DM. Sehr entgegenkommender, gut Englisch sprechender Wirt.

"**Hotel Continental**", am Ortsausgang Richtung Emborio direkt an der Straße. Das zwei - bis dreistöckige, langgestreckte Haus liegt oberhalb des Meeres, Treppenweg runter zu Minibuchten. 42 Zimmer mit Toil., Tel., Balkon, ca. 5o - 6o DM. Hat uns geringfügig besser gefallen, als das daneben Liegende

"**Hotel Armeos Beach**", Durchgangsfrühstückshalle, die auf Massenbetrieb vorbereitet ist. Bei unserem Check: einige Tischdecken mit Flecken und Löchern. Die Bar mit abgenutzten Polstermöbeln. 46 große Zimmer mit Bad, Toil., Balkon. Die Betten mit rotem Plastik-Kopfbrett, die Bäder mit Duschwanne. SW-Pool, 46 Zimmer, DZ ca. 45 - 55 DM. Beide Hotels werden vorwiegend von Pauschalreiseveranstaltern genutzt.

Privatzimmer: gibt's im Ort und vielfach keine schlechte Wahl, da schön oben am Hang gelegen, dann allerdings auch entsprechend längerer Weg zum Strand. Preise zwischen 2o und 3o DM das DZ je Saison und Lage.

RESTAURANTS

Restaurant "LE PETIT PARIS"/Ortsteil Myrties. Eine mit Grünpflanzen bestückte Außenterrasse. Die Besitzerin bietet französische Küche an: angenehme Abwechslung, und das Restaurant abends immer gut besetzt, zudem mittlere Preise.

Restaurant "BLUE SEA", südliche Felsnase/Ortsteil Myrties mit schöner Sitzgelegenheit am Wasser und kleinem Sandstrand. Preise allerdings etwas überhöht.

Taverne "PYTHARI". Viel Parkmöglichkeit. Unterhalb der Hauptstraße, von der Chora kommend am Ortseingang Myrties. In schöner Park- u. Gartenanlage, hinter einer Kapelle. Gut besucht, aber Preise der Lage entsprechend erhöht.

Restaurant "THEMIS" (im gleichn.Hotel), Südende des Myrties Strandes. Riesiger, kahler Bar-Restaurantraum mit rustikaler Geschirrvitrine an der Rückwand neben ägyptischem Wandteppich. Langgestreckte Terrasse, mattenüberdacht und direkt über dem Wasser. Die Wirtsleute haben 2o Jahre in Canada gelebt und bieten eine reichhaltige griech. Küche. Stets gut besetzt, hier kocht der Chef selbst.

Taverne "STALLAS": direkt an der Mole/Ortsteil Myrties. Man sitzt am Wasser auf Schilf-überdachter Terrasse. Sehr gutes Essen bei mäßigen Preisen. Zu empfehlen, gilt als derzeit beste Taverne im Ort Myrties.

Schöner Blick auf Insel Telendos von der kleinen und mit Grünzeug berankten Terrasse des "ATLANTIS- HOTEL", Ortsteil Myrties.

Tav. "KOKKIOUDIS", Ortsteil Massouri. Terrasse direkt über der Ortsdurchgangsstraße. Gut besucht, mäßige Preise. - Tav. "KAKINIDES", daneben, luftige Außenterrasse, Grillgerichte. - Tav. "MATHEOS", alles von Souflaki über Meatballs etc. bis Greek Salad.

Tav. "TOLERO CHORIO", Gäste des dahinter liegenden Hotel Ioanna waren sehr zufrieden. - Am Ortsende Massouri das Rest. "DROSIA", größerer Restaurantbetrieb, mit schönem Blick auf Telendos.

In Relation gute **Einkaufsmöglichkeiten**: mehrere Lebensmittelgeschäfte, sowie ein "Supermarkt" (siehe Karte: Nr. 18).

Mopeds vermieten die Hotels "Zephyros" (unsere Karte: Nr. 4) und das "Plaza" (Karte: Nr. 17). Kann sinnvoll sein, um den äußersten Inselnorden bis Emborio zu erkunden. Preise liegen je nach Größe der Maschine und Saison bei ca. 15 - 2o DM/Tag.

Der Ortsteil Myrties besitzt rund 35o m Kies/Sandstrand mit einer Breite von 2o - 3o m. Es gibt teils Schatten durch Tamarisken, sowie eine Reihe Tavernen, von denen jedoch fast alle oben an der Straße liegen. Es geht relativ steil rein, das Wasser in der Regel klar.

Der Ortsteil Massouri besitzt weitere rund 35o m Strand: teils Sand, teils Kies/Steine. Achtung: im nördlichsten Bereich (bei den Hotels Armeos und Continental) nur Minibuchten, die kaum für die Menge der Hotelgäste ausreichen dürften!

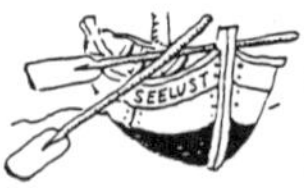

KAIKI: im Sommer praktisch zwischen früh am Morgen bis tief in die Nacht und sehr häufig ab MOLE MYRTIES rüber über den Kanal zur Mole von Telendos. Hier liegt ein guter Sandstrand (Details siehe "Insel Telendos"), sowie Tavernen.

Weiterhin gibts ab Mole Myrties im Sommer 1 mal tägl. ein Ausflugskaiki rauf zur nördl. gelegenen Insel LEROS.

★ Insel- Norden

Geprägt von bis zu 5oo m hohen und kahlen Gebirgszügen, die steil vom Meer aufsteigen. Die Inselstraße ist zwischenzeitlich asphaltiert und endet im Dorf EMBORIO.

BUS: ab Pothea häufige Busse bis Massouri. Weiter in den äußersten Insel Norden (Argiontas -> Skalia -> Emporios) derzeit jedoch nur 2 ma/Woche. Alternative: Mietmoped oder Schusters Rappen.

Das Hotel Armeos Beach/Massouri markiert quasi das Ende des touristisch erschlossenen Kalymnos. Die Straße führt weiter, oberhalb der Küste und ums Kap, zur Bucht von Argionta. Am Kap Reste eines Kastells, kleine Kapelle und Superblick.

ARGINONTAS ist die erste Station auf dem Weg rauf in den Insel-Norden. Der 4o-Seelen Ort liegt in einer schmalen, fjordähnlichen Bucht, begrenzt von steilen Bergketten. Im Buchtbereich Feigen- und Olivenbäume. Kleiner Kiesstrand mit Taverne und wenigen Privatzimmern.

SKALIA (3 km weiter, ca. 6o Einw.) am Berghang der Gebirgskette des Kalymnos- Nordfingers. Am Dorfplatz Kafenion und ein gemeinschaftlich genutzter Backofen. Schöner Blick auf die vorgelagerten Inseln in der Bucht. Im Rücken kahle Berglandschaften!

HÖHLE SKALION: gilt als schönste der Insel und liegt rund 1 km vom Ort Skalia entfernt, ca. 2oo m oberhalb der Straße. Da der Eingang gerade 1,5 m hoch ist und zudem versteckt am Berghang liegt, ist ein Führer ab Skalia sinnvoll. Ansonsten Taxifahrer fragen, wer den Schlüssel zum Eingang hat. Im Inneren zunächst ein 8 m Schlund, steil in das Berginnere runter. Dann ein Korridor von Stalaktiten und weiterer Abstieg von ca. 3 m zum Hauptteil, der ca. 2o x 45 m groß und maximal 1o m hoch ist. Dort eine Vielzahl an Tropfsteinen, die Arkaden und Durchgänge bilden.

EMPORIOS (5o Einw.) ist Endpunkt der Straße. Kleine Mole und eine handvoll Häuser. Am sauberen Stein-Strand Bänke unter uralten Tamarisken. Es gibt mehrere Tavernen (beste sind "Themis" mit großer Terrasse und "Paradies" in großem Garten). Privatzimmer im Ort.

Herrliche Bergkulisse ringsum, und Blick über die Bucht zu den Inseln N. Kalavros und dem Bergklotz der Insel Telendos. Ein Fußpfad führt durch die kahle Berglandschaft bis zur Nordspitze der Insel/M. Pantelia (325 m).

Die nördlich gelegene Nachbarinsel LEROS ist nur 2 km entfernt und durch ein Archipel von Mini- Felseilanden verbunden.

Insel Telendos

Riesiger Felsklotz, durch eine 7oo m breite Meeresstraße von Myrties/ Westküste Insel Kalymnos getrennt. Die Insel ist rund 3,5 km lang und ihr Gipfel (Ráchi) steigt beachtliche 458 m rauf!

Besiedelt nur an der Ostseite Dorf TELENDOS vis-a-vis vom Myrties. Der "Rest", insbesondere die steile Nordküste kann fast als alpines Gebirgsgelände bezeichnet werden...

Verbindungen

Ausschließlich per Kaikis ab Mole Myrties. Die Überfahrt dauert knapp 1o Min., im Sommer praktisch ab frühem Vormittag bis tief in die Nacht.

KARTEN: Keine. - Die "Kalymnos- Karte" von D.G. Davaris/Athen bildet zwar auch die Insel Telendos ab, mit farbiger "Darstellung" des Berges. Ohne jedoch irgendwelche brauchbaren Details zu Pfaden, genauere Struktur des Bergklotzes, Höhenlinien etc. zu bringen.

GESCHICHTE: die heutige Insel Telendos soll in der Antike als Landmasse mit Kalymnos verbunden gewesen sein. Sie stellt eine Fortsetzung der quer über Kalymnos verlaufenden zentralen Gebirgskette (Prof. Ilias) dar. Telendos sei durch das Erdbeben 554 n. Chr. von Kalymnos abgeteilt worden, wobei sich das Land zwischen Myrties und Telendos gesenkt und die heutige Meeresstraße gebildet habe, - so zumindest berichten Einheimische von Kalymnos. Auch hätten sie "antike Mauerreste" im Wasser der Meeresstraße gesehen...

Gesichert sind derartige "Berichte einer Landverbindung" nicht, da es bisher keine fundierten wissenschaftlichen Forschungen in der Region gegeben hat. Zudem besitzt die Meeresstraße Tiefen bis 40 m (!), was schon ein gigantisches Erdbeben und in Folge Landsenkung bedeuten würde! Eine frühere, "angebliche Landverbindung" erscheint daher kaum glaubhaft.

Gleichzeitig ist seit ca. 500 n. Chr. nachweislich die Küstenlinie der Insel Telendos um rund 600 m zurückgegangen. Im Uferbereich der Ostküste, aber auch unter Wasser wurden Mauerreste, Säulen und Amphoren gefunden.

Aus der Zeit der dorischen Dodekanes Besiedlung stammen Mauerreste an der Ostseite der Insel, aus der byzantinischen Zeit zwei kleinere Kirchen.

★ TELENDOS/ORT: ein kleines Fischernest an der Ostküste, ca. 100 Einwohner, die derzeit vorwiegend im Fischfang tätig sind. Die Mole bedient die Kaikiverbindung nach Myrties.

Im Ort mehrere kleine Pensionen sowie limitierte Möglichkeit für Unterkunft in Privatzimmern. Außerdem gibt's im Sommer betriebene Tavernen bei der Mole, von denen die Taverne "Nikos" besonders wegen ihrer Fischgerichte gelobt wird. Man sitzt schön unter Schilfmattendach mit Blick auf Kalymnos.

Geplant ist der Bau eines größeren Bungalow- Terrassenhotels. Die Architekten- Baupläne sind bereits genehmigt, und die Baustelle dürfte den Inselfrieden sicher erheblich beeinträchtigen.

Der Badestrand beginnt bei der Mole, ca. 100 m, Sand. Kaum Sonnenschutz, aber klares Wasser. Wegen relativ guter Strandqualität und der häufigen Kaikiverbindungen wird er im Sommer gerne von Myrties Urlaubern besucht. -
15 Min. ab Mole zu Fuß nördl. gibt's weitere Strände, Kiesbuchten. Einer davon wird als FKK - Strand genutzt. Dahinter Felshöhlen im Berg.

Tauchen: In den Gewässern vor Telendos werden immer wieder Scherben und Amphiolen gefunden, was wahrscheinlich auf eine größere Ansiedlung zurückzuführen ist, die Ende des 6.Jh. durch ein Erdbeben vernichtet wurde. Achtung: die Mitnahme gefundener archäologischer

Stücke (auch wenns nur Scherben sind) ist in Griechenland strikt verboten. Wer an der Grenze erwischt wird, muß mit empfindlichen Strafen rechnen!

Stefan Plöger schrieb uns: "von der Mole nördlich, etwa auf der Höhe der letzten Häuser kann man beim Schnorcheln (etwa 2o- 5o m vom Ufer) Mauerreste im Wasser sehen".

Auch an Land (auf dem Fußpfad zu den ca. 15 Min. nördlich vom Ort gelegenen Felsstrände) gibt's Mauerreste einer antiken Metropolis mit Einigem an Scherben in der Umgebung.

Besteigung des Inselgipfels RÁCHI (458 m) benötigt gutes Schuhwerk, Sonnenschutz, Wasser und Lebensmittel. Absolut unwirtliches steiles und steiniges Gelände mit vereinzelter Macchia und Dornengestrüpp. Es gibt keinen Trail; den "günstigsten" Verlauf des Anstieges und in Umgehung der teils senkrecht abstürzenden Steilwände muß man selber ausmachen. Oben wird man mit Superblick über weite Teile der buchtenreichen Insel Kalymnos belohnt.

Mit dem Aufstieg möglichst früh am Morgen beginnen, es gibt keinerlei Schatten. Ab Mitte des Vormittags brennt die Sonne brutal heiß runter! Wer hier mit offenem Oberkörper aufsteigt, riskiert u.a. wegen Reflektion der Felsen einen satten Sonnenbrand. Da der Körper schwitzt, und in Gipfelhöhe entsprechende Winde blasen, riskiert man zugleich Erkältung, sofern man nicht wärmenden Pulli, Windjacke etc. mitführt.

KONSTANTIN-KIRCHE: sie liegt hoch oberhalb der steilen und schluchtenreichen Nordküste der Insel in der Felslandschaft versteckt. Ohne ortskundigen Führer ist sie nur schwer zu finden.

Im Gegensatz zum Ráchi-Gipfel gibt es keinen klar anzusteuernden Zielpunkt. Zunächst ab Mole Telendos nordwärts 15 Min. an den o.g. Stränden vorbei. Der Pfad verläuft anschließend oberhalb der Ostküste ansteigend und verliert sich bald ohne klaren Verlauf Richtung Nordwest. Es gibt eine Vielzahl an abzweigenden Ziegenpfaden. An der Inselnordseite dann eine Vielzahl an Felsbarrieren und Schluchten.

Erst im letzten Moment vor Erreichen wird die Kirche sichtbar, was die Orientierung zusätzlich erschwert! Ortskundige Einheimische benötigen ab Mole ca. 1 1/2 Std., und eine Führer sollte man mitnehmen, um sich in dieser bizarren Felslandschaft mit ihren Schluchten und einer Vielzahl an Höhlen nicht endlos zu "versteigen".

Die Wanderung wird durch Superblick belohnt: er reicht von Massouri über die Bucht von Emporio, den Nordfinger von Kalymnos bis rauf zur Insel Leros am Horizont!

Karl Jäger schrieb uns zum Trail: "...schwierig ist erst das letzte Wegstück: an einer Felsschräge sind Mulden, in denen die Füße Halt finden, weiß gekennzeichnet. Eine gute Portion Schwindelfreiheit ist hier erforderlich. Bis zu dieser Stelle benötigte ich eine Stunde. Und für alle, denen der Weg das Ziel ist, ist es auch bis hierhin eine wunderschöne Vormittagswanderung."

Insel Pserimos

Mini- Insel, östlich von KALYMNOS. Größe rund 4,5 km in West-Ost. Der höchste Inselgipfel knapp 3oo m, im Hafenort guter Sandstrand und limitierte Unterkunft. Wegen der Nähe zur türkischen Küste ist der östliche Inselfinger militärisches Sperrgebiet.

Verbindungen

Im Sommer täglich Ausflugsboote ab Pothea/Kalymnos, die als 1- Tagesausflug den Sandstrand des Inselhafens bedienen. Ansonsten außerhalb der Saison nur sporadische Verbindung mit einem Post- und Versorgungsboot.

KARTEN: Keine. - Die "Kalymnos- Karte" von D.G. Davaris/Athen bildet zwar auch die Insel Psérimos ab, mit farbiger supergrober "Darstellung" der Bergzüge, - ohne jedoch irgendwelche brauchbaren Details zu Pfaden, genauere Struktur, Höhenlinien etc. zu enthalten.

GESCHICHTE: derzeit nicht erforscht. Beim heutigen Hafenort wurden Spuren einer antiken Siedlung gefunden, die gemäß Einheimischen bis in die byzantinische Zeit bewohnt war, da sie "byzantinische Münzen" fanden.

★ PSERIMOS/ORT: ca. 1oo Einwohner. Er liegt in einer engen Bucht und besitzt schönen Sandstrand. Nicht ohne Grund wird er gerne und häufig im Sommer ab Kalymnos und Kos mit Badebooten angelaufen!

Hinter dem Strand eine Handvoll Häuser, es gibt Sommer- Tavernen, - sowie ein kleineres, 1979 gebautes Hotel. Nur sehr limitiertes Zimmerangebot. Sofern ausgebucht und im Pilgerquartier der Kirche Platz, kann man dort übernachten. Auch im sonstigen Angebot (Lebensmittelgeschäfte) sind enge Grenzen gesetzt.

Wenn die Ausflügler ab Kalymnos und Kos mit dem Abendkaiki die Insel verlassen, herrscht himmlische Ruhe.

Ein Fußpfad führt vom Inselort nördlich zur GRAPHIOTISSA-Kirche. Knapp 1 Std. pro Richtung und schöner Blick auf die Insel Kalymnos, sowie das dazwischen liegende Mini- Inselchen Plati. - Von der Graphiotissa Kirche ist kaum was übrig. Sie stand an der Felsküste auf porösem Boden; der Großteil der Kirche stürzte Dez. 1979 ins Meer, am Hang nur noch Mauerreste.

ORMOS MARATHÓNTA: enge Nordküstenbucht. Zu Fuß über einen Pfad in ca. 3o Min. pro Richtung zu erreichen. Als Nordküstenstrand sammelt er wie in der Ägäis (wegen der meist aus Nord blasenden Winde) allen Müll von Schiffen und Siedlungen... Hinzu kommen Ölklumpen in Form "hübscher kleiner Bällchen", wenn die Tanker ihre Laderäume auf See reinigen.

ORMOS BATHYS: Kiesstrand und Bucht an der Ostküste, leider ähnlich mit Zivilisationsmüll verschmutzt, Algen im Wasser. Ansonsten schöne Lage und Blick auf die vorgelagerte türkische Küste. Zu Fuß ab Hafenort ca. 3o Min.

PIGI: eine Quelle an Südküstenbucht, ca. 2o Mi. ab Hafen. Der Besuch lohnt sich insbesondere wegen schönem Blick beim Abstieg in die Bucht.

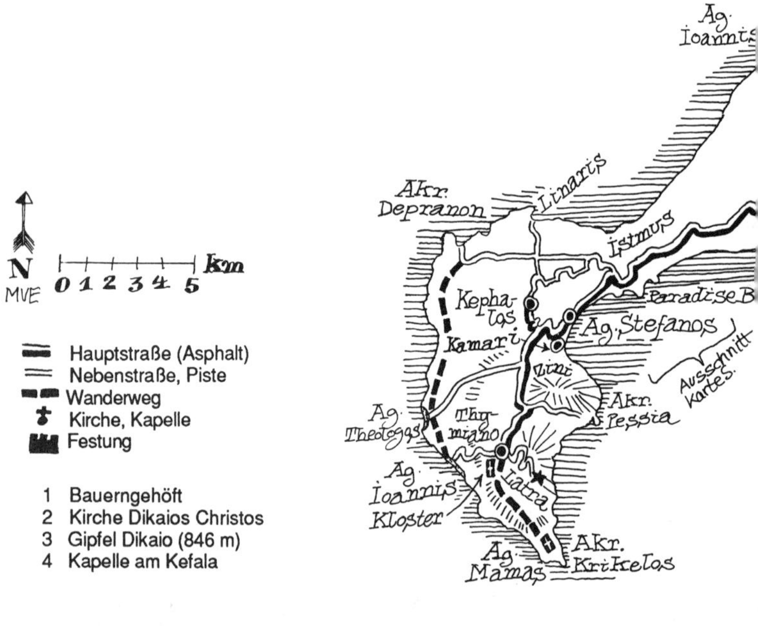
N
MVE
0 1 2 3 4 5 km
Hauptstraße (Asphalt)
Nebenstraße, Piste
Wanderweg
Kirche, Kapelle
Festung
1 Bauerngehöft
2 Kirche Dikaios Christos
3 Gipfel Dikaio (846 m)
4 Kapelle am Kefala
Ag. Ioannis
Akr. Depranon
Linaris
Istmus
Paradise B
Kephalos
Ag. Stefanos
Kamari
Zini
Ausschnitt Karte S.
Ag. Theologos
Thymiano
Akr. Pessia
Ag. Ioannis Kloster
Latra
Ag. Mamas
Akr. Krikelos

Insel Kos

Eine der wasserreichsten und grünsten Inseln des Dodekanes. Während die NORDKÜSTE relativ flach ist und gute Strände besitzt, steigen die Inselberge südöstlich der Hauptstadt KOS bis auf 846 m. Im Insel-SÜDWESTEN nochmals Berge bis 426 m (Latra) mit OTE- Funkstation.

Kos ist eine fruchtbare Insel mit Orangenbäumen, Olivenhainen, Zypressen, Pinien. Viele duftende Kräuter! Besonders schön im Frühjahr, wenn das Land blüht; schöne Wanderungen im Bereich der Inselberge.

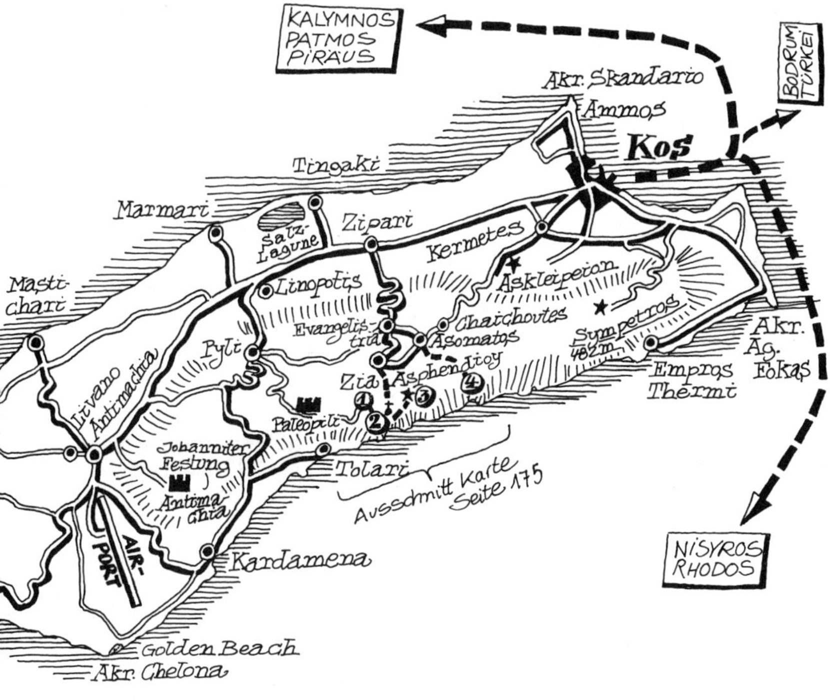

Die guten Badebedingungen, der insgesamt schöne Hauptort Kos, aber auch der Inselairport mit Direktflügen ab Mitteleuropa führten dazu, daß Kos heute nach Rhodos die meistbesuchte Insel des Dodekanes ist. Entsprechend an den Stränden jede Menge Betrieb, zugleich ein relativ hohes Preisniveau und Engpässe für Unterkunft ohne Vorreservierung.

Wegen der geringen Steigungen/Nordküste zugleich optimale Fahrrad-Insel. Es gibt im Hafenort Kos jede Menge an Verleihstationen.

Verbindungen von/nach Kos

Schiff: tägl. auf der Strecke Piräus-> Patmos-> Kalymnos -> Kos. Fahrzeit ca. 13- 14 Std., auf Direktstrecke ab Piräus nach Kos ca. 1o Std. Überfahrt ca. 3o DM/Deck, PKW je nach Größe ca. 9o - 12o DM.

Das Schiff fährt weiter nach Rhodos: Überfahrt ca. 4 Std. (Deck ca. 15 DM, PKW ca. 45 - 6o DM je Größe).

Ankunft der Piräus-> Kos Fähre auf der Insel Kos (und Weiterfahrt nach Rhodos) zu sehr unzivilen Zeiten mitten in der Nacht! - Retour nach Piräus siehts besser aus: Abfahrt Kos meist am späten Nachmittag, Überfahrt dann in anschließender Nacht.

Wegen der unzivilen Abfahrtszeiten ab Kos -> Rhodos am besten auf die Schnellboote (siehe unten) ausweichen. Zwar teurer, dafür aber keine Abfahrten mitten in der Nacht, was seinen Preis wert ist!

✱REGIONALFÄHREN: verbinden von Kos zur Insel Nisyros (2 Std.) und weiter zur Insel Tilos (1 1/2 Std.) -> Insel Symi (2 Std. 15 Min.). Im Sommer tägliche Verbindungen. Die Fahrpläne sind abhängig von Wetterbedingungen (da Mini- Fähren). Bei Schlechtwetter erheblich längere Überfahrten, bzw. Stornierungen. Oft ist gemäß Fahrplan der Besuch der Nachbarinsel und Rückkehr am selben Tag nicht möglich.

Querverbindungen ab Kos zu Inseln der Kykladen bestehen als Direktfähren derzeit nicht. Umsteigen in Kalymnos oder Leros nötig, Details siehe dort. - Querverbindung nach Kreta erst ab Insel Rhodos, Umsteigen dort nötig (Details siehe dort).

✱SCHNELLBOOTE (nur Personentransport): Gleitkufenboote, die die jeweilige Strecke in etwa 5o % der Zeit wie Normalfähren zurücklegen und zu zivilen Zeiten abfahren. Dafür teurerer Preis. Sinnvoll sind die Schnellboote, wer bei knapper Zeit Ausflüge zu Nachbarinseln realisieren möchte.

Kos -> Rhodos 2 Std. (3o DM), - je nach Saison auch via Insel Symi (1 1/2 Std., plus 45 Min weiter nach Rhodos). - Im Sommer auch Schnellbootverbindungen von Kos nach Tilos (1 Std.) und Nisyros (45 Min.).

✱KOS -> BODRUM/Türkei: obwohl nur 2o km von Kos/Stadt entfernt: saftige Preise. Pro Person retour ca. 1oo DM (!), PKW je nach Größe ca. 23o - 5oo DM retour. Zudem abprüfen derzeitige Bestimmungen Griechenland <-> Türkei. Zeitweilig war ein Aufenthalt ab Kos als Ausflug nach Bodrum auf 1 Tag begrenzt. Ob sich da die hohen Kosten lohnen, oder man diesen Teil der Türkei auf separatem Urlaub besucht, - sei dahingestellt...

✱REGIONAL- DAMPFER Kos-> Kavala/Nordgriechenland. Bedient 1 - 2 mal/Woche die Strecke und benötigt Zeit. Ein reichlich in die Jahre gekommenes Schiff, das Flair, aber keinen Komfort an Bord bietet.

*AUSFLUGSBOOTE zu den Nachbarinseln, z.B. Badetrips nach Kalymnos und Pserimos ca. 25 DM und vom Preis o.k. Teurer wirds, wenn man Ausflugstrips nach Nisyros, Patmos oder Rhodos bucht: Abprüfen, was das Ausflugsprogramm enthält!

TICKETVERKAUF und FAHRPLAN- INFORMATION: Achtung, die meisten der Fähragenturen in Kos/Hafen sind zunächst einmal daran interessiert, die teuren Ausflugsboote bzw. die Schnellboote zu verkaufen, die der Agentur höhere Provision bringen.

Für Daten und Preise der Linienfähren nachhaken und mehrere Büros besuchen!!

Flug: der Airport liegt im Westteil der Insel beim Dorf Antimachica (ca. 22 km von Kos/Stadt) und gehört in der HS zu einem der dichtest frequentierten Airports im westl. Teil der Ägäis (nach Rhodos).

CHARTERFLÜGE: jede Menge zwischen Ostern und Ende Okt. ab Mitteleuropa. Flüge u.a. mit Hapag Lloyd, LTU, Condor, Aero Lloyd und anderen. Vorteil: Direktflug ohne Umsteigen in Athen. U.U. per Pauschal-Angebot Flug & Unterkunft billiger (Anbieter u.a. Kreutzer, TUI, Jahn, ITS, Attika, ISTS). - Ansonsten Ende Okt.- Anf. ca. März nur per Linienflug via Athen erreichbar.

INNERGRIECH. FLUGVERKEHR: Athen-> Kos: tägl. mehrmals mit Jets, Flug 1 Std., ca. 1oo DM. - Kos -> Rhodos: je nach Saison tägl., im Winter nur 2 x/Woche. Flugzeit 3o Min., ca. 6o DM. Weitere Verbindungen nur im Sommer, z.B. Kos -> Samos: ca. 45 DM.

VERBINDUNG ab KOS AIRPORT -> Kos/Stadt mit Olympic Airways Bus, Fahrzeit ca. 3o Min. ca 3 DM. Abfahrt ab Kos/Stadt: ab Büro Olympic Airways (Karte: 21). Die Busse der Olympic bedienen nur deren Flüge, - nicht jedoch die von Charterairlines.

Taxi: ca. 25 DM nach Kos/Stadt, Fahzeit ca. 3o Min. - Ansonsten holen teurere Hotels ihre Gäste vom Airport mit eigenen Minibussen (gratis) ab. In wieweit man hier gratis auch als Nicht- Hotelgast mitfahren kann, ist Entscheidung des Busfahrers...

Insel Transporte

Insel KOS

Bus: die wichtigsten Inselorte werden ab KOS/STADT mehrmals täglich bedient. Hauptachse ist die Nordküstenstraße von Kos nach Zipari -> Antimachica -> Kamari/Kephalos im Inselwesten. Je nach Saison 3 - 5 x/Tag und Richtung.

Querverbindungen nach -> Zia/Asphendioy und nach -> Kardamena. Die Fahrpreise sind bei ca. 2 - 5 DM/Strecke geschenkt, - die Busse allerdings zur Hochsaison und auf Strecken von/zu Stränden gesteckt voll wie Sardinendosen! Hier hilft nur "Reinquetschen" bis der Bus "platzt". Der "letzte" macht nicht das Licht aus, sondern geht zu Fuß oder sucht Taxi...

Busterminal in KOS/Stadt: Kleopatras St. siehe unsere Karte (11).

Autovermietung: zahlreiche Anbieter im Airport, in Kos/ Stadt sowie an der Rezeption größerer Hotels. Rein griechische Vermieter sind u.U. billiger als die internationalen wie Hertz, Avis, Budget, allerdings Verträge sehr genau studieren! Mindestalter 21 Jahre. Kleinwagen ab ca. 8o DM/Tag, bei wochenweiser Anmietung gibts Ermäßigung.

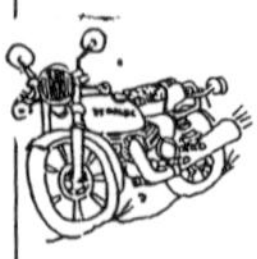

Mofa-/Moped-/Motorrad- Vermietung: jede Menge in Kos/ Stadt, aber auch vor den größeren Hotels der Insel. Die Preise je nach Größe und PS der Maschine ab ca. 2o - 25 DM pro Tag. Auch wochenweise Anmieten möglich. Unbedingt den techn. Zustand der Maschine vorab prüfen, sie sind nicht immer in bestem Schuß. Und dann auf der Insel vorsichtig fahren; alljährlich viele Unfälle durch unvorsichtige Fahrweise.

Fahrrad-Verleih: wohl die schönste Möglichkeit, die Insel in ihren Stränden zu erkunden. Zumindest das technische Risiko wie bei der Mopedanmiete fällt flach, auch wenns gelegentlich ans Reifenflicken geht...

Sich ein Fahrrad zu mieten ist auf Kos bei Urlaubern die beliebteste Möglichkeit, flexibel zu sein. Unmengen von Vermietern, auch die meisten Hotels bieten Fahrräder an. Der technische Zustand der Drahtesel ist unterschiedlich; Leser berichteten: am schlechtesten im Kos Camping! - Andererseits bieten manche Hotels auch tip-top gepflegte Mountain Bikes an. Die Preise liegen ab ca. 5 DM/Tag bzw. pro Woche ab ca. 25 DM.

Taxi: Für griechische Verhältnisse relativ teuer, z.B. Kos/ Stadt zum Airport ca. 25 DM, bzw. Kos/Stadt -> Kefalos ca. 4o DM. Um touristischen Beschiß zu vermeiden, vorab anderweitig die Preise erfragen und insbesondere auch vor Fahrtantritt den Preis mit dem Taxifahrer fixieren.

Taxistand in Kos/Stadt: am Hafen in der Akti Coundouroti. Ansonsten per Telefon von der Hotelrezeption. - ACHTUNG: bei Fahrten zum Airport und für dortige Abflüge das Taxi möglichst frühzeitig bestellen und zeitlichen Puffer einbauen! Insbesondere zu Stoßzeiten kann es zu langer Warterei aufs Taxi kommen, - und dann ist der Flieger weg... Ebenso lange Warterei aufs Taxi zur HS morgens von Hotels zu Stränden und abends retour.

KARTEN: die "KOS-ROAD MAP" von Toubis dürfte noch die bessere Wahl sein, auch wenn sie in den eingezeichneten Straßen einige Ungenauigkeiten und Fehler enthält. Auch einige Burgen, Kirchen fehlen, bzw. sind miese Schotter/Erdpisten zu groß rausgestellt.

Andere Kos- Karten haben zwar die Fehler der "Tobis" berichtigt, bringen dafür aber andere Fehler. Die optimale KOS- KARTE, rundum sauber gefertigt, gibt es derzeit noch nicht.

GESCHICHTE: Die Insel Kos war bereits in praehistorischer Zeit besiedelt (Pelasger, ca. 4.ooo v. Chr.), wie Funde in Höhlen (z.B. Aspropetro bei Kephalos/ Inselwestspitze) belegen.

Ca. 2.ooo v. Chr. kamen vom kleinasiatischen Festland die Karer, ein Bauern- und Handwerkervolk, welches die fruchtbaren Böden der Insel landwirtschaftlich nutzte. Sie nannten KOS *"Kouris"* oder *"Karis"*. Auch wenn die Insel über die Jahrtausende hinweg verschiedene Namen trug (z.B. *"Lango"* im Mittelalter, vermutlich wegen der Länge der Insel), - dürfte der heutige Name Kos auf die Karer zurückzuführen sein.

Aus der Epoche der mykenischen Besiedlung stammen Siedlungsspuren bei Antimachia (Nähe des heutigen Airports), mykenische Gräber, die auf die Zeit 1.5oo - 1.2oo v. Chr. datiert werden.

Ab ca. 1.2oo v. Chr. besiedelten Dorer im Dodekanes u.a. auch Kos. Der florierende Handel der Insel, gestärkt durch eine große Flotte reichte bis Italien (Kolonien in Elpien/ Süditalien). Im Trojanischen Krieg (1194 v. Chr.) beteiligte sich Kos zusammen mit den Inseln Kalymnos, Leros, Nissyros, Karpathos und Kassos mit 3o Kriegsschiffen.

Zur Zeit der Perserkriege (5oo - 479 v. Chr.) wurde die Insel von den Persern besetzt und zur Teilnahme am Krieg auf Seiten der Perser gezwungen. Sie nahm mit 5 Kriegsschiffen an der Schlacht von Salamis teil, die Athen und der Att.-Delische Seebund gewann, deren Mitglied 479 v. Chr. auch Kos wurde.

Die folgenden Jahrhunderte ab 479 v. Chr. bis ca. 13o v. Chr. waren Blütezeit der landwirtschaftlich bedeutenden Insel. 4 km lange Stadtmauern befestigten den Hafenort, der auch im Bereich des heutigen Kastells Schutzmauern besaß. Kos prägte eigene Münzen, zweifelsfrei Indiz für die Bedeutung und den Wohlstand der Insel, da nur die bedeutendsten dieses Recht hatten. Die ältesten gefundenen Münzen stammen von 479 v. Chr. und zeigen vorne einen Meereskrebs, hinten ein Viereck.

In diese Epoche fällt auch das Wirken des berühmtesten Inselbewohners der Antike: HIPPOKRATES: um 46o v. Chr auf Kos geboren, war er bedeutendster Arzt der Antike, der die Medizin von damals üblichen Suggestionsmethoden (im "Medizinmänner-Stil") befreite und eine wissenschaftliche Heilkunde begründete. Details siehe Seite 158 .

Die Heilerfolge der "Schule des Hippokrates" machte die Insel bald im gesamten Ägäisraum bekannt, - und die Heilungssuchenden, die die Insel besuchten, brachten viel Geld mit. Darüber hinaus wurden alle 5 Jahre die "Großen Asklepien" gefeiert, ein Fest mit sportlichen und musikalischen Wettkämpfen, das Gäste aus ganz Griechenland anzog. Es fand im Asklepeion statt, bis hinein in die Zeit Christi Geburt.

Der wirtschaftliche Reichtum von Kos resultierte auch aus dem Export von landwirtschaftlichen Produkten wie Wein und Getreide, - und der Tatsache, daß Kos beste, durchsichtige Seidenstoffe herstellte, die speziell bei der Verarbeitung von Frauengewändern auf viel Interesse stieß...

Im Peloponnesischen Krieg (431 - 4o4 v. Chr.) nahm Kos auf Seiten Athens gegen die Spartaner teil, 411 v. Chr. wurde die Inselhauptstadt von Truppen der Spartaner zerstört, auch ein Erdbeben in dieser Zeit richtete erhebliche Schäden an.

3o8 v. Chr. wurden die ägyptischen Ptolemäer Herren der Insel, was einen regen Warenaustausch mit dem ägyptischen Alexandria zur Folge hatte. Ptolemäus II. wurde auf Kos geboren, er ließ die Agora am Hafen, zwei Tempel und die Säulenhalle errichten.

130 v. Chr. kam Kos unter römische Herrschaft und konnte sich anfangs gewisse politische Freiheiten bewahren, wurde jedoch 30 v. Chr. der Administration ab Rhodos unter römischen Konsul unterstellt. Aus dieser Zeit stammen Mosaike (z.B. Casa Romana) und die Römische Agora im heutigen Kos/Stadt.

Die Byzantinische Periode (5.-6. Jhd. n. Chr.) war geprägt von Überfällen der Vandalen, Westgoten und Sarazenen. Ein schweres Erdbeben 554 n. Chr. (vergl. auch Insel Telendos/S. QW) führte zu erheblichen Zerstörungen, aber auch einer Landsenkung, in deren Folge Küstenbereiche und dortige Siedlungen vom Meer überflutet wurden.

1204 wurde Kos von den Venezianern erobert. Als starke Seemacht, insbesondere auch Experten im Schiffsbau und dem Bau von Festungen, hatten sie praktisch alle Inseln im Ägäisbereich in Besitz genommen, die an venezianische Adelige als Lehen vergeben wurden, Herzogtümer bildeten und der Republik Venedig unterstellt waren. So auch Kos. Oberhalb des Hafens schützte eine massive, von den Venezianern errichtete Festung die Zufahrt und die Stadt. Die Venezianer blieben 100 Jahre Inselherren, bis sie 1304 Kos an Genua verkauften, die die Insel

1315 an Kreuzritter des Heiligen Johanniter Ordens abtreten mußte. Diese waren zur führenden Macht im Dodekanes Bereich geworden. Auf Kos erweiterten sie die Hafenfestung um einen massiven 2. Mauerring und errichteten das Kastell in Antimachia.

Die Inselgruppe des Dodekanes wurde ab Rhodos verwaltet (Details siehe dort), - die Kos-Festung konnte 1464 einem Angriff von 156 Schiffen und 18.000 Soldaten der Türken standhalten, sowie über 200 Jahre hinweg einer Vielzahl kleinerer und mittlerer Angriffe von Piraten und Türken.

1523 wurde jedoch Kos von den Türken erobert. Die folgenden Jahrhunderte türkischer Herrschaft gehörten zu einem der dunkelsten Kapitel der kosischen Geschichte: Repressalien durch hohe Steuern, Hinrichtungen, Folterung und Plünderungen.

Die Türken blieben fast 400 Jahre auf der Insel: Erst 1912 fiel Kos während des Türkisch-Italienischen Krieges an Italien. Für Kos kaum positiver, da die Italiener versuchten, Kos zu "italienisieren". Ein Erdbeben am 23.April 1933 zerstörte weite Teile der Stadt, was den Italienern die Chance eröffnete, nach antiken Bauten zu graben.

Im 2. Weltkrieg besetzten die Deutschen die Insel, am 9. Mai 1945 befreiten die Engländer Kos und zwei Jahre darauf wurde der gesamte Dodekanes griechisch.

★ Kos-Stadt (ca.9.000 Einw.)

Heute eine freundliche und lebendige Stadt. Das Erdbeben von 1933 hat die alte Struktur weitgehend ausradiert. Die damaligen Inselherren (Italiener) verstanden jedoch, eine Stadt zu errichten, die kaum Steriles besitzt, sondern großzügig angelegt wurde mit ihren Plätzen, Straßenzügen und Parkanlagen.

Kos lebt und ist (abgesehen von satt stinkendem Stadtverkehr) ansonsten angenehm. Die wichtigsten Anlaufstellen wie Reiseagenturen, Schiffsagenturen und Taxis um das Hafenbecken.

Tourist INFO

Tourist Büros: weitgehend in Hand von Privatfirmen, die ihre Büros am Hafen haben und vom Verkauf ihrer (provisionierten) Angebote leben. Preisvergleich lohnt!

"Where & How": Kos- Magazin mit viel Werbung, aber auch nützlichen Adressen und Infos. Erhältlich gratis in Hotels bzw. ca. 4 DM in Shops.

Bank: auf Kos sind alle großen griechischen Banken vertreten. Die Zeiten für Geld-Umtausch sind bei den einzelnen Banken unterschiedlich, in der Regel werktags ab ca. 8 - 14 Uhr offen (einige nur bis 12 Uhr).

Post

Post: 14, El. Venizelou St. (Siehe Karte Nr.: 10)
O.T.E.: GTO (Greek Telecommunication Organization= Telefon/Telex): 6. L. Vironos St. (siehe Karte Nr.: 18)

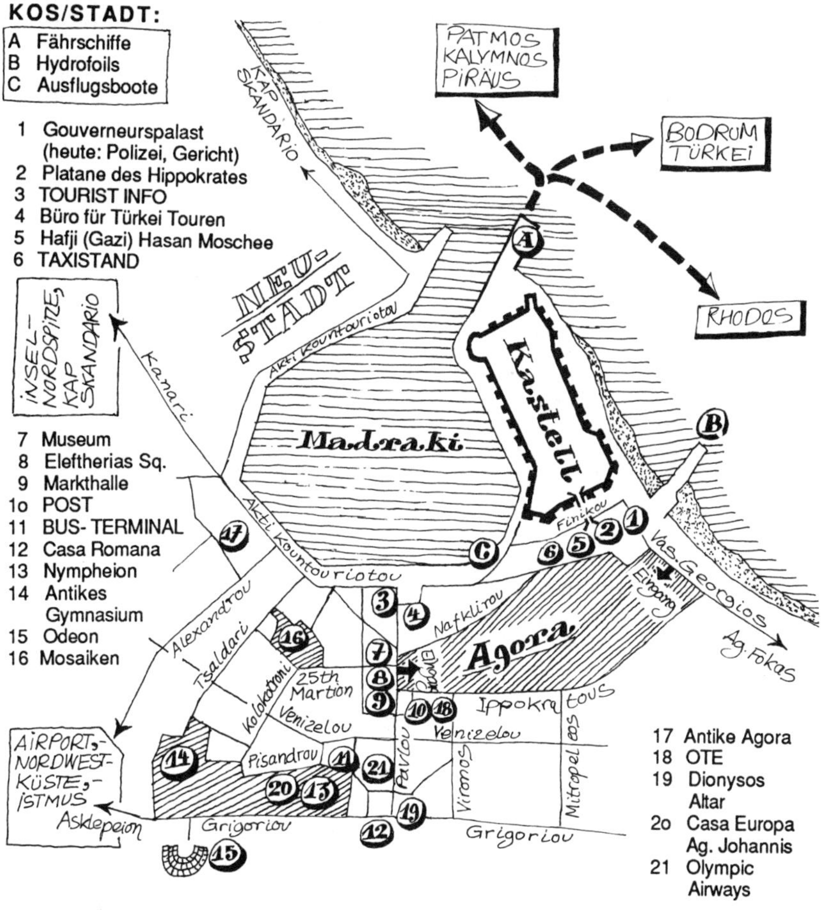

Sehenswertes: Die Stadt rankt sich um das muschelförmige Mandraki-Hafenbecken. Heute nur noch von Yachten, Ausflugs- und Fischerbooten benutzt; die Fähren machen an der Mole der Hafeneinfahrt fest!

Direkt anschließend die langgestreckten und gut erhaltenen Festungsmauern des **KOS- KASTELLS**.

Bereits in der Antike gab es wegen der Bedeutung der Insel Stadtmauern (vergl. Eingangskapitel "Geschichte"!), die in etwa auf der heutigen Nafklirou und Ippokratous (siehe unser Kos- Plan) die Agora schützten und auch in den folgenden Jahrhunderten genutzt und erweitert wurden.

Als 12o4 die Venezianer Kos eroberten, errichteten sie an der Stelle des heutigen Kastells eine Festung (=heute zu sehender innerer Festungsring). Die Johanniter, ab 1315 Inselherren,bauten einen höheren, massiveren und größeren 2. Festungsring, der in den folgenden Jahrhunderten ausgebaut und erweitert wurde. Die Inschriften in den Wappen stammen aus der Zeit 1391 bis 1498.

Die für damalige Zeiten beachtlichen Dimensionen der Festung schützten über 2oo Jahre erfolgreich den Hafen und konnten vielen Angriffen von Piraten und Türken standhalten, u.a. einem gewaltigen Angriff von 156 Schiffen und 18.ooo (!) Soldaten, siehe auch Kapitel "Geschichte". Die massiven Rundbastionen dürften aus der Zeit 1498 - 1514 stammen.

1523 wurde Kos von den Türken erobert, auch ihnen diente das massive Bollwerk als Schutz des Hafens.

Das KASTELL ist heute eine Oase der Ruhe oberhalb des lebendigen und quirligen Kos, schöner Blick von den Festungsmauern auf den Hafen!

Zugang zum Kastell von Süd über eine Steinbrücke, die über den ehemaligen und dort befindlichen Burggraben führt. Er wurde zugeschüttet, - heute die Straße **FINIKIOU**: mit ihrer Palmen-Allee eine der Attraktionen der Stadt.

Südlich schließt sich eine Parkanlage an mit der **PLATANE DES HIPPOKRATES**. Der Überlieferung zufolge soll der berühmte Arzt hier unter der Platane vor 2.5oo Jahren seine Schüler gelehrt haben. Die Platane mit gut 14 m Stammumfang und abgestützten Ästen ist weder die älteste Europas, noch stammt sie aus der Zeit vor 2.5oo Jahren! So doch imposantes Fotomotiv, ihr Alter wird auf ca. 6oo Jahre geschätzt.

Vis-a-vis der Hippokrates Platane die **HAFJI HASSAN MOSCHEE** (auch "Gazi- Moschee" geschrieben). Sie wurde zusammen mit Brunnenbecken unterhalb der Hipp.- Platane 1782/86 vom türkischen Gouverneur Hassan Pascha gebaut und ist Dokument türkischer Herrschaft auf der Insel. - Gleich daneben am Meer der **GOUVERNEURS-PALAST**. Mit seinen phantasievollen Giebeln und Turm wirkt er von See wie eine kleine Ritterburgimitation und wurde zur Zeit der Italiener auf Kos gebaut. Er dient heute als Polizeiquartier und Gerichtsgebäude.

AGORA: wichtigster Ausgrabungsbereich der antiken Stadt Kos. Grabungen bereits 19o8 durch den Deutschen Rudolf Herzog.

Hier lag ab 366 v. Chr. die antike Inselhauptstadt, die ihre Blütezeit ab ca. 479 v. Chr. hatte und durch eine Stadtmauer geschützt war (Reste davon im Ausgrabungsbereich zu sehen), eine Mole schützte den Hafen. Mehrere Erdbeben bis hinein in die byzantinische Periode zerstörten diesen Bereich. Als die Venezianer 1204 Inselherren wurden, diente der Bereich als "Steinbruch" zum Bau der Hafenfestung.

Während der türkischen Epoche, speziell im 19. Jhd. wurde der Bereich mit neuzeitlichen Häusern überbaut. Das Erdbeben vom 23.4. 1933, welches einen Großteil der Stadt Kos zerstörte, war zumindest für die Archäologen nützlich: das Areal stand für Grabungen frei, die ab 1935 - 45 vom Ital. Archäologischen Institut intensiv durchgeführt wurden.

Zu sehen: Tempelreste, die dem Herkules und der Aphrodite geweiht waren und die wiedererrichteten Säulen der antiken Stoa. Die Agora (Marktplatz) hatte eine Größe von ca. 160 x 82 m. Neben dem Herkules-Tempel Fußbodenmosaike aus dem 3.Jhd.v.Chr.

ARCHÄOLOGISCHES MUSEUM: (Karte: 7), Eleftherias Platz. Der Besuch lohnt vor allem wegen des schönen, spätröm. Fußbodenmosaik in der Eingangshalle: zeigt den Arzt Hippokrates (⚕) und einen Inselbewohner (Hut/Schwert), die Asklepios auf Kos begrüßen. Weiterhin: Grabreliefs und Statuen aus der hellenistischen und römischen Zeit. Sowie Funde aus dem Askleipeion, die meisten Stücke wurden aber ins Museum auf der Nachbarinsel Rhodos gebracht.

Ebenfalls am Eleftherias Platz eine weitere Moschee: die **DEFTERDAR-MOSCHEE** aus dem 18.Jhd., spitzes Minarett. Das Gebäude selber mit seinen Bogengängen dient heute als Fleisch- und Gemüsemarkt.

Ein weiterer archäologischer Bereich befindet sich im Südwesten der Stadt, entlang der Grigoriou in schönen Parkanlagen. Die Funde stammen

Kos/Stadt, Ende 19. Jhd. Der zeitgenös. Stich zeigt Festung (rechts) – überragt von den Inselgipfeln des Erimitis/Kefala sowie am Meer (linke Bildmitte) die Hafji Hassan Moschee.

vorwiegend aus der römischen Epoche, zu sehen:

NYMPHEION: (Karte: Nr. 13), öffentl. Bäder und Toiletten aus dem 3. Jhd. v. Chr. (Römer). Weiße Marmorsäulen und Vertiefungen für Badebecken, die dem Luxus des Stadtlebens dienten. Den Namen "Nympheion" bekam die Anlage von den Archäologen wegen ihrer Eleganz.

In der Nähe (Karte: Nr. 12) die CASA ROMANA: hier stand zur römischen Zeit eine Villa in pompeianischem Stil mit mehreren Fußböden-Mosaiken, Marmorwänden, Wasserbecken, auch Wandgemälden. Von ital. Archäologen ab 1933 erforscht, durch ein modernes Gebäude geschützt, Besichtigung möglich. Gegenüber die Ruinen eines antiken Altars aus dem 3. Jhd. v. Chr. (DIONYSOS-ALTAR, Karte: Nr. 12), Grundsteinreste. Über Stufen ist die antike Akropolis zu erreichen, derzeit jedoch noch nicht ausgegraben (heute türk. Viertel der Stadt).

Durch das gesamte Gebiet der westl. archäol. Zone führen 2 gepflasterte Wege aus der Römerzeit: CARDO (="Achse"), begann vermutlich am Hafen und schneidet die römische Hauptstraße DECUMANA. Ähnlich wie in Pompei/Italien weist die Steinpflasterung Spurrillen der Wagen auf. Entlang Mauerreste, Thermen sowie die

CASA EUROPA (Karte: Nr. 2o) mit Mosaik, welches das traditionelle Sagenmotiv der (züchtig nur von hinten zu sehenden) nackten Europa zeigt, die sich an die Hörner des Stiers klammert und entführt wird.

Der Sage nach sei der Göttervater ZEUS seinen ehelichen Pflichten "bedingungsloser Treue" zu seiner angetrauten Gattin HERA nicht nachgekommen und hätte es mit Europa, einer ausgesprochen hübschen Tochter des Königs von Tyros getrieben....

So zumindest berichtet die Sage. Um von Hera in seinem "seitlich" stattfindenden Liebesleben nicht gestört zu werden, hätte er sich in einen Stier verwandelt, der Europa an den Hörnern an die Gestade Kretas trug, wo unter einer Platane vergnüglich gevögelt wurde...

Die in der Nähe liegenden "westlichen Thermen" (röm. Bad) wurden vom Erdbeben 469 n. Chr. zerstört und mit der frühchristlichen AG. JOHANNIS KAPELLE (Karte: Nr. 2o) überbaut. Sie liegt schön zwischen Bäumen, in einem Raum sind die Reste der röm. Thermen zu sehen.

ODEON (Karte: Nr. 15), durch italienische Archäologen ab 1929 erforscht: das römische Theater. Klassenbewußtsein: die ersten Reihen in weißem Marmor, danach gings mit weniger teurem Stein weiter rauf. Das

Odeon wurde restauriert und dient heute Theater- und Konzertaufführungen (speziell in den Sommermonaten); nur die ersten 7 Ränge sind original 3. Jhd. v. Chr.

GYMNASIUM (Karte: Nr. 14): der antike Wettkampfplatz. Von den 8o Säulen sind heute 17 in Gruppen aufgestellt, dazwischen wuchert das Gras. Die Anlage stammt aus der hellenistischen Epoche, im Bereich zugleich Überreste römischer Thermen und Mosaiken aus der römischen Zeit ab 3. Jhd. v. Chr.

Einkaufen: Kos/Stadt ist nach Rhodos beste Einkaufsquelle der Region. Für die sommerlichen Tourismus-Ströme gibt es eine Reihe an Boutiquen, Leder-, Souvenir- und Juweliergeschäfte.

Am FISCHERHAFEN an der Akti Kountouriotou Schwämme, Muscheln und Fische. - In der MARKTHALLE/Elefterias Platz: Gemüse, Fleisch.

Haupteinkaufsstraße die KANARI mit schattigen Bäumen. Beginnt beim Brunnen mit den Delphinen am Hafen: zahlreiche Läden mit Textilien (Boutiquen), Keramik-, Muschelartikel, Lederwaren, Pelze usw. Auch Fahrradverleih.

WEIN/LIKÖR: verschiedene Wein- und Likörgeschäfte im Zentrum, z.B. "Adamadis Adam" mit Filialen in der Kanaristr. 28, - Venizeloustr. 32 und in der Vassileos Pavlou 1o. Sowie "Kourounis" in der Elef. Venizelou 44 und "P. Sakelari" in der Artemissias Str. 15.

Günstig kann man Wein auch kaufen, verbunden mit einer Besichtigung in der WEINKELLEREI am nördl. Strand unweit Taverne Barba Yannis.

BÜCHER/ZEITSCHRIFTEN/KARTEN: "Vavlas-Tourist-Shop" in der Ifestou Str. 7, - - "N. Thalassinos", Ant. Ioannidi Str. 6, und "D. Gallinos" in der Ant. Ioannidi Str. 4.

Fast alle ausländischen Zeitungen in "Foreign Press", Vas. Pavlou Str. 2,- Kos Stadtpläne entweder hier oder in einer der o.g. Adressen.

APOTHEKEN: in der Hippocratous St. und in der Martiou St.

KUNSTHANDWERK/SOUVENIRS: sehr viele Geschäfte in der ganzen Stadt verteilt: z. B. "Pegasus" in der Ifestou Str. 21 und Salaminos Str. 2, sowie "Old Town" in der Filita und Ifestou Str. - "Chrissopoulos Ceramics" an der Straße zum Carda Hotel.

JUWELEN/UHREN: "Hatziantoniou Bross" in der L. Vironos Str. 13 und Kanari Str. 29 und "Harisis" in der Pasanikolaki Str. , - weitere.

SCHUHE/LEDERWAREN: "Lane, Mitropoleos Str. 3, - "Polys Shop", Ifestou Str. 26 , - "Tourkomanolis", Conistis Sq.

SCHALLPLATTEN/CD´s: "Partheniadis", Vas. Pavloustr. 15, - "Studio

13", Eleft. Venizeloustr., - "Melody", Kazouli Sq., - "Memories", Alex. Ipsilantoustr. 5.

FOTO: "Saroukos" in der Alex. Ipsilandoustr. 16 und der Eleft. Venizeloustr. 66, - sowie "Partheniadis" in der Vas. Pavloustr. 15 und "Studio 1" in der 25th Martioustr. 5.

YACHTAUSRÜSTUNG: "Offshore of Kos", P. Tsaldaristr. 3, - Eis für Yachten: "Adriotakis" in der Vas. Pavloustr. 2.

RESTAURANTS

Am Rande der Ausgrabungsstätte am Hafen erstreckt sich die "Café-Bar-Restaurant-Straße" ***Nafklirou***. Sie beginnt am Taxistand/Hafen. Viele gemütliche, schattige Außensitzplätze. Am Ende der Straße das Luxus-Restaurant DROSSIA, man kann auch oben auf einem Terrassenbalkon sitzen.

Entlang der Hafenuferstraße ***Akti Kountouriotou*** zahlreiche Restaurants und Tavernen mit etwa gleicher Qualität und Ausstattung. Man sitzt sehr schön auf Außenterrassen, abends bunte Lampen, und beobachtet die Passanten: EROTO KRITOS, GOLDEN MOON, LIMNOS, ROMANTICA, SMIRNI, sowie die Tavernen LEGOS, PETRAKIS und ZORBAS. Weit am Ende der Straße das "MIRA-MARE" mit derzeit noch zivileren Preisen.

Unweit des Hafens in der Bounboulinas Str. das Restaurant INTERMEZZO. Hier speist man im "Barock-imitierten" Restaurantraum mit Empore. Vornehm sind auch Portionen und Preise. Getränke hier doppelt so teuer wie anderswo. - "GARDEN-RESTAUR." (Amerikisstr. 15): viel Grünpflanzen, griech. und internat. Küche, schilfüberdachte Terrasse.

Im Uferbereich (Vas. Georgiou 4) südl. des Kastells das Luxusrestaurant CHEVALIER: Blick aufs Meer, Filets, Steaks, Fisch, Shrimps, sowie angegliedert eine Pianobar. - Gleich nebenan (Vas. Georgioustr. 2) BRISTOL GARDEN: Pflanzenrankwerk, griech. und internat. Küche, allerdings Beschwerden von Lesern wegen schlechter Küche.

Weiter südl. (Martiou Sq.) am Strand OLYMPIA (Pavillon). Die schöne, luftige Lage schlägt sich auf die Preise nieder.

Unweit davon (Ecke Harmelou/Artemisias) das preisgünstigere CORAL im Hotel Christina, ruhig gelegen, Terrasse über Eck mit blauen Webmuster-Tischdecken.

Am nördlichen Strand, etwas abseits Restaurant WILD HORSE mit günstigen Pizza- und Spaghettigerichten. - Direkt am Wasser Restaurant BALTIC mit luftiger Außenterrasse.

Etwas weiter nördlich das BARBA YANNIS (gleicher Eigentümer wie Hotel Alice Springs). Der humorige Australien-Rückkehrer sagt: "manchmal ist mein Essen gut, manchmal nicht so gut". Am besten seien seine Steaks. Seine Küche sei ein "Speisen-Mix". Die Taverne liegt gegenüber des nördlichen Strandes und ist mit Bambus und Grün überdacht.

Nicht allzuweit entfernt, in der Kanaristraße, das unseres Erachtens preisgünstigste Restaurant von Kos-Stadt: NOUFARA. Man sitzt entweder im eher nüchternen Innenraum, bzw. auf Terrasse an der Straße. Schnelle Bedienung: kaum hat man bestellt, schon werden die reichhaltigen Portionen serviert. Spitze: Schwein und Lamm, sowie Huhn vom Dreh-Spieß. Sehr zu empfehlen!

"PETERS PIZZA", Kanaristr. 4 im Ortsinneren: Lasagne, Tortellini, Spaghetti, Pizzas und Hamburger, aber auch Eiscreme und Kuchen. - "CANADIAN NO. 2", Hippokratousstr. 32 (Pizzas, Spaghettigerichte, Omeletts etc.), - "WHITE TOWER", Akti Kountouriotou/Hafenpromenade (quer durch den Pizzagarten).

"PLAYBOY", Kanaristr. 2 im Stadtzentrum. Wohl nicht "eine der berühmtesten Discos der Welt", wie die Werbung verspricht, so doch wohl größte "indoor- disco" von Kos.

"HEAVEN" am Lampi Strand (5, Zouroudi Str., nördliche Uferstraße ab Kos Zentrum), indoor Betrieb und gleich daneben in größerem Garten "KALVA", Open air- Betrieb um Swimming Pool, teils Livebands.

"SIRINES", Verlängerung der Kanaristr. Ebenfalls mit großem SW-Pool, dort Sitzgruppen, der Discobetrieb in- und outdoor.

"CALUA" (Zouroudistr. 7 am Lampi Strand), mit Garten, SW- Pool.

FOLKMUSIC/BOUZOUKI: "KRITI" am Lampi Strand, - sowie "Giallizis Taverne" (an der Straße nahe Dorf Zipari), - "Happy Club" (Navarinoustr., Lifebands/griech. Musik), - "Aquarius" (Kanaristr. 112).

Insgesamt hohes Preisniveau. Beginnt auch bei einfacheren Hotels in der Regel nicht unter 4o- 5o DM, liegt meist aber bei 5o- 1oo DM und mehr!

Wers billiger will, muß auf Privatzimmer ausweichen, zahlt dort trotzdem noch ca. 3o - 35 DM je nach Ausstattung und Saison. Vermittlung übers Touristbüro am Hafen.

★ STADTZENTRUM: kann den Vorteil eines schönen Blicks haben, sofern beispielsweise direkt an der Hafenbucht gelegen. Ansonsten Gefahr der Lärmbelästigung und bestehendes Problem entsprechend weit entfernter Strände.

"Hotel Kalymnos": 3-stöckiges Hotel direkt am Hafen (Kountouriotou/Nähe Ecke Alexandrou). 1o mit Kiefernmöbeln eingerichtete Zimmer. Nur ein Teil geht vornraus mit Balkon und Hafenblick, die meisten nach hinten über schmale Gänge (=Blick auf Hinterhof und ein wenig Ausgrabungsstätte). Bei unserem Check: Toil. ohne Deckel, Lichtschalter vergriffen. DZ ca. 25- 3o DM. Oft ausgebucht, voll in englischer Hand!

"Hotel Elena"(Helena): in der Alexandrou (Hauptausfahrtsstraße Ri. Inselwesten), ca. 5o m vom Hafenbecken. Das 3- stöckige Haus vorn mit schmalen Balkons (wegen der Straße laut), ansonsten innen blitzsauber. Großer Gem.- Eisschrank im Gang. Die 15 Zimmer, einfach möbliert mit schlauchartigen Bädern, Duschwanne. Das DZ mit Bad ca. 4o - 45 DM, bzw. mit Waschbecken im Zimmer (3o - 35 DM) je nach Saison.

"**Hotel Katerini**": Alexandroustr., neben Hotel Elena. 2-stöckiger neuer Rauhputzbau mit Einzelbalkonen. 28 kleine Zimmer u. Bäder mit Duschwanne. Balkone auch zum Hinterhof. DZ immerhin ca. 6o DM, wegen zentraler Lage oft voll.

"**Hotel Aegeon**": Alexandroust.3o, wegen Ausfallstraße nicht unbedingt leise. Steril-modernes 3 Stockgebäude, Barraum erschien uns etwas trist, 42 Zimmer mit Balkon für ca. 8o DM das DZ!

"Hotel Oscar": Alexandrou/Ecke Venizelou im Stadtinneren. Der gigantische 6- Stock Hotelkasten (2oo Zimmer !) geht ums Eck, rundum Balkons. Von den oberen Stockwerken Blick über die Dächer der Stadt. Unten gibts einen SW-Pool; der nächste Strand gut 1 km entfernt. Im Hotel dominiert Rot: Tischdecken, Fransenlampen, Betttdecken, selbst die Neonleuchtreklame des Hotels knallt in Rot! Die Zimmer mit Privatbad, Tel., Balkon (DZ ca. 75 DM) sind zur Saison in der Hand von Pauschalbuchenden, die vermutlich nach Prospektbildern auswählen...

"Hotel Astron": nördl. Hafenbucht, direkt an der Uferstraße. Das in Architektur angenehme Hotel besitzt im EG Cafeteria und Pizzeria. Die Rezeptionstheke in Naturstein, Bar in U- Form, offener Kamin. Schöner Blick auf den Hafen und Kastell, SW- Pool hinterm Haus. 78 Zimmer mit Bad, Tel., Balkon. DZ ca. 65- 75 DM je nach Saison.

"Hotel Marina": direkt neben "Hotel Astron". 3-Stock Hotel in übliche Zweckarchitektur mit quer über die Front laufenden Balkonen. Heller, freundlicher Frühstücksraum mit Morgenbuffet. Kein SW-Pool, nächster Strand ca. 3oo m entfernt. 5o große Zimmer mit Tel., Wannenbädern. Vom Balkon (sofern Zimmer vornraus!) schöner Blick auf Hafen und Kastell! DZ ca. 5o- 7o DM je nach Saison.

"**Hotel Alexandra**": in der Martiou (Parallelstraße ca. 6o m vom Hafen, Nähe Ecke Alexandrou). Großer 5 Stock- Kasten mit Rundumbalkons, der die übrigen Stadthäuser überragt, entsprechend guter Blick von den oberen Stockwerken. Aufenthalts/Barraum angenehm mit viel Grünpflanzen und Korbstühlen wie ein Wintergarten. Hübsche Innenhofterrasse, mattenüberdacht mit Sitznischen. 79 Zimmer mit Bad, Tel., Balkon. Das DZ gemäß B-Klasse-Qualifizierung allerdings ca. 75- 1oo DM.

"Hotel Maritina": Zweckgebäude im Zentrum Venizelou/Ecke Vironosstr. (hinter der Agora stadtein). Kupfertiegel dekorieren den Aufenthalts/Frühstücksraum, das DZ mit Bad/ Tel. für ca. 65 DM...

"Hotel Milva": Meropidosstr. (Nähe Marinina Hotel). Ein in Architektur schon arg steriler 3- Stock- Kasteneckbau. In der Lobby dominieren Holzsäulenverkleidung und schwarze Plastiksitze. Die Zimmer sehr groß, mit Zentralheizung, Tel., Dusche/WC und Balkon. 51 Zimmer, das DZ beachtliche ca. 7o DM.

★ NÖRDL. STADTBEREICH: die Preise liegen hier kaum billiger als im Zentrum. Geringfügiger Vorteil ist der hier liegende nördl. Stadtbadestrand, der wegen der Größe von Kos/Stadt jedoch nicht zu den saubersten der Insel zählt.

Ein ganzer Schwung an Hotels entlang der Amerikisstr., rund 3oo m vom Strand entfernt:

"Hotel Captain`s" (Amerikis-Str.): 3-stöckiges Hotel mit abgerundeten Einzelbalkonen. Bei unserem Check total ausgebucht, dies bei DZ ca. 55 DM.

"Hotel Imperial" (Amerikis Str.) 3-stöckiger, relativ ansprechender, moderner und großer Hotelbau. In der großen Erdgeschoßhalle dominiert Holz, und über der Rezeption ein Greifvogel, der die immerhin ca. 65 DM fürs DZ "verwaltet". Die 71 Zimmer mit komfortablen Bädern, Tel. und Balkon, zum Strand ca. 3oo m.

"Hotel Golden City" (Amerikis Str.): Kleineres Hotel, 4 Zimmer mit Loggiabalkonen zur Front, der Rest seitlich. Bar-Aufenthaltsraum und Frühstücksraum mit TV eng zusammengedrängt. Kleine Zimmer mit schmalen Balkonen. DZ ca. 55- 6o DM.

"**Hotel Theonia**" (Amerikis Str.): 3 Stock im Einheitsstil mit Balkon. Die Zimmer mit Bad, Tel. und Balkon, die Bettdecken im Schottenmuster. Egal welche Hausseite: man blickt auf Häuser, zumindest vom Preis ca. 55 DM o.k.

"Hotel Alice Springs": in Querstraße zur Amerikis und an nördl. Stadtrand. Besitzer ist ein Grieche, der länger in Australien gelebt und gejobbt hat (siehe auch der Hotel-Name!). Ein kleineres, 2 stöckiges Hotel, modern, sauber mit gepflegtem Garten. Stilgerecht dominiert im Inneren australisches Büffelgehörn, austr. Geldscheinsammlung etc. Die (kleinen) Zimmer mit Duschbad, Tel. und Balkon kosten ca. 55 DM, zum Strand sinds ca. 15o m.

★ SÜDLICH VOM HAFEN: bringt als "Vorteil" ebenfalls die Strandnähe, wobei hier die Hotels in der Regel näher liegen, der Strand aber ähnliche "Stadtbelastung" besitzt und nicht zu den schönsten der Insel zählen dürfte. Auch das hiesige Preisniveau liegt ab ca. 5o DM aufwärts:

"Hotel Costel": Koraistr./Ecke Venizelou, direkt südl. der antiken Agora. Das moderne 3- Stockgebäude ist rund 6o m vom Meer entfernt. 37 Zimmer, klein aber sauber, mit Kiefernmöbel, Tel., Bad und ca. 55 DM das Doppel.

"Hotel des Chevaliers": ums Eck und an der Uferstraße, die am Strand entlangführt (V. Georgiou). 4 Stock mit Balkons, das Hotel trennt die Uferstraße, Tamarisken. Zur Dekoration dienen Säbel, eiserne Rüstungshand etc. 48 Zimmer mit Bad, Tel. und Balkon für einen Preis von ca. 9o DM!

"**Hotel Theo Xenia**", auf der anderen Straßenseite am Ufer. Die Zimmer des Xenia-Kastens durften wir nicht besichtigen, das DZ kostet ca. 4o - 6o DM...

"Hotel Atlanta Beach": Vas. Georgiou, Ecke Evripilou. Dank gut gepolsterter Sessel in der Rezeption versinkt man dort bei entsprechendem Körpergewicht... Die Bar in Kiefernholz mit jeder Menge an Flaschen. Den Strand trennt die Straße, - die Zimmer mit Bad, Radio, Tel. für ca. 55 - 6o DM (je nach Saison), die wir bei unseren Recherchen jedoch nicht besichtigen durften. Von uns befragte dt. Gäste waren insbes. mit dem Frühstück sehr unzufrieden!

★ Südlich, am Meer gelegenen MARTIOU SQ. - aber auch landein an der hier beginnenden Harmiloustr. rankt sich eine Gruppe weiterer Hotels:

"Hotel Zephyros": 4 Stock, direkt am Martiou Platz. Das Strandhotel hat uns bei unserem Check nicht überzeugt, als sich zu normaler Tageszeit Schlangen von Gästen an der nichtbesetzten Rezeption stauten...

"**Hotel Kos**": gegenüber am selben Platz, 5 Stockkasten mit Gitterbalkonen. Riesige Lobby, die in steriler Funktionalität "glänzt". Die 15o Zimmer geräumig, mit grünem, teils verwelltem Teppich, rotem Bettbezug und Privatbad. Hinterm Hotel SW-Pool. Das DZ ca. 6o DM, in VS/NS gibts Rabatt.

"Hotel Koala": schlicht-zweckmäßiges 3-Stockhotel, Harmiloustr., ca. 5o m landein. Maskottchen ist der Koalabär. 59 Zimmer mit Bad, Tel. und Balkon, das DZ ca. 55 DM.

"Hotel Possidon": Harmiloustr., ca. 7o m landein. Gemäß Auskunft gibts Zimmer nur an Pauschalreisende, die Besichtigung zur Beschreibung wurde uns nicht ermöglicht.

"Hotel Anneta": Ecke Harmilou/Papanastasiou. Kleineres Hotel in 3-Stock steril moderner o8/15 Architektur mit integriertem Balkon. Der Aufenthaltsraum mit Holzdecke hell, Zimmer mit Privatbad ca. 55 DM.

"Hotel Galini": neben "Hotel Anneta". 32 mittelgroße Zimmer mit Privatbad (Dusche/Toil.), ca. 45 - 5o DM. Zumindest in Preis/Leistung für gehobene Kosverhältnisse einigermaßen o.K.

"Hotel Galaxy": 3 Sept. Sq. (liegt zwischen Papanastasiou und Meer), 3 Stock Beton mit Balkons. 22 mittelgroße Zimmer mit Kiefernmöbeln und Privatbad, insges. o.k., das DZ ca. 55 DM.

"Hotel Olga": selber Platz, glänzt als weißer Kasten mit rausgebauten Balkons. 33 relativ kleine Zimmer mit Privatbad. Die früher überbezahlten, bis zu 83 DM haben sich auf ca. 55 DM/DZ reduziert.

"Hotel International" am Meer, südl. Martiou Sq. , fest in der Hand Pauschalveranstalter. Eine Besichtigung der Zimmer wurde uns nicht ermöglicht. (Summiert sich langsam; wer die Region besichtigt, wird wissen, warum...)

"**Hotel Continental Palace**": Viele Parkplätze. 4-stöckige Bettenburg mit versetzten Loggiabalkonen, verbunden durch die Receptionshalle. Die Receptionsdame überreicht uns einen Prospekt und antwortet auf jede weitere Frage: "Steht alles drin". - Steht auch alles draußen: Autos, Motorräder, Fahrräder zum Verleih! 21o Zimmer mit Bad, Tel., Balkon. DZ (HP) ca. 12o DM. Für diesen Preis kann man besser wohnen!

"**Hotel Kontia (Kondia) Beach**": Von der Uferstraße etwas zurückliegend (Seitenstraße). Parkmöglichkeit. Gegenüber alte Eukalyptusbäume und Strand. 3-stöckiger Bau mit schmalen Loggiabalkonen, Naturstein-Reception und Bartheke. Rustikale Möbel aus Marmor. Voll in der Hand einer Reiseagentur, für unseren Geschmack ein weniger ansprechendes Hotel, eher Gruppenherberge. Sofern frei, zahlt man ca. 45 - 55 DM!

"Hotel Theodorou Beach": Gute Parkmöglichkeit. 3-stöckiger versetzter Bau mit Holzgeländer an den Balkonen und gemauerten bogenförmigen Dächelchen darüber. Liegt hinter viel Grün versteckt an der Uferstraße. Mit goldfarbenen Lettern steht der Hotelname am wirklich ansprechenden Hotel. In der sehr gepflegten Anlage mit eigenem Sandstrand gibt es keine Zimmer für Individualreisende.

WEITERE HOTELS an den Stränden nördlich der Stadt bis Kap Skandario und südöstlich bis zum Kap Psalidi/Kap Ag. Fokas. Alle Details siehe betreffende Strandbeschreibungen!

PRIVATQUARTIERE in KOS/STADT rangieren in der Preisklasse ab ca. 3o DM je nach Ausstattung das DZ. Jede Menge im Angebot, Vermittlung über die Tourist Büros und Agenturen am Hafen.

Wie zugleich eine Vielzahl an Leserbriefe bestätigten: "jede Menge an Privatquartieren und gleichlautenden E-Klasse Herbergen. Besser Kos/Stadt meiden: Teuer und in Preis wenig entsprechende Gegenleistung dessen, was man sonst in Griechenland bekommt."

Camping Kos: 3 km südöstlich von Kos-Stadt an der Uferstraße beim Kap Psalidi. Stellplätze unter jungen Bäumen. Zum Meer sinds nur wenige Meter. Im Rezeptionsgebäude des Campingplatzes: Minimarkt, Bar und Taverne, die schön mit Wein berankt ist. Es gibt Koch- und Waschräume, elektr. Anlagen für Wohnwagen und einen kleineren Kinderspielplatz mit Schaukel und Karussell. Geöffnet: Mai bis 1o. Okt., Platz für ca. 215 Personen. - Busverb. ca. alle 3o Min. nach Kos/Stadt. - TIP: statt teurem Minimarkt auf dem Campingplatz 5 Min. zu Fuß Richt. Psalidi: dort Minimarkt vor dem Hotel und billiger.

Die STADT- BADESTRÄNDE sind stark frequentiert, zwar akzeptabel, so doch wegen der Größe der Stadt in Wasserqualität belastet:
Der eine beginnt direkt nördlich des Hafenbeckens, ein Kieselstrand mit Breite ca. 1o m. - Der andere beginnt direkt südlich des Kastells: ein 3 bis 1o m breiter Sandstrand, Tamarisken, Vermietung von Pedalos, Windsurfen, sowie Parasailing (per Fallschirm übers Meer und von Motorboot gezogen). Er ist der Hauptbadestrand der Stadt Kos.

Ohne Frage besser sind die Strände der Inselostküste (siehe folgendes Kapitel), - besser aber die der Nordküste und des Inselwestens/Südens.

Insel Pserimos: S. 136

★ Insel-Ostküste

Der Küstenabschnitt flach. Auf beiden Seiten von Kos/Stadt schließen sich lange Strandbereiche an, bis zu den beiden Kaps.

* **KOS/STADT ⋙→ KAP SKANDERIO**: gut 3 km Kies, auch Sandstrände. Direkt am Stadtausgang Kos der Bereich LAMPI mit den größten Diskos der Insel. Später der FAROS- BEACH beim Kap. Je weiter von der Stadt entfernt, desto passabler die Strand- und insbesondere auch Wasserqualitäten.

"**Hotel Laura**": modernes Hotel im Vorortsteil Lampi, hinter üppiger Vorgartenanlage mit Palmen. Zimmer mittelgroß mit Kiefernmöbeln, freundlich und hell, Tel., Privatbad und Balkon. DZ ca. 5o - 55 DM /Saison, zur HS meist ausgebucht.

"**Hotel Cosmopolitan**": 3-stöckiger Haus im Neubauviertel von Lambi. Gepflegte Einfahrt mit Pflanzen. Holzdecken und schmiedeeiserne Lampen in allen Restaurationsräumen. Viel Holzverkleidung, ansonsten dominieren Gipsstatuen und antik-imitierte Polstermöbel. TV, Süßwasserpool, Tennis. Große Zimmer, Rundbogen-Loggiabalkone. 8o Zimmer mit Bad, Toil., Tel., Balkon. DZ ca. 7o DM.

"**Hotel Atlantis**": gegenüber Hotel Cosmopolitan. Langgestrecktes 5 Stock Touristenhotel in Zweckarchitektur am Strand mit Balkons und 45o Zimmern! Im Inneren Einkaufsstraße mit Shops, Bar mit roten Plüschmöbeln, riesiger Speisesaal mit großem Dinner- Buffet. Sportangebot ua. SW- Pool, Billard, Tennis, Basket- und Volleyball. Die Preise liegen je nach Ausstattung und Lage der Zimmer, aber auch Saison zwischen ca. 65 DM, meist aber ca. 1oo DM aufwärts. Vorwiegend in der Hand Pauschalveranstalter, dort als Flug & Hotel günstiger.

"**Hotel Irini/Irene**": kleines 3-stöckiges Hotel etwas hinter der Küstenstraße in einem Neubauviertel. Nur über Stichstraße zu erreichen. Voll in der Hand von TUI.

"**Hotel Columbia Beach**": oben am Kap. Niedrige Rauhputzdecken, im Aufenthaltsraum Kunstledermöbel, großes Frühstücksbuffet. 6o (relativ kleine) Zimmer mit Bad, Toil., Tel. , das DZ ca. 55 - 6o DM.

"**Hotel Argo**": ums Kap rum, Nordküste. 3-stöckige Zweckarchitektur am Meer in kargem Brachland. Die Zimmer alle mit Balkons, kleinerer SW-Pool. Insges. nicht unser Geschmack.

* KOS/STADT ⋙→ KAP PSALIDI/AG. FOKAS: die Küstenstraße verläßt Kos beim Kastell. Anschließend lange Sand/Kiesstrände bis ums Kap rum. Die dortigen Bettenburgen fassen derzeit rund 7.ooo Gäste! Gigantisch für einen reichlich kargen und insgesamt weniger attraktiven Küstenbereich! Zumindest ca. alle 1/2 Std. Busverbindung ab Kos/Stadt.

"**Hotel Albatross Beach**": am südöstl. Stadtrand von Kos und fest in der Hand von Pauschalveranstalter. Modernes Gebäude, die Zimmer mit Kiefernmöbeln, Privatbad etc. o.k. DZ ca. 55 DM

"**Hotel Niriides Beach**": teilt sich in das moderne 3- Stock Hotel gebäude und angrenzender Hotelbungalows. In Preis/Leistung o.k., auch wenn´s kleinere Schönheitsfehler gibt wie bei unserem Check der schleifende Fahrstuhl zu den Etagenzimmern, gewellte Teppichböden etc. Geräumige Zimmer mit Bad, Tel. und Balkon, das DZ ca. 45 - 6o DM je nach Saison, auch an Individualreisende. Rückwärts angrenzender Seewasser- Pool, sowie über die Straße an den Strand. Nebenan das "Eleni" Grill- Restaurant.

"**Hotel Hippocrates Palace**": modernes, langgestrecktes Luxushotel (A-Klasse) mit gut 15o Zimmern. Großer SW-Pool in gepflegter Gartenanlage mit Tamarisken, freundliche Aufenthalts und Speiseräume, - in der Lobby allerdings "leichte" Tendenz zu Sterilkitsch siehe Säulen. Ansonsten: breites Sportangebot: Tennisplätze, Tischtennis, Wassersport, Disco, Sauna, Gymnastikräume. Die Zimmer geräumig und sehr komfortabel, Bad, Tel., Radio etc. Unterm Strich das derzeit wohl beste A-Klasse Hotel der Insel, dies bei (für A- Klasse)-zivilen Preisen, DZ um 75 - 1oo DM.

"**Hotel Ramira Beach**": 264 Zimmer in langgestreckten Hotel am Strand. Bar ist o.k., Lobby wirkt fast wie die Aufenthaltshalle eines Airports, und der Speisesaal entspricht in Dimensionierung der Größe des Bettenpalastes. SW- Pool, geräumige Zimmer mit Privatbad, Balkon etc. Insgesamt nicht unser Geschmack, Verkauf vorwiegend über Pauschalveranstalter. Auf eigene Faust an der Rezeption darf man gut 12o - 15o DM pro Nacht je nach Saison für HP hinlegen...

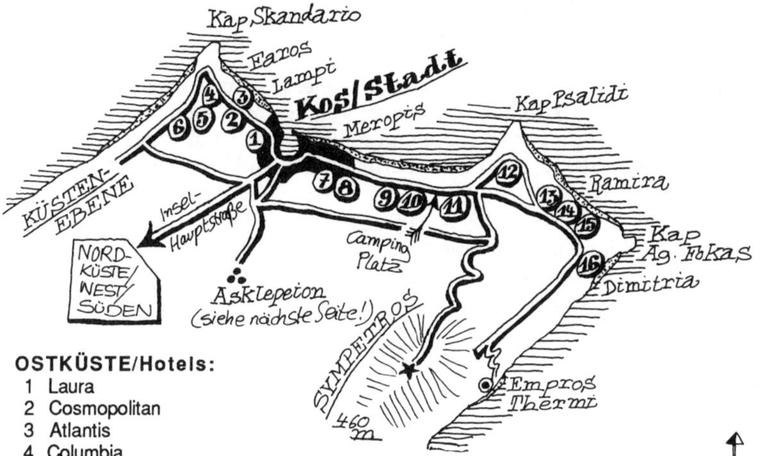

OSTKÜSTE/Hotels:

1 Laura
2 Cosmopolitan
3 Atlantis
4 Columbia
5 Irini
6 Argo
7 Continental Palace
8 Theodorou Beach
9 Albatros Beach
1o Niriides
11 Hippocrates Palace
12 Ramira Beach
13 Sun Palace
14 Blue Lagune
15 Oceanis
16 Dimitria Beach

"**Hotel Sun Palace**": 4-stöckiger Bau, ödes Umland. Speisesaal im Tiefparterre. Auf Pauschaltourismus eingerichtet. 15o Zimmer mit Bad, Tel., Balkon. DZ ca. 9o-12o DM.

"**Hotel Blue Lagoon**": liegt in Brachland. Die Eisenstäbe, die aus dem Obergeschoß raufragen verraten, daß man an Aufstockung des Hotels denkt. Neben der Rezeption kann man Sonnenöl, Postkarten, aber auch Fliegenmittel kaufen. Kleiner SW- Pool, Entfernung zum Strand ca. 1/2 km. Kleine Zimmer mit Privatbad, Balkon, das DZ ca. 65 DM!

"**Hotel Oceanis**": mit 3 Sternen quotiert. Der Architekt hat hier unterhalb des Kap Ag. Fokas Einiges an Bogenkram, Balkons und gar Ritterburg-ähnlichen "Zinnen" und weiterem Tinneff in die Landschaft gestellt. 36o Zimmer, die per Reiseveranstalter vermarktet werden. Nach meinem persönlichen Ästhetik- Empfinden ist die Architektur eine grauenhafte Geschwätzigkeit!

Das deutsche Reisemagazin "Globo" hat in seiner Nummer 1/95 zu Kos lediglich 5 Hotels der Insel erwähnt, aber speziell dieses Hotel hervorgehoben. Naja! Das Globo-Magazin hat Superfotos (Anerkennung!), - ist aber in seinen reisepraktischen Infos anscheinend mangelhaft: Von den mehr als 15o Kos Hotels gerade 5-Globonennungen!

Wie dem auch sei: Zimmer in übl. Standard, es gibt 2 SW-Pools plus den Sand-Steinestrand. Verlässt man das Hotelgelände, findet man keine schöne Umgebung: Öltanks und militärische Sperrbereiche. Das DZ auf eigene Faust ca. 11o - 17o DM!

"**Hotel Dimitra Beach**": in Architektur ohne "Extras" (siehe "Oceanis"), sondern ein schlichter Betonkasten, der durch das Gitternetz von Balkons "aufgelockert" ist. Davor gibts eine Bungalow- "Siedlung" in karger Einöde und einen grauen Sand/Steine- Strand. 49 Zimmer und 85 Bungalows.

Von außen schon arg trist für meinen Geschmack. A- Klasse, - zumindest aber derzeit korrekt geführte Zimmer, dort gewiß schöner Küstenblick! DZ ca. 1oo - 14o DM.

Die Küstenstraße geht südwestlich noch weiter bis zur Abzweigung runter nach **EMPROS THERMI**. Steilküste: von der hier oben endenden Asphaltstraße führt eine 5oo m lange und steile Serpentinenzufahrt runter ans Meer zu einem Steinestrand mit Thermalquelle und Taverne. Alles unter schroffen Steilwänden!

Ein ohne Frage bisher idyllisches Plätzchen! Das Thermalwasser ist sehr heiß und wird ins Meer gepumpt. In einem "wohltemperierten" Pool (mit Steinen abgegrenzt) kann man baden. Taverne. Gleichzeitig wird wie wild in der Inselecke an Hotels gebaut, die dann schöne "Prospekt-Fotos" ergeben, aber nicht immer das Umfeld zeigen...

SYMPETROS: östl. Inselgipfel, 482 m. Kann über eine Straße erreicht werden, die an der Ostküste Nähe Campingplatz abzweigt. Oben OTE-Funkstation und Radargerät, - Superblick auf den Inselosten, Kos/ Stadt und die türkische Küste!

★ Asklepeion:

Bedeutendste archäologische Sehenswürdigkeit auf Kos. Basierend auf den Lehren des Arztes HIPPOKRATES befand sich hier ab ca. 4. Jhd. v. Chr. das berühmteste medizinische Therapiezentrum der Antike.

Auch wenn heute außer Mauern und Säulenresten wenig erhalten ist, lohnt der Besuch in jedem Fall wegen schöner Lage und weitem Blick über Kos-Stadt, die Inselostküste und rüber zur Türkei!

LAGE: rund 5 km südwestl. von Kos/Stadt. Zu erreichen per Linienbus ab Kos-Stadt oder per organisierter Tour. Wer mit Mofa bis Mietwagen unterwegs ist: zunächst die Hauptstraße (Alexandrou) aus Kos raus und in der Ortschaft Platani (=Kermetis) Richtung Asklepeion abzweigen. Ausgeschildert, bzw. Leute in der Taverne von Platani fragen!

Kurz vor dem antiken Heiligtum das INTERNATIONAL INSTITUTE OF HIPPOCRATES: eine 196o gegründete Stiftung, die der Förderung einer humanistisch ausgerichteten Medizin in der Tradition des Hippokrates zum Ziel hat. Noch heute wird hier jedes Jahr im August die Deklamation des hippokratischen Eides gefeiert, ein Fest mit Musik und antiken Kostümen.

Wer das Fahrrad nimmt, darf aufwärts teilweise schieben (Mountainbikes etc. mit entsprechender Übersetzung sind derzeit nicht im Angebot der Fahrradverleiher!), dafür gehts retour angenehm bergab.

HIPPOKRATES: berühmtester Arzt der Antike, ca. 46o v. Chr. auf Kos geboren als Sohn einer alteingesessenen Arztfamilie und mit angeblich 114 (!) Jahren in Larissa/ Nordgriechenland gestorben.

Im Gegensatz zu den damaligen Heilungsmethoden (die neben Heilkräutern vielfach auf der Suggestionsmethode im "Medizinmänner- Stil" beruhte) - gilt Hippokrates als Be-

ASKLEPEION

1 Museum
2 Aufgangstreppe
3 Säulengang, dahinter Geschäfte, Krankenzimmer
4 öffentl. Latrine (WC's)
5 Sockel für Weihgeschenke (z.B. Statuen)
6 Thermen
7 Regenrinne, Schöpfloch
8 Nische, Statue des Xenofon
9 Nischen, Pan, Brunnen

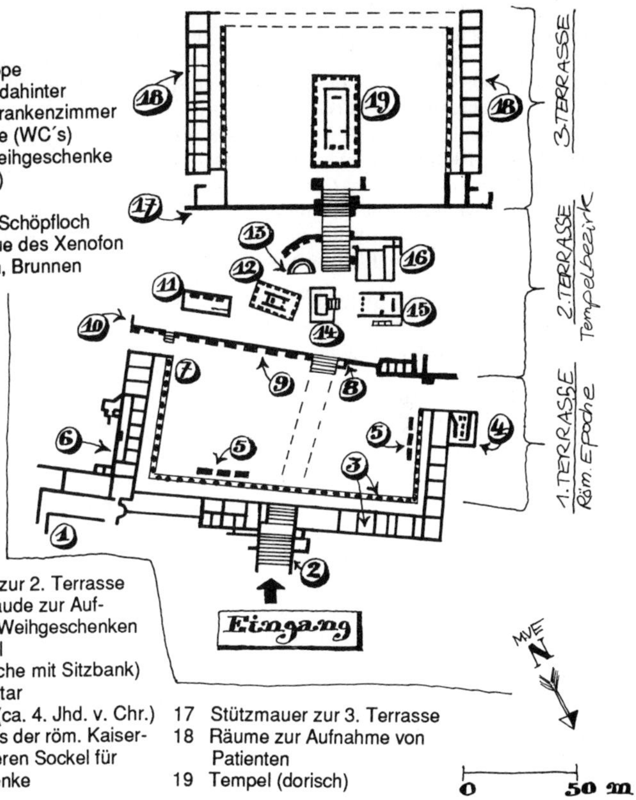

1o Stützmauer zur 2. Terrasse
11 hellen. Gebäude zur Aufnahme von Weihgeschenken
12 Apollotempel
13 Exedra (Nische mit Sitzbank)
14 Asklepios Altar
15 Tempelbau (ca. 4. Jhd. v. Chr.)
16 Gebäude aus der röm. Kaiserzeit. Im Inneren Sockel für Weihgeschenke
17 Stützmauer zur 3. Terrasse
18 Räume zur Aufnahme von Patienten
19 Tempel (dorisch)

gründer der "ganzheitlichen" Medizin: Seine Heilungserfolge beruhten auf einer Ablehnung der magischen, gottgegebenen Krankheitsursachen. Vielmehr versuchte er, durch genaue Beobachtung des Krankheitsbildes und der Lebensumstände hinter die Gründe der Erkrankung zu kommen: "die Natur ist der Arzt der Krankheiten".

Auf vielen Reisen studierte er die Gründe für Krankheiten: hervorgerufen durch die Lebensweise der Erkrankten und Umweltbedingungen. Aber auch die Möglichkeiten der Therapie und der Heilung, worüber er viele Abhandlungen verfaßte.

Hippokrates gilt als Begründer der wissenschaftl. Heilkunde, - auch wenn sie seinerzeit zwangsläufig noch sehr in Anfängen steckte. So resultiert gemäß der "hippokratischen Lehre" eine Krankheit aus der "fehlerhaften Mischung der 4 Körpersäfte: Blut, Schleim, gelber und schwarzer Galle". Eine Anschauung, die sich noch bis ins Mittelalter hielt. Auch in der modernen Medizin dienen "Körpersäfte" wie Blut und Gallenfluß (wenn auch unter erhebl. differenzierteren Methoden) als diagnostisches Untersuchungsmittel.

Der "EID DES HIPPOKRATES": - die moralisch-ethische Verpflichtung des Arztes, dem Menschen nach bestem Wissen und Kräften zur Heilung zu dienen, - ist auch heute

Grundverpflichtung des Ärztestandes.

In wieweit Hippokrates den "Eid" persönlich geschrieben hat, - insbesondere auch, ob die rund 7o medizinischen Schriften (die Hippokrates zugeschrieben werden), auch original aus seiner Feder stammten, - oder von späteren Ärzten seiner Schule aufgeschrieben wurden, ist heute nicht gesichert.

Ohne Frage revolutionierte Hippokrates die damalige Medizin grundlegend. In Folge kamen viele Heilungsuchende nach KOS und zum dortigen ASKLEPEION (=Heilungsstätte, dem griech. Gott der Medizin, Asklepion geweiht). Auch wenn es damals in Gesamtgriechenland rund 3oo Asklepien gab, die nach der Schule des Hippokrates praktizierten, - waren die von EIPDAUROS/Peloponnes und (naturgemäß als Geburtsort des Arztes!) KOS die bedeutendsten.

Den BAUBEGINN DES KOS-ASKLEPEION datieren die Archäologen aufs 4. Jhd. v. Chr. Die Anlage verfügte bereits damals über umfangreiche Räumlichkeiten eines "antiken Krankenhauses", so Räume zur Aufnahme der Kranken etc. Und die Heilungsuchenden brachten viel Geld auf die Insel: Gelder, die dem wirtschaftlichen Reichtum der Insel Kos ebenso zuträglich waren, wie die alle 5 Jahre abgehaltenen "Asklepien", einem Fest mit sportlichen und musikalischen Wettkämpfen, die zusätzlich Gäste aus ganz Griechenland anzogen.

Auch die Römer nutzten diese medizinische Heilungsstätte und bauten sie insbes. in der 1. und 3.Terrasse mit umfangreichen Säulengängen, Krankenzimmern, aber auch Geschäften und Nischen zur Aufnahme von Geschäften aus.

Bei allen medizinischen "Neuerungen" waren die Asklepien gleichzeitig heidnische Kultstätten, in denen die Götter um Heilungsgunst angebetet wurden, und man sich mit Votivgaben, Weihgeschenken etc. deren Gunst erkaufen wollte. Sicher verständlich, da die medizinischen Behandlungsmethoden damals noch absolut in den Anfängen steckten.

Das Erdbeben auf Kos von 554 n. Chr. dürfte auch das Asklepeion zerstört haben. Die Kreuzritter des Johanniterordens sollen ab 14oo auch diese Stätte als Steinbruch für Baumaterial genutzt haben, - in den darauffolgenden 5oo Jahren überwucherte das Gelände zur Unkenntlichkeit.

Nachdem nun eine Vielzahl antiker Geschichtsschreibung von der Bedeutung des Hippokrates und des KOS- Asklepeion berichten, trachteten die Archäologen Ende des 19. /Anf. 2o. Jhd. speziell danach, diese elementare Stätte und Ursprung heutiger Medizin zu finden.

Erste Forschung durch den engl. Archäologen W. Paton, der 1898 Kos in Funden analysierte und in Druckschrift publizierte.- 19o2 besuchte der deutsche Archäologe R. Herzog die Insel. Er bediente sich der Zusammenarbeit des auf Kos lebenden Iakovos Zarraftis. Dieser hatte sich seit Jahren mit der Inselgeschichte beschäftigt, antike Fundstellen besucht, insbes. aber auch alte Dokumente analysiert und ausgewertet.

I. Zarraftis sei es gewesen, der Herzog den Tip gegeben habe, an der Stelle des Askl. zu graben: Am 7. Okt. 19o2 wurde man fündig! Der Grabungsspaten stieß auf eine Platte mit Inschrift, aus der zweifelsfrei hervorging, daß man auf das antike Asklepeion gestoßen war!

Die anschließenden Grabungen wurden (zur damals türkischen Inselbesetzung) bis 19o4 fortgesetzt und anschließend während der Ital. Inselbesetzung fortgeführt, wobei die Italiener zugleich "Restaurierungen" durchführten. Zarraftis erhielt den Posten des Direktors im Museum in Kos/Stadt, starb jedoch beim Erdbeben 24.3.1933.

RUNDGANG: um sich das wohl bedeutendste medizinische Therapie-Zentrum der Antike vorstellen zu können, bedarf es schon einiger Imagination! Nicht nur die Zerstörung durch das Erdbeben 544 n. Chr., sondern auch der "Selbstbedienungs- Steinbruch-Asklepeion" zur Zeit der Kreuzritter und im Anschluß 5oo Jahre Überwucherung haben wenig übrig gelassen.

Als dann die Italiener Anf. des 2o Jhds. die Anlage erforschten, wurde in damaligem Stil auch kräftig restauriert, was sich vorwiegend auf die Rekonstruktion der Treppen und der Stützmauern zwischen der Terrassen erstreckte.

Die Anlage besteht aus 3 Terrassen, die übereinander gestaffelt und mit Treppen verbunden sind. Vom Eingang gehts über eine breite Freitreppe rauf zur untersten

1. TERRASSE, die aus der röm. Zeit ca. 1. Jhd. v. Chr. stammt. Das große Areal der 1. Terrasse war von einem L- förmigen Säulengang (Karte: ▪▪▪▪▪) eingerahmt, von dem heute nur noch ganz wenige Säulenstummel erhalten sind. In den dahinter liegenden Räumen (3) befanden sich Geschäfte.

Selbstverständlich waren die Scharen von Kranken, die Jahr für Jahr nach Kos strömten, eine wertvolle Einnahmequelle. Auch konnten mit den Fremden eine Reihe anderweitige Geschäftskontakte geschlossen werden, so daß auch die Händler und Geschäftsleute der Insel auf ihre Kosten kamen.

Die Räume dienten zugleich als Krankenzimmer und zur Diagnose-Erstellung. Angeblich soll es im Verbund der L- förmigen Säulenhalle und dahinter liegenden Räume auch Zimmer gegeben haben, in denen die Krankengeschichte der Patienten archiviert wurde. Zu sehen ist von diesen Räumen (wie auch denen der 3. Etage, Karte: Nr. 18) heute außer minimalsten Mauerresten nichts. Die vor dem Säulengang gelegenen Steine (5) dienten als Podest von Weihgeschenken (Statuen etc.).

Umfangreicher erhalten sind Mauerreste im östlichen Teil der Terrasse, die als Wohnhaus bedeutender Persönlichkeiten gedeutet werden. Gleich dahinter Thermen (6). Im westl. Bereich öffentl Latrinen (=WCs, 4). Komplett von Italienern restauriert ist die Stützmauer (1o) zur 2. Terrasse mit zahlreichen Nischen. Man nimmt an, daß sie der Aufnahme von Weihgeschenken Statuen etc. dienten. Auch gab es hier in Stein gefaßte Quellen, deren Eisen- und Schwefelhaltiges Wasser für Heilkuren genutzt wurde, in einer Nische (9) die Statue des Hirtengott Pan mit Quellwasser.

Über eine Treppe gehts rauf zur mittleren

2. TERRASSE: An Grundfläche ist sie die kleinste der 3 Terrassen, sie war das religiöse Zentrum des Asklepeions.

Bereits im 4. Jhd. v. Chr., also zur hellen. Epoche bestand ein Heilungszentrum verbunden mit heidnischen Tempeln. Die genaue Lage und Grundrisse der damaligen Anlage sind kaum noch zu bestimmen, da diese Gebäude mit zunehmender Bedeutung des Asklepeions zur röm. Epoche weitgehend überbaut, ergänzt oder verändert wurden.

Das Areal der 2. Terrasse besteht heute aus Steinresten: Aus der hellen. Epoche stammt ein Tempel (15), ca. 4. Jhd. v. Chr., von dem nur noch Grundmauer und von den Italienern aufgestellte Säulenreste zu sehen sind, sowie eine Schatzkammer (11) zur Aufnahme von Weihgeschenken...

Auch das Rechteck des antiken Asklepeion- Altars (14) läßt sich mit seinen Steinresten nur noch im Grundriß erahnen. Hier wurden den Göttern Opfer gebracht, um sie positiv für die Heilung von Krankheiten zu stimmen.

Aus der römischen Zeit stammt der Apollon-Tempel (12), von dem eine L-förmige Grundmauer und (von den Italienern aufgestellte) 7 Säulen zu sehen sind. Er wurde auf dem Fundament eines hellen. Apollontempels (ca. 4. Jhd. v. Chr.) errichtet.

Über eine Treppe gehts rauf zur obersten
3. TERRASSE: das flache Plateau besitzt Superblick über die Ostküste der Insel und rüber zur Türkei. Ähnlich wie auf der 1. Terrasse befand sich hier ein L- förmiger Säulengang (Karte: Nr. 17) mit dahinter liegenden Räumen (18) zur Aufnahme von Patienten. Zentraler Blickpunkt war ein dem Gott der Heilkunst geweihter Asklepion- Tempel (19), gebaut im 2. Jhd. v. Chr., von dem jedoch nur das Rechteck (34 x 18 m) der Tempel-Grundmauer erhalten ist, sowie kniehohe Säulenstümpfe.

Im MUSEUM (Karte: Nr. 1) sind Ausgrabungsfunde, z.B. Inschriftstafeln ausgestellt. Die interessanteren Stücke kamen jedoch ins Museum nach Kos/Stadt bzw. nach Rhodos.

Vom Asklepeion führt eine schlechte, aber landschaftlich schöne Bergstraße rauf nach Asomatos/Zia Asphendioy, Details siehe Seite 174 .

INSEL - NORDKÜSTE

Langgestreckte SANDSTRÄNDE, teils mit Dünen (z.B. bei Mastichari). Haupt- Verkehrsachse ist die Straße KOS/Stadt über Antimachia nach Kefalos im äußersten Inselwesten. Von ihr zweigen Stichstraßen ab, sowohl an die Stände der Nordküste, wie auch zu den Bergdörfern des Inselinneren und nach Kardamena/Südküste.

Entlang der Nordküste flaches, fruchtbares Land. Viel Landwirtschaft mit Obstgärten, Gemüsefeldern, Tomatenanbau. Anschließend steiler Anstieg zu den Bergketten des Inselinneren mit Höhen bis zu 85o m.

Bus: Tinkoki/Tingaki: 4 mal/Tag, - Mastichari: 2 mal/Tag. Zur Saison häufiger. - Wegen des flachen Landes sind jedoch ab Kos/Stadt speziell zum nahegelegenen Tingaki-Strand am Morgen ganze Karawanen von **Fahrradlern** unterwegs (jede Menge an Vermietern in Kos/Stadt).

Die endlosen Sandstrände von gut 15 km zwischen Kap Skandario bis Istmus zur Westspitze sind ohne Frage Kapital der Region. Es geht relativ flach ins Wasser rein, von daher auch für Familienferien mit Kindern geeignet. Teils Sonnenschutz durch Tamarisken am Strand.

Problem allerdings: bei starken Nordwinden kann es zu Anschwemmungen dessen kommen, was die "Christliche Seefahrt", aber auch die Küstenbewohner in Wasser werfen. Die Palette reicht von Plastikflaschen für Shampoo über die in Griechenland üblichen Plastiktüten beim Einkauf, - bis hin zu kleinen schwarzen Bällchen (Erdölklumpen).

Auch wenn der Müll in der Regel schnell von den anliegenden Hotelbesitzern weggeräumt wird, entwickelt sich der Tourismus hier langsamer als in der Hauptregion um KARDAMENA/Südküste. Auch die kleineren Hotels der Nordküste verfügen oft über eigenen Swimming Pool...

Landschaftlich bieten die Strände der Nordküste vielfach anschließendes Brachland. Auch dies wird von den neu errichteten Hotels oft durch hübsch gestaltete Poolbereiche mit üppigen Bananenstauden, Sträuchern etc. ausgeglichen. Insbesondere sind unpersönlichen Hotelburgen an der Nordküste derzeit noch in Minderheit.

Die Hauptstraße verläßt Kos/Stadt über die Alexandrou Street. Im Dorf ZIPARI: Abzweigung in die Berge nach Zia Asphendioy (Details siehe Seite 174), - sowie rund 1 km hinter Zipari Abzweigung an die Nordküste nach:

★ Tingaki (auch geschr.: Tigaki, Tinkoki)

Beliebtes Badeziel speziell der Leute, die in Kos/Stadt wohnen. Ein kilometerlanger Sandstrand, teils mit Tamarisken, dahinter Brachland. Der Badeort besitzt mehrere Tavernen, sowie Geschäfte für Strandutensilien und Supermarkt. Tingaki boomt: viele Baustellen. Es steht zu erwarten, daß noch einiges an Hotels hinzu kommt. Der Ort hat seine Hauptfunktion im Tourismus.

"**Hotel Sunset**": das moderne Hotel besitzt einen mittelgroßen SW-Pool (Süßwasser). Obwohl das Haus teilweise aus Betonfertigteilen gebaut wurde, wirkt es innen nicht steril: farbige Natursteine an der Wand der Rezeption, viele Grünpflanzen auch im Frühstücks- und Barraum. Kleine, aber freundlich in hellem Kiefernholz möblierte Zimmer mit mittelgroßen Privatbädern, DZ ca. 4o - 8o DM.

"**Hotel Paxinos**": kleines Hotel abseits zwischen Feldern, westlich des Ortes (etwa 1 km vom Strand entfernt). Nur wenige Zimmer, oft ausgebucht, DZ ca. 45 DM.

"**Hotel Meni Beach**": Angenehmes Hotel mit Jalousiefenstern und vorgebauten Rundbogenloggias, die Schatten und etwas Kühle spenden. Zudem angenehme Wirtsleute. Das Hotel direkt am Strand und Umkehre für den Bus. Das große Kos- Relief an der Rezeptionsrückwand hat der Besitzer selber geschnitzt! TV-Raum, Frühstücksterrasse im Vorgarten, Freitreppe zu den Zimmern. Mittelgroß, große Bäder mit Duschwanne, mittelgroße Balkone mit Wäschespinne. DZ ca. 55 - 6o DM, der Besitzer spricht Deutsch.

"**Hotel Tigaki Beach**": das langgestreckte, 3 stöckige Hotel liegt direkt am Strand, besitzt SW- Pool. Dort einige Bananenstauden, Pflanzen und bequem gepolsterte Korbsessel. 17o Zimmer, blau-gelb gestylt, Tel., Musik, große Balkons und komfortable Bäder mit Duschvorhang. Vermietung vorwiegend an Pauschalveranstalter, das DZ auf eigene Faust ca. 11o - 15o DM.

"**Hotel Tropical Sol**": 2- 3stöckiges Hauptgebäude plus Bungalowbau an der Ortszufahrtsstraße, 2oo m vom Strand entfernt. Holzbar ums Eck, Frühstücksbuffet zur Selbstbedienung. SW- Pool, Zimmer zweckmäßig eingerichtet, Privatbad mit Duschwanne. 32 DZ, ca. 4o - 6o DM. Man spricht etwas Deutsch und Englisch.

"**Hotel Villa Andrew's**": weißer quadratischer Bau, 3oo m vom Meer entfernt. Das kleine Familienhotel besitzt Frühstücksraum, der gleichzeitig als Snackbar (reichhaltige Speisekarte) und TV-Raum dient. Mini- Süßwasserpool. 27 mittelgroße Zimmer, kiefermöbliert, Tel., Musik, komfortabel große Bäder. Balkonblick zur Gartenanlage. DZ ca. 55 DM.

"**Hotel Ilios**": moderner Neubau, 2 Stock plus Bungalows. Zum Strand ca. 5oo m. Über der Betonpergola des Hotels weinroter Hahnenkamm (pilzförmige Blüten, lange Blütezeit Sommer/Herbst), Pool, Dunkelholzbar, Frühstücksraum (Buffet) und Taverne. Die Zimmer mit Bad, Tel., Balkon. Das Hotel operiert vorwiegend mit Pauschalveranstaltern und ist meist zwischen Mai - Okt. vergeben. Ansonsten fürs DZ auf eigene Faust ca. 5o DM.

Westl. von Tingaki schließt sich eine große Lagune an, die zur Gewinnung von Meersalz dient. Bezüglich eventueller Hotelneubauten: die Nähe zur Lagune wegen Mücken meiden! Anschließend am Meer:

★ Marmari

Per 2 km Asphalt- Stichstraße von der Hauptstraße zu erreichen. Der ehemalige Bauernweiler hat sich durch zahlreiche Hotel- Neubauten zum Badeort entwickelt; vorwiegend Pauschalurlauber. Einkaufsmöglichkeiten, Bars, Discos, Surfbrettverleih (gute Bedingungen wegen ständiger Winde). - Kapital von Marmari ist sein langer Sandstrand (teils mit Dünen).

"**Hotel Caravia Beach**": etwa 1,5 km außerhalb Marmari Richtung Osten und über Stichstraße zu erreichen. Die Neubauten bestehen aus einem architektonisch etwas einfallslosen Hauptgebäude (3 Stock, langgestreckt). Großer SW- Pool, Die seinerzeit angepflanzten Büsche und Bäume sind dabei, zu wachsen. Wenn sie Höhe erreicht haben, kann die Anlage im umliegenden Brachland optisch ganz angenehm werden.

In Ausstattung ein Hotel mit Niveau, zudem Windsurfschule, Wasserski, Tennis, Minigolf etc. gegen Gebühr. Von "Niveau" sind auch die Preise: das DZ ca. 15o - 21o DM (!) im Bungalow zahlt man runde 21o - 3oo DM!

"**Hotel Marmari Beach**": Bungalowanlage mit Pool. Zum Strand ca. 2oo m. Rustikal gestaltete Aufenthaltsräume und Zimmer, Sportangebot, gehobenes Preisniveau.

Weitere **Hotels** im Ort, bzw. am Strand westwärts. Der Bauboom nimmt derzeit kein Ende, die Hotels vorwiegend in der Hand von Pauschal- Reiseveranstaltern.

★Mastichari

Lange Sand/Kieselstrände zu beiden Seiten des früheren Fischerdorfes. Inzwischen hat sich das Nest "gemausert", und eine Vielzahl an neuen Unterkünften entstand. Die umliegenden Dünen sind mit Büschen und Bäumen bewachsen.

Kapital des Ortes diesmal die Nähe zum Kos- Airport, die eine Fülle an Investoren nach Mastichari lockte. Mal gespannt, wie's weitergeht.

"**Hotel Andreas**": Provinzhotel mit Küchengeruch, in Parallelstraße zum Strand gelegen. Die Tür zur einfachen Frühstücksterrasse hängt aus den Angeln. Treppengeländergestänge mehrfach mit Bast angebunden. Mottenkugelgeruch in den Zimmern. Verwohnte Bäder mit Duschwanne. 6 Zimmer mit Bad und 4 Zimmer mit Waschbecken und Gem.-Toil. DZ ca. 3o- 4o DM.

"**Hotel Zevgas**": kleines Hotel an der Hauptstraße. Hier ist alles klein, aber neu möbliert (Holz). Keine Frühstücksmöglichkeit. Man spricht keine Fremdsprache. 8 Zimmer mit Bad und Balkon. 3 Zimmer mit Terrasse zur Straße. DZ ca. 35- 45 DM.

"**Hotel Faenareti**": Hinterhofatmosphäre. Zwei kleine Pensionen (je 4 Zimmer): "**Helena**" und "**Appartements Agrellis**". Optisch ordentlicher Eindruck, allerdings zur Saison von Reisegesellschaften ausgebucht.

Ein ganzer Schwung **Privatzimmer** im Ort. Teils sind sie mit Schildern "Rooms to let" gekennzeichnet, ansonsten in Tavernen fragen!

Westlich von Mastichari: Felssteilküste mit kleinen Sand/Kiesbuchten. Zu erreichen: zunächst ca. 1 km die Asphaltstraße Richtung Antimachia retour fahren, dann rechts über eine 2,3 km Erd/Schotterpiste westl. zur Kapelle Ag. Ioannis.

Bei Bedarf zur Saison Kaikis ab Mole/Mastichari rauf zur nördl. vorgelagerten Insel Kalymnos.

★ Antimachia

Der im Inland gelegene Ort (ca. 1.4oo Einw.) wurde durch ein Erdbeben 1926 beschädigt und neu aufgebaut. Am Schnittpunkt der Straßen (Kos-> Antimachia -> Kefalos und Mastichari -> Antimachia -> Kardamena) lebt der Ort heute weitgehend von Landwirtschaft. Besuch allenfalls interessant wegen der, oberhalb in den Bergen gelegenen:

JOHANNITER-FESTUNG Zufahrt: kurz vor Ortseingang Antimachia (und von Kos/Stadt kommend) zweigt eine 3 km schlechte Schotterstraße ab, die durch canyonartige Landschaft rauf zur venezianischen Festung führt. Baumeister war Del Carretto, der auch das Kastell von Kos/Stadt anlegte. Später von den Johannitern als Schutzburg vor Piratenangriffen genutzt. Oben Superblick über die Südküste von Kos! Im Gelände der

Festung Hausruinen und Kirchen.

Am großen Rondell /Ortsrand von Antimachia: Abzweigung
1.) Hauptstraße in den äußersten Inselwesten/Kefalos.... Seite 169
2.) Stichstraße zum Airport und Flughafengebäude....... Seite 141
3.) Asphaltstraße an die Südküste/Kardamena............ Seite 17o

KOS AIRPORT: liegt rund 22 km von Kos/Stadt entfernt, etwa in Inselmitte und nur wenige km vom Ort Antimachia entfernt, - in einer von Wassergräben durchzogenen Hochebene. Die umliegende Landschaft ist hügelig.

Der KOS-AIRPORT ist (nach Rhodos) der am stärksten frequentierte griech. Inselairport vor der türkischen Küste! Zusätzlich zu den Olympic Airways-Inlandsflügen gibts im Sommer mehr als 12o Chartermaschinen pro Woche, bzw. im Schnitt gut 15 Starts plus 15 Landungen pro Tag! Da die Einflugschneise über KARDAMENA/Südküste verläuft, muß mit Lärmbelastung gerechnet werden.

Vor dem Airport großer Parkplatz, im Airport Büros diverser Kos- Autovermieter. Guter Blick über die Airportanlage von einer Kapelle, die auf einem Hügel oberhalb des Flughafengebäudes steht...

INSEL- WESTEN

Der äußerste Inselwesten ist durch einen 1,7 km breiten Istmus getrennt. Ein Gebirge bis 426 m mit guten Stränden bei AG. STEFANOS und weiteren Buchten, die Mietmoped bzw. Wanderstiefel benötigen.

Die TRANSINSEL- HAUPTSTRASSE zieht sich ab Rondell Antimachia durch schöne Hügellandschaften, teils mit Kiefernwäldern. Der ISTMUS, der den äußersten Insel-Westen abtrennt, ist bis zu 8o m hoch. In diesem Bereich und an seiner Südküste sehr gute Strände mit Sandbuchten, die über Stichpisten von der Hauptstraße zu erreichen sind:

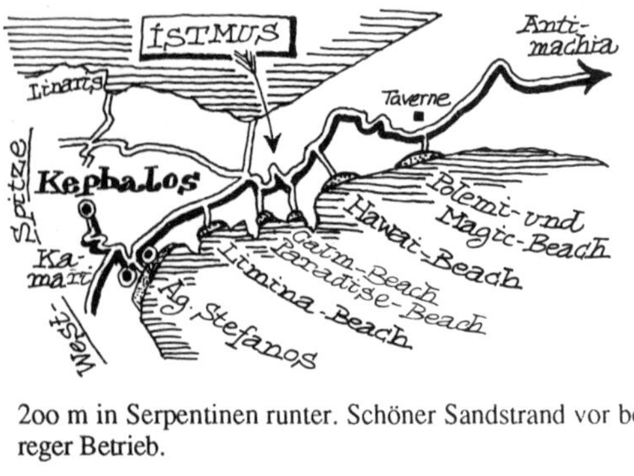

* Polemi- und Magicbeach: langer, breiter Strand mit Dünen und Buschwerk. Direkt am Strand ein Sommerkiosk mit Snacks.
* Hawai- Beach: 1 km lange und sehr steile Schotter-Zufahrt ab Hauptstraße und nicht von jedem PKW zu bewältigen, jedoch sehr schöner Sandstrand.
* Calm- Beach: eine Stichpiste 2oo m in Serpentinen runter. Schöner Sandstrand vor bewachsenen Dünen, im Sommer reger Betrieb.

* Paradies- Beach: über eine 6oo m Stichpiste gehts steil runter an den Sandstrand. Ca. 5o m lang, 2o m breit. Viel Buschwerk. Der Strand gilt als einer der besten des Istmus- Bereiches und ist im Hochsommer entsprechend frequentiert: dicht auf dicht von Liegestühlen und Leuten belegt! Zu Fuß kommt man (Ri. Ag. Stefanos) zu einer zweiten Bucht, die von Kiefern bewachsen ist, landein Fels.
* Limina-Beach: rund 5oo m vor Ag. Stefanos und von der Hauptstraße per Stichstraße zu erreichen.

Der westlichste Teil von Kos, eine HALBINSEL, wird von den Einheimischen wegen ihrer Form mit einem Ziegenkopf vergleichen. Sie ist vulkanischen Ursprungs und dürfte in vorgeschichtlicher Zeit zusammen mit der südl. gelegenen Insel Nisyros entstanden sein. Ihre nördl. Gipfel KORAKIS und KEFALOS sind rund 15o m hoch, - der ZINI in Halbinselmitte bereits 354 m, - und im Süden der Vulkankegel des LATRA, der mit 426 m fast senkrecht vom Meer aufsteigt.

Wegen der weiten Entfernung von Kos/Stadt war der äußerste Inselwesten noch bis Ende der 7o-er Jahre eine relativ unberührte Region. Zwischenzeitlich jedoch voll entdeckt: im Sommer jede Menge Badebetrieb an der Bucht von Kamari, sowie Ausflugsbusse im Bergdorf Kefalos.

★ Kamari/Ag. Stefanos

(Kamari ist der alte Hafen von Kefalos, Ag. Stefanos der Badeort)

Der Strand zieht sich gut 2 km entlang der weiten Bucht und ist rund 3o - 4o m breit. Meist Sand, teils aber mit Feinkiesel durchsetzt. Ins Wasser gehts relativ flach rein. Wegen guter Windbedingungen ist die Bucht Eldorado für Surfer!

Im nordöstl. Strandbereich liegt das antike Heiligtum Ag. Stefanos, ein kleines Areal mit wiederaufgerichteten Säulen und niedrigen Mauern und schönen Mosaiken. Der Bucht im Nordosten vorgelagert das Inselchen Stephanos mit markantem Felsturm und kleiner Ag. Nikolaos- Kapelle.

Die Insel war im Altertum durch eine Landbrücke verbunden. Die Landbrücke verschwand nach Landsenkung in Folge eines Erdbebens. Ebenso lag an der Bucht die antike Stadt Astypalaia, die durch ein Erdbeben 413 v. Chr. zerstört, jedoch wieder aufgebaut wurde und neben einem Theater auch über ein Demeter-Heiligtum verfügte.

Ag. Stefanos ist wegen insgesamt guter Badebedingungen ein aufstrebender Urlaubsort, der jedoch noch nicht den Rummel eines Kardamena/ Südküste besitzt. Der "Club Med." mit 1.ooo Betten (!) als Großhotel in den 6o-er Jahren im Bau begonnen und lange Zeit Bauruine, wurde Anfang der 8o-er Jahre fertiggestellt. Auch wenn sich die Gäste weitgehend im Club- Areal aufhalten (wo es z.B. Mopeds zu mieten gibt), - wirkt sich dies schon touristisch auf den gesamten Buchtbereich aus. Siehe Souvenirshops im Ort, vergl. aber auch die Fülle an Strandliegen z.B. am nordöstl. gelegenen Paradise Beach und weiteren Sandbuchten.

"Club Mediterrané": insgesamt schöne und gepflegte Anlage mit viel Vegetation, größerem Swimming Pool und in der Gartenanlage verstreuten 1-stöckigen weißen Bungalows. Zusätzlich ein langgestreckter 4- Stock Kasten oberhalb einer breiten Sandbucht, direkt bei den antiken Säulen des Ag.- Stefanos- Heiligtums. Schöner Blick auch auf die vorgelagerte Stefanos- Insel. Die Zimmer zweckmäßig im Club-Med Stil eingerichtet, breites Sportangebot, insbes. auch Windsurfen. Nichtgästen ist der Zutritt zum Areal per Kette und Aufpassern versperrt.

"Hotel Kordistos": kleines, relativ neues Strandhotel direkt an der Küstenstraße hinter dem Strand. Naturstein- Kamin im Frühstücksraum, aus selbem Material auch die Bartheke. Lange Gänge mit Teppichboden zu den Zimmern. Diese zwar klein mit Kiefernmöbeln, so doch großes Privatbad und Balkon, Tel. Das DZ ca. 38 - 45 DM je nach Saison.

"Hotel Elena": 25o m vom Strand entfernt, abseits der Hauptstraße, viel Parkraum. Markisen- überdachte Außenterrasse, in Styling und Minitischen wie Cafeteria. Außenzugang zu den Zimmern über die jeweilige Terrasse. Zimmer mit Bad und Terrasse. Der Besitzer hat einen Vertrag mit der "Happy Company" für Surfurlaub und daher nur selten Zimmer frei. DZ ca. 45 DM.

"Hotel Kokalakis Beach": langgestrecktes 2- Stock Zweckgebäude an der Hauptstraße. Der etwas nüchterne Rezeptions- und Aufenthaltsbereich "glänzt" mit Kunstledersessel und Spielautomaten. Kleine Zimmer, Kiefernholzbetten, Bad, Tel. und Balkon. Das DZ immerhin runde 55 DM.

"Hotel Maria": kleiner Landgasthof an der Uferpromenade, in der Nähe des Kamari-Fischerhafens gelegen. Frühstück gibt's auf der Garten-Terrasse, die mit wildem Wein überrankt ist. Wenige kleine Zimmer mit Waschbecken, 3 saubere Gem.-Toil. und Duschen. DZ ca. 25 DM. Wer auf Komfort verzichten kann, ist hier bestens aufgehoben. Hier gibt es auch günstigen Inselhonig. Freundlicher Besitzer, zur HS aber langfristig ausgebucht.

"Hotel Sydney": am Fischerhafen. Angenehme Zimmer mit Privatbad und Balkon, allerdings zur HS oft langfristig ausgebucht, insbesondere auch viele Pauschalurlauber, die per Reiseveranstalter das Hotel in Beschlag nehmen. DZ ca. 55 DM.

Privatzimmer: ein ganzer Schwung, mit "Rooms to let" ausgeschildert. Zur HS jedoch kaum Chance, hier kurzfristig auf eigene Faust was zu bekommen. - Nix mit "am Strand wild campieren": wer erwischt wird, kann sich üblen Ärger einhandeln!

AFRODITI: Restaurant neben Hotel Sydney an der Küstenstraße mit Terrasse zur Straße.

SEBASTIAN: Restaurant spezialisiert auf "seafood". Neben dem Restaurant eigener großer Parkplatz.

Schattige Zufahrt durch Schilf und Thamarisken zum Fischerhafen, wo auch die Uferstraße endet. Hier Restaurant O FAROS hinter dem Strand mit großer, windgeschützter Glasveranda. Gute griechische Küche und Fischgerichte, verhältnismäßig preisgünstig.

In Ag. Stefanos/Kamari: Verleih von Mofas (z.B. rauf zu den nordöstl. Sandbuchten wie Paradise- Beach), Verleih von Windsurfgerät.

✦Kefalos (auch "Kephalos" geschr., ca. 2.000 Einw.)

Das Bergdorf auf einem Plateau 100 m oberhalb der Bucht war in früheren Jahrhunderten die wichtigste Ansiedlung im Inselwesten, - und Kamari lediglich sein Hafen mit wenigen Fischerhütten.

An der Steilwand des Plateaus viele frühere Wohnhöhlen, die heute entweder zerstört sind oder als Schuppen bzw. Lager dienen. Von Kefalos führt eine 1,3 km Serpentinenstraße runter zur Hafenbucht von Kamari.

Das teils noch authentische Bergdorf Kefalos ist heute zur Hochsaison eines der meistbesuchten touristischen Ausflugsziele der Insel (abgesehen von Asklepion und dem Bergdorf Zia/Asphendioy). Analog jede Menge an Souvenirshops sowie Tavernen, die sich auf die "Schnellabfütterung" des Inhalts der Busse spezialisiert haben...

Behauptungen anderer Kos- Reiseführer, Kefalos sei "typisch griechisch" und "kaum eine andere Ortschaft Griechenlands ist griechischer" - ist Geschwätzt, - allein unter dem Aspekt der Touristenmassen zur HS!

Oberhalb von Kefalos eine Windmühle, die noch in Betrieb ist: Superblick auf die Bergkette der Halbinsel und den Küstenverlauf! Weitere Sehenswürdigkeit im oberen Ortsbereich: Mauerreste eines venez. Kastells. Im Ort Verkauf von Insel-Thymianhonig und Kefalos-Käse. Hier finden sich auch eine Bank und Supermarkt.

Von Kefalos führt eine schlechte Schotter/Erdpiste nördlich in 4 km zur LINARIS- BUCHT an der Nordküste der Halbinsel. Kleines Nest mit Fischerbooten und nicht sehr einladender, flachen Badebucht.

✦Südl. Halbinsel des Inselwestens von Kos

Die asphaltierte Straße schlängelt sich ab KEFALOS ins Bergland südwärts:

* ca. 2 km nach Kefalos: Abzweigung rechts über eine 5 km Sandpiste runter zum AG. THEOLOGOS- STRAND an der Westküste der Halbinsel und einer Kapelle unter Steineiche. Reichlich Dünenlandschaft, spärlich bewachsen.

  Südlich anschließend eine Reihe weiterer Buchten, die entweder zu Fuß entlang der Küste erreicht werden können. Oder aber: AG.IOANNIS-STRAND über eine schlechte Stichpiste ab Dorf Thymiano (siehe unten!)

* ca. 4 km nach Kefalos: Abzweigung links, Hinweisschild "Zini", schlechter Schotterweg, der steil abwärts runter zur Felsnase des Kap Pessia führt. Blick auf die Kamari-Bucht und nach Süden auf den Steilküstenanteil. Die Piste endet nach 3,7 km an einem mit Kette verschlossenem Minengebiet an der Steilküste.

* Ca. 6 km nach Kefalos: die zwischenzeitlich schmal gewordene

Asphaltstraße mit schönem Panoramablick zur West- und Ostküste erreicht das Bergdorf THYMIANO. Der Name kommt nicht von ungefähr: die Landschaft mit viel duftendem Thymian!

Vom Dorf führt eine Serpentinenstraße auf den Gipfel des LATRA (426 m) mit OTE- Funkstation, sowie militärischer Radarüberwachung der türkischen Küste. Knapp 1oo m vor den Anlagen ist der Weg mit Kette versperrt, der Rest zu Fuß. Bei klarem Wetter schöner Blick auf weite Teile der Insel Kos und am Horizont die umliegenden Inseln!

Direkt bei Thymiano, 2oo m oberhalb der Straße das AG. IOANNIS-KLOSTER mit ausgedehnten Terrassen und Sitzgelegenheiten. Es ist heute nicht mehr bewohnt. Man sitzt schön unter alter Platane. Kirche nicht zugängl., seitlich Schöpfbrunnen im Fels. Direkt beim Kloster führt ein ca. 2 km langer schlechter Schotterweg steil abwärts zum einsamen Ag. Ioannis-Strand (siehe oben).

Weiterhin läuft vom Ag. Ioannis Kloster ein Fußpfad zur Südspitze beim Akr. Krikelos und dort liegenden Kapelle Ag. Mamas.

INSEL- SÜDKÜSTE

Keine durchgehende Straße entlang der Südküste. Ihren östlichsten Teil beim Kap Ag. Fokas und Empros Thermi erreicht man von KOS/Stadt, Details siehe Seite QW. Danach versperren die Steilausläufer der Gebirgsketten den weiteren Zugang zur Küste.

Den mittleren Teil der Südküste erreicht man über eine gut ausgebaute Asphaltstraße ab Antimachia rüber nach KARDAMENA. Wegen seiner guten Sandstrände ist der gesamte Bereich um Kardamena: runter zum "Golden Beach" beim Kap Chelona - und rauf bis zum Ort Tolari heute das Haupttourismusgebiet der Insel.

Bus: 4 mal am Tag von Kos/Stadt via Antimachia nach Kardamena, zur HS häufiger. Die Strecke benötigt Zeit, - teils auch via Pyli über die Bergkette nach Kardamena.

Fahrrad/Autovermietung: jede Menge in Kardamena sowie der Hotels entlang der Küste. Vielfach werden auch Mountain Bikes vermietet. Vor Anmietung unbedingt die Schaltung prüfen!

★ Kardamena

Noch Mitte der 8o-er Jahre ein verschlafenes und verträumtes Fischernest an einsamen Stränden und im Ort einer Handvoll Tavernen. Diese Zeiten sind heute passé! Kardamena Kern eines durchorganisierten Tourismusbetriebes.

Die jeweils 5 km nordöstlich bis Tolari und südwestlich bis zum Golden

Beach sind fest in Urlauber-Hand. Um den eigentlichen Ort Kardamena stehen nach allen Seiten Neubauten: touristische Großbaustelle! Praktisch alle Hotels sind fest bei Agenturen aus allen europäischen Länder. Daher erhebliche Unterkunftsschwierigkeiten, wer nicht rechtzeitig vorab im Jahr bei einem der Reiseveranstalter pauschal Kos-Flug & Hotel bucht!

Die Hauptsaison in Kardamena geht bis Mitte Oktober. Wer zu dieser Zeit auf eigene Faust Zimmer will, probierts am besten mit Appartements, die in Geschäften des Ortes vermittelt werden, - z.B. vom deutsch sprechenden Besitzer der Pastilleria "Granitsa" neben Bäckerei in der Hauptstraße.

Direkt hinterm Strand die Parallelstraße voll mit Souvenirshops, Kneipen und Tavernen. Spätestens wenn die ersten Schulferien in Mittel- und Nord-Europa begonnen haben, geht's in Kardamena rund: der Ort ist heute die Kos-Domäne des Pauschaltourismus.

Baden: um Kardamena sehr schöner, heller und weicher Sandstrand. Wegen Südlage relativ sauber und klares Wasser, es geht flach rein. Der Strand (gut 8 km zwischen Tolari -> Kardamena bis runter zum Golden Beach) ist natürlich im Kardamena-Ortsbereich zur HS knallvoll. Ein Sonnenschirm neben dem anderen, und die Urlaubsgäste am Strand in Reih und Glied wie an der italienischen Adria. Breites Sportangebot, das von Tretbooten über Windsurfen bis hin zu Parasailing reicht.

Je weiter man außerhalb des Ortes kommt desto ruhiger, - obwohl auch hier einiges an Hotel- Neubauten geplant ist.

DIREKT IM ORT: Hat den Vorteil der kurzen Wege zu den diversen Aktivitäten (Discos, Tavernen) im Ort. Kann jedoch abends laut sein.

"**Hotel Agrellis**": 4-stöckiges, neugebautes Hotel im Einheitsstil. Unten an der Bar spielt sich alles ab, zu den 4o Zimmern per Lift rauf, Bad, kl. Balkon, DZ 55 - 6o DM

"**Hotel Mikargy**": 2-stöckiger Bau gegenüber Hotel Agrellis. Helle, kalte Halle mit dominierender Bar. Fest in der Hand von engl. Agenturen. DZ ca. 55 DM.

"**Hotel Aliky**": kleines Hotel, stets ausgebucht.

"**Hotel Valinakis Beach**": im westlichen Ortsbereich in Zentrumsnähe. 4-stöckiger Längsbau , Schmalseite direkt zum Strand. Aufenthaltsraum mit großer Bar. Lift. Die Terrasse vom Strand durch Thamarisken getrennt. Ansprechendes Strandhotel. Etwa 7o Zimmer mit Bad, Tel., Balkon. DZ ca. 55- 6o DM. In VS/NS ab und an was frei.

"**Hotel und Villa Panorama**": das kleinere Hotel, 2 Stock und rund 15 Jahre alt besitzt im Hauptgebäude 38 Zimmer. Die holzverkleidete Bar bemüht sich in Styling einer Hütte, zum Ortszentrum 2 Min. zu Fuß. Weiterhin gibts eine Dependance "Villa": 3 Stock in üblich griech. Betonstadtarchitektur. Alle Zimmer mit Bad und fest in der Hand von Reiseagenturen.

"**Hotel Kardamos**": 3-stöckiger an den Hang gebauter Neubau mit Loggiabalkonen. Rezeption und Restaurationsräume im 1. Stock. Durch die Hanglage am Ortsrand Blick vornraus über Kardamena und das Meer (zum Strand ca. 1o Min. zu Fuß). Viel Grün und Blumen um das Hotel. Snackbar, Bar- und Frühstücksraum. Swimmingpool am Rande der Anlage. Modern möblierte Zimmer, alle mit Tel. und Balkon. DZ ca. 45- 75 DM je nach Saison, zur HS meist an Reiseveranstalter vergeben.

"**Hotel Silver Beach**": moderner 4-stöckiger Hotelbau mit Längsbalkonen. Liegt an Parallelstraße zur Küstenstraße, 7o m vom Strand im nördlichen Ortsteil. Bar- und Aufenthaltsraum mit Marmorboden und Natursteinwand. Große Zimmer mit Marmorboden und Polstermöbeln. Große Bäder und Balkone, teils mit Meerblick. DZ ca. 9o DM.

BEI TOLARI (5 KM NORDÖSTL):

"**Hotel Norida Beach**": am Straßenende, ca. 5 km von Kardamena, zwischen Bergen und dem Meer an gutem Sandstrand. Großer Parkplatz. Touristische Großanlage: eine Fußgängerstraße zieht durch die Hallen, mit Läden einschließlich Friseur, Telefonhäuschen. Umgeben von gemauerten Sitzecken vor Marmortischen, viele Grünpflanzen. Hier schleust auch Neckermann seine Kunden durch. Riesiger Pool. Über 3oo Zimmer bzw. Bungalows. DZ (HP) ca. 12o DM. Sehr viele Sportmöglichkeiten: Windsurfen, Wasserski, Fallschirmspringen, Tennis etc.

Stündliche Busverbindung mit Kardamena von 9- 22 Uhr.

Fahrrad- und Motorradverleih: Fahrrad ca. 4 DM, Moped ab ca. 2o/Tag.

Autoverleih "International": 8o- 1oo DM/Tag, 1oo km frei.

IM SÜDWESTEN VON KARDAMENA:

"**Hotel Carda Beach**": Strandhotel 1 km von Kardamena entfernt, direkt am Sandstrand. Der langgestreckte 2-Stock Bau ist wie kleineres "Airportgebäude" an den Strand vor recht vegetationslosen Hügeln gesetzt. Innen Plastikpolstermöbel in der schon etwas nüchternen Halle. Rechteckiger Pool, ca. 2o x 1o m, der zur HS trotz des nahen Strandes randvoll gefüllt ist. Schwappt ständig über, wenn jemand schwimmen geht. 6o Zimmer mit Bad, Tel. alle mit Balkon vornraus. DZ (HP) ca. 12o DM. Ab 1o.1o. geschlossen.

"**Hotel Olympia**": kleines Hotel im Privathaus-Charakter und rund 1,5 km außerhalb ruhig an schönem Sandstrand mit Tamarisken. Das 2-stöckige Haus mit kleinen Terrassen vor den Zimmern im Erdgeschoß und Balkons im 1. Stock. Nur ein Teil der Zimmer vornraus. Im Keller gibts eine Gemeinschaftsküche, wo man sich das Frühstück selber macht. Gäste, die hier wohnten (und zuvor von einem miesen Quartier zum anderen in Kardamena/Ort) hierhin "flüchteten", waren zufrieden, jedoch keinen Superkomfort erwarten. Das DZ ca. 35 DM.

RESTAURANTS

"ROMANO": mattenüberdachtes Restaurant mit Springbrunnen an der Uferstraße. o8/15- Küche bei nicht übermäßigen Portionen. So doch abends gut besetzt.

"THE CORNER": Taverne an der Einfahrtsstraße in den Ort. Abends gut frequentiert, reichhaltiges Speisenangebot. Blick in die Küche ist gestattet, hält aber nicht, was er verspricht. Kleine Portionen, nicht besonders gewürzt. Der angebotene "Spezialsalat Corner" entpuppte sich als Thunfisch aus der Dose und zum Salat aufgepäppelt...

"TA ADELFIA": Taverne im westlichen Ortsbereich. Innen Zweckraum, außen Terrasse mit Neonbeleuchtung, das Essen ist aber in Relation zum

Preis gut. Pizza und Spaghettigerichte in großen Portionen.

"TO PAKAKI": Grill House an der Hauptstraße, man sitzt in der Seitengasse. Erst wenn hier alles voll ist, wird die Veranda im 1. Stock geöffnet. Entweder war bei unserem Testbesuch der Koch verliebt, oder es wird allgemein überwürzt: unser "Pork Special" hatte etwas sehr viel Salz erwischt....Jedoch billig und große Portionen. Am Abend immer Gerichte vom Grillspieß.

"PENNY": Restaurant im westlichen Altstadtbereich. Zwar ansprechend rustikal möblierter Innenraum mit kleiner Außenterrasse zur Seitengasse. Der Wirt hat uns jedoch weniger überzeugt.

"BABIS": kleines Lokal versteckt in einer Seitenstraße, angemessene Portionen, viele Gerichte noch von Holzkohlengrill (Tip: Gyros).

"PEGASUS": etwas abseits vom Touristenrummel des Ortszentrum (ca. 5 Min. zu Fuß), direkt am Strand. Große Auswahl und reichliche Portionen, gutes Essen.

"AKROPOLIS": im Zentrum, gute Nudelgerichte, aber auch zahlreiche griechische Gerichte. Geöffnet nur bis 21 Uhr.

"ATHIPIS": direkt an der Hauptstraße. Gutes griechisches Essen. Griech. Musik, keine Plastiktischdecken.

"LA LUNA": kleines ital. Restaurant mit großen Pizzen aus dem Holzofen.

BARS: im Ort zahlreiche Bars, die teils mit vergünstigten Drinks zur "happy hour" locken.

Discos: 1oo m unterhalb von Hotel Kardamos Open Air Disco "Starlight". Etwas abseits an der Brücke, über das ausgetrocknete Flußbett im Ort, Tanzbar "Georges Bar". Flußbett aufwärts, 75 m entfernt Open Air Disco "Nicosilia".

Schiffstouren: verschiedene Touren im Angebot, z.B. "Kos bei Nacht" ca. 5o DM, Tagesausflug nach Patmos ca. 8o DM, Kalymnos/Pserimos BBQ ca. 5o DM.

Car-Rent: Manos Rent-A-Car, am westl. Ende der Hauptstraße Ein Suzuki Jeep für einen Tag ca. 125 DM, ohne km-Limit, bei längerer Mietdauer wird der Tagespreis günstiger, aber km - Berechnung.

INSEL- INNERES

Zwischen Kos/Stadt und Antimachia zieht sich ein Gebirgszug, der Höhen bis zu 846 m erreicht. Die hier liegenden Bergdörfer sind beliebtes Ziel der Ausflügler mit Mietmopeds, jedoch ruhiger als der touristische Küsten-

bereich. Im Frühjahr und Herbst, wenn's kühler ist, schöne Möglichkeit für Wanderungen.

Bus: ab Kos/Stadt 4 mal/Tag nach Pyli bzw. 2 mal/Tag nach Zia Asphendioy, zur Saison häufiger. Fahrpläne genau studieren, wer z.B. die Rundwanderung von Pyli nach Zia Asphendioy macht! Weiterhin viele Tourbusse.

ZUFAHRT: auf der Inselhauptstraße von Kos/Stadt im Dorf Zipari Abzweigung links in die Berge rauf. Eine asphaltierte 5 km Straße, die sich schon bald in Serpentinen den Berghang raufwindet. Oben am Hang die "TAV. PANORAMA", die für Stop weniger wegen der Speisen als wegen dem Blick lohnt.

★ Zia Asphendioy

Größtes Dorf eines Siedlungskonglomerats weit verstreuter Häuser in gut 300 m Höhe oberhalb des Meers. Herrlich klare Luft und schöner Fernblick! Der Ort ist blitzsauber, besitzt Tavernen und sehr limitiertes Angebot an Privatzimmer (in Tavernen fragen!).

Zur Saison ist tagsüber hier oben einiges an Ausflugstourismus los. Busse und jede Menge an Mietmopedlern. In den Gassen des Ortes ein Souvenir-Shop neben dem anderen - sowie viele Kräutershops. "Big Buissenes", wie uns einer der Shop- Inhaber erläuterte. Die Bergkräuter sind in Päckchen abgepackt, duften gut und finden viele Abnehmer.

Hinter der Kirche eine einfache Taverne mit großer Terrasse und sagenhaftem Blick über die Berglandschaft, die tief unten liegende Ebene mit den Ortschaften an der Küste sowie zum türkischen Festland!

Zia Asphendioy ist Ausgangspunkt für die Besteigung des höchsten Inselgipfels DIKAIO (846 m). Viel Vegetation und Quellen, trotzdem früh am Morgen den Aufstieg beginnen und Proviant mitnehmen! Eine Tageswanderung, die man retour über Paleopili nach PYLI verbinden kann, siehe "Pyli".

Ronald Höhner schickte uns Informationen zum Trail auf den Dikaio: "Der Aufstieg beginnt in Zia vom Markt aus. Etwa 1 km einen Fahrweg, bis sich dieser an einem Haus teilt. Von hier rechts halten und an vielen Gärten vorbei auf einem Fahrweg seicht bergauf.An einer mit vielen Mauereinfriedungen gesäumten Stelle zweigt der eigentliche Weg mit Rotem Punkt und Steinpyramiden markiert nach links bergauf ab (etwa 500 m bevor der Fahrweg sowieso endet). Zeitbedarf Zia -> Gipfel ca. 3 Std. Durch Markierungen ist der Weg leicht zu finden.

★ Asomatos

Rund 3 km östlich von Zia Asphendioy über eine Bergstraße zu erreichen. Das Dorf Asomatos ist heute weitgehend verlassen: die Lebensbedingungen hier oben im Bergland sind zu karg, und der Sommer-Tourismus konzentriert sich vorwiegend auf Zia Asphendioy.

Die Betonstraße von Evangelistria (siehe Karte) endet an der Kirche von Asomatos. Von hier weiter über eine schlechte Schotterstraße Richtung CHAICHOUTES: sie führt zunächst durch waldreiche Berglandschaften, nach ca. 2 km sieht man links unterhalb der Straße viele Ruinen, die man über einen scharf links abzweigenden Weg erreichen kann. Es handelt sich um die Geisterstadt "Chaichoutes", die nur aus verlassenen Häusern besteht. Daneben die weißgekalkte Kapelle Ag. Dimitrios. Die Schotterpiste geht anschließend in Serpentinen den Berg runter zum Asklepeion (siehe Seite 158) und weiter nach Kos/Stadt.

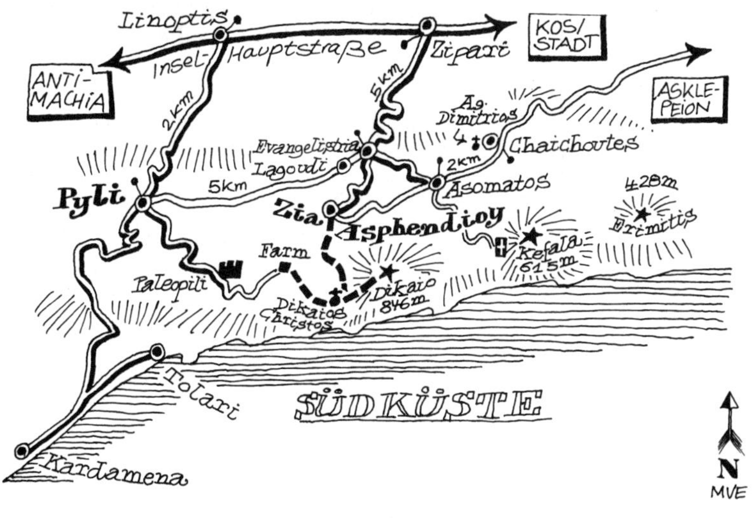

Zum KEFALA (615 m): ab Asomatos/Kirche zunächst wie oben Ri. Chaichoutes, jedoch bei den letzten Häusern des Dorfes Asomatos Piste rechts nehmen, die in Serpentinen oberhalb des Friedhofes mit kleiner Kapelle durch Mischwald aufwärts führt. Hoch im Bergwald versteckt, teilweise in den Hang gebaut vor einem Farmgatter eine uralte Kapelle mit noch erkennbaren Fresken. Interessanter Ausflug in völlig einsames Gebiet. Um die Kapelle Säulenreste eines antiken Bauwerkes. Länge des Bergweges 1,2 km pro Richtung.

★ Pyli

großes Inseldorf (ca. 1.600 Einw.) mit Tavernen, Geschäften und Kafenions an der Straße und rund um die Platia. Eine kleine byzantinische Kirche ist wegen ihrer Grabkammer mit zwölf Sarggewölben sehenswert. Etwas abseits ein großes Brunnenhaus aus dem Jahre 1592. Jedes Jahr am

23. April (St. Georgstag) findet hier ein Pferderennen statt. Gemäß alter Tradition wird auf dem Kopf des Pferdes, das als erstes durchs Ziel geht, ein Osterei aufgeschlagen.

* Pyli -> Kardamena: die direkte Asphaltstraße ist landschaftlich schön und schnellste Verbindung über die Berge an die Südküste.

* Pyli -> Paleopili: zunächst schmale Asphaltstraße, die in Serpentinen wild-romantisch in die felsigen Bergregionen raufführt und nach 1,3 km auf einem Parkplatz unterhalb der Johanniterfestung PALEOPILI (Alt-Pili) endet. Die Burgruine liegt auf einem Berggipfel in 32o m Höhe. Vom Parkplatz geht es zunächst über Schotterweg, dann über Fußpfad in die Ruinen mit byzantinischen Kirchen (Panagia Ipapandi aus dem 11.Jhd. und Fresken aus dem 14.Jhd.) und den Überresten eines alten Kastells.

  Vom Parkplatz Paleopili gehts 7oo m weiter auf schlechter und steilster Piste durch einen Wald zu einer Abzweigung: nach links (Wald) weiter steil den Berg rauf, wo nach rund 5oo m der Weg an einem Bauernhof mit vielen Hühnern endet. Schöner Blick auf Paleopili! Zu Fuß kann man zur Kirche DIKAIOS CHRISTOS am Hang des DIKAIO weiterlaufen und von der Kirche den höchsten Inselgipfel (846 m hoch) besteigen.

  (Alles zu Fuß ab Pyli bis Paleopili: 1,3 km - bis Bauernhof 1,2 km - bis Kirche weitere ca. 1,5 km, zusammen ca. 5 km)

* Pyli -> Lagoudi -> Evangelistria: schlechteste Schotterstraße (5 km). Immer wieder Blick auf die Nordseite der Johanniterfestung "Paleopili", die sich markant in die Berge einfügt. Auch hier beidseits der Straße verlassene Hausruinen. Das Dorf Lagoudi jedoch vielfach renoviert; wegen seines schönen Blicks über´s Küstentiefland haben hier oben viele reiche Leute von Kos/Stadt billig verfallene Häuser gekauft und sich diese als Ferienhäuser renoviert.

Insel Nisyros

Eine 7oo m hohe Vulkaninsel im Tiefblau der Ägäis vor der türkischen Küste. Sie gleicht einem riesigen Eierbecher: die Ränder vom Meer mit Steilküsten rauf zum Kraterrand, im Inneren schlummert der Vulkan mit seinen schwefelstinkenden Fumarolen.

Im Sommer jede Menge an 1 Tages-Ausflugstourismus, insbes. ab Kos und Rhodos. Die wenigsten bleiben jedoch länger, - im Grunde schade: Die Insel bietet genügend Übernachtungsmöglichkeiten, besitzt in ihrem Hafenort MANDRAKI eine schöne Altstadt, gute Tavernen, sowie viele lohnende Wandermöglichkeiten entlang des Vulkans.

Badestrände existieren, z.B. bei PALI/Nordküste. Sie gehören jedoch nicht zu den besten des Dodekanes. Im Sommer gibts Badekaikis rüber zur nördl. vorgelagerten Insel GYALI, die gute Sandstrände besitzt.

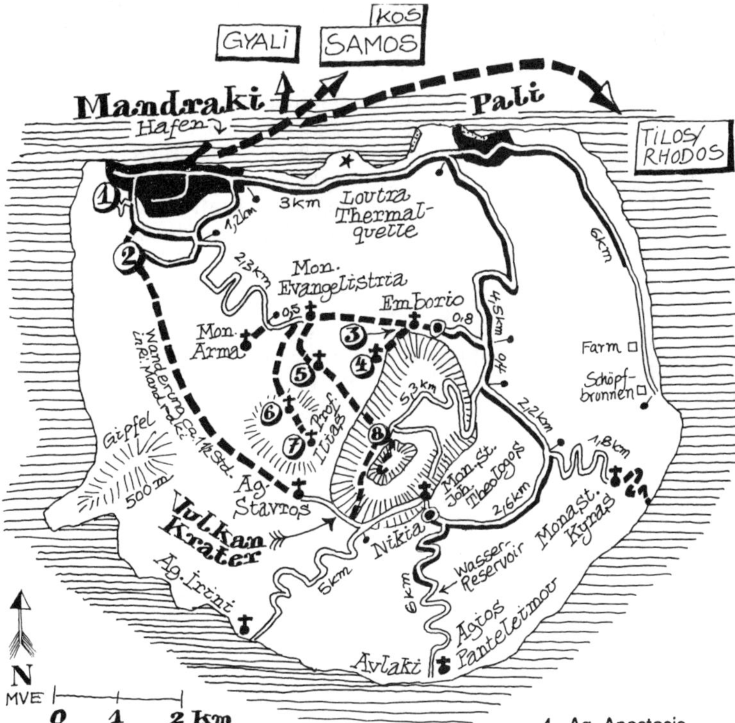

Fahrweg Asphalt bzw. Beton
Fahrweg Schotter bzw. Staub
Fußweg

1 Kloster P. Spiliani
2 Paleiokastro
3 Ag. Taxiarchis und Kastro
4 Ag. Anastasis
5 Ag. Anastasia
6 Ag. Diabitis
7 Ag. Prof. Ilias
8 Barackenkantine/Krater

Verbindungen

Fähren: Großfähren auf der Strecke von Piräus via Kos nach Nisyros und weiter nach Rhodos (via Tilos, Symi) rund 1- 2 mal/Woche. Überfahrt z.B. Kos-> Nisyros ca. 1 Std. 2o Min. ca. 8 DM/Deckspassage, bzw. Nisyros -> Tilos 1 Std 1o Min., ca. 8 DM.

Preise: Piräus

REGIONALFÄHRE: sehr kleines Schiff, 4- 5 mal/Woche auf der Strecke Kos-> Nisyros (2 Std.) -> Tilos (1 1/2 Std.) -> Symi (2 Std.) -> Rhodos (2 Std.). Achtung: Fahrplan wechselt; bei Schlechtwetter Verspätungen.

AUSFLUGSBOOTE: im Sommer ab Kos/Stadt täglich, sowie ab Kardamena/Kos. Weiterhin auch ab Rhodos. Die Preise sind erheblich höher als per offizieller Fähre, - dafür aber je nach "Tourangebot" der Trip rauf· zum Vulkankrater inkl.

Nächster **Airport**: KOS bzw. RHODOS. Wegen häufigerer u. kürzerer Fährverbindung nach Kos dürfte dieser Airport vorzuziehen sein. Ab Rhodos aber häufigere Flugverbind.

Eigenes Auto auf die Insel mitzunehmen, ist Entscheidungssache. Teuer auf der Fähre ab Piräus: nix unter 1oo DM einfach je nach Größe. Auf der Insel selber bringt eigenes Fahrzeug zwar größere Bewegungsfreiheit (unabhängig von Busabfahrtszeiten), wird jedoch wegen scharfkantiger Löcher in den Betonpisten strapaziert. Zudem gibt's billige Mietmopeds sowie Busse.

Insel Transporte

Die 4 **Inselbusse** bedienen die Strecke vom Hafen nach Pali sowie nach Nikia oben am Kraterrand. Im Sommer 2 mal tägl., in Vor- und Nachsaison reduzierter Betrieb!

Taxi: derzeit nur 1 Taxi auf der Insel, gehobene Fahrpreise. Die Strecke Hafen nach Pali (5 km) kostet ca. 1o DM, der Rundtrip zum Krater satte ca. 7o DM. Preise, die jedoch wegen fehlender Taxis auch erheblich höher ausfallen können. In jedem Fall unbedingt vorab den Fahrpreis vereinbaren!

Mopeds können bei den Hotels "Romantzo" und "III Brothers" ausgeliehen werden. Pro Tag ca. 2o DM. In der Vor- und Nachsaison, wenn man zu mehreren Fahrzeuge mietet, gibts Rabatt.

KARTEN: die in den Geschäften erhältliche Fotokopie "Nisiros-Karte" in Din A 4 Größe ist kaum als brauchbar zu bezeichnen.

GESCHICHTE: der Sage nach entstand die Insel durch den Meeresgott Poseidon, der dem Göttervater Zeus im Kampf gegen die Titanen half. Poseidon riß mit seinem Dreizack ein Stück von der Insel Kos weg und warf es gegen den Riesen Polybotes. Dieser wurde von der Insel begraben und stöhnte nun (per Schwefeldämpfe) unter der Insel. Eine sicher sehr plastische und phantasiereiche Erklärung der vulkanischen Tätigkeit der Insel.

Im Gegensatz zur Vulkaninsel Santorini/Kykladen kam es auf Nisyros nie zu gewaltigen Vulkanexplosionen und auch zu keinen "Features für Archäologen" wie komplett von Lavamassen begrabener Siedlungen (vergl. unser Kykladenband: Akrotiri), die in Ausgrabung eine Komplettrekonstruktion damaliger Lebensbedingungen ermöglichten.

Zur vorgriech. Zeit war die Insel von Dorern aus Kos und Kamiros besiedelt. Gemäß Homer (Ilias, 2. Gesang) nahmen die Inselbewohner am Trojanischen Krieg teil. Während der Perserkriege kämpfte die Insel in der Seeschlacht von Salamis (48o. v. Chr.) auf Seiten der Perser, schloss sich anschließend jedoch dem Att.-Delischen Seebund unter Führung Athens an.

Das 5. und 4. Jhd. v. Chr. gilt als Blütezeit der Insel. Sie exportierte wegen ihrer fruchtbaren, vulkanischen Lava-Böden einen guten Vulkanwein. Ein weiterer, gewinnträchtiger Exportartikel waren die aus Bimsstein gefertigten Mühlsteine. Eine Festung oberhalb des heutigen Mandraki-Hafens sicherte die Insel militärisch. Von ihrer wirtschaftlichen und politischen Bedeutung zeugt zugleich die Tatsache, daß sie eigene Silbermünzen prägte, die Poseidon zeigen. Aus Inschriften geht hervor, daß sie die Rechte eines eigenen Stadtstaates besaß.

Zur Zeit der Römer gehörte die Insel ab ca. 2oo v. Chr. zur (ab Athen verwalteten) römischen Provinz, wobei die Römer sich in den Inselthermalbädern erfrischten und diese ausbauten. 375 n. Chr. zu Byzanz, aus dieser Zeit stammen viele Klöster und Kirchen auf der Insel, u.a. auch die schönen Wandgemälde der heutigen Klosterruine Arma, rund 2,5 km oberhalb des Hafens Mandraki.

1312 kam Nisyros an den Johanniterorden, der die Insel 1316 als Lehen an die venezianische Adelsfamilie Assanti vergab, jedoch 6o Jahre später wieder in eigenen Besitz übernahm. Ab 1533 türkisch, 1912 - 47 unter italienischer Besatzung, anschließend zu Griechenland.

Vulkanische Aktivitäten: bei Entstehen der Insel vor 4o - 6o Mill. Jahren, siehe auch S. 185 wurde durch Bimssteinauswurf zugleich die nördl. gelegene Insel Gyali gebildet. Eine gewaltige Vulkaneruption 1522 bildete die heutige Kraterform, zu einer kleineren kam es 1888. Ein Erdbeben 1933 richtete Schäden am Kloster Kyras/ Inselwesten an (welches im Anschluß neu aufgebaut wurde), sowie im Dorf Emborio, - blieb aber ansonsten für die Insel ohne tiefgreifende Schäden. Der Vulkan "schläft" seither, indem er mit seinen schwefelhaltigen Fumarolen vor sich hin stinkt...

★ Mandraki (ca. 85o Einw.)

Größter Inselort mit schöner Altstadt. Schließt sich westlich des Fischerhafens und Fährkais an. Die Uferstraße führt bis zu einem Steilfelsen, auf dem die weiße Marien- Klosterkirche PANAG. SPILIANI liegt.

Der in vielen Führern beschriebene Waschbrunnen unterhalb des Klosters ist wohl noch vorhanden, aber verschlossen und wird nicht mehr zum Wäschewaschen benutzt. Die meisten Häuser haben Waschmaschinen, zumal der Ort elektrifiziert ist. Stromversorgung leider nicht durch Solaranlagen sondern ein E-Werk (östl. des Ortes), wo sinnlos Erdöl zur Stromerzeugung verbrannt wird!

Parallel zur Uferstraße im Ortsinneren die Hauptgasse mit mehreren

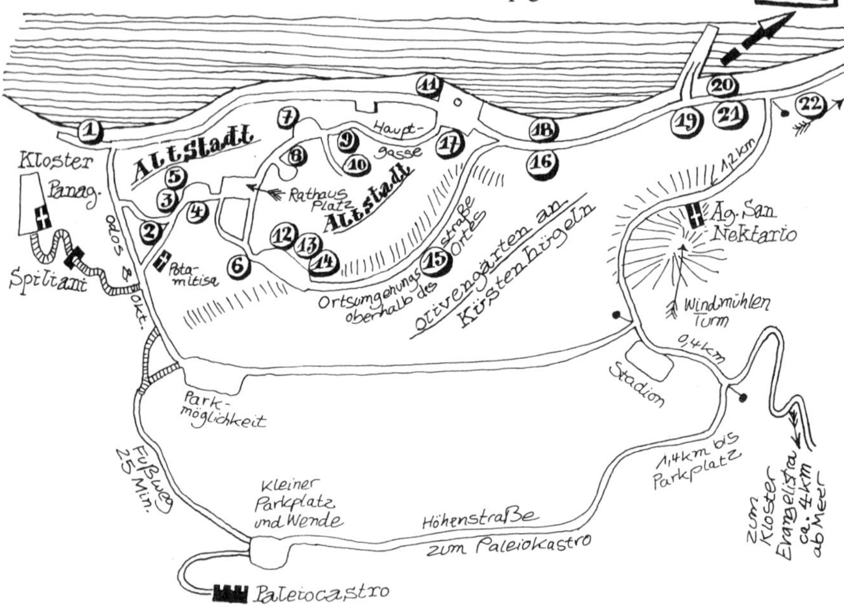

MANDRAKI

1 Pension H. Drotsia
2 Folklore Museum
3 Olympic Airways
4 Kafenion
5 alte Säulenreste unter Palme
6 Supermarkt
7 Lebensmittelgesch.
8 Supermarkt
9 Pension Drosia
1o Taverne Nisyros
11 Alte Windmühle
12 Rest. Franzis
13 Contectionary
14 Caktusbar
15 Hotel Porphyris
16 Pension Sunset
17 Kafenion/Bar Tassos
18 Karava Rest. und Pension Prohiris
19 Polizei, POST, OTE
2o Taverne und Hotel III Brothers
21 Hotel und Rest. Romantzo
22 Hotel Haritos

Krämerläden, Souvenirshops (auch Geldwechsel) und den beiden, gegenüberliegenden Pensionen "Anna" und "Drosia". Die Gasse führt über den kleinen Rathausplatz weiter und über eine Seitengasse zur baumbestanden Platia mit Restaurant "Franzis".

Die Hauptgasse setzt sich fort zum Olympic Airways Büro, neben dem unter einer Palme ein Freilichtmuseum angelegt ist (antike Säulenreste). Es schließt sich eine enge Gasse an mit dem FOLKLOREMUSEUM

("Historical and Popular Art of Nisyros") in einem Spitzwinkelhaus. Das Museum ist nur in den Sommermonaten und hier nur ein paar Stunden täglich geöffnet. Gegenüber die Kirche POTAMITISA (Kirchenfest am 8.9 und 8.11.). Die Gasse trifft auf den "Odos 8. Oktober": Häuser mit verschiedenfarbig gestrichenen Holzbalkons, Wäscheleinen von Haus zu Haus, sowie Hinweisschild:

"PANAGIA SPILIANI": es geht steil rauf über rund 13o Stufen. Das Marien- Kloster wurde im 16. Jhd. in das Mauerwerk der alten um 13oo gebauten Johanniterburg integriert. Wie der Name "Spiliani" bereits sagt, liegt die Klosterkirche teilweise in einer Höhle. Die sehenswerte Altarwand stammt aus dem Jahre 1725. Auch sind noch Spuren des alten Freskenschmucks vorhanden. Der Glockenturm ist neu und erst rund 3o Jahre alt. Großes Kirchenfest am 15. August. Vom Kloster schöner Blick über den Ort!

PALEIOKASTRO: die antike Akropolis liegt südl. oberhalb des Ortes und ist ab Odos 8 Okt. ausgeschildert: Rechts über eine enge Treppengasse, deren Hausbalkone sich in der Mitte über der Gasse fast treffen. Ca. 25 Min. bis zum Kastro. Die Mauerreste sind bis zu 3,5 m dick und fast 6 m hoch, vom ehemaligen Wehrgang schöner Blick (siehe auch Seite 187).

"**Hotel Haritos**", an der Küstenstraße Nähe Hafen. Ein sauberes und ordentliches Neugebäude mit freundlichen Kiefernholzjalousien. Große Bar, die Flaschen in Kiefernholzvitrinen. 18 blitzsaubere Zimmer mit Kiefernmöbeln, Tel. und Musik, großem Privatbad. Einzelbalkone mit Blick zum Hafen und rüber bis Kos. Zum Frühstück guter Kaffee aus der Maschine, freundlicher Besitzer, der gut Englisch spricht. DZ mit Frühstück je nach Saison ca. 45 - 6o DM. Wer dieses Buch vorzeigt, bekommt in der Vor- und Nachsaison 2o % Rabatt, zur HS 1o % Rabatt auf den Zimmerpreis.

"**Hotel Romantzo**", oberhalb der Straße direkt beim Hafen. 2-stöckiger, leicht versetzter alt/neu- Bau mit Einzelbalkons teils über der Restaurantterrasse (wilder Wein). Im alten Teil Landgasthofcharakter, die Wände des Restaurants mit Holzimitationsfolie überklebt und seitlich der Bartheke kitschige Wandteppiche. 25 Zimmer, groß mit Terrazzoböden, dunkel möbliert, einfache Privatbäder mit Duschwanne. Der freundliche Besitzer hat viele Jahre in New York als Barkeeper gearbeitet und spricht fließend Englisch. Zimmerpreise ca. 25 - 33 DM je nach Saison.

"**Hotel III Brothers**", direkt beim Hafen, am Wasser. Ein kleineres 2-stöckiges Haus mit schöner Terrasse am Meer, hinter dem Hotel Anbauterrassen mit viel Olivenbäumen. Moderne Küche, gekocht wird aber nur, wenn es sich lohnt. 12 Zimmer, 9 davon mit Seeblick. Standardmöbliert, Glühbirne an der Decke, Privatbäder mit Duschwanne. Bezügl. "III Brothers": der 1. arbeitet im Hotel,- der 2. lebt in den USA, und der 3. studiert. Das DZ ca. 25 - 3o DM.

"**Hotel Prophyris**", an der Ortsumgehungsstraße oberhalb des Ortes. Das langgestreckte 2 stöckige Haus liegt in Olivengärten, kl. Swimming Pool, - ist innen jedoch etwas nüchtern. Kahle Restaurationsräume mit Marmorboden, denen noch etwas die Patina fehlt. 32 Zimmer mit Bad und Balkon, DZ je nach Saison ca. 4o - 55 DM.

"**Pension Anna**" in der Hauptgasse/Altstadt. Nur wenige, einfach eingerichtete Zimmer mit Gemeinschaftsbad und Toilette, DZ ca. 18 - 22 DM je nach Saison. Ähnliche Preise in der gegenüberliegenden Pension "**Drosia**".

"**Pension "Sunset**" an der Uferstraße zwischen Hafen und Altstadt. Einfach eingerichtet, Gemeinschaftstoil./Bad, DZ ca. 18 - 22 DM.

"**Pension Porphyris**", schräg gegenüber am Meer, ähnlich in Preis und Ausstattung.

"**Pension H. Drotsia**", unterhalb der Johanniterfestung und Klosterkirche Ag. Spiliani direkt am Meer. Kleine Zimmer, die Lage kostet Aufpreis: DZ je nach Saison und Frage, ob Meeresblick ca. 25 - 27 DM.

"**Nisyros**", direkt daneben, relativ neu. Saubere Zimmer meist mit Balkon und z.T. Blick aufs Meer. DZ ca. 3o - 35 DM, viele Zimmer nur mit gemeinschaftsbad.

Privatzimmer im Ort je nach Saison und Lage ca. 18 - 25 DM.

"**Hotel White Beach**", 3 km außerhalb des Ortes an der Küstenstraße und kurz vor dem Ort Pali. Am Hang gebaut, knapp oberhalb des Meers, das hier Strandbereich besitzt (ca. 2oo m lang, gilt als "bester" der Insel). Das Hotel zieht sich in 2 Stufen am Hang runter und wirkt insofern nicht als Kasten. Rund 5o Zimmer, alles mit Blick zum Meer, eigenem Balkon, Privatbad. Unten am Strand kleine hoteleigene Strandtaverne. Das DZ je nach Saison ca. 5o - 6o DM.

"REST. FRANZIS" am Platz oberhalb der Altstadt (vergl. unsere Karte: Nr. 12). Unter schattenspendenden Bäumen ist fast die ganze Platia mit Tischen des Restaurants belegt. Wegen der leichten Erreichbarkeit per Straße wird das Restaurant gerne von den 1-Tages-Ausflugstouristen besucht; abends geht's etwas ruhiger zu. Preise und Portionen sind derzeit noch o.K., übrigens selber Besitzer wie Pension Anna.

"TAV. NISYROS" im Altstadtbereich und Seitengasse von der Hauptgasse (vergl. unsere Karte: Nr. 1o).Tische unter Mattendach, Außengrill. Portionen sind klein, aber schmackhaft.

"REST. KARVA", befindet sich in einem alten Hafenhaus mit hohen Rundbogenfenstern (Karte: Nr. 18). Gerichte vorzüglich gewürzt, allerdings war unser Beefsteak eher eine Kinderportion. "Spaghetti Bolognese" o.K., die Moussaka jedoch eher ein Pfannkuchen.

"TAV. III BROTHERS" (Karte: Nr. 2o), etwas kühle Neonbeleuchtung im Innenraum, draußen sitzt man schön auf Terrasse oberhalb des Meers. Schön: die Küche geht in den Speiseraum über, so daß man der Köchin beim Zubereiten der Speisen zusehen kann. Appetitanregend sind die vielen verwendeten Inselgewürze und -kräuter. Portionen groß und preiswert; vorzüglich war bei unserem Test auch die Pizza.

"REST. ROMANTZO" (Karte: Nr. 21), in Gartenanlage vor dem Hotel: Außenterrasse unter schattigen Bäumen.

Im Ortsbereich Mandraki möglich, jedoch Ministrand und nichts besonderes. Besser: bei Pali/Nordküste oder Badekaiki rüber zu den guten Sandstränden der Insel Gyali (siehe Seite 189).

✶ Nord- und Ostküste

Die asphaltierte Nordküstenstraße führt von Mandraki in 3 km bis zur Abzw. nach Nikia und einen weiteren km bis zum Ort Pali.

Rund 1,3 km nach Ortsausgang Mandraki und direkt unterhalb der Küstenstraße die bereits von den Römern genutzten Thermalquellen von LOUTRA, allerdings heute nichts besonderes mehr. Von den 2 häßlichen Häusern (19oo) ist eines bereits eine Ruine, das andere noch in Betrieb. Das mit über 5o Grad C austretende Wasser muß erst gekühlt werden und wird von Griechen auf ärztl. Anordung gegen Rheuma und Gelenkerkrankungen genutzt.

Kurz vor der Abzweigung Nikia liegt unterhalb der Straße beim White Sand Beach Hotel der beste Inselstrand: er ist rund 2oo m lang bei mittelmäßiger Sandqualität. Unten am Strand eine Taverne des Hotels.

PALI: der Fischerort besteht erst seit 1933 und dem damaligen Erdbeben, welches besonders die Ortschaft Emborio oben am Kraterrand heimsuchte. Viele der Bewohner zogen damals runter nach Pali. Heute ein angenehmes Nest mit Bäckerei und kleinem, schwarzsandigem Lavastrand (es gibt bessere Strände...)

"Hotel/Restaurant Hellenis", modernes und kleineres 3-Stock Hotel in Nähe des Fischerhafens. Der Restaurantraum mit offenem Kamin für die kühleren Wintermonate auf der Insel. Spezialität ist Fisch vom Grill. Wir aßen ausgezeichnet, mit Kräutern gegrillten Oktopus!

14 unterschiedlich große Zimmer, einfachst eingerichtet aber sauber. Bäder mit oder ohne Duschwanne, kleine Balkone. Die schönsten Zimmer liegen auf der Dachterrasse mit kleinem Balkon zum Hühnerhof und einer Terrasse zum Meer. DZ ca. 25 - 3o DM.

Ab PALI setzt sich die Straße zunächst 2,2 km mit Betonbelag fort, anschließend Staubpiste. Schlängelt sich durch bergiges Gelände mit vielen Kurven und auch Steilstücken, die Fahrkunst benötigen. Felsküste mit gelegentlichen Strandbuchten schwarzen Lavasandes, durchsetzt mit Seetang und Gras. Insgesamt zum Baden nicht optimal. Die Straße endet nach 6 km an einer steil abfallenden Felsbarriere bei einem Schöpfbrunnen. - Inselbusse: Mandraki →Pali, anschließend kein öffentl. Transport.

KLOSTER KYRAS: nur ab Inselstraße Mandraki →Nikia zu erreichen, Busse. Rund 2,6 km vor dem Dorf Nikia lässt man sich absetzen: hier zweigt eine Beton- Serpentinenpiste steil die Küstenhänge zum Kloster runter (ca. 1,8 km).

Das Kloster wurde durch das Erdbeben von 1933 weitgehend zerstört, anschließend jedoch wieder aufgebaut. Für den Wanderer ist es eine angenehme Raststätte. Der saubere Innenhof mit seinen schattigen Orangenbäumen ist weinbewachsen. Es gibt frisches Quellwasser, heute allerdings aus dem Wasserhahn. Die Kirche ist verschlossen, Kirchenfest am 15. August. - Ab Kloster ein Fußpfad in 45 Min. runter ans Meer.

★ Nisyros Vulkankrater

Für viele Inselbesucher die Hauptattraktion. Man sollte sich nichts Spektakuläres erwarten (wie z.B. Besuch der griech. Vulkaninsel Santorini), - trotzdem: die Fahrt von Mandraki über die fruchtbaren Vulkanhänge rauf zum Krater ist schön und lohnend! Folgende Möglichkeiten:

* Per organisierter 1- TAGESTOUR ab Nachbarinseln. Inklusiv ist Schiffsüberfahrt (teils mit Schnellbooten, die gegenüber Normalfähren Zeit sparen) sowie der Bustransfer ab Hafen Mandraki rauf zum Vulkankrater und weiterhin der Besuch von einem oder mehreren Inselklöstern und dem Paleiokastro oberhalb des Hafens wegen schönem Blick. Die Tour endet in der Regel im "Franzis- Rest."/ Mandraki (siehe Ortsbeschreibung), welches bereits die gängigsten internationalen Flaggen über seinem Eingang ausgehängt hat...

  Diese Tours sind nicht gerade billig, haben aber den Vorteil, daß alles in 1 Tag ab z.B. Kos oder Rhodos retour klappt. Nachteil: der "Herdenbetrieb".

* Auf eigene Faust: zunächst Schiffspläne prüfen, wann es Fähren nach Nisyros gibt und zu welcher Tageszeit diese in Mandraki eintreffen. In der Regel gibts im Sommer zu Ankunft der Schiffe ab Hafen Mandraik Busse rauf zum Krater. Kann sein, - muß aber nicht (wenn z.B. das Schiff erst am Nachmittag auf Nisyros eintrifft). In dem Fall ist Übernachtung auf Nisyros nötig. Die Busse warten oben am Krater rund 45 Min., bevor sie wieder runter nach Mandraki fahren. Zeit für "groben Überblick und das Gefühl des Windes".

  Erheblich schöner sind Wanderungen: retour ab/bis Mandraki in ca. 4 - 5 Std. möglich, bzw. ab Krater bergab nach Mandraki ca. 1 1/2 - 2 Std. Details siehe Seite QW.

  Die schönste Art, Nisyros und seinen Vulkan zu besuchen: Übernachtung auf der Insel (abends in Mandraki, wenn Ruhe eingekehrt ist), und am nächsten Morgen Bus und Wanderung kombinieren.

  Alternativen: Taxi ist sauteuer (ca. 8o DM retour) oder per Mietmoped: Vermietung im Hotel Romantzo und III Brothers/Mandraki, ca. 2o DM/ Tag.

Die Straße ab MANDRAKI/Hafen geht zunächst entlang der Nordküste 3 km bis zur Abzweigung ins Inselinnere. Hier Anstieg die Vulkanhänge rauf durch baumbestandene Berglandschaften (Feigen-, Olivenbäume, Eichen). Trotz ähnlich niedriger Niederschläge wie auf anderen Dodekanes Inseln ist Nisyros ungewöhnlich grün: die vulkanischen Böden sind nicht nur fruchtbar, sondern halten auch das Wasser.

Nach 4,5 km: Abzweigung o,8 km zum Dorf **EMBORIO** oben am nördlichen Kraterrand. Emborio wurde durch das Erdbeben 1933 weitgehend zerstört. Heute eine Geisterstadt, nur noch wenige Häuser sind bewohnt (weiß gekalkt), - der "Rest" ist eine Natursteinruine. Oberhalb des Ortes auf Felskuppe die Ruinen eines venezianischen Kastell: der Aufstieg lohnt wegen Superblick über die Ägäis, ansonsten Steinhaufen. Die in der Nähe liegende Kirche "Taxiarchis" ist verschlossen. -

Ab Emborio Wanderung in 45 Minuten rüber zum Kloster Evangelistra (Details siehe Seite 188).

Wer den Bus nimmt: Endstation ist das Dorf **NIKIA** am südlichen Kraterrand. Nur ca. 1oo Einwohner. Es liegt ausgesprochen schön oberhalb der Caldera, besitzt Sommertavernen. Zugleich Superblick über die Ägäis südlich nach Tilos!

In der Kirche am Dorfplatz 35o Jahre alte Ikonen, die der Pope stolz zeigt; im Raum neben dem Altar hat er zugleich ein kleines Museum eingerichtet. Am Ortseingang die Taverne "Ta Nikeia" mit Blumenkübeln ums Haus, die Tische unter einer Akazie und Mattendächern. Großartiger Blick rüber nach Tilos. - Im Dorf Nikia gibt's wenige Privatzimmer.

Vom Parkplatz am Ortseingang geht ein Treppenweg rauf zum KLOSTER JOHANNES THEOLOGOS. Im Sommer Möglichkeit für (bezahlte) Unterkunft, im ersten Zimmer gibt's eine Truhe mit Wolldecken und im Schrank die Leintücher fürs Bett. Das Kloster liegt am Kraterrand.

Ins **KRATER- INNERE** (CALDERA) kommt man über 2 Pisten. Die eine führt ab Nikia in ca. 2 km runter, - die andere schlängelt sich von der Krater-Ostseite (siehe unsere Inselkarte) in rund 5,3 km runter. Auf dieser Seite liegen weitere kleine Krater.

Endpunkt beider Pisten ist eine Barackenkantine, halb Wellblech, halb aus Stein, mit Tischen unter zwei Eukalyptusbäumen. Dieser Rastplatz ist bogenförmig ummauert und liegt wenige Meter vom Hauptkrater im Inneren der Caldera.

Entstanden ist der Vulkan vor 4o - 6o Mill. Jahren. Durch submarine Tätigkeit hatte er sich als Landmasse aus dem Meer gehoben und die Insel Nisyros gebildet. Die heute zu sehende CALDERA (Nordsüd- Erstreckung ca. 4 km) ist ein Einsturz des Kraterinneren bei einer gewaltigen Vulkanexplosion 1522. Die Berggipfel des Profitis Ilias (westl. der Caldera) und eines Gipfels östl. der Caldera entstanden durch Vulkanauswurf.

Eine weitere größere Eruption fand 1873 statt. Wichtiger Exportartikel seit der Antike bis hin ins 19. Jhd.: Schwefel. Er war in höheren Lagen bis zu diesem Zeitpunkt erschöpft, obwohl Wissenschaftler im Inneren des Vulkans durch Tiefenbohrung weitere umfangreiche Lager fanden.

Diese Bohrungen (finanziert u.a. mit EG- Fördermitteln) dienten insbesondere der Frage, ob sich das, durch den Vulkan erhitzte Wasser im Inneren durch Anbohrung für Dampfturbinen zur Gewinnung von Elektrizität nutzen läßt. Die Bohrungen sind bisher in mehr als 2 km Tiefe vorgedrungen. Problem allerdings, wie man die gleichzeitig austretenden Schwefeldämpfe bei Stromgewinnung ausfiltert, - und ob sich derartige Anlagen finanziell lohnen.

Während der Boden der Caldera von reichem Pflanzenbewuchs bedeckt ist (viel Ginster und Heidekraut, Weidegebiet der Bauern für Kühe), - gibt's innerhalb der Caldera mehrere vulkanische Krater. Der größte mit Durchmesser ca. 3oo m liegt direkt südl. der Barackenkantine. Zu Fuß kann man über einen Pfad runtersteigen.

Das Regenwasser schwemmte über die Jahrtausende Schlamm in diese Krateröffnungen. In Perioden verstärkter Vulkanaktivität wird das in den Boden eingesickerte Grundwasser von der Magma erhitzt und steigt in den

Schlammsee auf. Folge: er ist aufgeweicht und nicht begehbar.

Derzeit ist der Kraterboden (wegen reduzierter vulk. Aktivität) jedoch ausgetrocknet und kann überquert werden. An vielen Stellen Fumarolen mit Schwefelkristall-Ablagerungen, sowie brodelnde Wasserlöcher. Es stinkt saftig nach faulen Eiern (Schwefelgase). Keinerlei Vegetation. Die Kraterwände zeigen Farbschattierungen von weiß, gelb, rot bis braun.

Generell gilt: im Sommer Hitze von oben, - plus: vulkanische Hitze von unten, - Temperaturen von 45 Grad und mehr im Kraterinneren sind keine Seltenheit!

Mandraki -> Nikia am Kraterrand im Sommer mehrmals pro Tag, abhängig auch von Fährankunft. Viel Zeit oben am Kraterrand bleibt allerdings nicht. Außerhalb der Saison reduzierter Busfahrplan. - Derzeit keine Busse runter an die Südküste auf den Pisten nach Avlaki und Ag. Irini. Hier bleibt nur aufwendiger Trip per Schusters-Rappen oder Miet-Stinkmoped...

Für den Vulkanbesuch ist eine Wanderung ab/bis Hafen Mandraki lohnend, benötigt jedoch Kondition retour und mit Stop gut einen gestreckten Tag. Folgende Möglichkeiten:

(1) Morgenbus ab Mandraki (im Sommer!) rauf nach Nikia. Nach einem entspannenden Aufenthalt in einer der Tavernen mit Superblick über Südküste dann der Abstieg in die Caldera und Besuch des Hauptkraters. Vom Barackenkiosk dann steiler Anstieg den Calderahang rauf (Routeninfo im Kiosk) zur Kirche Ag. Anastasia. Benötigt in dieser Richtung gut 2 Std.

Weiter bergab ca. 4o Min. zum Kloster M. Evangelistra. Hier beginnt eine 4 km Fahrstraße runter nach Mandraki Hafen, die bei Wanderrichtung von oben nach unten in sichtbaren Pfaden abgekürzt werden kann und ca. 3o - 4o Min. bergab benötigt.

(2) ODER: Morgenbus ab Hafen nach Nikia plus Calderabesuch. Von Nikia eine 2 km Piste am südl. Kraterrand zur Kirche Ag. Stavros. Bzw. ab Barackenkantine ein Pfad in Südrichtung senkrecht den Calderahang rauf (ca. 4o Min.), der auf die Nikia -> Stavros- Piste trifft.

In Ag. Stavros (siehe Karte) beginnt ein Trail nach Mandraki, der bergab ca.1 1/2 Std. via Paleokastro nach Mandraki benötigt. Es geht durch unwegsames und unbewohntes Bergland. Teils Schotterweg, teils auch steiniger Trails, markiert. Zunächst ab Stavros entlang des Südhanges des Prof. Ilias in rund 3oo m oberhalb des Meeres. Nach ca. 1,5 km zwischen dem rund 7oo m hohen Gipfel des Prof Ilias (Nordosten) und einem rund 5oo m hohen Berggipfel (Südwest) hindurch.

Anschließend in rund 25o m oberhalb des Meeres und parallel zur Westküste bergab: ständig auf die Insel-Nordwestspitze (Paleiokastro/Mandraki) zuhalten. Ab Paleiokastro dann Fußweg (ca. 2o Min.) runter in den Ort zur "Odos 8 Okt.", siehe Ortsbeschreibung/ Mandraki.

Achtung: die Gesamtstrecke benötigt gute Zeit-Organisation. Je nach Busfahrplan erreicht man Nikia im Laufe des Vormittags. Plus Calderabesuch sollte man spätestens gegen 16 Uhr ab Ag. Stavros starten, um Paleiokastro und Mandraki rechtzeitig zu erreichen. Man muß daher in der glühenden Mittagshitze den steilen Calderarand rauf nach Stavros. Gutes Schuhwerk, insbesondere Sonnenschutz und genügend Trinkwasser sind Grundbedingung!

Der letzte Teil des Trails ist schön; oben auf der antiken Paleiokastrofestung den Sonnenuntergang im Westen genießen! Der "Abstieg" in den Ort auch nach Sonnenuntergang problemlos wegen der Lichter des Hafenortes.

Insel-Westteil

Komplett unbewohnt, was den steilen Westküstenteil betrifft. Eine Stich-Straße führt jedoch ab Hafen Mandraki in 3 km zur antiken Festung PALEIOCASTRO oberhalb des Ortes und wegen Blick sehr lohnend. Sowie in rund 4,5 km zum Kloster EVANGELISTRIA, welches 45 Fußminuten vom Dorf Emborio bzw. rund 1 1/2 Std. von der Caldera liegt.

Die Stichstraße beginnt beim Hotel Romantzo/Mandraki. Hier zweigt eine Betonpiste die Küstenberge rauf. Sie führt durch Olivenhaine, vorbei an der Kirche Ag. San Nektario (vergl. unsere Mandraki-Karte).

Ca. 1,2 km nach Abzweigung/Hotel Romantzo eine Abzweigung: rechts per Höhenstraße, die bei einem Parkplatz oberhalb des Odos 8 Okt. endet. Bzw.: geradeaus o,4 km vorbei am Stadion eine weitere Abzweigung:

* rechts eine 1,4 km Straße, die an einem Parkplatz unterhalb des Paleiokastros endet:

  Diese Straßenabzweigung ist Zufahrtsmöglichkeit per PKW/Mietmoped zum Kastro. Es erhebt sich oberhalb des Parkplatzes. Zwar Festungsruine, so doch gewaltige Mauern bis 6 m Höhe, die in teils perfektem Fugenwerk und Steinbearbeitung aufeinander gefügt wurden. Das Eingangsportal mit beachtlichem Torsturz von 4 m besitzt eine Inschrift aus dem 4. Jhd. vor Chr. Unterhalb der Festung (besiedelt bis ins 5. Jhd. nach Chr.) befinden sich Gräber. Sie sind derzeit nur stichprobenhaft durch die Archäologen erforscht.

  Es fehlt an Geldmitteln, weitere Grabungen dürften jedoch interessanten Aufschluß zur griechischen und römischen Epoche der Insel bringen. Im 4. im 5. Jhd. v. Chr. besaß sie das Recht, eigene Münzen zu prägen. Dies war nur den bedeutendsten Inseln vorbehalten!

* links steigt die Straße in Serpentinen den Berg rauf. Zunächst Beton, dann Schotterpiste. Sie ist eingesäumt von Ginster, Steineichen, Oliven und Mandelbäumen:

Gut 2,3 km nach besagter Abzweigung, dort wo die Kurven enden und die Straße in flacheres Gelände übergeht: Rechts eine Gebäuderuine, hinter der ein Fußpfad zum KLOSTER MON. ARMA abgeht. Das von außen unscheinbare 1-stöckige Haus mit Tonnengewölbe liegt hinter einer

Mauer versteckt und enthält ausgesprochen schöne Fresken. Es ist unbedingter Nisyros-Tip für Kunstliebhaber, sofern nicht zwischenzeitlich für Besucher zugeschlossen, - siehe unten.

Da der Weg etwas schwer auffindbar ist, folgende Orientierungspunkte: ca. 25 m hinter o.g. Hausruine weiter ein betonierter Wasserdurchlauf unter dem Weg, wo schmale Parkmöglichkeit besteht. Von dieser Stelle Blick runter auf Loutra und das E-Werk.

Der Pfad führt weiter ca. 3 Min. an einer Mauer entlang und schließlich auf ein teils mit Ginster bewachsenes Plateau. Auf diesem weiter am seinem rechten Rand (Blick auf Mandraki), nach ca. 1 Min. ist das Kloster erreicht, welches sich hinter einer gut 4 m hohen Mauer aus schwarzen Lavasteinen versteckt.

Die Gründung wird auf das 6. - 7. Jhd n. Chr. geschätzt. In der renovierten Klosterkapelle sind Decken und Wände von gut erhaltenen Fresken bedeckt. Leider haben Schmierfinke die unteren Fresken der rechten Seite mit Handschrift versehen. Einer der Gründe, warum immer mehr derartige kunsthistorische Kleinode Griechenlands den Besuchern verschlossen werden.

Ab Abzweigung Kloster Arma führt die Straße noch rund o,6 km weiter bis zum KLOSTER EVANGELISTRIA. Es liegt an der Basis einer rauhen Berglandschaft. Im Rondell vor dem Kloster ein großer Pfefferbaum und am Klostereingang ein Schöpfbrunnen. Das Kloster selber ist verschlossen. Unterkünfte bei der Kirche für die Pilger der Kirchenfesttage (am griechischen Osterdienstag sowie am 15. August).

Ab Mon. Evangelistria 3 lohnende Wanderungen:

① Ein östlich auf der Höhe weiterführende Pfad geht in ca. 45 Min. zum Dorf Emborio. Man muß darauf achten, daß man nicht auf den rechts ins Tal zu einer Farm führenden Schotterweg kommt. Ab Emborio knapp 1 km zur Straße Plati -> Nikia mit Busverbindung retour nach Mandraki. Ebenso gibt's ab Emborio eine rund 6 km Straße runter in den Vulkankrater.

② ab Kloster Evangelistria Direktweg zum Vulkankrater: Zunächst nach Südost auf einem Schotterweg, der ins Tal zu einer Farm führt. Nach wenigen 1oo m auf einem hier steil zum Kraterrand rauführenden Pfad kommt man an der Anastasia Kapelle vorbei, die hinter einem Felsvorsprung liegt. Vom Grat des Kraterrandes dann 3oo m runter in die Caldera. Insges. ab M. Evengelistria bis Caldera bergauf ca. 1 1/2 Std.

③ ab M. Evangelistria Besteigung des 7oo m hohen Inselgipfels Prof. Ilias. Rund 7o m vor dem Evangel. Kloster zweigt von der Zufahrtsstraße rechts ein Pfad ab (weißer Pfeil bzw. Punkt auf Felsen), der via Kirche Ag. Diabatis (6oo m hoch) in 1 1/2 Std. zur 7oo m hoch gelegenen Profitis Ilias Kirche führt. Leider verliert sich die Markierung kurz vor dem Gipfel in zahlreichen Ziegenpfaden, aber restliche Strecke geht auch ohne Wegweiser. Oben großartiger Rundblick über sämtliche benachbarten Ägäisinseln bis zur türkischen Küste! Achtung: eine Abstiegsmöglichkeit von der Prof. Ilias Kirche zum Krater besteht nicht!

Insel- Südküste

Steil, unwegsam und fast unbewohnt. Auch die Badebedingungen sind nicht die optimalsten, kein öffentlicher Transport per Bus.

Zwei Orte werden ab NIKIA über Serpentinen- Stichpisten erreicht:

* AVLAKI über eine 6 km Piste. Es geht zunächst über eine Betonstraße steil runter, vorbei an nicht mehr bestellten Terrassenfeldern, die mit Olivenbäumen und kleinen Steineichen bewachsen sind. Teils auch Feigen und Mandelbäume. Bei einem größeren Wasserreservoir endet der Betonteil der Straße. Der Rest Schotterpiste runter zur Bucht:

  Verfallene Häuser an Steilküste. Unterhalb der Ag. Panteleimou Kirche Parkmöglichkeit. Lavabrocken begrenzen einen kleinen Fischerhafen. Der Strand wegen Nordlage verschmutzt.

* AG. IRINI, zu erreichen über eine Schotterpiste. Zunächst ab Nikia rund 1,3 km entlang des Südkraterrandes, dann steil über eine 5 km Serpentinen- Schotterpiste runter ans Meer. Die Piste ist so schlecht, daß fast ein Jeep nötig ist. Unten am Meer kleine Kapelle.

INSEL GYALI

Rund 6 km nördlich der Insel Nisyros vorgelagert. Die Miniinsel besitzt eine Höhe von ca. 17o m und besteht aus Bimssteinauswurf des Nisyros-Vulkans. Im Abbau ist eine Minengesellschaft tätig. Die 6o Arbeiter wohnen teils mit Familie auf Gyali, teils auf Nisyros. Mineneigene Boote halten den Pendelverkehr aufrecht.

Im Sommer auch Badekaikiverbindung ab Mandraki/Hafen. Die Insel Gyali besitzt gute Sandstrände, jedoch derzeit keine Unterkunftsmöglichkeit.

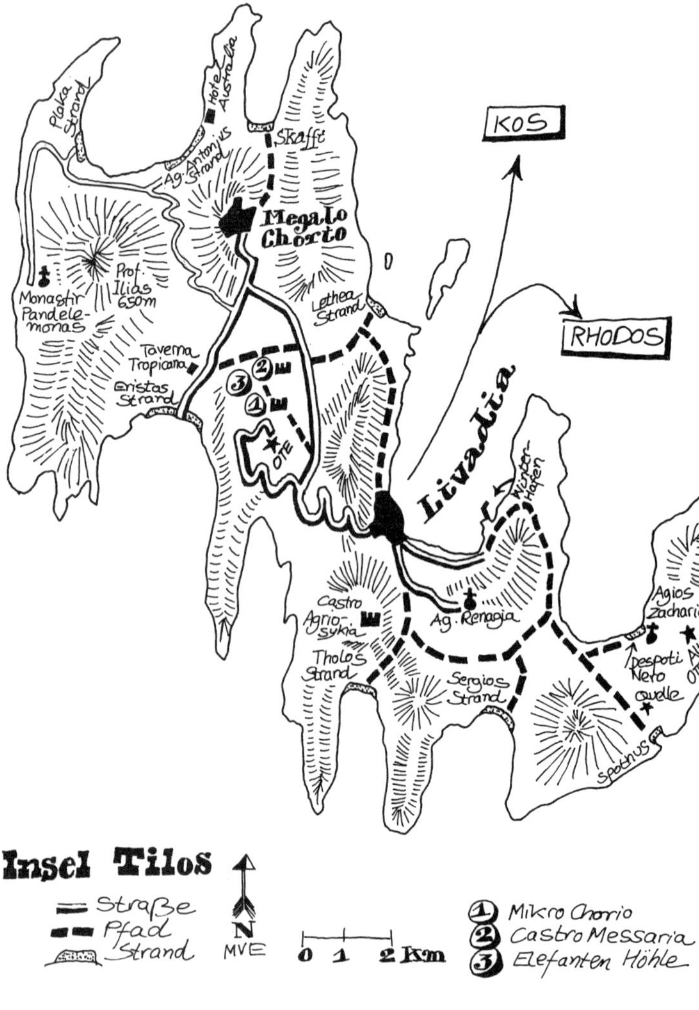
KOS
RHODOS
Plaka Strand
Hotel Australia
Ag. Antonius Strand
Skafft
Megalo Chorio
Prof. Ilias 650m
Monastir Pandelemonas
Lethea Strand
Taverna Tropicana
Eristos Strand
OTE
Livadia
Winter-Hafen
Ag. Renagia
Castro Agriosykia
Tholos Strand
Sergios Strand
Agios Zacharia
Despoti Nero
Alter OTE Turm
Quelle
Spothus
Insel Tilos
Straße
Pfad
Strand
N
MVE
0 1 2 Km
1 Mikro Chorio
2 Castro Messaria
3 Elefanten Höhle

Insel Tilos

Stark gebirgige, von Buchten zerklüftete Insel. In nur 1 km vom Meer steigen die Berge bis 65o m rauf. Nur dünn besiedelt, da die Wasserversorgung bei äußerst kargen Bergen und seltenen Niederschlägen ein ernstes Problem ist.

STRÄNDE sind o.K., teils Kies, teils gute Sandbuchten (speziell um Livadia, dem Hauptort). - Noch relativ wenig Tourismus. Eine Insel mit kaum Abwechslung a la Diskos, Shops und Restaurants, - dafür Natur.

Verbindungen

SCHIFF: Großfähren 1- 2 mal/Woche ab Piräus via Kos und Nisyros nach Tilos. Ab hier weiter via Symi nach Rhodos. Die Fähren transportieren auch PKW, bei der Kleinräumigkeit der Insel Tilos (und hohem Transportpreis auf der Fähre jedoch kaum sinnvoll).

Überfahrt: Kos-> Tilos ca. 2 Std. mit Zwischenstop auf Nisyros, bzw. ab Tilos -> Symi 1 Std. 15 Min. und weiter nach Rhodos ebenfalls 1 Std. 15 Min.- Preis: die Deckspassage pro Person ist fast geschenkt. So kosten Kos -> Tilos ca. 1o DM, ebenso die Strecke Tilos -> Rhodos.

REGIONALFÄHREN: 4 mal/Woche mit Minischiff auf der Strecke Kos -> Nisyros -> Tilos -> Symi -> Rhodos. Überfahrt Kos -> Tilos ca. 3 1/2 Std. und Tilos -> Rhodos ca. 4 Std. 1o Min. Bei Schlechtwetter sind Verspätungen oder Stornierungen üblich. - Preise/Deck ähnlich wie bei Großfähren.

SCHNELLBOOTE: im Sommer 1- 2 mal/Woche von Kos direkt nach Tilos (1 Std.) weiter Tilos -> Symi (1 Std.) -> Rhodos (1 Std.). Strecken und Häufigkeit können wechseln. Als Verbindung schnell, aber fast dreifacher Preis der Normalfähren.

INSELBUS: im Sommer zwischen Livadia -> Megalo Chorio und Eristas Strand. Fahrpreis: 1 - 2 DM. Häufigkeit der Abfahrten abhängig von Bedarf.

MIETMOPED: zwischenzeitlich mehrerer Vermieter im Hafenort Livadia, die auch Enduros verleihen. Viel Auslauf für die motorisierten Zweiräder gibts auf der Insel nicht, da kaum Straßen. Wegen dem steilen Anstieg von Livadia rauf nach Megalo Chorio sollte man die Maschine jedoch nicht zu schwachbrüstig mieten.

KARTEN: derzeit nur eine Fotokopie von Thomas Langhein im Hafen Livadia für gut 2 DM erhältlich. Sie ist nicht mehr in allen Punkten auf dem aktuellen Stand, vergl. daher unsere Tilos-Karte!

★ Livadia

Hafen und Inselhauptort. Post und OTE ist nur bis 14 Uhr (Mo- Fr) geöffnet, zu anderen Zeiten kann man vom Hotel Irini oder Rest. La Luna telefonieren.

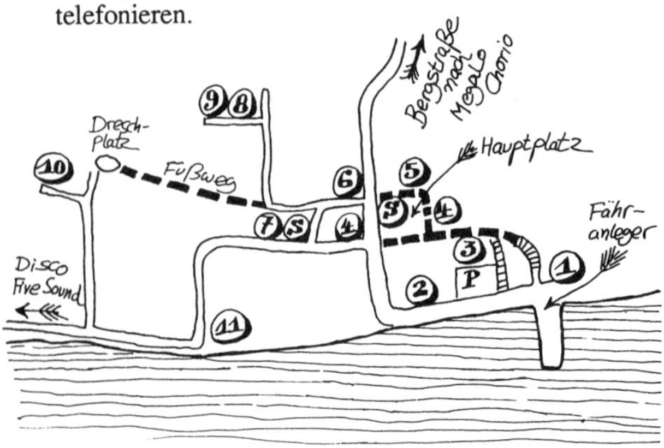

LIVADIA/ INSEL TILOS

1 Rest. La Luna
2 Polizei
3 Taverne Vassili
4 Kafeneion
5 Hotel Livadia
6 Trata Fischrestaurant
7 Souvlaki Bar
8 Pension Castello
9 Pension Anna
1o Hotel Irini
11 Taverna Irina
P = Parkplatz
S = Lebensmittelgeschäft

Es gibt Bäckerei und Mofa- Mopedverleih, sowie eine Handvoll an Tavernen. Abends ist der Hund begraben - genüßliche Langweile und relaxen im Hotel bei Buchlesen, Schach oder was sonst noch die Betten bewegt...

Lebensmittel und sonstigen Kleinkram in "Supermärkten" des Hafenortes. Ansonsten eine im Sommer betriebene Disco.

"LA LUNA" am Fähranleger, -"TRATA": Fischspezialitäten, teuer aber gut und nach wie vor Tip. - "VASILI": oberhalb des Meers mit Hafenblick von der Terrasse, wohl derzeit bestes. "IRINIA" unten am Meer, relativ große Auswahl bei angemessenen Preisen. Kritik allerdings: Tsatziki kommt aus der Konserve, und viele bettelnde Katzen. Auch andere Leser berichten, daß die Qualität nachgelassen hat.

"SOPHIA", exzellentes Restaurant an der Teerstraße zwischen Taverna Irina und Disco. Preise angemessen, Essensqualität gut, immer voll.

Nur wenige Betten, kann zur HS zu Engpässen führen!

"**Hotel Irini**", schönstes Hotel der Insel. Liegt oberhalb der Bucht, sauber. Eingang durch Torbogen, Gartenanlage mit Palmen und Bananen. Das Hotel 1- stöckig, verschachtelt im Kykladenstil vermischt mod. Skelettbauweise, die sich jedoch im Garten integriert. Gemütlicher Frühstücksraum, die Zimmer mit Rauhputz, wohnlich mit rustikalen Möbeln, Teppichböden und große Bäder. Große Terrassen. Das DZ ca. 35 - 55 DM je nach Saison. Mit Velbinger- Führer 1o % Rabatt aufs Zimmer. Spezialität des Wirtes: Sahnejoghurt mit Pfirsichen, Honig und Mandeln. Spitze!

"**Hotel Livadi**", sehr einfaches Hotel, 3 Stock schmal in die Höhe gebaut mit Längsbalkonen. DZ. ca. 25- 35 DM je Saison, meist Zimmer mit Gemeinschaftsbad.

"Pension Castello", moderner Rauhputzbau mit Privathaus-Charakter im Garten am Hang. Nur wenige Zimmer (mit Gemeinschaftsbad), Besitzer lebt im Sommer im Wohnwagen, freundlich, DZ ca. 15 DM.

"Pension Anna" neben Castello. Nur ganz wenig Zimmer.

Der Ortsbadestrand von Livadia ist gut 5oo m lang und sauber. Zunächst Sand/Kies, später reiner Kiesstrand. Eine Teerstraße führt ab Taverna Irina gut 2 km entlang und endet an einem, nur während der Winterstürme benutzten, kleinen Fischerhafen ohne Bebauung. Kahles Land, praktisch kein Sonnenschutz.

Wer will, kann ab Livadia zu den südl. gelegenen Stränden (siehe unsere Karte!) Despoti Nero (mit Quelle) - Spothus (Steinstrand) - Sergios und Tholos Strand zu Fuß rüberlaufen. Obligatorisch sind gutes Schuhwerk, Sonnenschutz (breitkrempiger Hut) und Wasserflasche sowie Lebensmittel: die Region ist absolut unbewohnt. Karges, mit Steinen übersätes Bergland, kein Mensch, und bei gut 3 - 5 km pro Richtung zur HS wohl wegen Unbequemlichkeit auch kaum ein anderer Urlauber.

Strände an der nordöstl. Livadia Bucht: auf dem Weg von Livadia nach Lethea Strand (vergl. unsere Karte!) sind ab Wanderweg zahlreiche kleine Badebuchten zu finden, die auch FKK zulassen. Steile, meist unmarkierte Abstiege vom "Wanderpfad" an den Strand. Gutes Schuhwerk obligatorisch.

★ Insel Nordwesten

Der Inselbus verbindet den Hafen Livadia mit Mega Chorio (der zweiten wichtigen Siedlung der Insel) und im Sommer mit Eristas (Strand, eine Handvoll Häuser).

Ab Livadia geht's steil in Serpentinen über eine Betonstraße in die Berge rauf. Wilde Landschaften mit Macchia, kaum Sträucher oder Bäume. Wer die Serpentinen mit schwachbrüstigem Mofa unterwegs ist, darf unter Umständen absteigen und schieben...

Oben auf dem Bergsattel: Abzweigung links geht's auf gerader PKW-breiter Betonpiste weiter bergauf zum OTE- SENDETURM. Großartiger Panoramablick auf die tief eingeschnittenen Fjordarme der Insel Tilos. Der Abstecher lohnt unbedingt, allerdings kräftiges Moped nötig, da kein öffentlicher Transport. Ansonsten Schusters Rappen...

Bzw. ab Abzweigung rechts weiter Ri. Bergnest MEGALO CHORIO. Die Straße zieht sich rechts am Berghang entlang. Abzweigende Fußpfade zum heute verlassenen Dorf Mikro Chorio (1, siehe Karte) und den Ruinen des Castro Messaria (2).

Die Siedlung MIKRO CHORIO hatte früher rund 1.ooo Einwohner. Während des 2. Weltkrieges Zerstörung durch deutsche Nazitruppen des Hitlerreiches. Nach Beendigung des Weltkrieges stagnierte auf Tilos die Landwirtschaft. Eigenverorgung ja, - aber Exporte kaum lukrativ wegen hoher Transportkosten. Zunehmende Auswanderung der Inselbevölkerung sowie fehlende Bewässerungsanlagen der Felder von Mikro Chorio führten dazu, daß der Ort bis Ende der 7o-er Jahre verlassen wurde.

Heute eine Geisterstadt, die noch die Gliederung der Felder erkennen läßt, auf denen Gemüse und Getreide angebaut wurde. Verfallene Häuser und brüchige bzw. eingestürzte Dächer. Im Areal weiden Ziegen und Schafe.

Zu errreichen ist Mikro Chorio entweder ab Straße Livadia -> Megalo Chorio per Trail, oder rund 2 km nördlicher von der Transinsular Straße auf dem Trail nach Eristas Strand (siehe Karte!).

ELEFANTENHÖHLE (siehe Karte 3): **Forscher fanden hier anfang der 7o-er Jahre viele Tausend Knöchen und Zähne von sogen. Zwergelefanten, die offenbar in prähistorischen Zeitem auf der Insel lebten. Insofern sicher spektakulärer Fund. Die Höhle selber bringt für den Besuch keine Attraktion.**

Auf der Inselstraße Livadia -> Megalo Chorio, rund 7 km nach Livadia links Abzweigung einer Straße nach

★Eristas

Gruppierung weniger Häuser in der Talsenke zur Meeresbucht. Der Strand ist rund 6oo m lang, 3o m breit, mit Sand und von Steinen durchsetzt. Bei Schlechtwetter und Winden nicht unbedingt beste Badebedingungen, - insgesamt aber einer der besten Strände der Insel.

"TROPICANA" kurz vor dem Strand, bedient im Sommer durstige Gäste und bietet Basic- Gerichte.

"NAYSIKIA", seitlich des Strandes mit Hinweisschild in Gartenlandschaft. Hier auch einfache Unterkunft fürs DZ ca. 25 DM. Nur wenige Zimmer. Gute Küche bei derzeit reichlichen Portionen.

★Megalo Chorio (ca. 17o Einw.)

ehemals Inselhauptort, heute nur noch ca. 17o Einwohner. Das Dorf zieht sich eng am Hang rauf. Im oberen Ortsbereich viele verlassene Häuser und großes Festungsareal mit weitem Blick über den nördl. Teil der Insel. Gebaut wurde die Festung von den Venezianern auf der Basis einer antiken Anlage, heute weitgehend zerfallen.

Es gibt im Ort ein Lebensmittelgeschäft a la Tante Emma, Kafenions und Tavernen u.a. "Telis". Die Pension "Nikis" bietet Zimmer mit Dusche an und vermietet Fahrräder, ist aber bereits im Okt. schon zu. Ansonsten wenige Privatquartiere.

BADEN/INSEL-NORDTEIL: ebenfalls sportl. Leuten überlassen. Es sind nicht nur Entfernungen von gut 2- 5 km zurückzulegen; hier zudem mit Kraxelei verbunden!

Ortsbadestrand von Megalo Chorio ist STAFFI: unterhalb des Bergnestes in einer engen Bucht gelegen (siehe unsere Karte). Runterwärts geht's schnell, rauf muß man jedoch mit gut 1 Std. rechnen.

★ Ag. Antonios, Plaka und Pandelemonas Kloster

Zu erreichen über eine schmale Betonstraße, die kurz vor Megalo Chorio nordwestl. abzweigt (siehe Karte). Am AG. ANTONIOS STRAND das:

"**Hotel Australis**" eines Inselgriechen, der sich in Australien Geld verdient hat, um hier an der einsamen und sehr abgelegenen Bucht Gäste mit Unterkunft und Taverne zu beglücken.

Die DZ bzw. 3-Bettzimmer sind sauber und besitzen Privatbad und Balkon. Zur HS je nach Zimmergröße und Auslastung ca. 4o - 45 DM.

PLAKA STRAND: am Westufer der schmalen Bucht. Auch hier Unterkunftsmöglichkeit (Bungalows) in Bau, der Strand gut 15o m lang, 2o m breit mit sauberem Kiesel. Das Ufer mit Buschwerk und Agaven.

PANDELEMONAS KLOSTER: vom Abzweiger in Plaka führt eine Erd-Schotterpiste weiter südwärts zum Kloster. Die Landschaft hat hier Hochgebirgscharakter; es geht vom Meer extrem steil zum 65o m Inselgipfel Prof. Ilias rauf. Mietmoped ab Livadia nötig, da kein regul. Bustransport

Das Kloster liegt schön zwischen Platanen und Zypressen versteckt und ist noch von Mönchen bewohnt, die sich viel Mühe geben, das alte, im 14. Jhd. erbaute Gemäuer in Schuß zu halten, was viel Arbeit und Geld benötigt. Das alljährliche Kirchenfest bringt hier nur ungenügende Einkünfte zur Instandhaltung der Klostergemäuer. Teils auch Zimmervermietung, damit Geld reinkommt...

Der Klostergarten ist in Terrassen angelegt, es gibt eine Quelle, schöne alte Kastanienbäume und schönen Küstenblick.

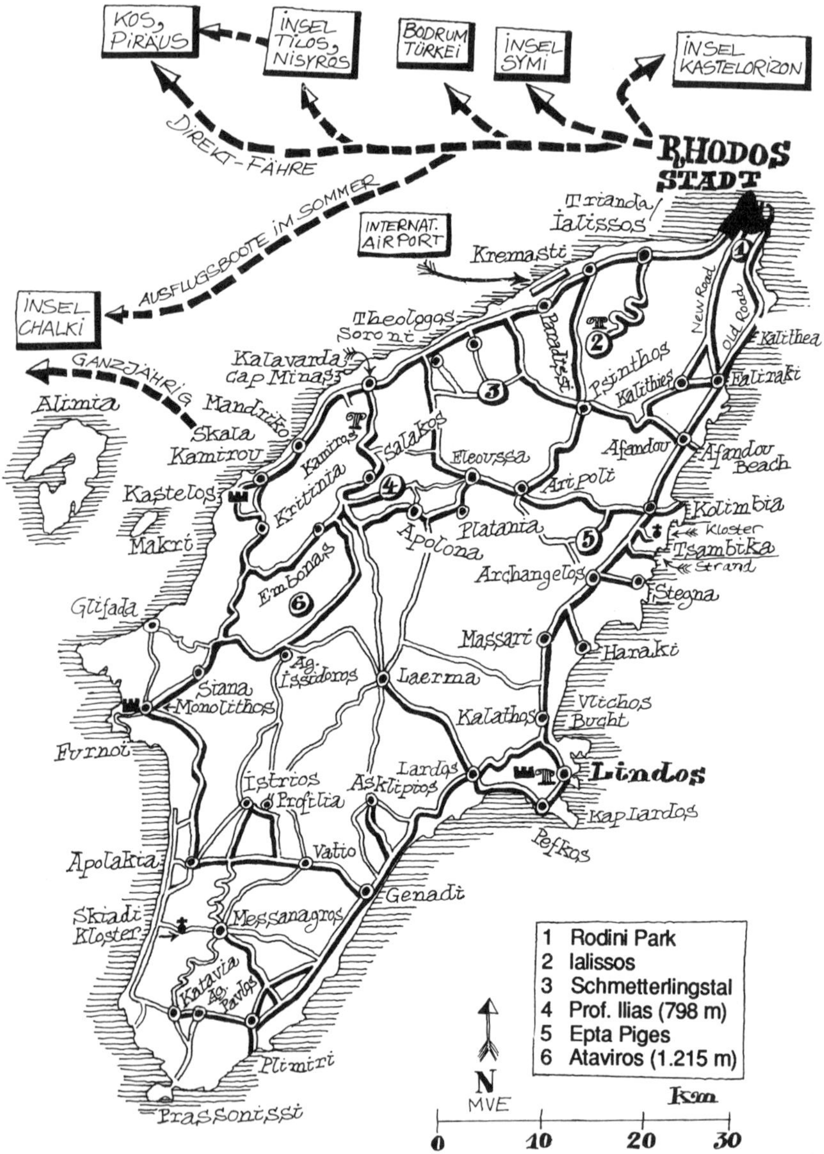

Insel Rhodos

Insel Rhodos

Die Fülle der Attraktionen - in RHODOS/STADT eine restaurierte Festung mit fast komplett erhaltener mittelalterlicher Stadt und Gassen, - archäologische Stätten wie LINDOS und KAMIROS, - aber auch gute Sandstrände und schönes Inselinneres machten RHODOS zu Recht zu einer der beliebtesten Ferieninseln Griechenlands.

Jährlich besuchen rund 8oo.ooo Urlauber Rhodos (zum Vergleich: Gesamtgriechenland 8 Millionen). Zu 95 % Pauschaltourismus, der sich weitgehend auf einen Bereich von 1o km um Rhodos Stadt konzentriert.

Zahlen, die für sich sprechen. Wer viel Trubel sucht (Discos, Bars, Shops), dürfte richtig liegen. Keine andere Ferienregion Griechenlands verfügt über eine derart kompakte Urlaubsmaschine auf so engem Raum!

Darüber hinaus breites Sportangebot an den Stränden, komfortable Hotels und Paläste aller Preisklassen mit Kontaktmöglichkeit an Pool und Strand. Auch ist Rhodos Freihandelszone, was die Insel in Sachen "Sprit" speziell für die zu Hause knapp gehaltenen Skandinavier attraktiv macht...

RHODOS ist eine Insel der Kontraste: überfüllte Strände im Bereich der Inselhauptstadt und z.B. Lindos, - zugleich aber auch totale Einsamkeit an den Stränden im äußersten Inselsüden. Ausgesprochen schöne Berglandschaften mit viel Vegetation, die fürs Entdecken mit Mietwagen lohnen.

Dort, wo "Attraktionen" stattfinden, - z.B. "Schmetterlingstal" oder aber "Epta Piges" (Bergquellen), Bergdörfer, Archäologie etc., dominieren Tour- Busse und Menschenmassen zur Saison...

Auch wenn Rhodos die Nr. 1 im griech. PAUSCHALTOURISMUS ist, - kann sie wegen der Fülle an Archäologie, - an Architektur (z.B. Patrizierhäuser in Lindos bzw. mittelalterliche Festung/Rhodos-Stadt) durchaus auch für den INDIVIDUALREISEN lohnender Stop sein...

Verbindungen

FLUG: fast alle Rhodos- Besucher nutzen die günstigen Charterflüge, die direkt ab Mitteleuropa (sowie Skandinavien, England, Italien und Frankreich) mit Rhodos verbinden. Rumfragen lohnt sich, auch Zeitungsannoncen im Reiseteil studieren! Wegen der Fülle an Flügen wird Rhodos vielfach auch als Sprungbrett zu Nachbarinseln bis hin KRETA genutzt, wenn dortige Direktflüge voll sind.

Inlandsflüge: mit Olympic, teuer, aber immerhin dichtes Flugnetz ab

Rhodos/Airport:

* ATHEN: mehrmals tägl. mit Direktjets, Flugzeit 1 Std., ca. 13o DM.
* HERAKLION/KRETA: zur Saison mind. 1 x tägl., Direktjet, Flugzeit ca. 5o Min., ca. 11o DM, außerhalb der Saison ca. 4 mal/Woche.
* SITIA/OSTKRETA: zur Saison mehrmals pro Woche, mit Stop Karpathos:
* KARPATHOS: Flugverkehr mit Dornier- Propellermaschinen (Platz für ca. 18 Personen, daher rechtzeitig buchen), zur Saison tägl., außerhalb ca. 6o DM.
* KASTELORIZO: 3 mal/Woche in Propellermaschinen, Flugzeit 45 Min.
* KOS: zur Saison tägl., außerhalb 2 mal/Woche, ca. 3o Min./6o DM
* THESSALONIKI/Nordgriechenland: rund 4 mal pro Woche im Direktflug mit Propellermaschinen, Flugzeit ca. 2 Std., ca. 14o DM.
* QUERVERBINDUNG-> KYKLADEN: nur zur Hochsaison im Sommer. Unterschiedlich nach Fahrplänen ab Rhodos direkt nach Santorini (Thira) bzw. Paros oder Mykonos. Flugzeit ca. 1 Std./11o DM. - Außerhalb der Sommermonate lassen sich diese Inseln ab Rhodos nur via Umsteigen in Athen erreichen, was Zeit kostet und teuer ist. Z.B.: Rhodos -> Athen -> Santorini ca. 19o DM (gegenüber Direktflug im Sommer: ca. 1oo DM).

RHODOS - AIRPORT: Transport in die Stadt (16 km) mit Olympic Airways Bussen (2o Min.), die jedoch nur für Olympic Flüge fahren. Fahrpreis ca. 2 DM, ansonsten Taxi (Preis vorab vereinbaren! Infos hierzu im Airport!)

In Gegenrichtung ab Rhodos/Stadt fahren die Olympic-Busse ab Stadtbüro der OLYMPIC in der 9, Ierou Lochrou.

SCHIFF: tägl. ab Piräus **GROSSFÄHREN** (Personen- und PKW- Transport) nach Rhodos. Die Fähren verlassen Piräus in der Regel um 13 Uhr und besuchen auf dem Weg nach Rhodos eine Reihe weiterer Inseln des Dodekanes (z.B. Patmos, Leros, Kalymnos, Kos etc., was Zeit kostet, zudem sehr unzivile Ankunftszeiten z.B. Kos mitten in der Nacht) - und erreichen Rhodos am nächsten Morgen (= ca. 18 Std.).

Weiterhin gibts mehrmals pro Woche ab Piräus Direktfähren nach Rhodos. Überfahrt lediglich ca. 14 Std., - was bedeutet, daß man Piräus erst gegen 17 Uhr verläßt und Rhodos bereits am frühen nächsten Morgen erreicht.

Preise: Person/Deckpassage ca. 35 DM. Wer will, bucht 1. bzw. 2. Klasse und Schlafkabine. In der 2. Klasse rund 5o DM billiger als der Flug, - in der 1. Klasse aber annährend gleich teuer wie der Flug. Und dieser realisiert die Strecke in 1 Std., statt der 14 - 18 Std. Fährüberfahrt... - PKW je nach Größe 9o - 12o DM.

Inner- Dodekanes- Strecken: Großfähren realisieren die Entfernungen wie z.B. Rhodos -> Kos (4 Std.) schneller als die kleinen Regionalfähren (siehe unten). Zudem sind sie weniger Wetter-anfällig in Bezug auf Verspätungen. Preis Rhodos-> Kos: Deck ca. 15 DM, PKW je nach Größe ca. 45 - 6o DM.

REGIONALFÄHREN: bedienen die Inseln ab Rhodos bis Patmos sowie nach Astipalea, Karpathos und Kastelorizo. Details zu Häufigkeit und Preisen siehe betreffendes Inselkapitel. Vorteil dieser Fähren: sie haben zivilere Abfahrts- und Ankunftszeiten als die Großfähren. Nachteil: sehr kleine Schiffe, anfällig für Schlechtwetter und Verspätung - sowie lange Fahrzeiten wegen der Größe der Schiffe und der Tatsache, daß eine Vielzahl weiterer Inseln unterwegs angelaufen werden.

SCHNELLBOOTE: ab Rhodos/Stadt zu den umliegenden Inseln des Dodekanes bis rauf nach Samos. Ausschließlich nur Personentransport bei erheblich schnelleren Fahrzeiten als die Normalfähren.

So wird ab Rhodos/Stadt die Insel Kos in nur 2 Std. erreicht (zum Vergleich Großfähre ca. 4 Std.), - Symi in nur 45 Min. und Chalki als Direktverbindung ab Rhodos/Stadt in nur 1 Std. Unterm Strich ein Verkehrsmittel, wer wegen Entfernungen Anreisezeit sparen will, - kostet allerdings den rund 3 fachen Preis wie die Normalfähren.

Die Schnellboote werden auch von Reiseveranstaltern für organisierte 1-Tagestrips zu Nachbarinseln eingesetzt. Weitere Details siehe einzelne Inselkapitel.

RHODOS-> KARPATHOS -> KRETA: interessante Querverbindung vom Dodekanes rüber zur größten Insel der Ägäis, der Insel Kreta. PKW-Mitnahme möglich. Die Überfahrt dauert bis Karpathos ca. 4 1/2 bis 5 Std. zuzüglich weiterer 7 1/2 Std. bis Heraklion/Kreta. Häufigkeit: je nach Saison ca. 2- 3 mal/Woche, Preis: Deckspassage ca. 3o DM, 1. Klasse mit Bett ca. 8o DM, PKW je nach Größe ca. 15o - 17o DM.

Weiterhin gibt es im Sommer eine kleinere Fähre von Rhodos nach Sitia und Ag. Nikolaos, beides an der Nordostküste Kretas.

RHODOS -> MARMARIS/TÜRKEI: Überfahrt ca. 3 Std. und nicht billig. Preis und Häufigkeit abhängig vom momentanen Stand der politischen Beziehungen beider Länder.

Der Streit zwischen Griechenland und der Türkei währt nun schon einige Zeit. Die Türkei fordert Rechte für einen größeren Bereich des Meeres (vorgelagert seiner Ägäisküste), da man im "dortigen Meer Erdölvorräte vermutet", - so die Türken.

Griechenland dagegen besteht auf seine Rechte des Landbesitzes von Inseln wie Rhodos, Kos, Chios, Lesbos, - die nur wenige Km vor der türkischen Ägäisküste liegen. Von daher sei eine Ausweitung türkischer Ansprüche im Bereich der Ägäis nicht zu akzeptieren...

Hinzu kommt, daß Griechenland befürchtete: * wegen der Vielzahl an preisgünstigen Charterflügen ab Mitteleuropa nach Rhodos (dort aber höherer Übernachtungskosten als Türkei), könnten Touristen anschließend per Fähre nach Marmaris in die billigere Türkei abwandern. Damalige Befürchtungen zu Recht!

In Folge Anfang der 9o-er Jahre: * Restriktionen für Charterflugtouristen nach Rhodos. Ihnen war verboten, ab Rhodos die türkische Küste (z.B. Marmaris) zu besuchen. Ansonsten wurde dem Türkei-Tourismus ab Rhodos ein Riegel vorgeschoben durch satt überhöhte Hafengebühren, die die Fährpreise für die Kurzüberfahrt in satte Dimensionen trieb.Teils war auch nur 24 Std.- Aufenthalt in der Türkei genehmigt.

Zwischenzeitlich hat sich die Situation normalisiert: es gibt ab Mitteleuropa eine Vielzahl an preisgünstigen Direkt- Charterflugverbindungen in die Türkei, - so daß sich der Umweg via Rhodos kaum noch zeitlich lohnt, und Griechenland die harten Einschränkungen für den Türkeibesuch weitgehend aufhob.

Trotzdem den neuesten Stand prüfen, denn politisch sind die Beziehungen zwischen beiden Ländern noch keinesfalls bereinigt.

Nach wie vor bestehen derzeit die hohen Preise: Rhodos -> Marmaris im Sommer tägl., ca. 1oo DM pro Person retour (!), der PKW gar ca. 3oo - 4oo DM retour je nach Saison! Für den Preis kommt man (unter Berücksichtigung der zusätzlich nötigen Fähre z.B. Piräus -> Rhodos) in der Regel günstiger per Direktfähre ab Italien nach Cesme oder Marmaris/ Türkei, - baut also den Türkeibesuch besser auf späterer Urlaubsreise ein...

RHODOS -> ZYPERN -> HAIFA/ISRAEL: mehrmals pro Woche ab Rhodos nach Zypern. Das Schiff kommt von Piräus und benötigt ab Rhodos bis Zypern 1 Nacht. Details zu Preisen Griech. Fremdenverkehrszentrale Frankfurt.

Mitnahme **eigenes Auto** lohnt für RHODOS nur, wenn man intensiv die Insel für mind. 3- 4 Wochen erkunden möchte und sich event. auch die hohen Anreise- und Fährkosten bei Reise zu mehreren Personen teilen kann. Andernfalls ist der Charterflug und vor Ort Mietwagen billiger.

Insel Transporte Insel Rhodos

Guter **Bus- Service** im touristischen Bereich der Insel: z.B. an der WESTKÜSTE bis Paradissi alle 1/2 Std., bis Kamiros 5 mal am Tag.- Sowie an der OSTKÜSTE bis Faliraki 11 mal/Tag, bis Lindos 8- 1o mal/Tag.

Weiter südlich sowie im Landesinneren die Orte jedoch nur 2 - 3 mal/Tag, teils auch nur 1 mal am Tag und mit so ungünstigen Fahrzeiten, daß man nicht unbedingt am selben Tag wieder zurück kommt.

Im Touristbüro Rhodos/Stadt gibts eine handabgezogene Liste mit den jeweils gültigen Abfahrtszeiten.

BUS-TERMINAL (vergl. Karte Seite 21o): für die OSTKÜSTE am Rimini-Platz (C), - für die WESTKÜSTE am Neuen Markt in der Averoff Straße (B). Beide Terminals liegen praktisch gegenüber, daher nur kurze Wege.

INNERSTÄDT. BUSVERKEHR: ab (B) Neuer Markt - Averoff Straße/ Elefterias Str.

Taxis: Zentrale Taxi-Station in Rhodos/Stadt: der RIMINI PLATZ am Mandraki Hafen. Können darüber hinaus über Tel. 27 666 (z.B. von Hotelrezeptionen) gerufen werden bzw. warten vor größeren Hotels.

Die Taxis sind dunkelblau mit "Taxi"- Schild und besitzen Taxameter. Unbedingt auf Einschalten des Taxameters bei Fahrtbeginn achten. Ähnlich wie bei uns Grundgebühr sowie Aufpreise bei Nachtfahrten sowie außerhalb des Stadtbereiches und bei Übergepäck. Generell ist Taxifahren billig, - sofern kein Beschiß...

Leider gibt's wegen der Vielzahl an Touristen häufige Überfoderungen unter diversen Vorwänden des Taxifahrers. Man sollte sich daher zu Beginn des Rhodos- Aufenthalts im Tourist Büro bzw. Airport betreffend der gültigen Taxi-Preisbestimmungen informieren.

Selbstverständlich erwarten auch die Rhodos- Taxifahrer ein Trinkgeld, welches ähnlich wie in Mitteleuropa den Preis um rund 1o % aufrundet.

Wer ein Taxi für einige Std. oder 1 Tag mieten will: vorab speziellen Preis aushandeln!

Automieten: ohne Probleme möglich, mehr als 15 Firmen, auch die international bekannten (Hertz, Avis, Budget etc.).

Sie sind im Airport vertreten bzw. über die Rezeption der größeren Hotels zu buchen.

Kleinwagen ab ca. 8o DM/Tag aufwärts, bei größeren Fahrzeugen ab ca. 11o DM/Tag. Es gibt Rabatt bei Anmiete 1 Woche sowie unterschiedliche Bedingungen in Bezug, ob "unbegrenzte Kilometer" oder Berechnung der gefahrenen km.

Rein griechische Vermieter sind teils billiger als die internationalen wie Hertz, Avis etc. Letztere haben dafür internat. übliche Verträge der jeweiligen Vermieterketten und können daher unnötigen Ärger ersparen.

Geld sparen bei Mietwagen läßt sich auch durch Vorreservierung ab Heimat (Deutschland, Schweiz, Österreich): bei einigen internat. Vermietern gibts sogen. "Holiday Tarife". Ebenfalls läßt sich Geld sparen.

In jedem Fall sollte man nicht nur das Auto vor Anmiete genau inspizieren, sondern auch vor Unterschrift den Vertrag in Kleingedrucktem genau studieren! Weitere Tips siehe Seite 28 !

Tankstellen auf der Insel reichlich vorhanden, siehe auch Rhodos-Karte von "Triton Holidays", schließen aber um 19 Uhr.

Mofa-/Moped: wie generell in Griechenland, auch auf Rhodos beliebter Sport, um räumlich flexibel zu sein. Um von Rhodos/Stadt in die nähere Umgebung/Strand etc. zu kommen, reicht es aus. Bei den großräumigen Entfernungen auf der Insel - speziell auch der zeitintensiven und kurvenreichen Straßen des Inselinneren ist man im Aktionsradius jedoch limitiert. Je nach PS und Größe der Maschine mit rund 2o - 4o DM/Tag

Vermieter praktisch überall, wo Hoteltourismus stattfindet. Und dort stehen die Donnerbüchsen scharenweise. Ihr Zustand ist nicht immer der beste - auch was die Mietkonditionen betrifft! Ausführliche Details und Warnungen siehe Seite 28 .

Fahrräder: Vermietung speziell in Rhodos/Stadt aber auch in Tourismusgebieten. Die etwas preiswertere Variante, - bei Rhodos-üblichem, gehobenem Preisniveau eines Drahtesels ab ca. 1o DM/Tag. Auch bei der Fahrrad- Anmiete gilt: vorab den Zustand des "Esels" prüfen; zum Teil sind üble Dinger im Angebot, die entweder in die Reparatur oder den Ruhestand gehören!

KARTEN: breite Palette von "Tobis" bis "Handgemachtem". Zum Teil gibts auch bei den Autovermietern (z.B. Avis) ganz passable Karten, die man bei Anmiete eines Fahrzeuges gratis überreicht bekommt.

Derzeit beste RHODOS- KARTE dürfte die von "Triton Holidays" sein: "RHODOS TOURIST MAP". Sie ist weitgehend update in Inselstraßen und bietet zudem einen ordentlichen Rhodos/Stadtplan. Sie ist nur vor Ort in den Souvenirshops, teils auch Hotelboutiquen der Insel erhältlich.

Wer vorab Karte benötigt: brauchbar ist die Rhodos- Karte von Freytag & Berndt/Wien, erhältlich im Buchhandel der BRD/Schweiz/Österreich.

GESCHICHTE:

Gemäß der SAGE habe der Göttervater ZEUS die Erde unter den Göttern verteilt. Allerdings sei der für das Licht zuständige Gott HELIOS zu diesem Zeitpunkt gerade auf seiner täglichen Reise um die Welt gewesen (als Gott des Lichtes war er zwangsläufig auch für Tag und Nacht zuständig!). Nach seiner Rückkehr sei er sauer gewesen, daß er bei der Landverteilung nicht berücksichtigt wurde. Zeus löste das Problem elegant, indem er eine Insel aus dem Meer aufsteigen ließ (RHODOS), die dem Helios gefiel und die er mit seiner Sonnenkraft erstrahlen und erblühen ließ.

Hier lebte er fortan mit seiner Gattin und hatte 7 Kinder, die "Heliaden". Einer seiner Söhne, KEPAHLOS wiederum hatte 3 Söhne: * Ialysos, * Kameiros und * Lindos, nach denen die antiken Städte auf Rhodos benannt wurden.

Nun sind Sagen zwar phantasievolle Geschichten des antiken Griechenlands, die jedoch aus für damalige Menschen sichtbaren Vorkommnissen entstanden. Daß sie gerade den Gott des Lichtes auf Rhodos ansiedelten, ist ohne Frage hohes Lob! -
Auch ist nach heutiger Forschung die Insel Rhodos vor rund 5o Mill. Jahren durch eine, Millionen Jahre währende Landerhebung entstanden. Zwar kam der Mensch erst wesentlich später (vergl. z.B. Neanderthaler ca. 7o - 4o.ooo v. Chr.) und die griech. Sagen dürften erst ca. 1.ooo v. Chr. entstanden sein. So gibt es doch im Inselinneren von Rhodos versteinerte Muscheln, die den naturverbundenen Bewohnern zu denken und zu dieser Version der Sage angeregt haben könnten.

FRÜHGESCHICHTE:

Wissenschaftlich gesichert ist eine Besiedlung der Insel Rhodos zur Steinzeit, wie Funde aus der Zeit ca. 4.ooo v. Chr. z.B. in Lindos/Ostküste belegen.

Ca. 2.ooo - 1.5oo v. Chr.: Rhodos als einer von vielen Handelsstützpunkten der ab Kreta operierenden Minoer im Ägäisraum. - Mykenische Besiedlung ab ca. 1.45o v. Chr. (Funde z.B. in Ialyssos und Kamiros).

KLASSISCHE und HELLENISTISCHE EPOCHE:

Ab ca. 1.ooo v. Chr. Besiedlung durch die Dorer, die ähnlich wie die Kykladen auch den Bereich des heutigen Dodekanes in ihren Einfluß brachten. Sie gründeten bzw. bauten die antiken Städte Lindos - Kamiros und Ialyssos aus. Auch Homer erwähnt sie in der Ilias II, 656 als einflußreiche und bedeutende Stadtstaaten.

Im Verbund mit Kos, Lindos und Halikarnassos bildeten sie den "6-Staatenbund", der im 7. und 6. Jhd. v. Chr. zur wichtigsten Handelsmacht im Südwesteck der Ägäis wurde. Es war die erste Blütezeit der Insel, die (wie spätere) aus der günstigen Insellage resultierte. Der Handel der Kaufleute bediente nicht nur die Ägäis und kleinasiatische Küste, sondern reichte bis nach Syrien und brachte der Insel Reichtum und Wohlhabenheit.

49o v. Chr. kam Rhodos unter die Herrschaft der Perser und kämpfte zunächst auf deren Seite gegen Athen. Als die Perser in der Schlacht von Salamis besiegt wurden, wurde Rhodos Mitglied im Att.- Delischen Seebund, der damals wichtigsten Macht im Ägäisraum.

Zu erneuter Blütezeit der Insel kam es ab 4o8 v. Chr.: die Vertreter der 3 Städte (Lindos, Kamiros und Ialyssos) versammelte sich in Lindos, um eine zentrale Stadt zu gründen. Offenkundig war man sich klar, daß die sowohl wirtschaftlich, wie auch militärisch bedeutende Lage der Insel Rhodos (im Schnittpunkt zwischen Ägäis und östl. Mittelmeer) dadurch gestärkt werden könnte, wenn man Macht und Verteidigungsbauwerke auf einen zentralen Inselort konzentriert.

Zum Bau der neuen Stadt, die für damalige Verhältnisse nach modernsten städtebaulichen Gesichtspunkten ab 4o8 v. Chr. angelegt wurde und starke Befestigungsmauern erhielt, holte man den berühmten Architekten Hippodamos von Milet. Als Lage wählte man die Nordspitze der Insel. Weitere Details siehe Seite 2o9.

Bald wurde die neue Stadt zur führenden Handelsmacht im Schnittpunkt der Handelswege zwischen Ägäis und öst. Mittelmeer. Sie kontrollierte den Handelsverkehr in diesem Raum, welches zu hohem Reichtum führte und prägte eigene Münzen, die wegen ihrer hohen Kaufkraft im gesamten Mittelmeerraum als Zahlungsmittel akzeptiert waren.

Zur mazedonischen Epoche verbündete sich Rhodos 33o v. Chr. mit Alexander dem Großen, was der Insel gute Handelskontakte mit Alexandria/Ägypten verschaffte, - geriet jedoch nach dessen Tod in die Nachfolgestreitigkeiten (Diadochen-Kriege):

3o5 v. Chr. belagerte der Mazedonier Poliorkétes die Stadt. Rhodos hatte sich geweigert, die lukrativen Handelsbeziehungen mit Alexandria abzubrechen. Nach 1 Jahr erfolgloser Belagerung mußte der Mazedonier trotz gigantischer Belagerungsmaschinerie aufgeben und insbes. diese zurücklassen.

Die Bewohner von Rhodos, damals schon geschäftstüchtig, verkauften die Belagerungsmaschine gewinnträchtig und errichteten in ihrem Hafen den für damalige Zeiten gigantischen Bronzekoloss von Rhodos, der in der Antike zu den 7 Weltwundern zählte und als Repräsentation der Macht der Insel diente. Weitere Details siehe S. 219.

RÖMISCHE EPOCHE und Niedergang von Rhodos:

Seit dem 2. Jhd. v. Chr. mit ROM befreundet, war Rhodos durch seine Lage im punkt öst./westl. Mittelmeer wichtigste Seemacht der Region. In Rhodos/Stadt sollen 7o.ooo Menschen gelebt haben, eine für damalige Zeiten gigantische Einwohnerzahl. Nicht nur der Handel florierte, der Reichtum der Stadt zog auch bedeutende Künstler und Philosophen an. Einige der berühmtesten Bildhauerwerke der Antike entstanden in Rhodos, so die Laokoon-Gruppe und die Nike von Samothrake. Berühmt war Rhodos auch wegen seiner Rhetorikschule, in der sich bedeutende Römer wie Cäsar, Pompeius, Cato und Cicero in Redegewandtheit schulen ließen.

Das aufstrebende ROM nutzte zunächst die Handelsmacht Rhodos, indem es die Insel stärkte, so durch Vergabe der Rechte eines "Freistaates". Auf Grund eines Bündnisvertrages 2o1 v. Chr. kämpfte Rhodos auf Seiten Roms gegen dessen Feinde und diente der weiteren Expansion Roms im Mittelmeer-Raum.

Gleichzeitig stärkte das Bündnis auch die Handelsmacht Rhodos. Im Handel mit Rom expandierte Rhodos zunehmend. Um diese Macht zu beschneiden, gewährte Rom 166 v. Chr. der Mini- Kykladeninsel DELOS (damals u.a. führend im Sklavenhandel) das Recht eines römischen Freihafens und baute die dortigen Hafenanlagen großzügig aus. Für Rhodos ein empfindlicher Schlag, da fortan ein Großteil des Warenverkehrs via Delos lief. Die Einnahmen aus Handel und Steuer auf Transitwaren gingen für Rhodos gemäß Daten der Geschichtsschreiber um 9o % zurück!

Zwar konnte Rhodos sich kurzzeitig die Gunst Roms wiedererwerben, indem es 147 v. Chr. gegen Karthago/Nordafrika, sowie im Krieg gegen Mithridates (88- 63 v. Chr.) erfolgreich für Rom kämpfte.

Zum Todesstoß kam es 42 v. Chr., als der Cäsarmörder CASSIUS die Stadt Rhodos eroberte. Cassius kannte die Stadt innerhalb ihrer Festungsmauern gut, da er dort Rethorik studiert hatte. Diese Kenntnis dürfte ihm bei seiner erfolgreichen Eroberung zugute gekommen sein. Er räumte die Stadt komplett leer, was Geld, Wertsachen, Kriegsschiffe und Kunstwerke betraf. In Sachen Rhodos-Kunstwerke soll Rom damals mit rund "2.ooo Statuen" regelrecht überschwemmt worden sein...

Mit der Cassius- Eroberung 42 v. Chr. war die wirtschaftliche und politische Macht von Rhodos gebrochen. Sie fristete im Anschluß ein Dasein als kleine und nunmehr unbedeutende Provinzstadt im gewaltigen Römischen Reich.

Die folgenden 1.3oo Jahre, insbes. nach Niedergang des Römischen Reiches waren für RHODOS geprägt von Naturkatastrophen wie Erdbeben, aber auch Piratenüberfällen und einer Vielzahl fremder Herrscher u.a. Sarazenen, Araber, Perser und Türken.

MITTELALTER:

Zur Zeit der Kreuzzüge war RHODOS beliebter Zwischenstop und Hafen auf dem Weg nach Jerusalem. Zu erneuter Blütezeit kam Rhodos ab 13o9, als Kreuzritter des JOHANNITER ORDENS die Insel zu ihrem Hauptstützpunkt wählten.

Ursprünglich rein religiös orientiert, beteiligten sich die Johanniter bald an militärischen Kriegen, um nicht-christliche Religionen wie Einfluß des Islam abzuwehren. Sie bauten Rhodos/Stadt zu einer Superfestung aus, die über 2oo Jahre als uneinnehmbar galt, und verwalteten ab Rhodos den Bereich bis rauf Insel Patmos und Leros, die ähnliche, wenn auch kleinere Festungswerke besaßen. (Zu den "Johannitern" siehe auch S. 216).

Im Inneren der weitläufigen Mauern von Rhodos/Stadt florierten Handel und Reichtum. Details ab Seite 212.

TÜRKEN:

Als Suleiman der "Prächtige" 152o den Thron bestieg, befand sich das Osmanische Reich auf dem Höhepunkt seiner Macht. Am 26. Juli 1522 wurde Rhodos belagert. Die Johanniter verfügten über eine Truppe von 5.6oo Mann, - die Türken dagegen über 4oo Kriegsschiffe und 2oo.ooo Soldaten.

Die Belagerung dauerte 6 Monate, und die Verluste der Türken waren riesig (angebl. mehr als 1oo.ooo Tote). Trotzdem konnte die Festung Rhodos erobert werden. Im Anschluß türkische Herrschaft bis 1912.

Ausbau der Altstadt u.a. mit türkischen Moscheen, Griechen durften in der Altstadt nicht mehr wohnen, so doch noch auf der Insel Handel betreiben. Auch für die Türken war die, Kleinasien vorgelagerte Insel zentraler Stützpunkt. Nicht nur die Superfestung, sondern auch die zentrale Lage war optimal für weitere Expansion.

Wie griech. Publikationen berichten, gab es Geheimbünde der Inselgriechen im 18. Jhd. gegen die Türken und mit Ziel, sich der Fremdherrschaft zu erledigen. Zu einer Revolte kam es jedoch nicht, da die türkische Militärpräsenz auf der Insel zu übermächtig war.

ITALIENER AUF RHODOS, NEUZEIT:

1912 wurde der Dodekanes, auch Rhodos von italienischen Truppen besetzt. Ziel war, die Türkei am Zugang zu Tripolis/Nordafrika zu behindern, da Italien die Stadt Tripolis als Brückenkopf für Nordafrika- Eroberungen nutzen wollte.

Die Italiener wurden zunächst als Befreier von der 4oo jährigen Türkenherrschaft begrüßt, blieben dann jedoch länger als lieb (bis 1944, siehe unten). Zu ihren positiven Leistungen auf Rhodos gehört der Bau eines Insel-Straßennetzes, sowie umfangreiche archäologische Forschung.

Die Italiener restaurierten zugleich die Festungsbauten und Gebäude innerhalb der Altstadt. Der Großmeister-Palast (1856 durch die Explosion eines Pulvermagazins stark zerstört), wurde ebenfalls aufgebaut, wenn auch pompöser als in seiner originalen Form.

1944 - 45 deutsche Besatzung, nach Ende des 2. Weltkrieges britische. 1947 kam Rhodos dann per Vertrag endgültig wieder zu Griechenland. Heute ist Rhodos wichtigste Insel des Griechenland-Pauschaltourismus. Rund 1o % aller Besucher, die jährlich nach Griechenland kommen, nächtigen in einem Bereich von 1o km um Rhodos/Stadt! Die Insel ist somit auch wichtigste Einnahmequelle Griechenlands aus Tourismus.

RHODOS: Hafen mit Stadtmauern, Illustration 19. Jhd.

Rhodos/Stadt (41.ooo Einw.)

Im Zentrum ("ALTE STADT") eine riesige Festung aus dem Mittelalter mit Türmchen, Schießscharten, wuchtigen Burgtoren und Straßenbasaren unter Platanen im Inneren. Viele türkische Moscheen und Minarette in schmalen kieselgepflasterten Gassen.

In der "NEUEN STADT": Unmengen kalter Betongebäude, Supermärkte, Diskotheken und Bars.

Tourist INFO: Ecke Odos Makariou/Papagou (siehe Karte: Nr. 1). Elementare Anlaufstelle für Rhodos auf eigene Faust, da u.a. Zimmervermittlung, Kartenmaterial, Busfahrpläne etc.

Post: Eleftherias Str. (Karte Nr. 2) - **OTE**: 25, Martiou Str., (Karte: Nr. 3)

Sich auf eigene Faust ein **HOTEL** im Stadtbereich Rhodos zu suchen, bringt wenig Chance, da die dortigen rund 3oo Hotels praktisch komplett von Reiseveranstaltern ausgebucht sind. Sollten hier Betten leer bleiben, - wird man schneller fündig über die Zimmervermittlung des TOURIST-BÜROS/ Ecke Papagou/Makaroustr.

Darüber hinaus ist das Preisniveau für den Stadt- und Strandbereich um Rhodos/Stadt (- auf eigene Faust vor Ort) sehr hoch für sonstige Preise in Griechenland! Selbst in der C- Klasse (!) zahlt man noch gut 8o- 12o DM/ Nacht!

Wer gehobeneren Komfort bei Übernachtung sucht, - liegt in der Regel günstiger, wenn er Flug & Hotel bei einem der diversen Pauschalveranstalter bucht...

BILLIGER: ein Schwung PENSIONEN (speziell Altstadt) sowie eine Vielzahl an PRIVATQUARTIEREN im gesamten Stadtbereich. Die Preise liegen selbst hier um 35 - 4o DM fürs DZ je nach Saison und Auslastung.

* In Sachen ALTSTADT zum Teil ausgesprochen schöne Sachen, die jedoch zur Saison wegen nur weniger Zimmer schnell ausgebucht sind. Und eine Fülle an Löchern... Siehe folgende Aufstellung.

* Die Palette an PRIVATZIMMERN ist groß. Auf der gesamten Insel rund 1.5oo Privatbetten, davon die meisten im Stadtbereich. Auch zur HS kommt man klar, muß jedoch früh am Tag auf der Insel eintreffen, damit gemeinsam mit dem Touristbüro gesucht werden kann.

* Wer Geld sparen will, weicht ansonsten auf Orte außerhalb des Einzugsbereiches von Rhodos/Stadt aus und nutzt für die Stadtbesichtigung Inselbusse.

IN JEDEM FALL zur HS frühzeitig auf der Insel eintreffen, wer auf eigene Faust Zimmer im Stadtbereich benötigt!

* HOTELS/PENSIONEN ALTSTADT:

"**Hotel Iliana**": Gavala 1. Rezeption über hohe Stufen zugänglich. Langer Gang zu den Zimmern bestückt mit griechischen Webtüchern, wie auch in den blitzsauberen Zimmern. Zwei Zimmer mit Bad haben Zugang zu hübscher Bar-Terrasse mit Blick zum Park. Die Bar selbst mit moderner Theke, altem Sofa und Sammelsurium von alten Gegenständen. DZ ohne Bad ca. 35 DM, mit Bad ca. 4o DM.

"**Hotel Paris**": Ag. Fanouriou/Ecke Omerou. Düstere Rezeption und Barraum. Breite Treppe nach oben zu den Zimmern ohne Bad. Kahler Aufenthaltsraum mit Drehstühlen. Einfachste Räume mit Terrazzoboden, Waschbecken. 3 Gem.-Toiletten. Im Neubau: Zimmer mit Bad, Zugang von großem Innenhof. Diese Zimmer sind besser, dennoch weit überzahlt. 1o Zimmer mit Bad, 1o ohne. Freundliches, altes Besitzerehepaar. DZ mit Bad ca. 6o-7o DM, ohne Bad ca. 45-6o DM.

"**Hotel Stasa**": Platia Fanourio. Am Platz gegenüber der Moschee Sami. 12 sehr einfache, aber saubere Zimmer mit Waschbecken. DZ ca. 25-45 DM.

"**Hotel la Luna**": Nähe Moschee und Stadtmauer (Hinweisschild in der Oretos Straße). Ausgesprochen schöner Innenhof zwischen altem Gemäuer mit viel Pflanzen. Hier auch die Tische fürs Frühstück, der Garten mit Akazien und Zitrusbäumen. Über eine Außentreppe gehts rauf zu den Zimmern des alten, aber gemütlichen Hauses. Die Zimmer sind geräumig und hoch, Decke teils durchhängend, Linoleumboden, Waschbecken. Zwar einfach, aber sehr sauber. Als Extrabonbon ein echtes türkisches Bad. Als Altstadthotel besonderer Tip wegen Flair, sympathisches Besitzerehepaar, allerdings nur wenige Zimmer, oft ausgebucht. DZ ca. 25 - 35 DM.

"**Pension Apollo**": Omirou. Rustikale Tische im Innenhof. Zimmer einfach, mit Waschbecken und Gem.-Toilette. Vorwiegend Rucksackler, denen es hier gefällt, DZ ca. 2o- 25 DM.

"**Pension Andreas**": Omirou 28 D, neben Pension Apollo, über eine gemeinsame Außentreppe gehts rauf. Die höchstgelegene Pension in Rhodos/Altstadt und von Blick sicher auch schönste. Das Haus wurde renoviert, kleine Rezeption in Rauhputz,- über steile Holztreppen gehts rauf zu Zimmern. Teils mit Superblick über die Altstadt von Rhodos und Meer. Die 11 Zimmer recht klein, aber freundlich mit hellen Kiefernholzbetten. In der Regel Waschbecken und Gemeinschaftsbad, das DZ ca. 3o DM. Superblick von der Frühstückterrasse auf Altstadt mit Moscheen, Burg und Meer, - es gibt eine 2. Innenhofterrasse mit Palmen, Blumen und Zitronenbaum.

"**Pension Aleka**": Dimosthenos. Weißgekalktes Haus hinter alten Mauern. Im Innenhof schnatternde Enten in schmalem Gehege, Dusche und Freisitz. Gewendelte Feuertreppe in den 1. Stock. In den 9 Mehrbettzimmern, die reine Lagerstätten sind, wird Rucksackreisenden von der Deutsch sprechenden Wirtin (Mann ist Deutscher) originelle saubere Unterkunft geboten. DZ ca. 25 DM, pro Bett ca. 13 DM.

"**Pension Maraki**": Praxitelous 22. Kleines Privathaus in der Altstadt mit 5 blitzsauberen kleinen Zimmern. Alle Zimmer zugängig vom Innenhof über Treppe. Gem.-Toilette im Innenhof und eine Toilette in "Reserve", von der Küche der Vermieterin zugängig. DZ ca. 2o DM. Billigtip, aber meist voll!

"Marias Rooms to let": von der Sokratesstraße vor dem Goldmarkt Chrissodas kleine Gasse links ab, etwa 50 Meter. Renoviertes Haus in altem Gemäuer mit Innenhof und Wäschetrockenplatz auf dem Dach. Blitzsaubere kleine Zimmer mit Kiefer-Mobiliar und Bädern. Frühstücksmöglichkeit im Innenhof. Die Wirtin spricht Englisch. Sehr zu empfehlen. DZ mit Bad ca. 35 DM, ohne ca. 30 DM.

"Pension Art. Pissa": Dimosthenous 12 (Gasse hinter alter Mauer). Küche und Wohnraum der Vermieterin befinden sich im Hof. Heilloses Durcheinander. 6 Zimmer mit Gem.-Toilette. Die Zimmer im Parterre sind Löcher, die im 1. Stock für 3 Personen groß, nicht gerade vorbildlich sauber. Kein Wasser in den Zimmern. Auch Liegen auf dem Gang. Wäschewaschen pro kg 2 DM. Pro Person ca 10 DM.

"Pension Rena": Pythagora 62 (enge Gasse mit alten Torbögen). Im Parterre Taverna "Costas". Die Zimmer sind Löcher, gerade daß die Betten Platz haben. Bis auf ein Zimmer nur Oberlicht durch Mini-Fenster. DZ (B&B) ca. 35 DM.

"Pension Athina": Eingang in einem Torbogen in Seitengang der Pythagora. Die Pension liegt in einem grün gestrichenen Innenhof mit Blumenterrasse. Sehr einfache Zimmer. Gem.-Toil. mit Waschbecken, keine Dusche. (Notquartier). DZ ca. 20-25 DM.

"Hotel Spot": Perikleos 21. Zimmer sind Löcher. DZ ca. 25- 30 DM.

STATISTIK: derzeit auf Rhodos 45.000 Betten, plus ca. 14.000 Betten an Privatquartieren. Gut 85 % davon in Rhodos/Stadt sowie an den umliegenden Stränden im näheren Umkreis.

Es wurde kräftig gebaut an neuen Hotelgroßanlagen - in Erwartung "ständig steigender Pauschalurlauber- Zahlen". Jährlich rund 800.000 Urlauber bei ca. 7 Mill. Übernachtungen waren vielversprechend für zukünftige Steigerungen. Hoffnungen, die sich aber nur teils erfüllten. Einen Strich durch die Rechnung machte das nahegelegene türkische Festland mit vielfach billigeren Pauschalangeboten.

FAZIT: oft auch zur HS Schnäppchen preiswerter Übernachtung in nicht ausgelasteten Großhotels (Vermittlung siehe oben übers Rhodos- Tourist Büro). Oder aber über "Last Minute Büros" in Mitteleuropa, die Flug & Hotel preiswert anbieten.

RESTAURANTS

Zur HS verdoppelt sich nicht nur die Einwohnerzahl von Rhodos/Stadt auf rund 80.000 Menschen. Das "Extra" an Urlaubern will auch verköstigt werden.

Analog gibts an die 200 Tavernen und Restaurants im Stadt- und Strandbereich. Die meisten liegen zugänglich im Altstadtbereich an Mauer und Hafen sowie in Nähe der touristischen Hotelpaläste/Strände.

Nix mit "lustigem Wirt und billigem Fisch", wie das ein gewisser Alternativguide dem Leser vorgaukelte, der zudem gerade mal 7 Essenstips zu Rhodos/Stadt präsentierte. (In seiner neuesten Ausgabe hat er den Text dahingehend modifiziert, die Altstadt von Rhodos sei "ein einziges Schlemmerparadies")...

Realität in Rhodos/Stadt ist eine dem Massentourismus angepaßte o8/15-Küche a la Gängigem wie "Souflaki", - "Meetball" und "Greek Salad". Oder aber Teuerpaläste, wo es aus Chile, Kanada oder sonstwo eingeflogenen Lobster zu kauen gibt, und der Diners Club bzw. American Express per Kreditkarte das Konto nicht unter 6o DM/Person belastet.

Authentisches (wenn überhaupt) sehr tief in der Altstadt und fernab der touristischen Trampelpfade, oder aber in Neustadtvierteln abseits der Hotelpaläste.

Breites Angebot: zu den größten zählen "Mikes Disco" in der Ipirou Street, "JSP- Disco Club", Platia Akademias, und das "Cosmopolitan" am Kountourioti Platz in der Neustadt am Elli Club Beach. Jede Menge weitere, insbesondere auch in größeren Hotels, in denen vorwiegend jüngeres Publikum logiert.

Für anderes Publikum eine Reihe von "spritzigen" Clubs mit Floor-Show und Bouzouki. Nach der Show fliegen die Teller zur griechischen Tanzmusik. Die Flasche Wein um die 5o DM! Ausprobieren kann man das u.a. in den Night-Clubs von Rhodos/Stadt.

Für alleinstehende Frauen gibts einen speziellen Service markiger Rhodos-Männer. Im Aids- Zeitalter bitte den Pariser nicht vergessen! Wo und wie man an die Männer kommt, wissen die Taxifahrer.

Authentische griech. Tänze im "Old Town Theater" jeden Abend, 1.Mai bis 31. Okt. um 21.15 Uhr (außer Sa.) Lage: Altstadt, siehe Karte: Nr. 39

Light & Sound Show: 1. April bis 31. Okt. tägl. am Ritterpalast (Karte: Nr. 35, 11), auch in deutscher Sprache.

Wer auf Bars, Discos und Nightlife bis hin Spielkasino steht, besorgt sich in Rhodos/Stadt vom Touristbüro entsprechende Gratisbroschüren. Dort auch einen monatlichen Plan aller kulturellen Veranstaltungen: So gibt das Rhodesische Philharmonische Orchester und der städtische Chor gelegentlich Konzerte. Für die skandinavischen Gäste bemüht man sich, am 25 Juni eine originalgetreue Sonnwendfeier auf die Bühne zu stellen.

ALTSTADT:

Schließt sich an die beiden Haupthäfen Mandraki und den heutigen Handelshafen an. Die ALTSTADT von Rhodos ist Hauptattraktion der Insel.

Keine andere Stadt Griechenlands bietet auf derart großer Fläche ein aus Mittelalter sowie türkischer Epoche stammendes und heute noch erhaltenes Gewirr enger Gassen und Häuser! Die Altstadt hat ohne Frage viel Flair, auch wenn sich in den Sommermonaten Unmengen von Urlaubern durchwühlen!

Angelegt in ihren Grundzügen vom berühmtesten Stadtplaner der Antike, HIPPODAMOS von Milet, 4o8 v. Chr., der unter anderem auch die Pläne für Athen/Piräus zeichnete. Er hatte zur Begründung der Stadt nicht nur die strategisch günstige Lage mit Buchten an der Nordspitze der Insel gewählt, - sondern auch geschickt die ansteigenden Hänge für Installation der Kanalisation genutzt.

Die antike Stadt war von rechtwinklig aufeinander zulaufenden Straßen durchzogen, - für damals übliches winkliges Gassenwerk eine grundlegende Neuerung. Auch war sie in

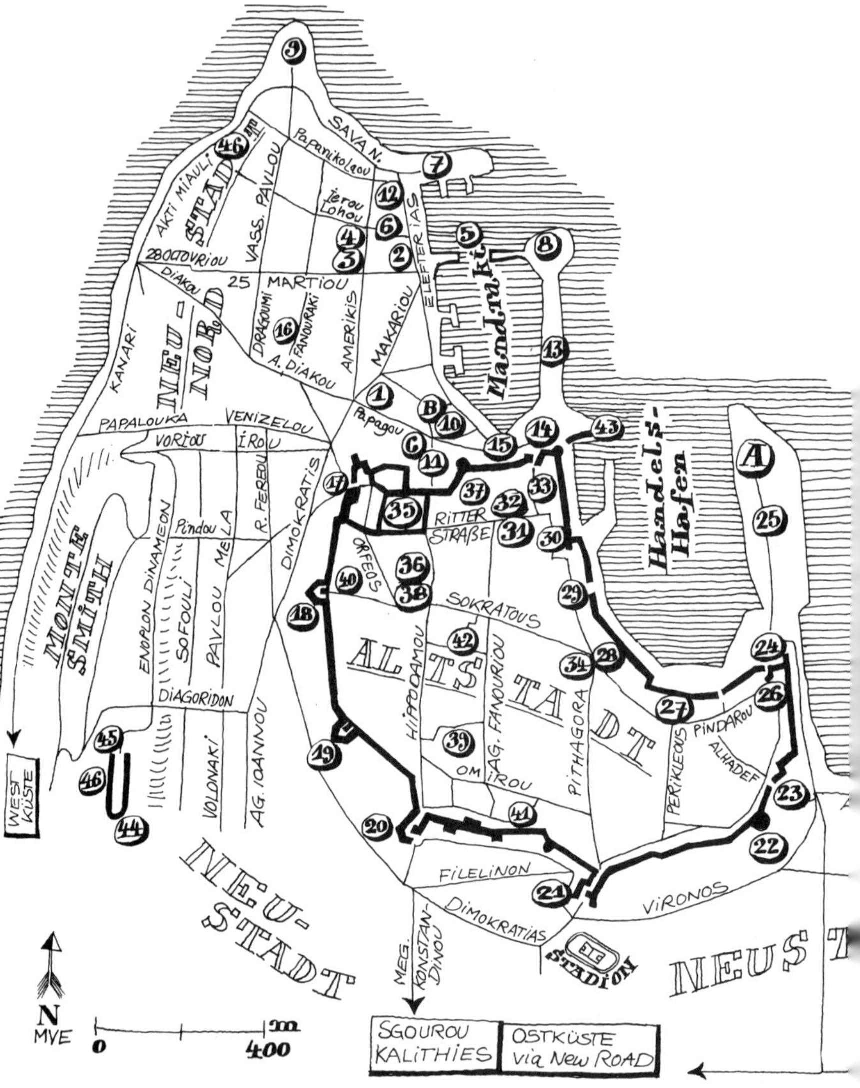

Zonen aufgeteilt, die die verschiedenen Lebensbereiche gliederten und somit kurze Wege schafften: * Zone der öffentl. Gebäude, - die der * Händler und der * Wohnviertel. Sie war von Festungsmauern umgeben, zwar nicht so wuchtig und gewaltig wie die des Mittelalters, - so doch eine größere Fläche abdeckend und zwar: heutige Altstadt plus Monte Smith (hier lag die antike Akropolis) plus gesamte Nordspitze inkl. Mandraki-Hafen.

Im 3. und 2. Jhd. v. Chr. sollen in der Stadt rund 6o- 1oo.ooo Menschen gelebt haben, sie war führende See- und Handelsmacht im östl. Ägäisraum.

Die archäol. Forschung erfolgte neben Grabung u.a. auch durch Luftfotographie. Sie ergab, daß antike Straßenzüge (mit Breite 5 bis max. 16 m) auch von späteren Inselherren genutzt und als Stadtkonzept weiterverwendet wurden. Beispielsweise verlief in der Antike eine Straße vom Meer in Ost-Westrichtung eine Straße rauf zur Akropolis, die von den Johannitern dann in ihrem ersten Abschnitt (Ritterstraße) ebenfalls genutzt wurde. -

Hauptthafen in der Antike war der Mandraki, der zusätzlichen Schutz durch eine kleine Festung (Karte: Nr. 8) besaß, die Festung wurde später von den Johannitern ausgebaut.

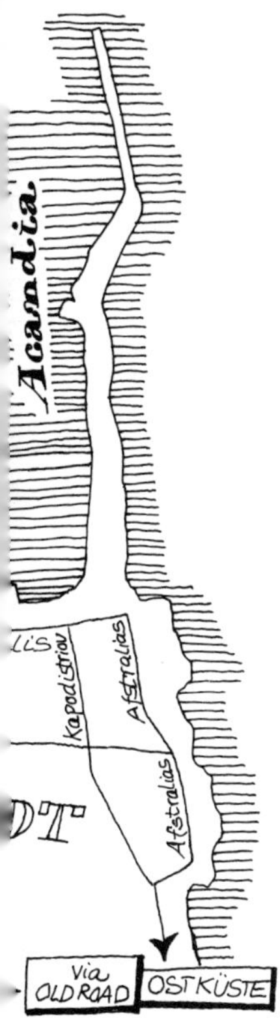

RHODOS/STADT

1 TOURIST - BÜRO
15 Zweigstelle Tourist Büro
2 HAUPTPOST
3 OTE
4 OLYMPIC AIRWAYS

5 behauptete Lage des Koloß von Rhodos
6 Rathaus
7 Yachtclub
8 Ag. Nicolaos-Kastell und Leuchtturm
9 Aquarium
1o Nea Agora (Neuer Markt)
11 Light & Sound
12 Theater
13 Windmühlen (früher)
14 Eleftherias Platz
15 Rimini- Platz/ TAXIS
16 Deutsches Konsulat
17 Amboise Tor
18 Georgiou Tor
19 Tor von Spanien
2o Marien Turm, Athanasiou Tor
21 Koskinou Tor
22 Italiener Bastion (Caretto Bastei)
23 Pili Karetou
24 Sta. Katharinen Tor (Tor der Mühlen)
25 Zollgebäude
26 Kirche St. Marie de la Victioirie
27 Admirals Palast
28 Castellania
29 Marine Tor
3o Engl. Herberge
31 Ritterhospital/ Archäol. Museum
32 Volkskundemuseum
33 Aphrodite Tempel
34 Bibliothek
35 GROSSMEISTER (RITTER) PALAST
36 Uhrenturm
37 Aussichtspunkt
38 Souleiman Moschee
39 Old Town Theater
4o Hotel La Luna
41 Hotel Andreas, Pens. Apollo
42 Türkisches Bad
43 Neuillac Turm
44 Antikes Stadion
44 Odeon (antikes Theater)
45 Apollo Tempel
46 Spielcasino

A Abfahrt Linien- Fährschiffe
B Busterminal für Westküste
C Busterminal für Ostküste

Ab Mandraki- Hafen:
Abfahrt der Ausflugsschiffe

Zu erneuter Blütezeit der Stadt kam es ab 13o9, als die Kreuzritter des Ordens der Johanniter Rhodos zu ihrem Stützpunkt wählten und die Stadt nicht nur erweiterten - sondern mit den gewaltigsten Festungsmauern der östl. Ägäis sicherten. Die Stadt galt für rund 2oo Jahre als uneinnehmbar. Weitere Befestigungsbauten und -Erweiterungen zur türkischen Epoche ab 1522.

✱STADTMAUERN: wurden in ihrer jetztigen Form in den Jahren 148o bis 1522 (die Zeit der der Türkenüberfälle) ausgebaut.

Nördlicher Teil der Stadtmauer mit Nevillac-Turm, - alter Stich

In der Antike sollen gemäß griech. Geschichtsschreiber Strabon die Rhodos-Stadtmauern einen Umfang von 15 km (!) besessen haben und schlossen den Bereich sowohl des Mandraki wie auch Handelshafen ein. Die Häuser im Innern der Mauerbefestigung lagen am Hang wie ein Amphitheater. Nun war die Belagerungs-Waffentechnik damals noch nicht so weit entwickelt, so daß genügend starke und hohe Mauern weitgehenden Schutz boten, und die Länge von 15 km keinen ernsthaften Nachteil darstellte.

Anders 13o9, als die Johanniter-Kreuzritter die Insel zu ihrem Hauptstützpunkt machten. Im frühen Mittelalter hatte sich (parallel zu perfekten Stadtbefestigungen) eine ausgefeilte Angriffs-Waffentechnologie (vergl. Steinschleudern, Rammböcke, Sturmleitern etc.) entwickelt.

Jeder Meter Stadtmauer war nicht nur im Bau sehr teuer, sondern auch in seiner Verteidigung sehr Personal- intensiv: Oben auf den Mauern mußten genügend Mann stehen, um mit Geschützen, Armbrust, Pechkübeln etc. potentielle Angreifer abzuwehren. Die Johanniter beschränkten sich daher im Bau ihrer Festung auf einen kleineren Bereich, der sich westl. an den Handelshafen anschloß.

Was sie allerdings an Festungswerk errichteten, suchte seinesgleichen im östlichen Mittelmeer! Rhodos galt für die folgenden 2oo Jahre als uneinnehmbar. Den Handelshafen bewachte der Neuillac- Turm (gebaut 1396 - 1421). Die 4 km lange Stadtmauer gleicht eher einer riesigen Bastion. Nach einem 9 - 15 m breiten und rund 15 m tiefen Graben (kein Wasser, angelegt ab 133o) steigen die Mauern gut 2o m auf. Zinnen und

Schießscharten deckten die Verteidiger. Dort bot auch ein 14 m breiter Gang genügend Raum für schnellen Stellungswechsel einer großen Menge an Soldaten oben auf den Mauern.

Zudem besaßen die Mauern alle ca. 15o m Bastionen mit Türmen. Die dort postierten Kanonen boten zusätzliche "Rückendeckung" für die Verteidiger auf den dazwischenliegenden Mauern. - Nach einem vergeblichen Belagerungsversuch 148o durch die Türken, sowie einem Erdbeben 1481, welches Schaden an Mauern und Türmen anrichtete, - wurde das Festungswerk noch massiver ausgebaut. Die vormals 5 Eingangstore zur Stadt wurden auf 3 reduziert, ihr Zugang durch vorgebaute Schutzwerke zusätzlich erschwert (vergl. den verwinkelten Zugang, Athanasiou Tor/Karte 2o und Koskinou Tor/Karte 21), der Graben in seiner Breite verdoppelt und die Bastion um weitere Verteidigungstürme ergänzt. Siehe auch S. 218.

Auch strategisch war die Verteidigung bestens organisiert: pro Mauerabschnitt war eine andere "Zunge" (Gebietsherkunft) der Johanniter zuständig. Beispielsweise für den Abschnitt Neuillac Turm bis Großmeisterpalast: Frankreich, - Abschnitt Amboise Tor bis St. Georgstor: Deutschland etc. Dies garantierte trotz Sprachenvielfalt der Johanniter das Funktionieren der Kommunikation im jeweiligen Verteidigungsabschnitt.

Ab 1513 holte man sich zudem den Venezianer Del Carretto, den damals besten Architekten im Festungsbau, der bis 1521 Rhodos weiter perfektionierte.

Eroberung von Rhodos erst 1522 durch die Türken. Um die Festung mit ihren nur 5.6oo Soldaten zu erobern, benötigten die Türken 4oo Kriegsschiffe und 2oo.ooo Soldaten, wovon die Hälfte den Tod gefunden haben soll!

★ RUNDGANG auf der Mauer möglich und lohnt wegen schönem Blick über Hafen und Altstadt sehr! Zugang: im Hof des Großmeisterpalastes.

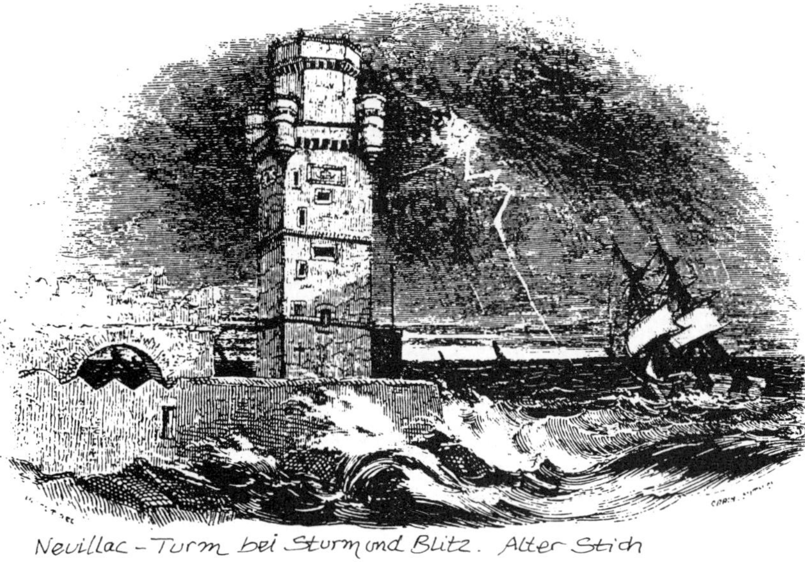

Neuillac - Turm bei Sturm und Blitz. Alter Stich

Eintritt, geöffnet derzeit nur Di. und Sa. von 14.3o - 17.oo Uhr (prüfen, kann sich ändern!). Es gibt auch Führungen. Einmal komplett rum dauert ca. 1 1/2 Std. Die Führungen enden in der Regel bei der Italiener Bastion, wobei auf dem südlich und höher gelegenen Teil der Stadtmauer gelaufen wird. Hier der beste Altstadtrundblick, hier liegen auch die am stärksten befestigten Eingangstore. Keine schlechte Idee, ab Italienerbastion dann unten am Hafen entlang zum Neuillac-Turm zu laufen, um einen Eindruck zu gewinnen, wie sich potentiellen Angreifern die Festung darbot.

Gemäß Forschung ging die Stadtmauer zur Zeit der Johanniter hier senkrecht ins Wasser (die heutige Uferstraße ist eine Aufschüttung aus dem 19. Jhd., ebenso existierte die heute dort rausragende Mole nicht). Die Segelschiffe ankerten in der Hafenbucht, und

Zur **TÜRKISCHEN EPOCHE** (1523 - 1912) wurde zunächst die Festung weiter als Schutz-Bollwerk genutzt.

Im Inneren des Mauerrings enstanden eine Reihe von Moscheen, deren Minarelle auch heute noch rausspitzen.

Deren älteste ist die Ibrahim Pascha Moschee (1531) an der Pithagora Straße.

Die berühmteste, da auch markanteste ist die Souleiman Moschee. Sie stamt in ihrer heutigen Form von 18o8. Sie wurde jedoch mit Baumaterial einer gleich nach türkischer Eroberung errichteten Moschee gebaut.

Die schönste dürfte die Redjeb Pascha Moschee sein, reich mit persischer Keramik verziert. Sie liegt versteckt an einem kleinen Platz östl. der Ag. Phanouriou Kirche und Nähe Omirou Str.

Waren wie Personen wurden in Beibooten zum engen Marinetor ausgeschifft.

Sofern es sich jedoch um Getreidelieferungen für die Stadt handelte, ankerten die Schiffe vor dem Halbinselfinger (siehe Karte: Nr. 25). Er war damals erheblich schmaler, auf ihm standen mehr als ein Dutzend Mühlen, die das Getreide gleich weiterverarbeiteten. Zwischen der Nordspitze dieses Halbinselfingers und dem Neuillac- Turm verlief eine Eisenkette: Bei Bedarf konnte sie gespannt werden, kam aus dem Wasser raus und versperrte nicht erwünschten Schiffen die Zufahrt in die Bucht.

In der Broschüre "Rhodos", geschrieben von der griech. Archäologin A.B. Tataki, erschienen bei Ekdotike Atheneon S.A./Athen (nur auf Rhodos erhältlich) ist ein Rekonstruktionsversuch der Stadt und Festung zu Beginn 16. Jhd. abgebildet.

Als die Italiener zu Beginn 2o. Jhd. Inselherren wurden, rekonstruierten sie kräftig. Dies gilt sowohl für die Stadtmauern, wie Bastionen und Eingangstore. Hier wurde mal ein Türmchen draufgesetzt, dort die Zinnen theatralisch erhöht etc. Einigermaßen hielt man sich jedoch ans Vorbild, aber nicht immer: vergl. z.B. Großmeisterpalast.

Auch wenn den Wissenschaftlern wegen dieser "Restaurierungen" die Haare zu Berge stehen: man muß den Italienern zumindest zugute halten, daß sie bei Verlassen der Insel 1945 eine komplette Stadtfestung, rekonstruierte Gebäude und Straßenzüge zurückließen, die den touristischen Wert von Rhodos nicht unerheblich steigerten!

Rhodos- Stadtmauer in einer Ansicht vom Hafen gemäß eines Stichs 19. Jhd. (also noch zur türkischen Zeit!). Links das Marinetor, rechts im Hintergrund der Großmeisterpalast in seiner ursprünglichen Form. An beiden Gebäuden lässt sich erkennen, daß die Italiener bei ihrer Restaurierung Anfang des 2o. Jhd. kräftig was dazuschminkten!

★ RUNDGANG DURCH DIE ALTSTADT:

Vorweg, zur HS wirds in den Hauptgassen Ellbogen- eng! Der Ruhrpott schiebt sich genauso durch wie blondes Gold aus Schweden, es wird gefränkelt und französelt, gelegentlich auch Kaugummilaute aus den United States.

Haupt- Einfallstor ist das ELEFTERIAS (Karte: Nr. 14) beim gleichnamigen Platz. Am Simi Platz die Ruinenrelikte eines APHRODITE-TEMPELS (33) aus dem 3. Jhd.v.Chr. und Spuren einer antiken Straße. Die hier liegende städtische Gemäldegalerie (1. Stock über Ionian Bank) zeigt Werke einheimischer Künstler.

Rechts: Abzweigung in die STRASSE DER RITTER: sie war zur Johanniterzeit die Hauptgasse. Entlang dieser (für heutige Touristenmassen/ HS definitiv zu schmalen) Straße lagen die einzelnen HERBERGEN der Johanniter. Der Straßenzug, aber auch die einzelnen Häuser wurden von den ital. Archäologen zu Beginn des Jhds. korrekt restauriert.

Die Angehörigen des Johanniterordens rekrutierten sich aus den katholischen Ländern Europas. Ursprünglich waren sie Krankenpfleger und Kreuzritter gewesen, aber mit dem Vordringen des Islam nach Westen wurde ihre vordringliche Aufgabe, ein Bollwerk gegen die Sarazenen zu bilden.

Sie teilten sich in 7 "Zungen", entsprechend der jeweiligen Herkunftsländer bzw. Provinzen: Frankreich, Italien, Spanien, Deutschland, Auvergne, Provence, England. Da Spanien später in Kastilien und Aragonien aufgeteilt wurde, gab es dann 8 "Zungen".

Jede dieser Gruppierungen hatte eine eigene Herberge in der Ritterstraße, und je nach Wichtigkeit und Personenzahl fiel diese größer oder kleiner aus. Die deutsche Herberge wurde nicht restauriert. Die einzelnen Häuser und Herbergen der Ritter waren nach gleichem Schema gebaut: unten gewölbte Lagerräume. Über eine Freitreppe vom Innenhof gings rauf in den ersten Stock. Bis auf eine Ausnahme stammen die Häuser aus der Zeit 149o - 1521, so die Italienische Herberge, angelegt vom Festungsarchitekten Del Carretto 1513 - 1521, die Französische Herberge wurde ab 1495 begonnen, die Eingänge tragen vielfach das Wappen ihrer Erbauer bzw. führender Staatsmänner der "Zunge".

In der Italienischen Herberge (Karte: Nr. 31) ist heute das ARCHÄOLOGISCHE MUSEUM von Rhodos untergebracht. Zu sehen: Funde aus der Frühzeit der Inselgeschichte, künstlerisch hochwertige Statuen und Reliefs aus der hellen. und röm. Epoche, sowie bedeutende Keramikarbeiten speziell aus der hellen. Zeit. Das Museum gehört zu einem der wichtigsten Museen Griechenlands (nach National Museum/Athen)! Interessant auch der Krankensaal aus der Johanniterzeit im 1. Stock.

VOLKSKUNDE- MUSEUM (Karte: Nr. 32) ausgestellt: Kleider, Trachten, Keramik und Möbel.

Die gesamte Altstadt wird überragt vom RITTERPALAST (Großmeisterpalast, Karte: Nr. 35). Eine Festung innerhalb der Stadtfestung!

Gebaut 1319 - 1346 von Helion de Villeneuve, einem Architekten und Mitglied der Zunge der Auvergne. Hier wurde der Palast von Avignon/Südfrankreich kopiert. Er diente dem Führer des Johanniterordens (dem Großmeister) als Residenz, der nicht nur ab Rhodos den Bereich Dodekanes verwaltete, sondern auch die Jerusalem-Kreuzzüge organisierte.

In den riesigen Hallen des Erdgeschoßes wurde Getreide gelagert, um die Versorgung der Stadt im Fall von Belagerungen zu sichern, aber auch das Pulver für die Kanonen. Die oberen Stockwerke dienten als Verwaltungsräume sowie als Residenz des Großmeisters.

Die Belagerung durch die Türken 1522 und anschließende Eroberung führte zu keiner entscheidenden Beschädigungen des Palastes. Die Türken nutzen ihn zunächst zur Inselverwaltung, später diente der Palast mit seinen massiven Festungsmauern als türkisches Gefängnis.

Erhebliche Beschädigung am Gebäude richtete ein Erdbeben 1851 an. 1856 explodierte zudem das im Erdgeschoß untergebrachte türkische Pulvermagazin, welches Teile des Gebäudes in die Luft sprengte.

Unter den italienischen Faschisten wurde der Palast ab 1940 "restauriert", wobei geplant war, daß er als Sommerresidenz dem italienischen König, aber auch für Mussolini dienen sollte. Im Inneren wurden versteckte Aufzüge installiert, als Kronleuchter getarnte elektrische Beleuchtungen, moderne sanitäre Anlagen und Heizungen etc.

Nicht nur die innere Ausstattung der Räume, insbesondere auch das äußere Bild des Palastes geriet um einiges pompöser als das Original! Die Arbeiten waren gerade beendet, als Italien '44 den Dodekanes verlassen mußte. Über den Geschmack dieser "Restaurierungsarbeiten" lässt sich schon arg streiten: Kühle Repräsentationsgier der Faschisten, die die im Mittelalter ausgewogene Architektur schlichtweg kaltstellt.

Trotzdem lohnt der Besuch: der Ritterpalast beherbergt heute eines der bedeutendsten Museen der Insel. Die Italiener trugen die besten Mosaiken z.B. von der Insel Kos zusammen, mit denen sie die Fußböden für König und Mussolini ausstatteten. Zudem sind die Räume mit künstlerisch hochwertigen Statuen aus der hellenistischen und römischen Epoche bestückt.

Bester griech. Marmor kam ebenso zur Anwendung, wie Kopien der Laokoon Gruppe, aber auch chinesische Vasen, italienische Möbel und Gobelins. "Duce und King" dürften sich in diesem "Pompösissimum" wohlgefühlt haben... Unterm Strich jedoch eher der Rubrik "Pompös-Kitsch" einzuordnen.

Von den Mauern schöner Blick über Stadt, die Gärten und Ritterstraße.

Zur RITTERZEIT war das Innere der befestigten Stadt nochmals durch eine weitere Mauer aufgeteilt, die entlang der heutigen Sokratous- Straße führte:

nördlich (also inkl. des Ritterpalastes) befand sich das sogen. "**Kastello**", es war der Bereich, wo die Johanniter wohnte, - südlich im Mauerring integriert befanden sich die Geschäfte sowie Wohnbereiche der Inselgriechen, - das "**Castro**".

Nach türkischer Eroberung 1522 wurde diese Zwischenmauer beseitigt. Insbesondere das Castro wurde zum Hauptsiedlungsbereich türkischer Moscheen, aber auch türkischer Geschäftsleute, Händler, sowie deren

Wohnungen. Es ist heute einer der interessantesten Bereiche der Altstadt: verwinkelte Gassen, versteckte Geschäfte und Tavernen.

SOULEIMAN-MOSCHEE (Karte: Nr. 38) ist größte der Altstadt. Sie basiert auf einer Moschee aus dem 16. Jhd., wurde jedoch in heutiger Form 18o8 errichtet. Gegenüber eine 1794 gebaute türkische BIBLIOTHEK mit wertvollen arabischen und persischen Manuskripten. Prunkstück der Sammlung sind ein illustrierter Koran von 154o und eine aus dem Jahre 1522 stammende Chronik der türkischen Belagerung.

Tip: unweit der Moschee ein original TÜRKISCHES BAD in der Archelaou Str./Arionos Platz (siehe Karte: Nr. 42). Eintritt ca. 2 DM.

Speziell der Südteil der Altstadt bringt viel Flair. Er ist bei weitem nicht so überflutet, wie der touristische Hauptbereich um die Sokratous- Straße. Sie war zur türkischen Zeit wichtigste Basar- Gasse und ist heute wichtigste Shoppingader der Stadt.

Aufteilung der Stadt: zur Johanniterzeit diese im Bereich nördl. der Sokratous, - der Rest der Bevölkerung (Griechen) südlich, aber noch innerhalb der Stadtmauern. - Zur türkischen Zeit: Griechen ganz aus der Altstadt verbannt, sie mußten außerhalb des Schutzes der Stadtmauern leben. Innerhalb der Mauern nur Juden (diese im östl. Teil der Stadt) und Türken (im nördlichen, westlichen und südlichen Teil).

Koloss von
Einfahrt zum

MARINE- TOR (Karte: Nr. 29): war der Hauptzugang für Personen und Waren, die mit Schiff im Handelshafen angekommen waren. Man beachte die beiden wuchtigen Türme und unten der Mini- Eingang! Zusätzlichen Schutz bot zur Johanniter- Zeit eine weitere, dem Tor vorgebaute Mauer.

CASTELLANIA (Karte: Nr. 28): diente als Versammlungsgebäude der Kaufleute, zugleich waren hier Marktpolizei und das Handelsgericht untergebracht. Gebaut 15. Jhd.

ADMIRALSPALAST (Karte: Nr. 27): ein besonders feudales Patrizierhaus aus dem 15. Jhd. In der Nähe (siehe Karte Nr. 24) das KATHERINEN-TOR: Es war der wichtigste Eingang zur Stadt, um das Getreide reinzuschaffen. Dieses wurde auf der vorgelagerten Landzunge in Windmühlen gemahlen. Das Tor hat von daher auch den Namen "Mühlentor".

Stadttore: wie eingangs erwähnt, gab es zur Johanniterzeit zeitweise nur 5 Tore: die beiden Marine- und Katharinen- Tore zum Hafen, sowie im Süden die beiden supergeschützten Koskinou- und Athanasiou- Tore (für Straßen in den Süden der Insel).

Außerdem gab es im Norden noch das kleine Eleftherias- Tor für Zugang zum Mandraki Hafen. Thats all für eine Stadt, in der zur Johanniterzeit gut 4o.ooo Menschen lebten! In Notzeiten wurde sogar auf nur 3 Tore reduziert.

✭ HAFENBEREICH:

Die Fähren legen im Handelshafen an, - die Ausflugsboote dagegen im Mandraki- Hafen.

Über der Hafeneinfahrt (siehe Karte: Nr. 5) soll der überdimensionale **KOLOSS VON RHODOS** gestanden haben, eines der 7 Weltwunder der Antike (weitere Weltwunder: die Pyramiden, die hängenden Gärten von Babylon, der Leuchtturm von Alexandria etc.).

Grund für Aufnahme in den Katalog der 7 Weltwunder war die Größe der Statue: angeblich 35 - 45 m (je nachdem, ob Sockel mitgezählt wurde). Dies entspricht einem rund 17 stöckigen Wohnhaus, für damalige Zeiten eine gigantische Leistung was Statik betrifft! Der Koloß sei mit gespreizten Beinen dagestanden, und die Schiffe seien zwischen seinen Beinen durch in den Hafen gefahren. Da Schiffe seinerzeit erheblich kleiner waren: Durchaus realisierbar, ohne daß der Mast den Penis beschädigt...
Gesichert ist diese Darstellung jedoch nicht, siehe unten!

Gebaut wurde die Statue vom Erlös aus dem Verkauf der Belagerungsmaschine des Demetrios. Dieser hatte 3o5 v. Chr. 1 Jahr lang versucht, Rhodos zu erobern durch

Alter Stich, 16. Jhd. von Bernh. Fischer von Erlach

Rhodos: eines der 7 antiken Weltwunder. Er soll über der antiken Mandraki-Hafen gestanden haben. Nicht gesichert, - siehe Text!

Belagerung. Daher erhielt er auch den Namen "Poliorkétes" (Städtebelagerer). Letztlich baute er einen fahrbaren Holzturm von angeblich 3o m Höhe und 2o m Länge! Er war eine Mischung aus Rammbock (zum Einstoßen der Mauern) und gewaltiger Steinschleuder. Um vor Brandpfeilen geschützt zu sein, war er komplett mit Tierfellen bespannt und besaß in einem der obersten Stockwerke ein riesiges Wasserreservoire: dies bewässerte ständig die Tierfelle...

Zur Bedienung dieser gigantischen Anlage seien 3.4oo Menschen nötig gewesen, und zwar den 9 Stockwerken des Turms zum Bedienen der dortigen Maschinen wie Steinschleudern und sonstiger Wurfgeschütze. Die meisten des "Bedienpersonals" waren aber außerhalb des Turmes für den Service tägtig, also z.B. zum Planieren des Bodens, zum Vorwärtsschieben der Maschinerie und zur Versorgung der Mannschaft oben im Turm (z.B. Nachschub an Wurfgeschossen etc.).

Man kann sich vorstellen, daß die Rhodier schon etwas Angst im Anblick dieser Bedrohung bekamen. Demetrios gelang es in der Tat, an einer Stelle die Stadtmauer zu beschädigen. Allerdings war bereits die Nacht eingebrochen und man wollte für den weiteren Angriff das Licht des nächsten Tages abwarten, - ein schwerwiegender Fehler:

In der Nacht gruben die Rhodier ein Loch vor dem Festungsturm. Sie tarnten das Loch, in Folge kippte am nächsten Tag die Maschine rein und versperrte damit den Angreifern den mühsam eingerammten Stadtzutritt. Demetrios gab auf, und die Rhodier erlösten im Verkauf der zurückgelassenen Maschine 3oo Talent, welches nach damaligem Kurs rund 7.8oo kg Silber entsprach.

2. Akt: in Dankbarkeit, diesen üblen Städtebelagerer abgewehrt zu haben, beschlossen die Rhodier ein gigantisches Weihgeschenk an Inselgott Helios. Gigantissimo auf Seiten Demetrios in Sachen des fahrbaren Turms, - ebensolches nun auf Seiten der Rhodier: die geplante Statue sollte in Größe alles Bekannte an Statuen der Antike in den Schatten stellen!

3. Akt/BAU: 3o4 v. Chr. wurde *Chares von Lindos* mit dem Bau der Bronzestatue beauftragt, die Helios, den Gott der Sonne darstellte (= Strahlenkranz um den Kopf). Das anfänglichen Konzept sahen eine Statue von 18 m Höhe vor (Höhe eines 6- stöckigen Hauses) und bereits in dieser Höhe für damalige technische Möglichkeiten eine beachtliche Dimension! - Den Auftraggebern erschienen die 18 m bald als *"zu wenig repräsentativ für die Bedeutung ihrer Hafenstadt"*. Sie wünschten vom Künstler Chares mehr als doppelte Höhe der Statue und stockten die Finanzmittel auf. Die Bauzeit betrug rund 12 Jahre.

Die Basis sei ein riesiges Steinpodest gewesen, welches der Figur Standfestigkeit verlieh (nötig wegen Winddruck auf die riesige Figur!). Das Skelett im Inneren der Statue sei ein Strebwerk aus Eisen gewesen, fundiert auf Steinquadern. Um die Skelettbauweise wurden einzelne speziell gegossene Bronzeplatten armiert, die der Figur die äußere Form der Figur einer Statue gaben.

Wie nun die Rhodier es mit damaligen technischen Mitteln schafften, ein Bronzestandbild von rund 35 m Höhe zu erstellen, lässt sich heute nicht mehr eindeutig feststellen. Es gibt keine zeitgenössische Schilderung der Bautechnik, nur einen Bericht des Philon von Byzanz, der aber rund 7oo Jahre später lebte. Ihm zufolge sei um die Statue herum ein Erdhügel errichtet worden, der mit zunehmender Höhe der Statue wuchs. Auf dem Hügel hätten sich Öfen zum Schmelzen der Bronze und Gießen in Formen befunden. Als die Figur dann fertig gewesen sei, hätte man den Hügel abgetragen.

Ein Erdbeben 224 bzw. 227 v. Chr. ließ die Figur bereits nach rund 6o Jahren wieder einstürzen. Die Bruchstelle soll bei den Knien gewesen sein. Durchaus plausibel, berücksichtigt man das Gewicht des schweren und kompakten Oberkörpers.

Die Bruchstücke blieb über Jahrhunderte liegen und finden u.a. auch Beschreibung bei Plinius, der berichtet, daß allein die Finger des Kolosses die Größe normaler Statuen besitzen. Auch beschreibt er die "kunstvolle Eisenkonstruktion" im Inneren. 653 n. Chr. wurden dann die Bronze- Bruchstücke an einen Händler verkauft, der zum Abtransport angeblich 9oo Kamele benötigte...

Existiert haben dürfte die Statue (siehe u.a. Plinius, sowie der im 3. Jhd. v. Chr. erstellte Katalog der "Sieben Weltwunder", Abtransport der Bruchstücke etc.).

Ungesichert ist jedoch Lage der Figur. Sollte Philon von Byzanz in seiner Schilderung der Bautechnik Recht haben, dürfte die Statue sicher nicht über der Hafeneinfahrt gestanden haben: Die Aufschüttung eines Erdhügels ist dort nicht möglich. Unabhängig davon wäre die Figur bei ihrer Zerstörung durch das Erdbeben ins Meer gestürzt und hätte nicht von Plinius in ihren Bruchstücken beschrieben werden können.

Eher anzunehmen ist ein Aufstellungspunkt innerhalb der befestigten Stadt, zumal eine andere Überlieferung berichtet, bei ihrem Einsturz seien benachbarte Häuser beschädigt worden.

Ungesichert ist auch das Aussehen der Figur: verschiedene Stiche aus dem 16. Jhd.

Illustration der Statue von Rhodos von Maarten van Heemskerck, ebenfalls 16. Jhd. n. Chr. – also rund 700–800 Jahre nach Bestehen der Statue. Im Vordergrund Phantasiedarstellung, – wie der Kopf "letzten Schliff" erhält...

Rekonstruktions-Versuch H. Maryon

zeigen sie breitbeinig über der Einfahrt zum Mandraki- Hafen, die rechte Hand erhoben, die eine Fackel wie ein Leuchtfeuer zeigt (siehe z.B. Illustration von Bernhard Fischer von Erlach oder diejenige von Maarten van Heemskerck, beide 16. Jhd.).

Diese Darstellungsweise reportiert mündliche Überlieferung plus mittelalterliche Phantasien: Immerhin war die Rhodos- Statue eines der 7 Weltwunder - und Rhodos in der Antike eine bedeutende Hafenstadt. Also warum nicht die Statue breitbeinig über der Hafeneinfahrt mit Leuchtfeuer... Immerhin hatte der römische Hafen Ostia eine Statue auf seiner Hafenmole, ebenso Caesarea in Palestina etc.

Abbildungen, die zum Zeitpunkt des Bestehens der Statue angefertigt wurden, gibt es nicht. Bei einem Bauwerk dieser Größe hätte es zumindest auf Münzen erscheinen müssen. Die Münzen des damaligen Rhodos zeigen Köpfe und Figuren, nie aber eine Statue. (Gegenerklärung: der riesige Koloß von Rhodos hätte auf einer kleinen Münze lächerlich gewirkt).

Erstaunlich ist auch folgendes: zwar wird die Statue in rund 15 Berichten von Autoren erwähnt, die zu der Zeit lebten, als die Statue stand. Die Autoren erwähnen lediglich die Statue, geben jedoch keine Detailbeschreibungen, was in Anbetracht der Größe und Bedeutung der Statue ungewöhnlich ist.

Erste detaillierte Beschreibungen durch den Historiker Stabron (= 3oo Jahre später) sowie durch Plinion von Byzanz (= ca. 12. Jhd. n. Chr.). Von allen der 7 antiken Weltwunder dürfte der Koloss von Rhodos das am meisten mit Mysterium behaftete sein.

Antike Rhodos Münzen. Sie zeigen den Kopf des Sonnengottes Helios. Daneben jeweils die Münzrückseite.

Heute ist die Einfahrt zum Mandraki- Hafen mit 2 Säulen verziert, auf denen Hirsch und Hirschkuh stehen, dem Wahrzeichen der Insel.

Auf dem östl. Halbinselfinger zugleich das kleine Kastell ST. NICOLAOS (1466 - 67), siehe Karte Nr. 8 mit Leuchtturm: von hier schöner Blick auf Rhodos-Altstadt und Hafen.

NEA AGORA (Karte Nr. 1o): der neue Markt von Rhodos. Quirlig, viele Geschäfte, aber auch Kafeneions und Tavernen. Im Inneren des 7-eckigen Gebäudes ein Innenhof, direkt neben dem Marktgebäude Abfahrt der Inselbusse.

Entlang der Uferstraße des Mandraki liegen Verwaltungsgebäude, OTE, ein Theater und das PREFEKTUR (Karte: Nr. 6): Von den Italienern zur Zeit ihrer Besatzung gebaut, diente es damals als Gouverneurspalast. Es dürfte eine der skurilsten Inselarchitekturen der Ägäis sein, ein Mischmasch verschiedenster (insbes. schlecht kopierter!) Stile von venezianisch bis arabisch. Zudem ruht es auf kurzen Säulenstummeln, sodaß man aus bestimmtem Blickwinkel den Eindruck gewinnt, das Gebäude sei wegen einem Baufehler in den Boden abgesunken!

NEUSTADT:

Keine nennenswerten Sehenswürdigkeiten, außer AQUARIUM (Karte: Nr. 9) an der Nordspitze der Stadt. Zu sehen ein Querschnitt dessen, was sich unterhalb der Wasseroberfläche der Ägäis bewegt, bzw. bewegte... Anders ausgedrückt: wenn der Mensch seine Umwelt (hier: Meer) nicht zukünftig sorgsamer behandelt, sehen wir bald viele dieser Fische, Krebse etc. nur noch in Aquarien.

Ansonsten ist die Neustadt von Rhodos ein Konglomerat von modernen Zweckgebäuden, im Küstenbereich eine Vielzahl von Hotels, Shops, Boutiquen, Restaurants, Discos, Supermärkten etc.

RHODOS- MUSEEN

Archäologisches Museum (31): eines der wichtigsten Griechenlands, Details ...Seite 216

Volkskunst Museum (32): Kleider, Trachten, Keramik, Möbel ....Seite 216

Ritterpalast (35): von Mosaiken zu Statuen, Vasen, Möbel etc. ....Seite 216

Byzantinisches Museum: in der Marienkirche gegenüber vom Archäol. Museum (31). Die Kirche mit schönem Kreuzgewölbe, sehenswerte Mosaike aus verschiedenen anderen Kirchen, weiterhin alte Bibeln und Ikonensammlung.

Städtische Galerie: am Symi Platz im Oberstock der Ionian Bank. Ausstellung von Gemälden griechischer Künstler Mitte 19. Jhd. bis heute, u.a. auch von Theofilos, dem sicher bedeutendsten griech. Vertreter der Naiven Malerei.

Aquarium (9): Fische, Krebse, Meeresschildkröten.....................................Seite 223

ANTIKE AKROPOLIS:

Von der antiken Stadt (4o8 v. Chr. bis Römische Epoche) ist heute kaum etwas erhalten, vergl. auch Seite 2o3 und 224; sie wurde im Bereich der Neustadt ebenso überbaut, wie von den Johannitern im Bereich Altstadt.

Erhalten bzw. rekonstruiert ist jedoch der Bereich der antiken AKROPOLIS auf dem **Monte Smith**, westl. oberhalb der Altstadt. Die Ausgrabungen begannen 1924. Knapp unterhalb des Gipfels liegt das antike STADION (192 x 35 m) aus dem 2. Jhd. Allerdings sind die meisten Stufen rekonstruiert, das Stadion wird heute u.a. für Freilichtveranstaltungen genutzt.

Direkt daneben fanden die Archäologen ein kleineres "THEATER" mit rund 8oo Sitzplätzen. Da man jedoch im Anschluß der weiteren Grabungen keine Bühne im Sinne sonstiger antiker Theaterbauwerke fand, vermutet man, daß dies der Platz der antiken Rednerschule von Rhodos war (siehe auch S. 2o4). Heutige Nutzung: Freilichtveranstaltungen, die meisten Stufen restauriert.

APOLLO-TEMPEL: auf dem rund 12o m hohen Berggipfel. 3 1/2 Säulen des früheren Tempels wurden wieder aufgestellt, schöner Rundblick!

RODINI- PARK:

4 km außerhalb (Busverbindung Nr. 3) an der Straße nach Lindos. Im Park spazieren Pfaue herum und anderes Getier. Außerdem gibt es einen kleinen Zoo mit Pelikanen, Hirschen etc. Abwechslungsreiche Vegetation, und bei den Rhodiern beliebt als Freizeitpark mit Spazierwegen und Bänken für Liebespaare. Am Eingang eine Veranstaltungshalle und Cafeteria.

WEINFEST: im Rodini Park jeden Sommer 2 Wochen Ende August. Gegen einmaligen Eintritt darf jeder so oft gratis Wein nachfassen, wie er möchte oder kann. Man plante zeitweilig, das "Fest der Alkoholleichen" abzuschaffen: die Exzesse insbes. bei den nicht trinkgewohnten Skandinaviern waren zu übel. Auf Druck der Reiseveranstalter bleibt es jedoch nach wie vor bei der alljährlichen Massensauferei.

WARNUNG: zur Zeit des Weinfestes großräumig den Bereich um den Park meiden. Viele setzten sich voll alkoholisiert ans Steuer des Mietwagens und riskieren nicht nur den Verlust des Versicherungsschutzes und des Führerscheins, sondern auch hohe Strafen. Es hat schwere Unfälle gegeben. Wer selber das Glas heben möchte, dringende Warnung: viele Polizeikontrollen um den Park. Das Taxi ist die bequemere und richtigere Wahl!

EINKAUFEN:

Rhodos ist **Freihafen**: zollfrei gibt es relativ billig: Metaxa Cognac, amerikanische Zigaretten, Parfum und Pelzsachen sowie elektronische Artikel (CD-Spieler etc.)

Trotz Aufhebung der Zollschranken innerhalb der EG konnte Rhodos seinen Status als Freihafen retten, - ähnlich wie z.B. die Duty Free Shops auf innereuropäischen Fährschiffen. Die EG- Länder haben hier eine Übergangsregelung gewährt, die im Rahmen des geplanten Staates "Europa" in naher Zukunft ihr Ende haben wird. - Ob es sich allerdings lohnt, auf Rhodos eine HiFi- Anlage zu kaufen, die man trotz Steuern meist billiger in einem deutschen Großmarkt bekommt, - sei sehr dahingestellt!

HAUPT- EINKAUFSGASSEN: die Sokrates Str. und Seitengassen in

Altstadt. Hier drängen im Sommer die Touristenmassen durch, im Angebot die Rhodos- Statue breitbeinig als Papierbeschwerer für den heimischen Schreibtisch, Adonis bis Sophokles, Schmuck und Kunstgewerbe bis Kitsch.

PELZE: sind in Mitteleuropa definitiv out, was der traditionellen Rhodos-Zunft der Kürschner massive Umsatzeinbrüche brachte und bis hin zur Schließung alteingeführter Geschäfte führte.

Es gab im Rhodos- Zentrum früher mehr als 1oo Pelzgeschäfte, und so mancher Rhodos Urlauber glaubte, sich seinen Urlaub durch den Kauf eines preisgünstigen Edelfells refinanzieren zu können. Ärger gabs dann nicht selten auf dem Rückflug am deutschen oder österreichischen Zoll.

Dieser war beim Kofferöffnen partoú nicht bereit zu glauben, daß der dort befindliche Pelzmantel zu den "personal belongings" gehört. Denn wer reist schon mit eigenem Pelz ins sommerlich heiße Rhodos. Eher ging der Zoll davon aus, daß der Pelzmantel in Rhodos gekauft wurde und verlangte daher satte Zollnachzahlungen plus Strafgebühren.

Dinge, die heute der Vergangenheit angehören. A) kann man heute als EG-Bewohner und nach Aufhebung der Staatsgrenzen beliebig in Griechenland einkaufen und in die Heimat mitbingen, was dem persönlichen Bedarf (also nicht Weiterverkauf) dient, - B) kann man heute keinen Pelzmantel mehr auf der Straße tragen, ohne strafende Blicke...

PS: die Pelze, die heute noch auf Rhodos gefertigt werden, stammen meist nicht aus Inselfertigung. Sie sind in der Regel Importware aus den GUS Staaten, da die Löhne dort billiger sind, bzw. aus Kanada wegen dort niedriger Fell- Einkaufspreisen.

Viele der früheren Rhodos Pelz-Shops habend daher auf **LEDER** umgesattelt, sprich Lederröcke, Mäntel, Schuhe etc. Auch hier häufig Importware aus Italien oder Asien. Preisvergleich lohnt ebenso wie Qualitätsvergleich. Handeln in fairem Rahmen ist üblich und nötig.

SCHMUCK: Rhodos ist berühmt für seine geschickten Juweliere (z.B. Sokrates Str.). Die Altstadt ist voll von glitzernden Schaufenstern, das meiste stammt mittlerweile aus den Athener Großwerkstätten.

KLEIDUNG: Spitzenanzüge aus englischen Stoffen für ca. 4oo DM. Bei einem billigen Schneider kann man sich eine Hose nach eigenem Geschmack nähen lassen. In der Altstadt bekommt man vom "Jakoumis" (Schuster) handgemachte Schuhe (alte Form).

Ansonsten viele **BOUTIQUEN** (insbesondere in der Neustadt), die auch mit internationalen Marken wie Lagerfeld, Laura Ashley bis xy bestückt sind und satte Touristenpreise verlangen.

KERAMIK: die Souvenirläden sind voll damit. Oft produziert mit Spritzmaschinen und Klebedruck; das Zeug sollte daher eigentlich billiger sein! Selber schuld, wer in einem halbdunkelem Laden nicht merkt, daß er einen Klebedruck auf der Vase etc. kauft. Gilt auch für Pseudo- **IKONEN**, die auf "alt" getrimmt (inkl. Holzwurmlöchern) rund 1.ooo DM oder mehr kosten, - sich bei Tageslicht aber als 4- Farbdruck entpuppen, wobei der Holzwurm- "Biß" durch feinen Bohrer erzeugt wurde und der Lack durch

Hitzeeinwirkung über feine Risse verfügt (= die "Plump-Variante" für die ganz dummen Käufer).

Die etwas perfektere Variante besorgt sich ein "etwas älters Holzbrett" und setzt auf dieser "Spielwiese" ebenfalls echte Holzwürmer aus, die entsprechende Pflege (=Zeit) benötigen, um das Brett zu präparieren.

Nach Erledigung der Arbeit der Holzwürmer tritt dann ein Profikünstler an, der in Perfektion auf "alt"- getrimmte Ikonen aufs Brett malt. Weiterer Vorgang siehe oben: Hitzeeinwirkung, damit die Lackierung Sprünge bekommt etc. Preis: ab 1.5oo DM aufwärts.

KOSMETIKAS, PARFUM: alle gängigen Marken. Sei es Lippenstift, Eyeshadow oder Parfum: oft billiger als in Mitteleuropa.

FAZIT: Shopping in Rhodos/Stadt ist in sofern interessant, da es eine Vielzahl an Shops gibt, wobei oft aber Durchschnittliches oder der Kitsch regiert, bzw. hohe Preise.

Markt: Es gibt zwei davon, einen in der Neustadt, der "NEUER MARKT" am Mandraki-Hafen - und einen in der Altstadt: "ALTER MARKT". Die Preise werden kontrolliert, Betrug ist selten.

Öffnungszeiten: Mo-Fr 8.3o-13 Uhr und 17.3o-2o Uhr. Touristengeschäfte die Woche über von 8- 22 Uhr und So von 1o- 22 Uhr.

Der STADTBADESTRAND an der Westküste neben Rhodos/Stadt, ca. 2 km lang, teilweise mit vielen Kieselsteinen.

An der NORDSPITZE Sandstrände mit vollem Remmi- Demmi zur HS, knallvoll, Surfboardverleih etc. - Schöner Strand, aber voll von Leuten das Strandbad Elli an der nördlichen Landspitze. Im alten Clubhaus Kaffee trinken. Für den Abend gibt es einen Nachtclub.

Vom Mandraki-Hafen im Sommer täglich Kaikis zu den Badestränden in der näheren Umgebung. Abfahrt morgens gegen 9 Uhr.

OSTKÜSTE

Ausgesprochen schöner Küstenbereich bis Lindos: Felsküste wechselt mit Sandbuchten und Hügelland.

Im Bereich FALIRAKI mehr als 14 mittlere bis gigantische Hotelpaläste, die teils pro Palast bis zu 2.ooo Gäste fassen, kilometerlanger Sandstrand. Danach wird's "etwas" ruhiger, schöne Abstecher ins Landesinnere und lohnende Wanderungen entlang der Küste. Immer wieder gute Sandbuchten, die von Bergfingern eingeschlossen sind und von der Hauptstraße per Stichverbindungen erreicht werden.

LINDOS gehört neben Rhodos-Altstadt zur Hauptsehenswürdigkeit der Insel! Großartige Lage des antiken Heiligtums auf einem steilen Felskap. Im Ortsinneren lohnende mittelalterliche Architektur aus der Johanniterzeit, der unterhalb der Festung gelegene Sandstrand platzt zur HS aus allen Nähten...

Die SÜDSPITZE ist erheblich unberührter als der Inselnorden: Fischernester, ausgesprochen schöne Strände und Landschaften, jedoch nur wenig Infrastruktur an ausgebauten Straßen und Übernachtungsmöglichkeiten.

Verbindungen

Sehr dichter Busverkehr entlang der Ostküste: Faliraki ca. 11 mal/Tag, - Arhangelos ca. 11 mal/Tag und Lindos ca. 8 - 1o mal am Tag. Danach, weiter südlicher wird's sehr dünn mit Bussen, teils nur 1 mal/Tag, so daß eigenes Auto bzw. Mietwagen sehr sinnvoll wird. Das breiteste Angebot an Autovermietern natürlich in Rhodos/Stadt.

Wer sich ein Mietmoped/Motorrad nimmt, sollte die Entfernungen nicht unterschätzen. Immerhin sind's von Rhodos/Stadt bis Lindos retour ca. 11o km ohne Abstecher! Da es Mietmopeds auch in Lindos gibt, - vernünftig: zunächst ab Rhodos Küstenbereich bis ca. Tsambika. In 2. Etappe an anderem Tag dann mit dem Linienbus nach Lindos fahren, hier Mietmoped nehmen und ab Lindos nähere Umgebung erkunden.

Warnung: wer das Tages-KM-Pensum zu hoch ansetzt, provoziert nur Hetze und Raserei. Und auf den kurvenreichen Straßen der Insel gibt's alljährlich jede Menge an Unfällen von Urlaubern auf Mietmopeds! - Die Südküste per Mietmoped ist selbst ab Lindos nicht in einem Tag retour einmal rum und mit Abstechern realisierbar. Hier ist ein Mietwagen die bessere Wahl, bzw. unterwegs übernachten.

Einmal um die Insel rum mit dem Auto benötigt rund 25o km und an reiner Fahrzeit im Minimum 6 Std. Wer Baden, Archäologie, kleinere Wanderungen, sowie

Abstecher ins Inselinnere einbaut, - was ja auch Sinn und Zweck einer derartigen Rundtour ist, sollte sich mindestens 1 Woche für den Rundtrip reservieren. Die Sache lohnt!

Rhodos Stadt ⟶ Lindos

Ca. 33 km, gut ausgebaut und asphaltiert, allerdings streckenweise kurvig.

Als NEW ROAD verlässt sie Rhodos/Stadt via Rodini-Park und stößt erst bei Faliraki auf die weitgehend entlang der Küste führende OLD ROAD. Auf den ersten km dominieren Restaurants, Keramikshops, - später Olivenhaine und Orangenplantagen. Die angrenzende Bergregion ist oft bewaldet und landschaftlich reizvoll. Stichstraßen führen von der Old Road ans Meer.

✶ Kalithea

Rund 8 km von Rhodos/Stadt an der Old Road. Die Antiken Thermen von Kalithea befinden sich in schönem Park.

Ansonsten guter Sandstrand mit Palmen. An den seitlichen Felsklippen gute Schnorchelmöglichkeit. Am Strand Verleih von Liegestühlen und Sonnenschirmen. Es gibt eine Bar mit Getränken aus dem Eisschrank, sowie Snacks.

In der Umgebung weitere Badebuchten, die per Pfad über die Klippen zu erreichen sind. Gutes Schuhwerk mitbringen

Viele Urlauber kommen ab Rhodos/Stadt per Mietmoped/Motorrad oder Bus nach Kalithea. Ebenso gibt es im Sommer Ausflugsboote an den Hauptstrand.

✶ Faliraki

Noch Anfang der 7o-er Jahre ein kleines Fischernest, Ende der 7o-er Jahre setzte dann der Boom ein. Zitat einer seinerzeitigen ADAC-Infoschrift "noch ist das eigentliche Faliraki ein nettes Dörfchen mit kleinen Pensionen, Hotels, ein paar Tavernen und Läden..."

Die Zeiten sind passé, Faliraki ist heute d a s Zentrum des Rhodos-Pauschaltourismus an der Ostküste! Es gibt mehr als 1o.ooo Betten, verteilt auf einige Großhotels, die an der Küste dominieren (bis zu 1.3oo Betten pro Hotel) - sowie eine Vielzahl mittlerer und kleinerer, teils auch Appartement-Hotels. Vermietung pauschal über Reiseveranstalter, die Flug & Hotel anbieten. Derzeit gibts im Ort rund 7o (!) Hotels.

Vorteil von Faliraki ist sein mehr als 5 km langer Sandstrand. Insbesondere auch kein Fluglärm wie an den Westküstenstränden und häufige Busverbindung ins 16 km entfernte Rhodos/Stadt. Zudem breites Sportangebot (von Vermietung von Surfbrettern, Tretbooten, Paragliding, Wasserski, Jet-Ski etc.) und jede Menge an Bars, Tavernen und Discos.

Wer sich auf Faliraki einläßt, sollte sich jedoch klar sein: der Ort besitzt kaum noch authentisch Griechisches. Eine Retorten- Großsiedlung, entstanden auf dem Reißbrett der Architekten und am Konferenztisch der Tourismusplaner. Mittags gibts zwar in den Restaurants den "Greek Salad" und das "Souflaki", - ein Tourismuskomplex, der aber ebenso in Südspanien oder anderswo stehen könnte. Die Boutiquen, Discos und Tavernen meist auf Massentourismus ausgerichtet und vielfach teuer.

Faliraki Camping, Nähe Hauptstraße Rhodos-> Lindos. Derzeit einziger Camping an der Ostküste. Insgesamt empfehlenswert mit Swimmingpool, größerem Supermarkt, umfangreichen Sanitäranlagen, Waschküche, Restaurant mit Terrasse. Es gibt ein Cafe und eine Disco. Ab Camping 3 Strände erreichbar: Ladiko Beach 1 km, Afandou Beach 1,5 km und Faliraki 2 km.

Das ca. 1 km im Landesinneren gelegene **KALITHIES** bekommt seinen Anteil vom Faliraki- Massentourismus ab: Restaurants und Bars prägen den zur HS sehr geschäftigen Ort. Für Nicht-Pauschale gibt's Privatquartiere im Ort.

★ Afandou

Recht sauberes Dorf landein oberhalb der Rhodos-> Lindos Straße. Es gibt zwischenzeitlich einen ganzen Schwung an Hotels und Pensionen, - sowohl oben im Ort wie auch unten am Strand.

Zur Saison viele Tourbusse wegen der langen Tradition des Ortes in Teppichenweberei. Gleichzeitig kleines Folkloremuseum, das die Kunst der Teppichherstellung zeigt, aber auch Trachten von Rhodos sowie Sakralkunst. - Im Ort Tankstelle, Pizza, Läden, Tavernen und Kafeneions.

Afandou- Beach: eine 2,5 km Stichstraße verbindet vom Ort runter ans Meer. Sand/Kies; von Bade- und Strandqualität gibt's bessere Inselstrände. Am Strand zugleich ein Golfhotel mit angrenzendem Golfplatz.

"**Oasis Bungalows**": A- Klasse quotiert. Lage landein, etwas zurück versetzt von der Straße Rhodos-> Lindos und ca. 1 km zum Afandou Strand. Hübsch gebaute 1- 2 stöckige Häuser. Unter weit ausladendem Baum Sitzgelegenheit und drumrum kleiner SW-Pool, Bananenstauden. In der Tat eine kleine Oase im ländlicher, etwas kahler Umgebung. 37 Zimmer, ordentlich ausgestattet, gemütliche Bar. In der Regel nur über Pauschalveranstalter zu buchen, April - Okt.

"**Golf View**" am Afandou Beach Nähe Golfplatz. B- Klasse quotiert. 28 Zimmer, DZ ca. 7o - 1oo DM, April - Okt.

"**Hotel Kasteli**": D- Klasse, oben im Ort, geöffnet April bis Okt. 12 Zimmer, sauber. DZ je nach Saison ca. 3o - 45 DM.

Eine Vielzahl weiterer **Hotels** und **Privatquartiere**, die von der Nähe des nicht unbedingt Top-Qualität- Strandes profitieren.

ab AFANDOU Abzweigung einer 2o km Straße quer durchs Inland rüber zur Westküste, die auch das "Schmetterlingstal" Petaloudes erschließt. Details siehe Seite 248.

✶ Kolimbia

Das kleine Dorf liegt im Schnittpunkt der Ostküstenstraße und einer Querverbindung landein, rüber zur Westküste. Ab Kolimbia zugleich eine 2 km Asphaltstraße durch eine Allee von Eukalyptusbäumen, vorbei an einem Pflegeheim (erbaut von den Italienern zu Beginn des Jhds.) ans Meer zum

"KOLIMBIA-BEACH" beim Kap Vagia/Ostküste. Mehrere Sandstrände (teils von Steinen/Kies durchsetzt) in kleineren Buchten, gleichzeitig auch Felsplateaus.

Fischrestaurant "TO NISSAKI" unter Tamarisken an einem kleinen Fischerhafen und das "LIMANAKI" in kleiner Nachbarbucht. Die Region wird touristisch erschlossen, daher werden sowohl neue Restaurants und Tavernen hinzukommen, derzeit auch Bautätigkeit für neue Hotels.

Zwischenzeitlich boomts: mehr als 24 Hotels (!) vorwiegend der A und B- Klasse entstanden. Sie sind mit allem Komfort von Swimmingpool, Sauna, Tennisplätzen etc. ausgestattet. Zudem breites Wassersportangebot von Tauchen bis Windsurfen, Wasserski etc.

Konzept der Tourismus- Planer: Pandón zu Faliraki, allerdings in Kolimbra auf Teuer-Sektor. Die Hotels ebenfalls in Hand der Pauschalveranstalter; ansonsten Preise ab ca. 15o DM/DZ.

✶ Epta Piges

rund 3,5 km von Kolimba landein an der Straße nach Archipolis. "Epta Piges" (= "Sieben Quellen") liegt in einem hübschen Tal, das wegen seiner reichen Vegetation für Wanderungen und Spaziergänge sehr lohnt. Außerdem gibt's einen 15o m langen und im Sommer begehbaren Wassertunnel. Beliebte Taverne mit Felsterrasse nahe der Quellen.

Es gibt 2 Parkplätze, der eine unten an der Straße Kolimba -> Archipolis, der andere oben an der Taverne, über einen schmalen Fahrweg erreichbar. Über ihn kommt man bis auf 15o m an den Tunneleingang. Schöner jedoch: Auto am unteren Parkplatz stehen lassen und zu Fuß über den Pfad am Steilhang (siehe Karte!) rauf zur Taverne.

Im Sommer (Trockenzeit) kann man den Tunnel durchwaten. Er besitzt eine Breite von ca. 75 cm und Höhe von ca. 1,75 m. Nötig sind gutes Schuhwerk mit Gummiprofilsohle und eine Taschenlampe, da der Luft- und Lichtschacht (siehe Karte!) kaum Licht bringt.

Länge des Tunnels 15o m, er durchquert einen Bergrücken und öffnet sich zu einem kleineren Stausee, der schon arg verschmutzt ist. Dafür aber hinter der Staumauer schöner Weiterverlauf des Weges retour zur Hauptstraße:

Da der ursprüngliche Weg entlang eines betonierten Wasserkanals 2 defekte Brücken hat, muß man kurz unterhalb der Staumauer ins Bachbett runtersteigen und durch einen natürlichen Felstunnel hindurch, wo man wieder jenseits der defekten Brücken den ehemaligen Fußweg erreicht.

Wer die 1,5 m hohe Kletterstelle am Felstunnel meiden will, kann durch den ca. 6o cm tiefen Wassergraben waten, worauf er nach ca. 1o m wieder den Tunnelweg erreicht. Ab defekter Brücken dann noch ca. 8o m an Steilhang oberhalb des Bachbettes entlang zur Hauptstraße.

Weiter auf der Ostküstenstraße: 1,5 km nach Kolimbia (Richtung Lindos) zweigt links ein steiler Betonweg (1,4 km) zum Parkplatz des Klosters

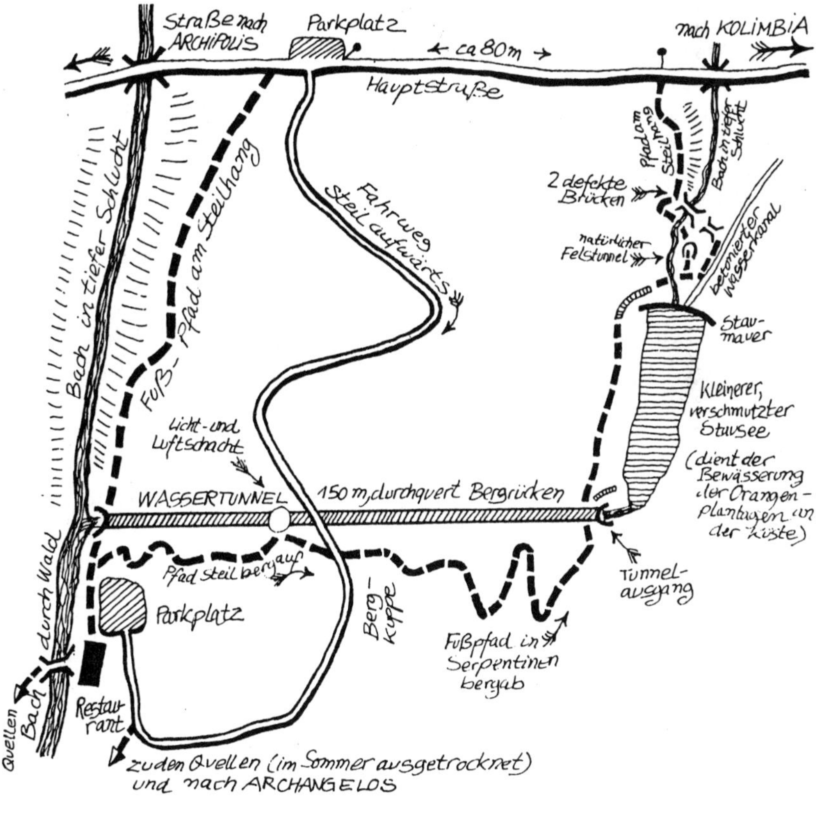

TSAMBIKA mit kleiner Kapelle. Vom Parkplatz geht's zu Fuß weitere ca. 25o m: großartiger Blick über ausgefallen schöne Küstenlandschaften. Das Kloster wurde 1926 durch ein Erdbeben zerstört und neu aufgebaut. Im Gelände die Klostertaverne "Stefanos". Der Wirt spricht gut Deutsch, riesige Außenterrasse mit Königseiche. Samstag/Sonntag gibt es große griechische Küche.

Noch besseren Blick hat man vom 326 m hohen Gipfel, der einen weiteren Aufstieg ab Kloster Tsambika bedeutet. Der Blick reicht über weite Teile der Ostküste. Vom Gipfel aus auch klar sichtbar die Sandanwehung am Südhang der Tsambika- Bucht. Über diese Route lässt sich die Nachbarbucht Stegna zu Fuß erreichen, eine Wanderung/Kraxelei von gut 1 Std. zw. Tsambika-Beach und Stegna Beach (Busverb. ab Stegna rauf nach Archangelos). Empfehlenswert, die Strecke jedoch in Gegenrichtung, also Stegna - Tsambika zu laufen, da sich die Sanddüne logischerweise bergab besser erledigen lässt. Beschreibung siehe "Stegna Beach".

Ca. 4oo m weiter auf der Hauptstraße führt links eine 2 km Stichstraße zum

Tsambika Beach

von der Rhodos-Werbung als einer der "schönsten Strände der Insel" propagiert. Eine riesige, von Bergen eingerahmte Sandbucht, Breite ca. 1 km, der Sand landein bis zu 2oo m!

Ins Wasser geht's äußerst flach rein, oft hat man noch 7o m vom Ufer entfernt Boden unter den Füßen. Keinerlei Bäume am Ufer, erst weiter landein niedriges Strauchwerk, Sonnenschirmverleih.

An windstillen Tagen wird's in dieser, von hohen Bergen eingerahmten Bucht knallig heiß. An stark windreichen Tagen sollte man das Südende der Bucht wegen Strömungen mit Vorsicht genießen. Am Strand gibt's Drinks, Essen und ein Blech-WC-Häuschen für dringende Bedürfnisse.

Busverbindung: im Sommer täglich, außerdem wird der Strand von Badebooten angelaufen.

★ Archangelos (ca. 5.ooo Einw.)

Größte Siedlung an der Ostküste von Rhodos. Das von weitem malerische Bergdorf besitzt im Sommer einigen touristischen Rummel. Viele Souvenir- Shops, Tavernen und Rent a Car, Rent a Bike.

Archangelos ist berühmt für seine Keramikarbeiten und Teppichknüpferei. Auch wenn die Ostküsten-Hauptstraße den Ort umfährt, besuchen im Sommer viele Tourbusse (auf dem Weg von Rhodos/Stadt nach Lindos) den Ort als Zwischenstop für Shopping.

Ansonsten im neueren Ortsteil viele Privatquartiere sowie C- und D-Klasse Unterkünfte bei einer Kapazität von rund 1.ooo Betten. Preise fürs DZ ab ca. 5o DM. Vorteil ist die zentrale Lage in diesem Teil der Insel und für weitere Trips.

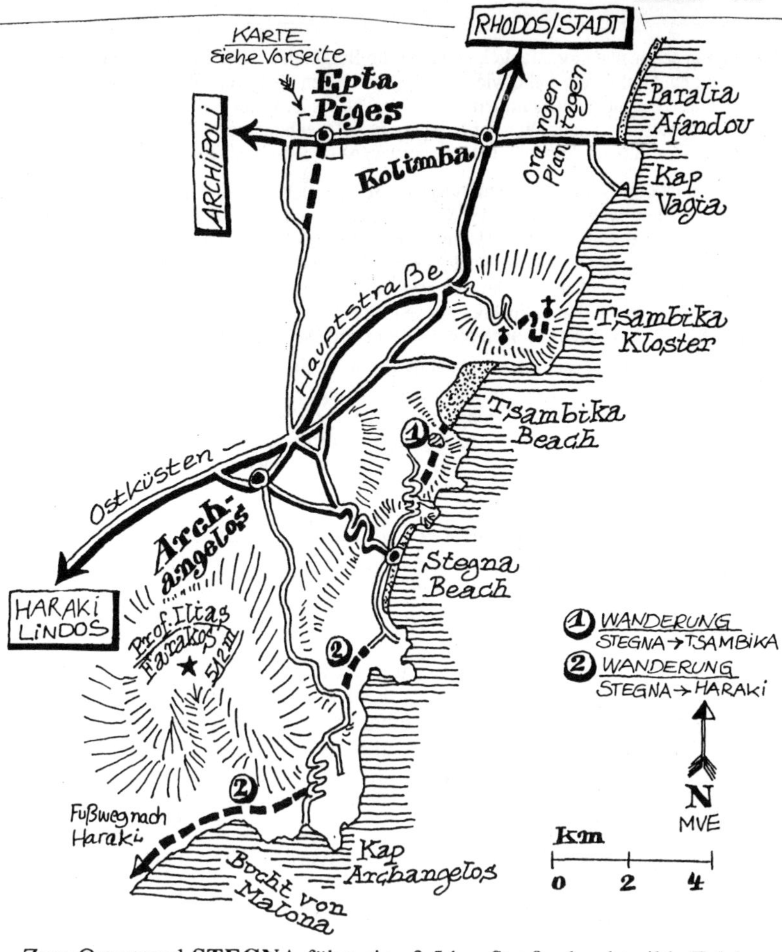

Zum Ortsstrand **STEGNA** führt eine 3,5 km Straße durch wilde Felskulisse runter zur Küste. Insbes. im letzten Abschnitt steile Serpentinen. Zur HS gibt's Busverbindung runter an die Küste. Unten eine kleine Sand-/Kiesbucht mit Fischrestaurants, landein unterhalb der Küstenberge viele einheimische Skeletthäuser, jeder baut hier wo und wie er will! Vermietung von Privatquartieren. Kleiner Fischerhafen zwischen zwei weiteren Sand/Kiesbuchten (ca. 1oo und 3oo m lang).

Für die Wanderung von Stegna Beach rüber zum Tsambika verläßt man den Ort entlang der Uferstraße, die die nördliche Buchtbegrenzung, ein Bergzug bis 15o m in Serpentinen als Piste raufsteigt. Sie führt zu einer kleinen, nördl. Stegna gelegenen Bucht, bzw. zweigt landein ab. Dort bei der Ab- (1)

zweigung schöner Panoramablick und über die Bergkuppe rüber zum Tsambika Beach, den man bald unter sich sieht, wie auch die hier an den Hang vom Wind gewehte Sanddüne. Diese bergab runterschlittern aber Vorsicht! Es ist keine pure Sanddüne, sondern auf Fels gewehter Sand. Wer den Abgang per Hosenboden erledigt, kann sich ganz schön den Steiß beschädigen! Gesamtdauer Stegna -> Tsambika ca. 1 Std.

(2) Ebenfalls ist eine lohnende Wanderung von Stegna Richtung Süden nach Haraki möglich, rund 8 km, weitgehend an der Küste entlang. Auch wenn manche Rhodos-Karten das andeuten: eine durchgehende Straßenverbindung direkt entlang der Küste gibt es nicht und ist wegen Felskaps auch nicht möglich. Für die Wanderung muß man mit gut einem halben Tag rechnen (auch wenn gewisse Wanderführer "2 Std.") versprechen. Belohnung sind schöner Panoramablick sowie kleinere Badestrände entlang der Strecke, die zwischenzeitlich im Sommer auch per Badeboot erreicht werden.

Für den Trail Wasser und Essen schultern, kaum Siedlungen. Gutes Schuhwerk, Badezeug und guter Sonnenschutz nötig. Zunächst ab Stegna über die Uferstraße südlich zum dortigen Südkap der Bucht. Anfangs noch Piste, dann per Pfad überqueren zur Nachbarbucht, wo man auf eine (von Archangelos kommende, siehe Skizze) Straße trifft, die fast zur Bucht von Malona führt, Rest per Pfad. Im weiteren Verlauf immer an der Bucht entlang bis Haraki.

Die Ostküsten-Hauptstraße verläuft ab ARCHANGELOS weiter landein und umrundet den 512 m hohen Prof Ilias Farákos nordwestlich. 4 km nach Archangelos Abzweigung einer Stichstraße nach:

★ Haraki

Das am Meer liegende, frühere Fischernest (geschr. auch "Charaki"), profiliert sich als touristischer Badeort der Kategorie *"Selbstverpfleger per Appartement"* . Im Inland eine fruchtbare Ebene, die von den Bewohnern früher das Jahr über bewirtschaftet wurde, während sie sich in den heißen Sommermonaten ins Fischernest ans Meer zurückzogen. Diese Zeiten sind passé, der Uferstreifen am Meer ist bereits komplett mit Appartementhäusern zugebaut.

Zwischenzeitlich ein ganzer Schwung an Tavernen, Vermietung von Fahrrädern, Rent a Car sowie Supermarkt. Im Sommer tägl. Busverbindung sowie Badeboote zu den umliegenden Stränden.

Haraki ist als Stützpunkt durchaus Alternative zu Archangelos oder Kolimba: der Ort Haraki dagegen direkt am Meer; abends schöner Blick auf die Lichter von Vlichos und Lindos.

Oberhalb von Haraki auf dem Burgfels die Ruinen einer JOHANNITER-FESTUNG: von oben schöner Blick auf die langgestreckte Küstenlinie. Für die Johanniter war es sicher ein optimaler Wach- und Schutzposten für diesen Küstenabschnitt.

Der Strand von Haraki besteht aus einer Mischung Sand mit vorwiegend Kies. Passabel, aber nicht das "Gelbe vom Ei".

Südlich von Haraki schließt sich die rund 6 km lange BUCHT von

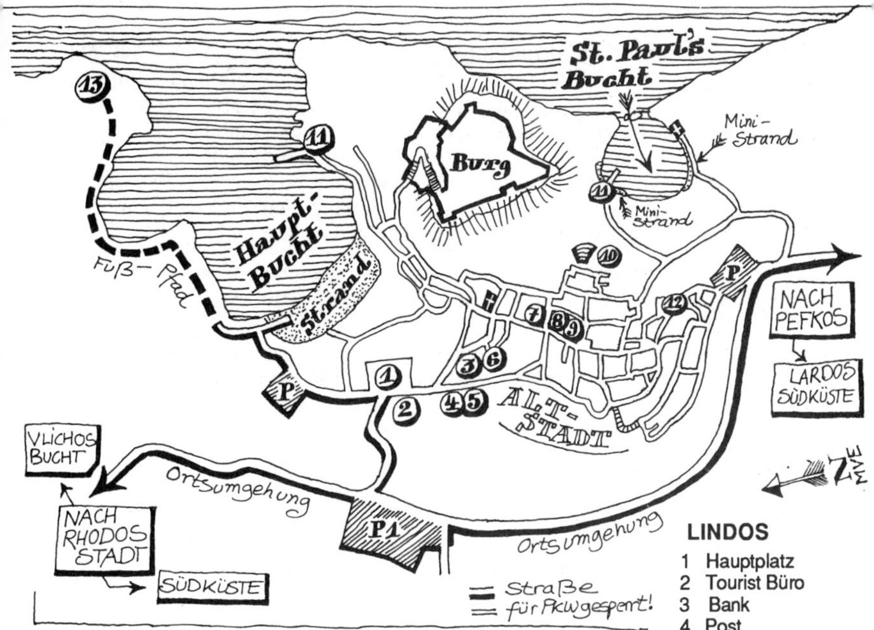

LINDOS

1 Hauptplatz
2 Tourist Büro
3 Bank
4 Post
5 Apotheke
6 OTE
7 Internat. Zeitschr.
8 Nat. Bank
9 Bäckerei Peters
1o Amphitheater
11 Anlegesteg
12 Polizei
13 Kleoboulos Grab

VLICHOS an. Der Strand besteht aus grauem Sand-Kiesgemisch, im südlichsten Teil Nähe Lindos: Sand/Feinkies, ca. 8oo m lang und 6o m breit. Hier liegen die beiden A- Klasse Hotels "Lindos Bay" und "Steps of Lindos" (Details siehe "Unterkunft/ Lindos"), Discos und Luxustavernen.

✶ Lindos (ca.1.5oo Einw.)

Ohne Frage einer der schönsten Orte der Insel, zugleich auch der mit Tour-Bussen am meisten überschwemmte! Das Remmi-Demmi zur HS beginnt gegen ca. 1o Uhr und zieht sich rein bis Sonnenuntergang. Ungeheure Mengen wühlen sich durch die engen Altstadtgassen und zur Burg rauf. Immer neue Wellen schwappen aus den Bussen in den Ort... Das Souvenirgeschäft blüht ebenso, wie das der Esel, die die Leute auf den Berg rauftrappeln.

Trotzdem lohnt Lindos! Von weitem eine Bergkuppe mit Felsplateau und den massiven Mauern einer Johanniterfestung. In ihrem Inneren antike Tempelanlagen; gilt als eines der schönst gelegenen Heiligtümer Griechenlands! Unterhalb das enge Gassengewirr des Dorfes mit weißen Kubenhäuser, - vielfach noch aus dem 17. bis 19. Jhd.

Lindos steht unter Denkmalschutz: Um das ausgesprochen schöne Ensemble aus Dorfarchitektur unterhalb des Festungsgipfels zu schützen, dürfen weder im Ort noch gesamten Umkreis Gebäude errichtet werden, die von der tradit. Architektur abweichen (somit auch keine Hotelkästen!). Was anfangs rein als Schutz von Architektur und Landschaft gedacht war, hat sich letztlich auch als ungemein gewinnträchtig für die Bewohner erwiesen: der Ort ist 1oo % touristisch. Schnäppchen sind weder in den Shops noch in den Tavernen zu erwarten, alles knackig teuer!

Tourist INFO am Hauptplatz (Karte: Nr. 2). Dort auch hektographierte Infobroschüre in Deutsch. Zudem hilfreich bei der Beschaffung von Privatquartieren im Ort. Infos zu Bus- und Booten.

Bus: 8- 1ox/Tag Verbindung mit Rhodos, Busse fahren bis etwa 18 Uhr ab Lindos. Kostenpunkt um die 8 DM, Fahrscheine erhält man im Bus. Haltestelle am Hauptplatz.

Für jeden motorisierten Verkehr ist der Ort gesperrt. Parkplätze (siehe unsere Karte) am Ortsrand. Am besten lässt man das Fahrzeug auf dem "P 1" stehen; die anderen sind relativ klein und zur HS kaum aufnahmefähig. Auf dem Dorfhauptplatz (Karte: Nr. 1) ist Parken verboten!

Autovermietung für Fahrten in die Umgebung: Lindos Rent-A-Car, George Eleftheriou. Preis/HS für einen Corsa oder Ibiza Seat ca. 95 DM, bei mehr als 1oo km pro km o,6o DM. Alles zuzüglich 18 % Steuer und Versicherung, somit kein billiger Spaß. - **Mietmopeds** je nach Größe und Saison ca. 25 - 3o DM/Tag. Maschinen genau auf technischen Zustand checken, ebenso auch die Mietverträge, vergl. Seite 28.

Der Trip per **Esel** rauf auf die Akropolis ist fixiert. Wer auf Nr.-Sicher gehen will, erkundigt sich vorher im Tourist Büro nach dem Preis! Der Esel ist bei sommerlicher Hitze beliebtes Beförderungsmittel den steilen Weg rauf. Dies obwohl er schwankt und zwar nicht stinkt, so doch Äpfel wirft... Ebenso kann man ihn für 1-Tagestrips nach Pefkos mieten. Vorab jedoch klären, inwieweit es mit der Willigkeit des 4-Hufers steht. Nicht selten endeten solche Trips vor den Toren von Lindos!

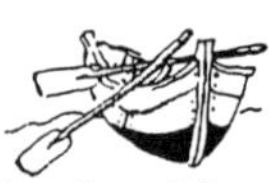

zur Saison **Badeboote** nach Pefkos, ein teurer Spaß! Per Mietmoped dürfte man billiger sitzen (insbes. beim Zweisitzer) und kann zudem noch weitere Punkte auf der Halb-Insel und in näherer Umgebung anfahren. - Zur Saison auch Boote zwischen Lindos rauf nach Rhodos/Stadt: Relaxing und schöne Retourvariante zum Bus hinwärts.

LINDOS- AKROPOLIS: über einen steilen Fußpfad geht's rauf auf das Felsplateau des Burgberges. Liegt 116 m oberhalb des Meers, vom

Ost-Rand des Plateaus geht's fast senkrecht über die Klippen runter ins Meer.

Gemäß archäolog. Forschung war das Plateau bereits um 3.ooo v. Chr. bewohnt. Ab ca. 1.ooo v. Chr., zur Zeit der Dorer erlangte Lindos zunehmende Bedeutung: Die beiden Lindos-Häfen und der geschützte Felsgipfel ließen sich optimal verteidigen, so daß die Siedlung expandierte. Sie wurde bald zu wichtiger Seemacht und gründete u.a. Kolonien in Partenopia (heutiges Neapel) und Gela/Sizilien.

Lindos gehörte im 7. und 6. Jhd. v. Chr. zum "6- Städtebund", siehe Seite 2o3. Oben auf dem Berggipfel lag in der hellenistischen Zeit ein berühmtes Heiligtum der Göttin Athene, das eines der wichtigsten Heiligtümer im Ägäisraum war und von weit her besucht wurde. - Auch zur Johanniterzeit (14. - 15. Jhd.nach Chr.) war Lindos (trotz der erheblich bedeutenderen Festung Rhodos/Stadt) ein wichtiger Stützpunkt der Kreuzritter an der Ostküste ihrer Insel und wurde durch massive Festungsmauern ausgebaut.

Aufstieg zum Festungsgipfel per Esel möglich; zu Fuß geht's schneller. Die Burg besitzt an ihrer Nordseite einen 2- fachen Mauerring (15. Jhd.), in dessen Innerem sich die ZISTERNEN (Karte: Nr. 1) befanden. An der Felswand (Karte: 2) ein Relief einer hellenistischen TRIREME. Das Schiff mit dem hoch nach oben gebogenen Bug diente als dekoratives Umfeld einer Statue: sie war dem Admiral Agesandros als Dank für einen Sieg gewidmet (wie eine Inschrift berichtet) und wurde vom berühmten Bildhauer Pythokritos zu Beginn des 2. Jhds. v. Chr. gefertigt. Vom Admiral Agesandros ist allerdings nichts mehr zu sehen.

Über steile Treppe und durch ein enges Tor geht´s rauf aufs Gipfelplateau. Wappen dokumentieren den Bau der Johanniter- Festungsanlage durch Fluvian (1421 - 1437) und d´Aubuisson (1476 - 15o3). Die Treppenreste (Karte: 5) stammen aus der hellenistischen Zeit. Oberhalb des Johanniter-Eingangstores befanden sich die Wohn- und Verwaltungsräume des Kommandanten (3). Daneben (4) Reste einer byzantinischen Kirche.

Das GIPFELPLATEU ist heute wieder geprägt von den Gebäuden aus der hellenistischen Zeit (Tempelreste, Mauern, Säulen etc.). Zur Johanniterzeit waren diese zerstört bzw. verfallen, und das Innere der Festung mit Gebäuden der Kreuzritter überbaut (z.B. Häuser der Garnison, Verwaltungsbauten etc.). Teils nutzten die Johanniter die Tempel auch als Steinbruch für den Bau der Häuser und Festungsmauer.

19o2 - 1912 Ausgrabungen durch dänische Archäologen. Ein Teil der Häuser war noch bewohnt, viele jedoch verlassen und verfallen. Die mittelalterliche Struktur landete per Schubkarren auf Abräumhalden, da die Dänen einzig an der Erforschung der archaischen bis hellenistischen Epoche, also der Tempel und des Athene-Heiligtums interessiert waren. Italienische Archäologen führten dann ab 1938 die Grabungen fort und restaurierten die Festungsmauern sowie teilweise die Tempel, Stoa etc.

Was sich heute dem Besucher bietet, ist außen ein "Kokon" mit den restaurierten Festungsmauern des Mittelalter und im Inneren ("freigeschaufelt") ein Ruinenrelikt aus der hellenistischen bzw. römischen Epoche.

An der Nordseite des Plateaus die Säulenreste eines röm. Tempels (7), ca. 3oo n. Chr. Über Treppen geht's rauf zu einem künstlich angelegten und erhöhten Vorplatz, einer Art Terrasse (gebaut ca. 1. Jhd. v. Chr.). Sie wird durch Arkaden gestützt, dort befinden sich Sockel für Weihgaben. Oben auf der Terrasse eine U-förmige STOA (Säulenhalle, 88 x 9 m), gebaut ca. 2oo v. Chr., also zur römischen Zeit (Karte: Nr. 8). Einige der ursprünglich 42 dorischen Säulen sind wiederaufgestellt. Auch sind die Mauern zur Terrasse Rekonstruktionswerk der Italiener, wobei zwar nach antikem Vorbild identisches Baumaterial verwendet wurde; die Originalsteine waren (siehe oben!) jedoch von den Johannitern für deren Festungswerk weggeschafft und anderweitig verwendet worden.

Von hier führt eine breite Treppe aufwärts zu den PROPYLÄEN (9), die den Eingang zum Heiligtum bildeten. Treppe wie Propyläen wurden um 41o v. Chr. gebaut. Als architektonisches Vorbild dienten die Propyläen der Akropolis/Athen. Die Propyläen öffnen sich gegen Süd und zu einem Vorplatz (1o), an dem das ATHENE- HEILIGTUM (12) und die höchste Stelle des Plateaus lag. Der Tempel besitzt eine Größe von 22 x 8 m, - das was heute zu sehen ist, ist nicht der "Rest" des damaligen Originals, sondern Rekonstruktionswerk der Italiener.

Die Verehrung der Göttin ATHENE geht auf alten Kult zurück, sie war gemäß der Sage die Göttin der Weisheit und geschickten Kriegsführung. Insofern auch im Götterhimmel eine der besonders wichtigen "Ansprechpartnerinnen"!

In seiner ursprünglichen Form bestand der Kultplatz nur aus einem Hain mit einer Holzfigur der Göttin, zur Zeit der Dorer entstand dann der erste Tempel. Der Tyrann Kleoboulos ließ ca. 6oo v. Chr. einen größeren Tempel erbauen, zu dem eine Treppe hinaufführte. Diese Anlage wurde durch den repräsentativen Bau der Propyläen erweitert, als 4o8 v. Chr. der rhodische Einheitsstaat entstand.

Von den verschiedenen Athene- Heiligtümern des antiken Griechenlands war Lindos eines der wichtigsten und meist besuchten. Zerstört wurde der Tempel durch einen Brand im Jahre 342 v.Chr. Er wurde jedoch umgehend wieder aufgebaut: die Athene-Statue war jetzt nicht mehr eine simple Holzfigur, sondern glänzte in Gold, - Kopf, Hände und Füße waren aus Marmor bzw. Elfenbein.

In den folgenden Jahrhunderten, als Rhodos zu einer der wichtigsten Seemächte im östl. Mittelmeerraum wurde, diente das Lindos- Heiligtum sowohl in goldglänzender Figur (und ihrer Hilfeleistung bei Anbetung, Weihgaben etc.) - wie auch gesamten Architektur zur Repräsentation der Macht der Insel Rhodos. Der Kult existierte noch bis ins 3./4.Jhd. nach Chr., wurde dann jedoch vom Christentum verdrängt, und die Tempelanlagen sowie Stoa und Propyläen verfielen. Das Baumaterial wurde dann zur Johanniterzeit zum Bau der Festungsmauern, wie auch der Häuser im Inneren verwandt.

Zwei bedeutende Funde der dänischen Grabungen sind heute im Nationalmuseum von Kopenhagen zu sehen:

* eine Auflistung der Priester der Akropolis, - sowie die
* "Chronik des Heiligtums". In ihr sind die Weihgaben verzeichnet und eine Reihe von wundersamen Ereignissen, bei denen angeblich die Göttin Athene bei Gefahr für Lindos rettend eingegriffen hätte. Aufgrund der dort angegebenen Jahreszahlen konnten viele der Bauten datiert werden.

Beides hatte man als Inschriften in Marmorplatten gefunden, die zur byzantinischen Zeit als Bodenbelag einer der Kirchen von Lindos/Ort verwendet worden waren. Der Katalog der Priester war ursprünglich rechts und links der Eingangstür des Athene-Tempels aufgestellt und listet die Priester chronologisch ab 4o6 v. Chr. bis 47 n. Chr. auf.

Die sogenannte "Chronik des Heiligtums" wurde 99 v. Chr. angefertigt und enthält eine Auflistung der einzelnen Weihgaben des Heiligtums, wann und von wem sie gestiftet wurden. Normalerweise sind diese Angaben in griech. Heiligtümern auf dem Sockel unterhalb des Weihegeschenks angegeben. Diese waren jedoch im Laufe der Jahrhunderte teilweise unlesbar geworden, weswegen nochmals alle Weihgeschenke auf der Tafel zusammengefaßt waren. Die Tafel beginnt mit dem Hinweis hierauf. Darüber hinaus enthält sie Schilderungen aus der mythologischen Zeit, aber auch (siehe oben) Berichte über die Wundertätigkeit der Athene-Statue.

Die Weihgeschenke selber wurden fast alle ab 18o3 vom britischen Botschafter in Konstantinopel, Lord Elgin in die Museen von London gebracht. Tonnenschweres Diplo-

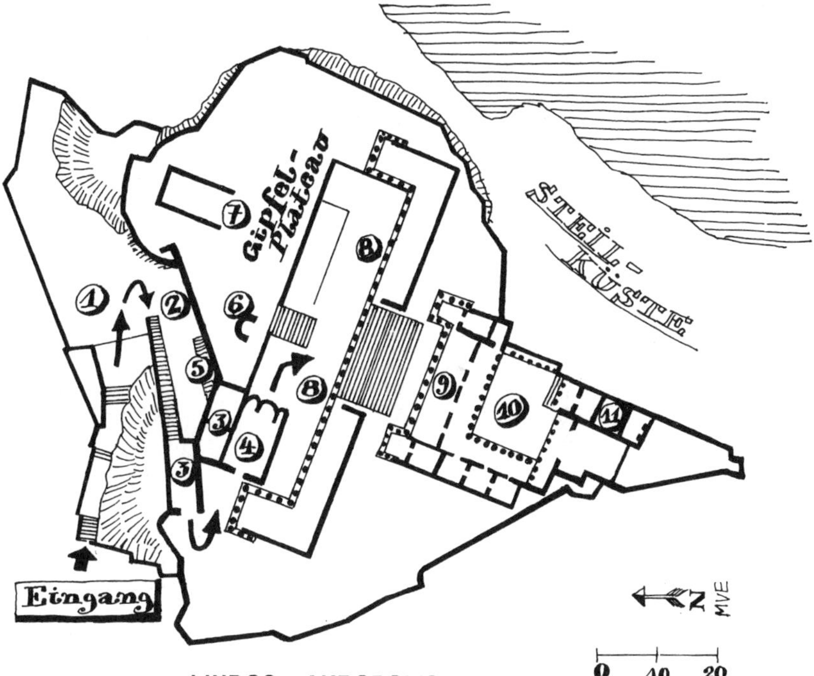

LINDOS- AKROPOLIS

1 Zisternen
2 Schiffsrelief
3 Komandantenhaus
4 byzant. Kirche
5 Reste Treppe/Johanniter Zeit
6 Exedra
7 Römischer Kaiser- Tempel
8 Dorischer Säulengang
9 Propyläen
1o Vorhof
11 Tempel Athena Lindia

matengepäck, wobei sich der englische "Kulturexport" auf den gesamten Ägäisraum (Athener Akropolis bis Rhodos und Kreta), sowie auch Ägypten erstreckte.

Positiv zumindest, daß sie dadurch vor Zerstörung während der Wirren der griech. Befreiungskämpfe gerettet werden konnten...

Vom Gipfelplateau ausgesprochen schöner Blick über den Ort und die beiden Buchten!

Rund um die Akropolis fand man weitere Reste antiker Bauten, so die Stufenreste eines Theaters (im Südwesten des Burghanges), das rund 1.8oo Menschen faßte und ca. 4. Jhd. v. Chr. angelegt wurde. Die obersten Ränge sind in ihren Stufen in den Fels gehauen. Im Nordosten die Fundamente eines Heiligtumes aus dem 9./1o.Jdh.v.Chr.

Das sogenannte Grab des Kleoboulos (im Norden der Halbinsel) ist bis zu einer Höhe von fast 3 m und Durchmesser ca. 9 m noch erhalten. Ob es wirklich die letzte Ruhestätte des Tyrannen war, ist umstritten: Kleoboulos lebte ca. 55o v. Chr., Forscher datieren den Bau jedoch auf ca. 1oo v.Chr. Über einen Fußpfad zu erreichen, schöner Blick auf Lindos!

ORT LINDOS: liegt mit seinen engen und verwinkelten Gassen direkt unterhalb des Burgberges. Hauptgasse ist die Apost. Pavlou mit Zeitschriften-Shop (7), Bank (8) und Bäckerei (9).

Kapitänshäuser von Lindos aus 17. u. 18. Jhd.

Sehenswerte HAUPTKIRCHE PANAGIA (Muttergotteskirche) aus dem 14. Jhd. an der Gasse, die zur Akropolis führt. Sie wurde 1484- 9o vom Großmeister Pierre d'Aubuisson ausgebaut. Eine der reichhaltigst ausgestatteten Kirchen der Insel: Ihr Inneres (Tonnengewölbe) lückenlos mit gut erhaltenen Fresken bedeckt (1675/178o), Mosaikfußböden und vergoldete Altarwand mit Ikonen.

In Ausstattung sucht sie in Griechenland ihresgleichen und dürfte für jeden kunsthistorisch Interessierten einen Leckerbissen darstellen!

Dank des Denkmalschutzes ist nicht nur der Ort von modernen Klötzen verschont geblieben, insbesondere sind

LINDOS- KERAMIK:

Ausgesprochen schöne Arbeiten, die sowohl in Farbgebung wie auch Motiven Ähnlichkeiten mit persischer Keramik aufweisen.

Angeblich hätten im 14. Jhd. die Johanniter ein Schiff gekapert, auf dem u.a. persische Töpfer reisten. Diese hätten fortan in Lindos getöpfert. So zumindest die Überlieferung, belegt ist dies nicht. Eher ist anzunehmen, daß diese Keramiken auf dem Seeweg im Rahmen des Handels nach Lindos kamen. Insbesondere die Reeder- und Kapitänshäuser von Lindos sind mit künstlerisch hochwertigen Keramikarbeiten (auch Vasen) ausgestattet. Seit Beginn des Lindos-Tourismus werden diese alten Motive kopiert und in den Shops des Ortes verkauft.

einige PATRIZIERHÄUSER von reichen Kapitänen und Reedern aus dem 17. und Beginn 18. Jhd. erhalten. Türen und Fenster sind mit reichen Steinmetz- Ornamenten verziert. Einige dieser Häuser (in den Gassen ausgeschildert) sind in ihrem Innern zu besichtigen. Sie besitzen große Innenhöfe mit Mosaiken aus Kieselsteinen. Die Räume teils mit geschnitzten Holzdecken, o.g. Keramiktellern und schönen Webarbeiten.

161o hatte ein Erdbeben den Ort weitgehend zerstört, er wurde im Anschluß neu aufgebaut. Aus der Zeit vor 161o ist heute nur ein Haus im Ort erhalten (Inschrift 1599), welches übrigens ähnliche Architektur besaß wie Häuser nach 161o.

Bereits im vorhergehenden Jahrhundert waren die Lindier bedeutende Seefahrer. Der geschützte Naturhafen St. Pauls südl. des Festungsgipfels mag Anstoß zu dieser Entwicklung gegeben haben. Über Generationen hinweg wurde navigatorisches Know-How weitergegeben, und die Lindier waren gesuchte Kapitäne, da sie schnellen und sicheren Warentransport garantierten. Lindos verfügte zudem über eine eigene Handelsflotte, die den gesamten Mittelmeerraum bediente und zwischen den großen Handelszentren verkehrte.

Hieraus ergab sich ein hoher Reichtum für Kapitäne und Reeder, die sich entsprechend repräsentative Häuser in ihrem Heimatort Lindos bauten.

Ende des 18. Jhds. verlor Lindos zunehmend an Bedeutung, weswegen aus dieser Zeit kaum wichtige Gebäude im Ort vorhanden sind. Im Rahmen hoher Auswanderung verfielen viele dieser Patrizierhäuser. Im Ausland reich gewordene Exil-Griechen restaurierten Ende des 19./ Anf. 2o Jhds diese Patrizierhäuser, wobei es auch zu baulichen Veränderungen kam (bspw. Vergrößerung der Fenster, zusätzlicher Schmuck der Eingangsportale im Geschmack der Zeit usw.).

In Lindos selbst ausschließlich nur **Privatquartiere** und **Ferienappartements**. Der Bau von Hotels in Lindos ist (wegen Denkmalsschutz, siehe oben!) verboten.Es gibt jede Menge an Privatquartieren, fast jedes Haus vermietet. Zum Teil recht kuschlig mit engen und gemütlichen Innenhöfen. Preise zur HS allerdings ca. 4o- 5o DM fürs DZ. Vermittlung übers Tourist-Büro am Dorfplatz.

Hotels: liegen ca. 4- 5 km nördlich von Lindos am Südende der Vlichos-Bucht, weitere in Lardos und Pefkos, siehe dort.

"**Steps of Lindos**": Vlichos- Bucht. A-Klasse, ein am Hang verschachtelt gegliedertes Hotel mit weißen Hauskuben. 175 Zimmer, relativ klein, Wannenbäder, Duschvorhang. Das Hotel wirbt mit Salatbuffet, SW-Pool und Sportangebot (Tennis, Wasserski, Windsurfen, Pedalos) etc. Im Angebot von Pauschalveranstaltern; auf eigene Faust zahlt man zur HS ab ca. 2oo DM/Nacht fürs DZ. Das am Strand gelegene Hotelrestaurant "Temple" glänzt durch Kitsch.

"**Lindos Bay**": A- Klasse, riesiger Halbrundbau mit 5 Stock und gut 3oo Zimmern. Die Kategorie wird u.a. durch Air Condition im Restaurant begründet. Neben Disco und Boutiquen gibt's andere Annehmlichkeiten wie SW-Pool, Tennis, Windsurfen, Wasserski etc. Nicht alle Zimmer vorn raus. Wenn schon eines der beiden Hotels, nach unserem persönlichen Geschmack hat uns "Steps of Lindos" etwas besser gefallen...

Appartements in Lindos: Vermittlung über das Tourist Büro, bzw. im Angebot dt. Reiseveranstalter. Gemäß Lindos gehobenes Preisniveau.

Camping ist in Lindos nicht erlaubt. Der nächste Platz 8 km südl. bei Lardos wurde leider in Bungalowhotel verwandelt.

Der ORTSSTRAND von Lindos (Sand) zählt zur HS zu einem der stärkst frequentiertesten der Insel. Allzu groß ist er nicht, von daher drängt sich alles dicht auf dicht. Verleih von Sonnenschirmen, Wassersport (Tretboot, Wasserski, Surfen). Am Ufer beim Parkplatz Teuer-Restaurants.

ST. PAULS-BUCHT: südl. der Festung. Wirkt von oben wie ein riesiger Meerwasser- Pool, kreisrund und von Felsen eingerahmt. Bei der weißen Kapelle/Südufer ein Mini-Sandstrand, ein weiterer am nördl. Buchtrand.

Ihren Namen hat die Bucht, da angeblich 51 n.Chr. der Apostel Paulus hier gelandet sein soll, um die Insel zu christianisieren. In der Antike war hier die Flotte der Stadt stationiert, zur Johanniterzeit wurde der optimale Naturhafen durch die Festung geschützt, auch zur erneuten Blütezeit von Lindos im 17. Jh. diente die Bucht als Naturhafen.

AUSWEICHMÖGLICHKEITEN sind die naheliegenden Strände, die zur Saison per Badeboote angelaufen werden (kein billiger Spaß): PEFKOS im Süden (auch über Straße, 4 km zu erreichen), - das Südende der VLICHA-BUCHT (per Straße ca. 5 km) sowie HARAKI. Details siehe jeweils dort.

Am "billigsten" ißt man noch in einer der Souflaki- Bars im Ortszentrum. Ansonsten ist alles teuer bis knackig teuer.

Taverne "CLEOBULE": Mit Gartenrestaurant auf 2 Etagen, am Hauptplatz. Unweit davon die Aussichts-Taverne "HERMES" in einer Seitengasse. Ortsübliche Preise.

"ANTIKA BAR": Originelle Innenterrasse-Anlage mit anschließender Gartenterrasse, Wein-überrankt. Überall Kieselmosaik-Boden, viel Holz und Naturstein. In der Hauptgasse.

Daneben das Restaurant "SYMPOSIOUM" mit schmaler hochgelegener Terrasse, neben der Dorfgasse. Innenraum antik. Schwarze Eisentüren und Fensterläden. Steaks, Seafood, Pastas.

"YANNIS BAR" serviert englisches Frühstück und Unmengen von Drinks. Offen bis 3 Uhr früh! Liegt an kleinem Platz in der Altstadt Nähe südl. Parkplatz. - Gleich nebenan "CORDON BLEU" mit Fast Food wie Hamburgern, Souvlaki etc.

Von der Terrasse "DIMITRIS RESTAURANT" ausgesprochen schöner Blick über die Bucht von Lindos. - DISCOS befinden sich am Ortsrand.

Lindos ⟶ Inselsüdteil

In der direkten Umgebung von LINDOS noch satter Mofa- und Mopedrummel. In PEFKOS entstand die größte Appartement- Kolonie der Insel, LARDOS bedient mit preiswerteren Privatquartieren.

Richtung Süden wird's mit zunehmender Entfernung ruhiger. Ausgesprochen schöne Bergregionen im Landesinneren und oft einsame Strände. Allerdings eigenes Auto nötig und nur sehr limitierte Übernachtungsmöglichkeiten.

✶Pefkos

4 km südl. von Lindos, Sandstrand. Der in den letzten rund 1o Jahren aus dem Boden gestampfte Retorten-Ort dient fast ausschließlich dem Tourismus. Studio- und Appartement-Betrieb herrscht vor. Die Häuser sind bis zu 1 km vom Strand entfernt (Hatscherei!), haben aber durch Hanglage Meeresblick. Sie sind fast ausschließlich in der Hand von Pauschalreiseveranstaltern und meist nur über diese buchbar.

Im Ort Supermärkte, jede Menge Neubauten, auch Baustellen. Am Strand: Tavernen, Restaurants. Vermietung von Mopeds sowie Badeboot nach Lindos.

Der 4 km westl. gelegene **LARDOS BEACH** ist ein Sand-Steinestrand mit Strandtavernen, auch ab Lardos (siehe unten) zu erreichen.

✶Lardos

1,5 km landein vom Lardos Beach und an der Ostküstenstraße. Das einstige Bauerndorf wird zur HS von Lindos- und Pefkos- Mopedtouristen regelrecht überschwemmt und bietet eine Vielzahl an Restaurants.

Darüber hinaus jede Menge an Pensionen sowie mehrere C- Klasse Hotels. Für die Leute, die sich in Lardos einquartieren, gibt's "Rent a Bike" um Strand und nähere Umgebung zu erreichen. Nach Lindos sind's ca. 8 km, nach Pefkos ca. 4 km. Der Ort LARDOS wird daher gerne als die "etwas billigere" Variante zum teuren Lindos bzw. zur Retortensiedlung Pefkos genutzt.

"**St. Georges**", die frühere Campinganlage wurde in ein Bungalow-Dorf umgewandelt. Gepflegtes und relativ großes Areal mit Restaurant, Swimming Pool, Tennisplatz, Basket- und Volleyball. Rund 15o Bungalows mit Küche und Bad für ca. 5o - 12o DM je nach Saison.

"**Lardos Sun Beach**", C- Klasse quotiert, mit 15o Betten, Preise je nach Saison. - "**Costa**" (23 Betten) und "**Simara**" (15 Betten) ebenfalls C- Klasse, Preise je nach Saison. - Viele **Privatzimmer** im Ort.

LARDOS BEACH: siehe oben, rund 1,5 km vom Ort entfernt. - 8 km südlich liegt KIOTARI BEACH (dunkler Sand/Steine-Strand) mit Tavernen, über eine kurze Stichstraße erreichbar. Appartements und Zimmer vorhanden.

Abzweig von der Küstenstraße ins Landesinnere, 4 km, nach **ASKLIPIOS**, schönes Bergdorf mit einer mittelalterlichen Festung. Die Landschaft wird ursprünglicher, hier im Landesinneren gibt's weniger Tourismus. Sehenswert die Kirche Kimiseos Theotokou mit holzgeschnitzter Altarwand (Templon).

GENADI: kleiner Küstenort unweit des Meeres. Er besitzt Supermarkt sowie Zimmervermietung und Appartements, Bar, Kafeneion. Am Sand-Steinestrand mehrere Tavernen.

"**Hotel Panorama**" (C), über kleine Stichstraße am Ortsende (Hinweisschild) erreichbar. Der Hotelname trifft zu bezüglich Blick von der Hotelterrasse und den Zimmerbalkons, ist allerdings zwischenzeitlich teils verbaut. Ansprechender Bar/Frühstücksraum, relativ kleine Standardzimmer mit Bad/Duschwanne und großen Terrassen. DZ mit eigenem Bad ca. 55 DM.

In Genadi zweigt eine Querverbindung ab (18 km) an die Westküste nach Apolakia. Es ging früher durch dicht bewaldete Berglandschaften, - allerddings durch schwere Waldbrände zerstört und derzeit weitgehend Steinwüste mit abgebrannten Bäumen. Beschreibung Apolakia und Westküste siehe dort.

Weiter entlang der Ostküste: GENADI -> HOHLAKAS (11 km): fast über den gesamten Abschnitt ein breiter Sand/Steine- Strand, unweit der Straße. Ringsum Buschwerk, teils Ackerbau, am Horizont die Bergkette des Koukouliari.

In Hohlakas Abzweigung einer 2 km Asphaltstraße an den **PLIMIRI-STRAND**. Vor der Küste ein Schiffswrack, von dem gerade noch die Masten aus dem Wasser schauen. Große Sandstrandbucht, Müll abladen verboten, trotzdem verschmutzt (auch durch Anschwemmungen dessen, was die christliche Seefahrt über Bord wirft), Taverne mit Zimmervermietung.

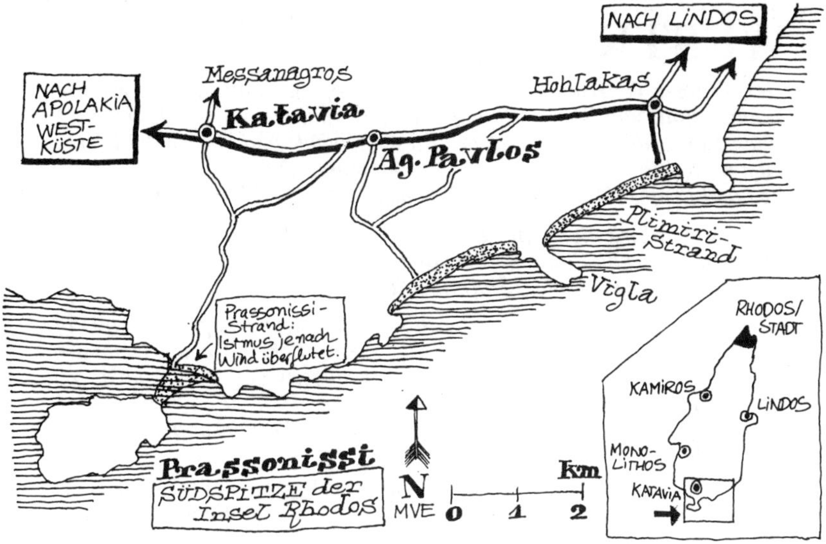

Die Strecke nach AG. PAVLOS ist asphaltiert und gut ausgebaut. Sie zieht sich durch bewachsen, dünenähnliche Tuffsteinlandschaft, Getreideanbau zwischen den Hügeln. In Ag. Pavlos, einem Bauerndorf Abzweigung einer Stichpiste 5 km zum südl. gelegenen Sandstrand beim Kap Vigla. - An der Straße nach KATAVIA ein völlig verfallenes Kloster, das im Kreuzgang landwirtschaftlich als Strohlager genutzt wird, zum Glockenturm massive Treppe.

★ Katavia

Südlichstes Dorf der Insel. Kafeneions an der Dorfplatia, kleiner Supermarkt und Tankstelle. Sofern die Oma Dienst tut, werden Ankömmlinge lautstark ins Haus gemeldet. Es gibt mehrere Windmühlen, die zu schönen Wohnungen ausgebaut wurden, Vermietung von Privatzimmern im Ort.

Zwar "filtert" die äußerst seltene Busverbindung und die Entfernung zu Rhodos/Stadt, - zur HS jedoch einige Mietmopeds (aus Lindos und Umgebung) von Leuten, die den südlichsten Punkt der Insel (Prassonissi) beschnuppern wollen:

PRASSONISSI: über eine ca. 5 km Erdpiste ab Katavia zu erreichen. Die Piste endet am Prassonissi- Sandstrand. Je nach Windbedingungen peitschen hohe Wellen über den Istmus und trennen die vorgelagerte Prassonissi-Hügelkuppe als Insel ab, bzw. kann man rüberwaten, oder trockenen Fußes über das Sandband rüberlaufen. Eine der schönsten Stellen im südlichen Rhodos, - in Sachen Baden allerdings viel Müllanschwemmung.

Anschluß nach Apolakia/Westküste und Details siehe Seite 254.

WESTKÜSTE

Hier weniger Tourismus als an der Ostküste,- zumindest ab einiger Entfernung südl. von Rhodos/Stadt! Zunächst mal gut 4o Hotels mit nicht selten 1.ooo oder mehr Betten pro Riesengebäude und bis AIRPORT. Danach wird's etwas "ruhiger", auch wenn immer wieder Tourbusse durch die Landschaft röhren und zur HS dichter Mietmoped-Verkehr besteht.

Neben guten Stränden (speziell um Rhodos/Stadt) bringt die Westküste interessante Archäologie und schöne Berglandschaften im Bereich des ATAVIROS-MASIVS (1.215 m) und des PROF. ILIAS (797 m).

Die dortigen Bergdörfer sind durch Ausflugstourismus per Tourbus oft 1oo % in Hand der Veranstalter inkl. sommerlichem Remmi-Demmi in den Ausflugstavernen. Gleichzeitig auch abseits der Hauptpunkte ein Rhodos der 1. Klasse: was ausgesprochen schöne, oft bewaldete Berglandschaften für Individual-Reisende insbes. Wanderer betrifft.

Bis Ialissos alle halbe Stunde, bis Paradissi alle 1/2 bis ganze Stunde. Nach Kamiros ca. 5 mal am Tag. Weiter südlich, z.B. nach Monolithos und Apolakia, äußerst selten (nur ca. 1 - 2 mal am Tag), so daß eigenes Fahrzeug in jedem Fall die bequemere Lösung darstellt, Details und Tips siehe auch S. 251.

Rhodos/Stadt ➳ Kamiros

Zunächstmal Gigantisches bis KREMASTI (1o km ab Stadtzentrum), und hochkarätiger Pauschaltourismus, wie er in Griechenland seinesgleichen sucht! Gut 1o % des gesamten Griechenland-Tourismus konzentriert sich auf den näheren Umkreis von Rhodos/Stadt - und hiervon gut 7o % auf den Bereich bis Kremasti!

Was dem Urlauber sich hier bietet, ist die "full-power" einer organisierten Maschinerie a la Mallorca, Rimini etc , mit allen Extras eingespielten Pool- und Strand-Lebens bis hin zu Boutiquen und Discos. Der nahe Airport transportiert die Massen an und ab, wobei insbes. ältere Charter-Jets für entsprechenden Krach sorgen. Persönliche Entscheidungsfrage, die Strände Sand, teils mit Feinkies!

★ Ialissos (Trianda)

Voll in der Hand des Pauschaltourismus. Auf der einen Seite der Küstenstraße Grünstreifen und Sand/Kiesstrand. Auf der anderen eine Fülle an Hotelkästen, Shops und Boutiquen, Supermärkte etc.

Eine 6 km Serpentinenstraße führt ab Ialissos rauf in die Küstenberge zur antiken **IALISSOS (Flerimos)- AKROPOLIS**: neben Resten eines

Athene- und Zeus-Tempels aus dem 3. Jhd.v.Chr.: das Flerimos Kloster (14. Jhd., nach dem 1. Weltkrieg wiederaufgebaut), die Ag. Georgios Kapelle (16. Jhd., Fresken) und eine Festung aus der Johanniter Zeit. Besuch lohnt insbesondere wegen schönem Panoramablick über den nördl. Teil der Insel sowie zur türkischen Küste.

Über Treppenstufen hinunter zum dorischen Brunnen (ca. 3oo v. Chr.), der mit Löwenköpfen verziert ist. Obwohl die Anlage fast an einen Tempelbau erinnert, wurde sie tatsächlich ganz profan als Wasch- und Brunnenhaus genutzt. Eintritt ca. 3 DM.

Erste Besiedlung bereits zur mykenischen Zeit ca. 1 4oo v. Chr., wie Grabfunde bewiesen. Die Mykener errichteten hier oben auf dem Filerimos Berg eine Burg, die auch zur dorischen Epoche genutzt und ausgebaut wurde. Seine Blütezeit erlebte IALISSOS im 7./6. Jhd. v. Chr., als es zusammen mit Lindos und Kamiros bedeutendste Stadt der Insel war. Nach Gründung der neuen Inselmetropole Rhodos (vergl. El- Teil/Geschichte, 4o8 v. Chr.) verlor es zunehmend an Bedeutung: Viele der Bewohner siedelten um in die neue Hafenstadt.

Wegen der exponierten Lage oben auf dem Berggipfel wurde im 3. Jhd. v. Chr. ein Tempel zu Ehren des Zeus und der Athene errichtet. Zu Beginn der Johanniterzeit nutzten diese den Filerimos Gipfel als Stützpunkt für ihre Eroberung von Rhodos/Stadt 13o9. Analog später die Türken bei ihren Versuchen, die uneinnehmbare Hafenfestung zu knacken. So war bei der Belagerung 1522 hier oben (wegen des guten Überblicks!) die Einsatzzentrale der Türken.

In späteren Jahrhunderten verfielen die Befestigungsanlagen, aber auch das Kloster, das von den Türken zeitweilig als Pferdestall genutzt wurde. Das Kloster wurde dann von den Italienern zu Beginn des 2o. Jhds. nach alten Plänen restauriert. Die gesamte Anlage erfuhr weitere Beschädigung durch deutsche Truppen im 2. Weltkrieg, Restaurierung in den 5o-er Jahren.

★ Kremasti

Rund 1o km von Rhodos/Stadt entfernt, ein touristischer Ort mit vielen Appartementhäusern, Hotels, Privatunterkünften, Restaurants, Bars und Supermärkten.

RESTAURANTS

Grill-Restaurant "ZORBAS": dunkles Fischernetz vor dem Vordach der Terrasse. Im Innenraum Windmühlattrappen mit sich drehenden Flügeln, Tür zum rückwärtigen Vorratsraum als Burgtor verkleidet.

Vor Kremasti endet praktisch die Landebahn des zwischen Kremasti und Paradissi gelegenen internationalen Flughafens. Deshalb ist in beiden Orten der Fluglärm (in der Hauptreisezeit bis zu 5o Flugzeuge tägl.) nicht unerheblich!

In Kremasti beginnt eine Asphaltstraße, die in das Landesinnere nach Psinthos führt und am alten internationalen Flughafen vorbeizieht (jetzt militärisch genutzt, manchmal auch Auto/Motorrad-Rennen). Hinter dem Flugplatz eine Straße, die via Damatria wieder zur Küstenstraße bringt.

★Paradissi

Ein alter Ort mit enger Hauptstraße, durch die sich der Verkehr schlängelt. Zahlreiche Läden und Kafenions entlang der Hauptstraße bis zum Hauptplatz mit Umkehrplatz des von Rhodos/Stadt kommenden Linienbusses. Im alten Ortsbereich dicht nebeneinander zwei Bäckereien mit frischem Brot ab 7 Uhr früh.

Wegen des nahen Rhodos-Airport nicht unerhebliche Lärmbelastung durch startende und landende Jets.

"Hotel Villa Elena": Appartements in einem 2-stöckigen Flachdachbau am Ortsausgang an der Hauptstraße, mit üppiger Gartenanlage. Parkmöglichkeit vor dem Haus. Einrichtung: großer Schlaf- und Aufenthaltsraum, Eßplatz durch Rundbogen abgeteilt. Küchen meist in einem geschlossenen Raum, Terrassen im Parterre. 1o Appartements für 2-3 Personen. Das freundliche ältere Besitzerehepaar unterhält auch einen kleinen Tabakladen am Hauptplatz. Appartement je nach Saison ca. 7o- 1oo DM.

"Maravelia", 4o möblierte Appartements mit Küche, Preise variieren je nach Saison ab ca. 7o DM aufwärts.

"Savelen", C- Klasse quotiertes Hotel, Preise fürs DZ je nach Saison ab ca. 5o DM.

"Pension Salvatore", einfache Zimmer, Frühstücksmöglichkeit im Garten. DZ ca. 5o DM.

Taverne "ANDREAS", an der Durchgangsstraße in Ortsmitte. Gute und relativ preiswerte Grillspezialitäten.

Taverne "THE PARADISO": in einer Seitenstraße. Ebenfalls Grillspezialitäten. Die große Terrasse liegt erhöht über der Straße, kahler Innenraum, immer gut besucht.

★Petraloudes Schmetterlingstal

Kurz hinter Paradissi Abzweig zum Schmetterlingstal (und weiter über Psinthos nach Afandou/Ostküste). Das schluchtartig ansteigende Bergtal mit dichter Vegetation wurde zum Park ausgebaut (Eintritt) und ist zur Hochsaison eines der meistbesuchten Ausflugsziele der Insel. Landschaftlich lohnend, zugewuchert, Bach und kleiner Wasserfall mit angelegten Fußwegen. Zur Saison allerdings irre Menschenmengen, die fast die Anzahl der Schmetterlinge "überflügeln"!

Schmetterlinge gibt's ab Mitte Juni bis September zu sehen. Sie werden durch das Harz einer bestimmten Baumart angezogen. Im April schlüpfen die Raupen. Ab Mitte Juni dann tausende von Schmetterlingen, die (solang sie an den Bäumen mit zusammengefalteten Flügeln sitzen), wegen ihrer Tarnfarbe kaum auszumachen sind. Anders dagegen, wenn sie durch das Klatschen und Geschrei der Besucher aufgeschreckt werden... Dies ist aber streng verboten, ebenso das Verlassen der Wege und das Wegwerfen von Abfall.

Außerhalb der Monate geht's ruhiger zu: keine Schmetterlinge und weniger Besucher. Die Besichtigung beschränkt sich auf Landschaft. Oberhalb des Tales ein Kloster mit schönem Inselrundblick.

Die INLANDSSTRASSE führt ab Petaloudes weiter an die Ostküste. Zunächst karges Mittelgebirge mit Macchia und Buschwerk, Pass, schöner Inselrundblick. Später durch landwirtschaftl. Anbaugebiete (Getreide, Oliven, Wein). PSINTHOS: große Platia mit Kafenions und Taverne.

Die KÜSTENSTRASSE Prasonissi -> Soroni verläuft durch Gartenlandschaft (Gemüse, Kartoffeln, Citrusfrüchte, Obst, Oliven). Rund 6 km nach Prasonissi Abzweigung nach:

★Theólogos/Tholos

Hübscher Ort 1 km landein von der Hauptstraße auf einem Hügel. Kleine Veranden, hübsch bepflanzt vor den vielen Häusern, Kafenions, Tavernen. Dominierend die große, moderne Kirche. Am Ortseingang Disco.

Nachteil: der Ort befindet sich unter der Einflugschneise des Rhodos- Airports, zudem kein optimaler Strand.

Angeblich soll in Theólogos der Evangelist Johannes eine der ersten christl. Kirchen der Insel gebaut haben. In der Antike befand sich hier vermutlich ein Apollon- Heiligtum. Die Archäologen (Ross, Ende verg. Jhd.) fanden eine Marmortafel mit Auflistung der Priester, Reste eines antiken Theaters und eine Kopie des delphischen Ophalos Steines, der den Namen Apollons trägt und auf die Existenz eines Apollonheiligtums hindeutet.

THOLOS BEACH: über eine kurze Stichstraße zu erreichen. Schmaler und zum Baden wenig attraktiver Sand/ Steine-Strand mit Duschen, Kera-mikshops, Discos, Tavernen und Motorradverleih. Der Strand ist zumindest beliebt bei Surfern.

Einige Hotels kurz vor Theólogos:

"**Hotel Doreta Beach**": an der Westküsten- Hauptstraße. Großer Betonkasten mit düsteren Hallen. Pelzshop, Friseur, Juwelier, Car-Rent. Überall Massenabfertigung, aber Zimmerkontingent für Individualtouristen und höfliche Bedienung. Swimmingpool mit Bar am Strand, Tennisplatz. Über 3oo Zimmer mit Bad, Tel., Balkon. DZ (B&B) ca. 8o- 13o DM. Für A-Hotel preisgünstig.

"**Hotel Iliovassilena (=Sunset)**": schräg gegenüber Hotel Doreta Beach an der Hauptstraße, mit Parkmöglichkeit unter Eukalyptusbäumen. Kleiner moderner Kastenbau mit Längsbalkonen und zwei mattenüberdachten Terrassen zur Straße. Kahles Restaurant. Wenige Zimmer mit Bad und Balkon. Macht nicht den besten Eindruck.

"**Hotel (App.) Tholos**": gleich am Abzweig nach Theologos von der Hauptstraße. Nicht unser Tip. Gegenüber: "**Friendly Corner**", langgestreckter Neubau in einer Gartenanlage.

★Soroni

An der Westküstenstraße. Direkt am Ortseingang das häßliche E- Werk, das Rhodos mit Strom versorgt, 2 hohe Schornsteine und dicke Dieseltanks. Statt Strom durch Solarenergie zu gewinnen, verbrennt man den knappen Rohstoff Erdöl und zahlt hierfür noch horrende Summen...

Der kleine Küstenort mit Geschäften aller Art entlang der Hauptstraße. Im Neubaugebiet viele Privatzimmer.

SORONI BEACH: Sand/Steine. Am Strand u.a. "Mikes Ranch" mit mexikanischem Gemälde dekoriert, man sitzt unter Tamarisken, windgeschützt durch Schilfrohrmatten.

Ab Soroni Querverbindung rüber an die Ostküste, Details siehe S. 227.

Die Küstenstrecke SORONI -> FANES führt durch Feigen und Weinanbau, **FANES** selber ist ein kleiner Villenort mit hübschen Gärten und etlichen Pensionen. 1,3 km Zufahrt über Asphaltstraße zum örtlichen Sand-Steinestrand mit jungen Tamarisken im Hintergrund. Duschen am Strand, Rastplatz mit Holzbänken und Tischen in kleinem Wäldchen. Weitere 3 km bis:

★ Kalavarda

Landein der Hauptstraße, im Umland Wein- Oliven und Feigen. Abzweigung einer Inlandsverbindung zum Prof. Ilias, Details Seite 256.

Die Küste bei Kalavarda "glänzt" mit häßlichen Öltanks. Kurz nach Kalavarda biegt die Straße zur Küste mit bewachsener Dünenlandschaft:

Schmaler Sand/Steine- Strand mit Taverne "Blue Sea". Die blauen Stühle unter mattenüberdachter und weinberankter Terrasse. Später die Taverne "Akrogiali" mit Terrasse unter wildem Wein und Fischgerichten, Kalamares.

CAP MINAS (gegenüber der Zufahrtsstraße nach Ancient Kamiros) mit schöner Sandbucht, Sonnenschutz durch Tamarisken, auch Verleih von Sonnenschirmen, Tavernen sowie Appartements.

★ Ancient Kamiros

Ab Küstenstraße ausgeschildert, Abzweigung 1 km durch Kiefernallee. Kamiros ist die kleinste der drei Städte des antiken Rhodos. Sie überdauerte zwar die Gründung der neuen Inselhauptstadt Rhodos (4o8 v. Chr.), wurde aber zwischen 285- 337 n. Chr. aus nicht geklärten Gründen verlassen.

Erste Ausgrabungen zwischen 1859 und 1864 durch englische und französische Archäologen, die die ersten Ausgrabungsfunde ins britische Museum/London sowie den Louvre/ Paris brachten. Systematische Forschung ab 1929 durch die Italiener, die Kamiros in seiner gesamten Stadtstruktur freilegten.

Zwar ist Kamiros nicht das "Pompeji von Rhodos", wie einige reißerische Broschüren hinklotzen (denn einen Vulkanausbruch hat es hier nie gegeben!). So lieferten doch die Grabungen einen fundierten Einblick in die städtische Organisation in der griech. Antike und zählen daher zu den wichtigsten Grabungen des Landes.

Für den Nicht-archäologisch Vorgebildeten ist Kamiros - sorry - ein Relikt aus Steinmauern, Stufen, Säulen und Plateaus. Wer auf eigene Faust Kamiros besucht (Linienbusse ab Rhodos/Stadt), schließt sich am besten an eine geführte Tour an. Als Komplettprogramm auch für ca. 75 DM/ Person inkl. Transport ab Rhodos/Stadt von dortigen Reisebüros.

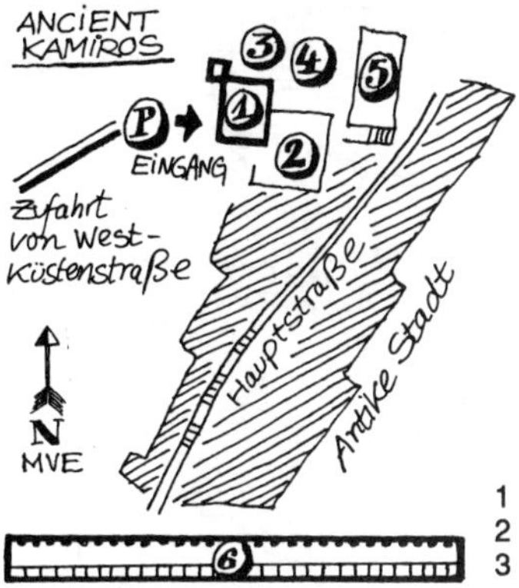

Direkt beim Eingang und Parkplatz die Reste eines dorischen Tempels (1) und die Agora (2), des antiken Markt- und Hauptplatzes.

Vorbei an einer Rednertribüne erreicht man die ehemalige Hauptstraße, die durch die Stadt führte. An ihrem Ende die Stoa (6), darunter eine Trinkwasser- Zisterne, die 600 Kubikmeter Wasser faßte und rund 300 Familien 6 Monate lang

1 Apollo-Tempel
2 Agora
3 Tempelterrasse
4 Exedra
5 Panheróon
6 Stoa und Zisterne

mit Wasser versorgen konnte. Zugleich schöner Blick über die Küstenregion bis zur Türkei. Statuen und Stelen, die hier und in der näheren Umgebung gefunden wurden, kann man im Archäologischen Museum von Rhodos besichtigen.

Bis heute ist die archäologische Zone von Kamiros bei weitem noch nicht im gesamte Bereich ausgegraben. Man kann jedoch mit entsprechendem Führer (Buch oder persönl. Führer) die einzelnen Stadtstrukturen an Mauerresten nachempfinden. Zu sehen u.a. Mauerfundamente der Agora (2), der privaten Häuser, ihre Wasserversorgung, Zisternen und vieles mehr - allerdings immer in Restbestand und für den Laien wenig spektakulär.

Kamiros ⟶ Monolithos

Ausgesprochen schönes Küstenstück bis SKALA KAMIROU (18 km). Teils bewachsene Tuffsteinböden, später beidseits der Straße Gärtnereien mit Gewächshäusern (vorwiegend Tomaten und Bohnen). Kurz vor Mandrikon auch Weinanbau.

Schmale Sand- und Steinestrände wechseln mit Felsufer. Allerdings (wegen teils Seetanganschwemmung) nicht immer optimale Badeplätze.

Am Ortseingang von **MANDRIKON** die neuerbaute Kirche "Agia Apostoli" mit modernen Fresken. Häufig steht der Deutsch sprechende Pope "langsam, langsam" rufend vor der Tür und winkt zum Eintritt. Er freut sich über jede Spende, da der Kirchenbau "sehr teuer" war. Stolz zeigt er die neuen, bestickten und schweren Ostergewänder. Gleichzeitig macht er Reklame mit Visitenkarten für das 1o km entfernt liegende Restaurant "Anixi" in Kritina, das seiner Tochter gehört.

Südwestlich von Mandrikon führt die Straße ein Stück durch bewaldete Küstenberge. 4 km vor Skala Kamirou wieder Gewächshäuser und Weinanbau, auch Bananenplantagen.

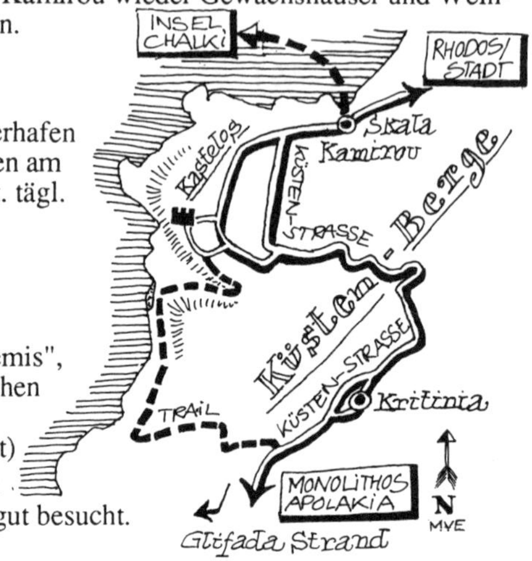

★ Skala Kamirou

Der insgesamt hübsche Fischerhafen besitzt eine Reihe von Tavernen am Kai. In der Zeit April bis Sept. tägl. Boote rüber zur vorgelagerten INSEL CHALKI (Überfahrt ca. 75 Min.), weitere Details siehe dort.

Im Ort Unterkunft, z.B. "Artemis", 6 Minizimmer mit Gem.-Duschen zur HS ca. 4o DM mit gutem Frühstück (Honig und Omelett)

Die Ortstavernen "Lukas" und "Artemis" sind excellent und gut besucht.

★ Kastelos

ausgeschildert ab Hauptstraße, ca. 1 km Schotterweg zur Johanniterburg aus dem 14. Jhd. Heute eine Festungsruine, aber spektakulär über dem Steilfelsen hoch oberhalb des Meeres gelegen in einem Pinienwald. Grandios gelegen und Superblick übers Meer und vorgelagerte Inseln. Besuch lohnt, auch per Stichstraße (Abzweigung von der Westküstenstraße bei Kritina) zu erreichen.

Ein Wanderpfad verläßt die Ruine südlich (siehe Karte), folgt zunächst abwärts der Schlucht östl., um dann die Schlucht runter an eine einsame Badebucht zu führen. Von hier zur Hauptstraße, die südlich des Dorfes KRITINIA erreicht wird. Insges. mit Badestop an der Bucht ca. 2 - 3 Std.

★ Kritinia

Die nächste Ortschaft, oberhalb des Meers, mit schneeweißen Häusern und schönem Ausblick. In Umgebung: grün bewaldete Berglandschaft und vielfach Superblick auf vorgelagerte Inseln wie die Inselgruppe Alimia.

"**Pension Spyros Mayroudis**": riesiger, kahler Dorfgasthof mit Restaurant. Aber Super-Blick zu 3 Seiten auf Kastell, wie Meer! Über eine winklige Außentreppe mit Blumentöpfen geht's rauf zu den Zimmern. Klein, aber sauber, Gemeinschaftsbäder. Bei ca. 35 DM/Doppel: Tip für die Region!

Restaurant "ANIXI" an der Platia, mit guter Küche. Die Besitzerin ("Pfarrerstochter", siehe Mandrikon) spricht gut Deutsch und kocht noch besser. Hier gibt es nützliche Informationen.

GLIFADA STRAND: zu erreichen über eine Stichpiste, die steil runter zur Küste führt. Sie zweigt rund 1o km südlich von Kritinia von der Westküstenstraße ab. Unten Taverne "Paradise". Der Steinestrand nicht optimal zum Baden, die ca. 4 km Fahrt durch Wald schön und Taverne o.K.

Zwischen Abzweig zum Glifada- Beach und SIANA: verkarstete Berglandschaften mit Canyon-artigen Schluchten. Am Weg vereinzelte Kiefern, und landschaftlich eine der schönsten Stellen der Insel!

SIANA ist schön gelegenes Bergdorf mit Tavernen, z.b. "Elpia" und Verkauf von Honig. Superblick auf Küste und Meer. Die Strecke verläuft Inland, ab Siana 4,5 km nach

★ Monolithos

Malerisches Bergdorf oberhalb der Westküste von Rhodos. Tavernen und Snackbars. Rund 5oo Einw., Höhenlage ca. 3oo m oberhalb des Meeres. Unterkunft bei Privat.

Von Monolithos Abzweigung zum CASTRO über Betonstraße, die nach 4oo m in Schotterstraße übergeht. Nach 2 km erreicht man einen Parkplatz unterhalb der verfallenen Ruine mit kleiner weißen Kapelle auf steile Felskuppe. Treppenweg rauf zur Ruine.

Das Castro stammt aus der Zeit 15oo n. Chr. Im Inneren der Festungsanlage die Panteleimonos Kapelle ursprünglich aus der Johanniterzeit; jetzt renoviert. Superblick auf weite Küstenbereiche.

Die Schotterstraße führt weiter Richtung Küste und rüber nach **FOURNI**: in weißen Felsklippen aus Sandstein: Höhlen und davor schmale Strände.

Die Höhlen wurden zur Zeit der Christenverfolgung als Versteck genutzt. Auch über Pfad ab Monolithos die Küstenhügel hinab erreichbar. Viel Vegetation: Bäume und Buschwerk. - Die gesamte Region, auch nördlich von Monolithos im Bereich des bewaldeten AKRAMITIS (Höhe bis 825 m) für Wanderungen sehr lohnend!

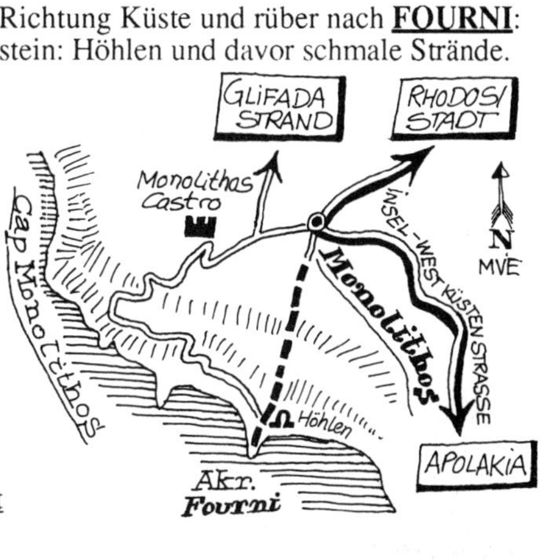

Problem für die Erreichbarkeit

der landschaftlich schönen, so doch abgelegenen Region sind die seltenen Busverbindungen (Rhodos/Stadt -> Monolithos nur 1 x/Tag) sowie das Fehlen umfangreicherer Übernachtungsmöglichkeiten:

"**Hotel Thomas**", derzeit einziges Hotel im Ort Monolithos. Von den Zimmern meist schöner Blick auf den Ort und übers Meer, im Erdgeschoß Aufenthaltsraum. Ganz-jährig geöffnet, D- Klasse quotiert, aber sauber. Problem, daß es nur rund 1o Zimmer gibt, telefonische Reservierung daher empfehlenswert. Tel.: (o246) - 61.291 (Nr. ist gleichzeitig der Fax-Anschluß). DZ ca. 5o DM.

Ansonsten gibts **Privatzimmer** im Ort.

Rund 1o km schlechte Piste ab Monolithos via Castro runter ans Meer. Dort Kieselstrände. Weitere ca. 4 km bis zu den oben genannten Höhlen beim Kap Fourni.

MONOLITHOS -> APOLAKIA: 1o km, Asphalt. Die Landschaft hat weitgehend Mittelgebirgs-Charakter, ist einsam und schön.

✶ Apolakia

Kleines Dorf (ca. 4oo Einw.) in der Schwemmlandebene, das seine Einkünfte von Gemüseanbau, Zitrusfrüchten und Melonen bezieht.

Große Platia mit Tavernen und Kafeneions. Der Rummel setzt im Sommer gegen Mittag ein, wenn die Tourbusse den Ort erreichen und die Leute abgespeist werden. Ansonsten im Vergleich zur Betriebsamkeit anderer Dörfer der Insel eher friedlich und besucht von Rhodos- Urlaubern, die sich hier einquartieren, um das "griechische Landleben" zu genießen.

"**Hotel Skoutas**", im Ort. Die E-Klasse quotierte Herberge bietet nur rund 1o Zimmer und besitzt derzeit immer noch keinen Telefonanschluß. DZ je nach Auslastung des Hotels Verhandlungssache, Preise ab ca. 35 - 4o DM fürs DZ.

Weiterhin eine Handvoll kleinerer **Pensionen** und **Privatquartiere**, Vermittlung über die Kafeneions am Dorf- Platia.

Auch Vermietung von **einfachen Ferienhäusern** wochenweise. Die Vermittlung läuft u.a. über BRD- Reiseveranstalter, Infos über die Griechische Fremdenverkehrszentrale. Die Preise sind abhängig von Größe und Ausstattung der Häuser sowie Saison.

Linienbus ab Rhodos/Stadt nur 1 mal/Tag (Fahrzeit ca. 2 1/2 Std.), Zurückkommen am selben Tag in der Regel nicht möglich.

Der ORTSSTRAND ist rund 2 km entfernt. Sand, aber nicht immer sauber; vor allem bei starken Winden wird viel Müll angeschwemmt.

Weiter südlich schließen sich kilometerlange Sandstrände an, teils mit Dünen. Nur wenige Stichpisten an den Strand. Insgesamt ein fast unerschlossener Küstenbereich, der wegen "Anwehung christlicher Seefahrt" und über Bord geworfenem Müll nicht immer sauber ist.

APOLAKIA -> GENADI: 11 km, durchgehend asphaltiert und Querverbindung an die Ostküste (Details zur Ostküste siehe dort).

Zur Insel Südspitze

ab Apolakia 2 Möglichkeiten: entweder via Westküste, - oder Inland via extrem kurvenreicher Bergpiste und Messanagros, landschaftlich aber als Strecke lohnend.

* Via KÜSTE: die Straße führt zunächst 2 km durch die Schwemmlandebene ans Meer. Anschließend folgt sie über 14 km der Westküste. Linkerhand Tuffsteinhügel, am Meer vielfach bewachsene Sanddünen, ein kaum erschlossener Küstenbereich.

  Kurz vor der Südspitze der Insel und dortiger Küstenberge biegt die Straße landein nach KATAVIA, dem südlichsten Inseldorf. Insges. Apolakia -> Katavia ca. 18 km.

* Die INLANDSTRECKE APOLAKIA-> KATAVIA (ca. 25 km) benötigt Zeit: in ewigen Serpentinen geht's über Küstenberge, die hier Höhen bis rund 5oo m erreichen. Die Strecke ist eng, aber landschaftlich lohnend.

  Auf halber Strecke das Dorf MESSANAGROS mit knapp 1oo Einwohnern, Kafeneion. Zimmer bei Privat.

Kloster Skiada

Eines der am schönsten gelegenen Klöster der Insel. Es liegt hoch oben in den bewaldeten Küstenbergen, bei phantastischem Blick über die Küste.

Zu erreichen ab der Westküstenstraße/Abzweiger südlich von Apolakia. Eine Querverbindung führt hier von der Küste rauf in die Berge zum Kloster (ca. 4 km) und weiter nach Messanagros (+ 2 km).

Das Kloster wurde im 19. Jhd. an Stelle einer Kirche aus dem 13. Jhd. errichtet. Wie bei Klöster üblich, ist eine wundertätige Ikone im Spiel, die bei der alljährlichen Wallfahrt verehrt wird. Um den weiteren Erhalt des Klosters zu sichern, werden einfache Unterkünfte vermietet. Essen und Schlafsack mitbringen. Hat sich zwischenzeitlich als Übernachtungstip rumgesprochen: Engpässe zur HS, lohnende Wanderungen in der näheren Umgebung.

Katavia

Die südlichste "größere" Ortschaft der Insel. Wird ab Apolakia sowohl von der Westküstenstraße wie auch der kurvenreichen Bergstrecke via Inland und Messanagros erreicht. Bequemer jedoch die Ostküstenstraße, da durchgehend bis Katavia asphaltiert.

Im Ort Tavernen, Tankstelle und Privatquartiere sowie Piste nach Prassonissi, dem südlichsten Punkt der Insel. Alle Details siehe Seite 245.

INSELINNERES: Bergregionen des Prof.Ilias (798 m) und Ataviros (1.215 m)

Parallel zur Westküste erstreckt sich das Bergmassiv des ATAVIROS und PROF. ILIAS. Die Region ist durch Straßen erschlossen und in den Sommer-Monaten entsprechend von Tour- Bussen frequentiert.

✶ Soroni

ist kürzester Einstieg ab Westküste (und von Rhodos/Stadt kommend). Details siehe Seite 249. Hier Abzweigung einer Straße quer durchs Inselinnere via ELEOUSSA und weiter nach Kolimba an der Ostküste. Sie ist gut ausgebaut und landschaftlich lohnend.

5 km nach Soroni linker Hand der Straße in einem Pinienwald die Klosterkirche AG. SOULAS (17. Jhd.). Eine äußerst gepflegte Anlage mit vielen Parkplätzen, Rastplätzen, Kaffee-Bar. Alljährlich am 29./3o. Juni Kirchentag mit Volksfest (Folkloretänze, Eselreiten und Wettkämpfen). An diesem Tag Sonderbusse von Rhodos/Stadt (Abfahrt Nea Agora).

Die Straße führt anschließend in einem breiten, trockenen Flußtal entlang via endlosem Straßendorf Dimilia nach:

✶ Eleoussa

Verkehrsknotenpunkt an der Abzweigung nach Kolimba/Ostküste sowie der Straßen südl. des Berggipfels Prof. Ilias. Die Italiener bauten während der 4o- er Jahre im Ort einen Gouverneurspalast sowie Häuser für ihre Verwaltungsangestellte und Militärs. Vieles ist heute verfallen, andere Gebäude sind vom griech. Militär genutzt. Eleoussa ist für längeren Stop kaum attraktiv, Abzweigungen nach:

* 4 km östlich das schöne, am Berghang gelegene **ARIPOLI** mit Tavernen, Pizzeria. Beliebter Ausflugspunkt. Zur Ostküste weitere 5 km bis Epta Piges (siehe Seite 23o).
* Strecke via **AG. NIKOLAOS** siehe Seite 258.
* Ab Eleoussa Abzw. einer Straße südwestl. zum PROF. ILIAS: Sie erreicht nach rund 4 km:

✶ Platanias

Kleineres Dorf am Südhang des Prof. Ilias. Im Sommer durchaus von Urlaubern besucht. An der Hauptstraße die "Schwarzwald Cafe/Bar": kahles Dorfrestaurant, serviert werden Salate, Snacks und kleinere Gerichte. Im Ort einfache Unterkünfte.

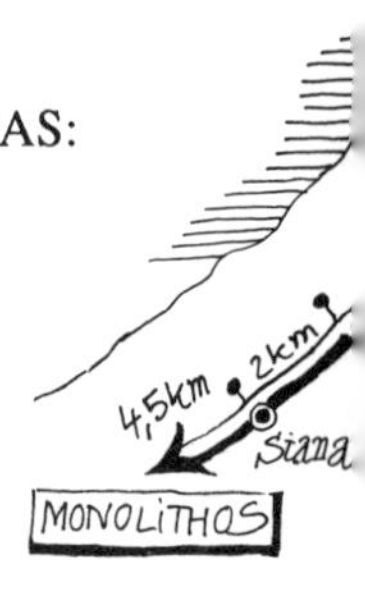

Die Region um Platanias ist leider stark Waldbrand-geschädigt (vielfach auch durch Brandstiftung). Wandermöglichkeit auf Forstwegen von Platanias runter nach Malóna/Ostküste, ca. 8 km.

Zwischen Platania und Apolona (Tankstelle) ausgesprochen schöne Landschaft: die Straße zieht sich am Bergmassiv des Prof. Ilias entlang mit vielfach Superblick über Inlandsregionen.

★ Apolona

Großer Ausflugsort mit zahlreichen Tavernen und Kafenions. Es ist eines der Hauptziele der Tourbusse ab Rhodos/Stadt. In den Tavernen u.a. Ausschank von Weinen der Region. Die Taverne "Panorama" mit großer Terrasse und Blick, der ihrem Namen gerecht wird.

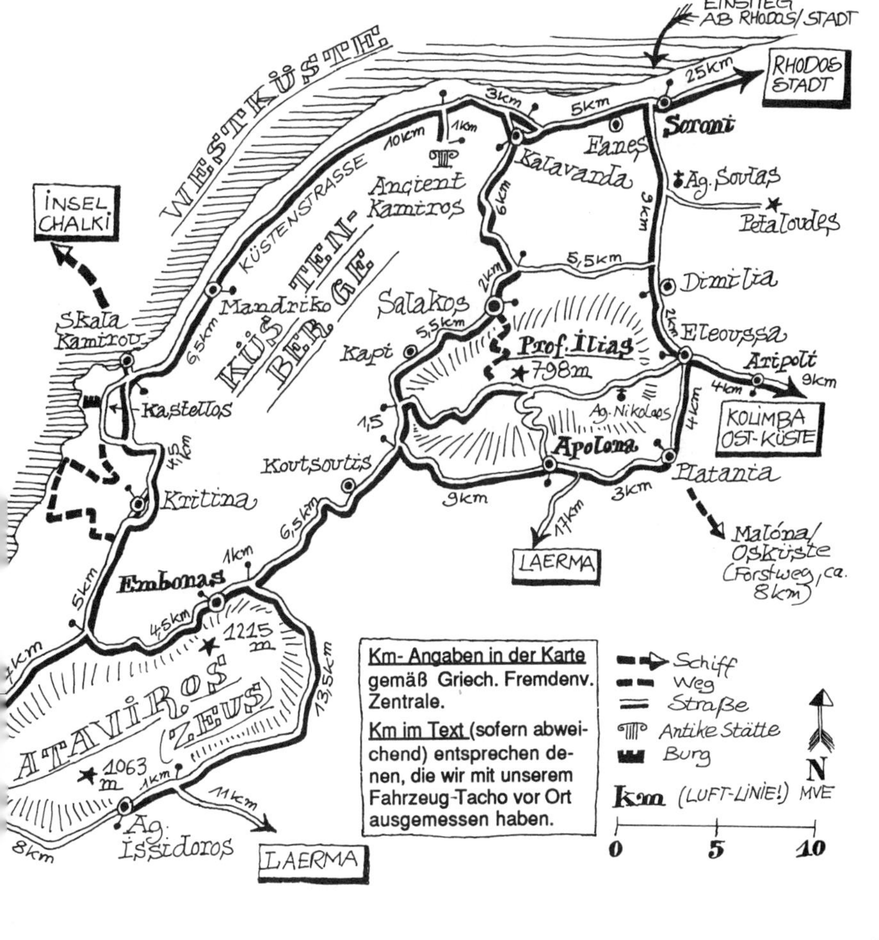

Zur HS Folkloretänze für Tourbusse. Abends, wenn die Tourbusse den Ort verlassen haben, kehrt Ruhe ein. Normale Linienbusse ca. 2 mal/Tag.

Bis unterhalb des Ortes die Bäume schwer vom Waldbrand 1987 geschädigt. Das Feuer soll von Apolona ausgegangen sein und dauerte 4 Tage. Am schlimmsten wütete es in Lardos bei Lindos, nachdem es quer die Insel durchzogen hatte.

2 km nach Apolona schöne Picknickstelle mit Quelle und Rastplatz: Holzbänke und Tische unter Bäumen am Talrand. Kurz danach größerer Rastplatz, allerdings ohne Quelle, viel Waldbrandschaden. Die Straße trifft schließlich auf die gut ausgebaute Asphaltverbindung Kalavarda -> Salakos -> Embonas.

VARIANTE AB ELEOUSSA: reizvoller und empfehlenswerter als die Strecke via Apolona. Nach 3 km die spätbyzant. "AG. NIKOLAOS"-Kapelle mit alten Fresken, über dem Eingang 3 kleine, eingelassene Keramikschalen. Davor Parkplatz mit Quelle, die ganzjährig sprudelt und 2 wilde Feigenbäume. Sie tragen 3- 4 mal im Jahr Früchte und können ständig geerntet werden. Wer Glück hat (wie unser Recherchteam), daß gerade die Feuerwehr da ist, - häufig stationiert zur Brandwache, - holen diese die Früchte runter zum Probieren: kleine Feigen mit herrlichem Aroma!

Ag. Nikolaos - Kapelle

Ab Ag. Nicolaos Kirche weitere 3 km aufwärts durch Mischwald und knapp unterhalb des Gipfels des Prof Ilias zum:

"**Hotel Elafos-Elafina**: (übersetzt "Hirsch" und "Hirschkuh"). Zwei Häuser in Schwarzwald- Kopie, mit Tennisplatz, Hirschgehege und Kinderspielplatz. In der Nähe eine kahle Kirche mit Mosaikboden. Es gibt eine Bar und Restaurant. Allerdings auch im Sommer nur wenig Übernachtungsgäste, obwohl schöne Umgebung mit Wandermöglichkeiten und als Stützpunkt relaxing. Es fragt sich, wie lange die Herberge den Betrieb noch aufrecht erhält. DZ ca. 55 DM.

Der GIPFEL des PROF. ILIAS (798 m, bis ca. 72o m Pinien und Zedern) selbst ist nicht zugänglich, da militärisches Sperrgebiet. Zumindest kommt man per Straße zum Elafos Elafina Hotel recht nahe an den Gipfel ran. Hier oben kühl und einige "Windchen".

Ein Trail führt am westlichen Hang des Prof. Ilias runter zum Dorf SALAKOS mit dem gemütlichen und empfehlenswerten Hotel "Nimfi". Familienhotel mit offenem Kamin, DZ ca. 4o DM, Achtung: nur wenige Zimmer.

Von der Hotelanlage "Elafos-Elafina" am Prof. Ilias geht die schmale Teerstraße in 6 km Serpentinen durch dichten Wald runter zur super ausgebauten Hauptstraße Kalavarda -> Embonas.

Sie führt südwestwärts Richtung Bergmassiv des ATAVIROS (1.215 m). Landschaftlich schöne Strecke mit freiem Blick über die bewaldete Berglandschaft und das kahle Gipfelmassiv des Ataviros.

★ Embonas

Gebirgsdorf in 43o m Höhe mit angenehm frischem Klima im Gegensatz zu sonstig-heißen Sommertemperaturen an den Küsten der Insel. Enge, schmale Gassen, versteckte Kafeneions. Weinkellerei am Ortseingang, an den umliegenden Hängen wächst der beste Wein von Rhodos.

Analog wurde Embonas in der HS zum Hauptziel abendlicher Tourbusse ab Rhodos/ Stadt: Das Programm beinhaltet "Folklore-Shows" plus Lamm vom Spieß und jede Menge an Wein. Entsprechend das Remmi-Demmi ... Die Gassen bedienen mit Souvenirshops. Vermietung von Privatzimmern, mehrere Pensionen.

Besteigung des ATAVIROS: das Dorf Embonas ist mit 43o m eines der höchsten der Insel. Es liegt unterhalb des Ataviros Gipfels (1.215 m), somit gut 8oo Höhenmeter an Differenz. Wegen der Kürze der Entfernung geht's sehr steil rauf, eine anstrengende Kletterei. Zudem im letzten Abschnitt weglos über steil-felsiges Gelände, was zusätzlich Zeit aber auch gutes Schuhwerk benötigt. Bei klarem Wetter wird man oben am Gipfel mit Superpanoramablick belohnt, der über die gesamte Insel Rhodos reicht, rüber zur türkischen Küste und bei besonders guten Sichtbedingungen bis zur Küste von Kreta, welches im Dunst am Horizont liegt. Auf dem Gipfel des Ataviros zugleich Reste eines Zeustempels und einer byzant. Kirche.

Ausrüstung: Sonnenschutz, Essen, Trinkwasser; keinerlei Versorgung entlang des Aufstieges. Feste Wanderschuhe insbes. wegen Fels und Geröll. Guter Windschutz und warme Kleidung (auch im Sommer). Oben ist es nicht nur kalt, sondern teils auch massive Winde!

Vorsicht: der Ataviros ist für seinen Wetterumschwung berüchtigt. Plötzlich aufkommende Nebelbänke können den Gipfel einhüllen und Orientierung erschweren. Zwar ist die "Orientierung" betreffend Abstieg der Weg bergab, - aber schon mancher hat sich bei aufkommender Nebelsuppe den Hax verstaucht im Bereich der Geröllhalden.

Zeitbedarf: Embonas -> Gipfel trotz nur ca. 1,8 km Traillänge nicht unter 2 Std. bergauf realisierbar! Ab Gipfel dann Abstiegsmöglichkeit nach Ag. Issidros möglich, weitere ca. 7 km.

Angaben im deutschen Wanderführer "Rhodos"/Sunflowers, diese 9 km seien in 3 Std. realisierbar, würden einen Stundenschnitt rechnerisch von 3 km/Std. bedeuten! Entweder wurden von den Autoren der Trail nicht persönlich erwandert, oder Supersportler des Typs "Reinhold Messner" waren am Werk, die "bergauf rennen"! Realistischer ist ein gestreckter Tag! Beste Jahreszeit: Frühjahr oder Herbst.

Kampf um Rhodos, 1480

Die Einwohner der Stadt können erfolgreich den Angriff der Türken abwehren.

Oben in den Wolken die Ordenspatrone zu sehen, die gewissermaßen schützend über der Sache stehen: Die Muttergottes kriegerisch mit Spieß und Schild, daneben Johannes der Täufer. Im Hintergrund das türkische Heereslager .

Ab **EMBONAS** gibt es außer der nördl. das Bergmassiv umrundenden Straße eine südlich umfahrende Straße (14 km) nach:

AG. ISSIDROS: Bergdorf mit Weinanbau und Terrassenfeldern. Viele Außenbacköfen, Dorftavernen. Kurz nach dem Dorf kleine Ouzo-Brennerei. Etwa 1 km hinter Ag. Issidoros alte Kapelle mit bäuerlicher Altarwand und eine neuere mit Außenmosaik und alter Ikone.

8 km westl. von Ag. Issidoros erreicht man wieder die Westküstenstraße, Details ab Seite 246.

Turris diui Nicolai. et Ecclesia Sancti Antonij.

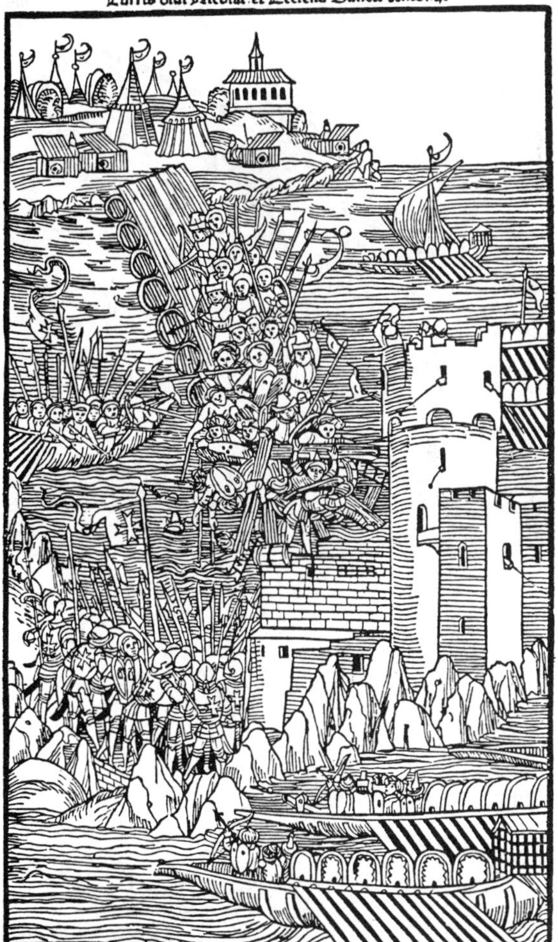

Kampf um Rhodos, 1480

Diesmal wird am Neuillacturm gekämpft:

Die Türken hatten eine Brücke übers Wasser geschlagen. Sie ist aber bereits halb zertrümmert.

Oben vom Turm werden Steine runtergeworfen, und auf der Mole stehen weitere Ritter, um die Stadt vor den Angreifern zu verteidigen.

Holzschnitt 1496

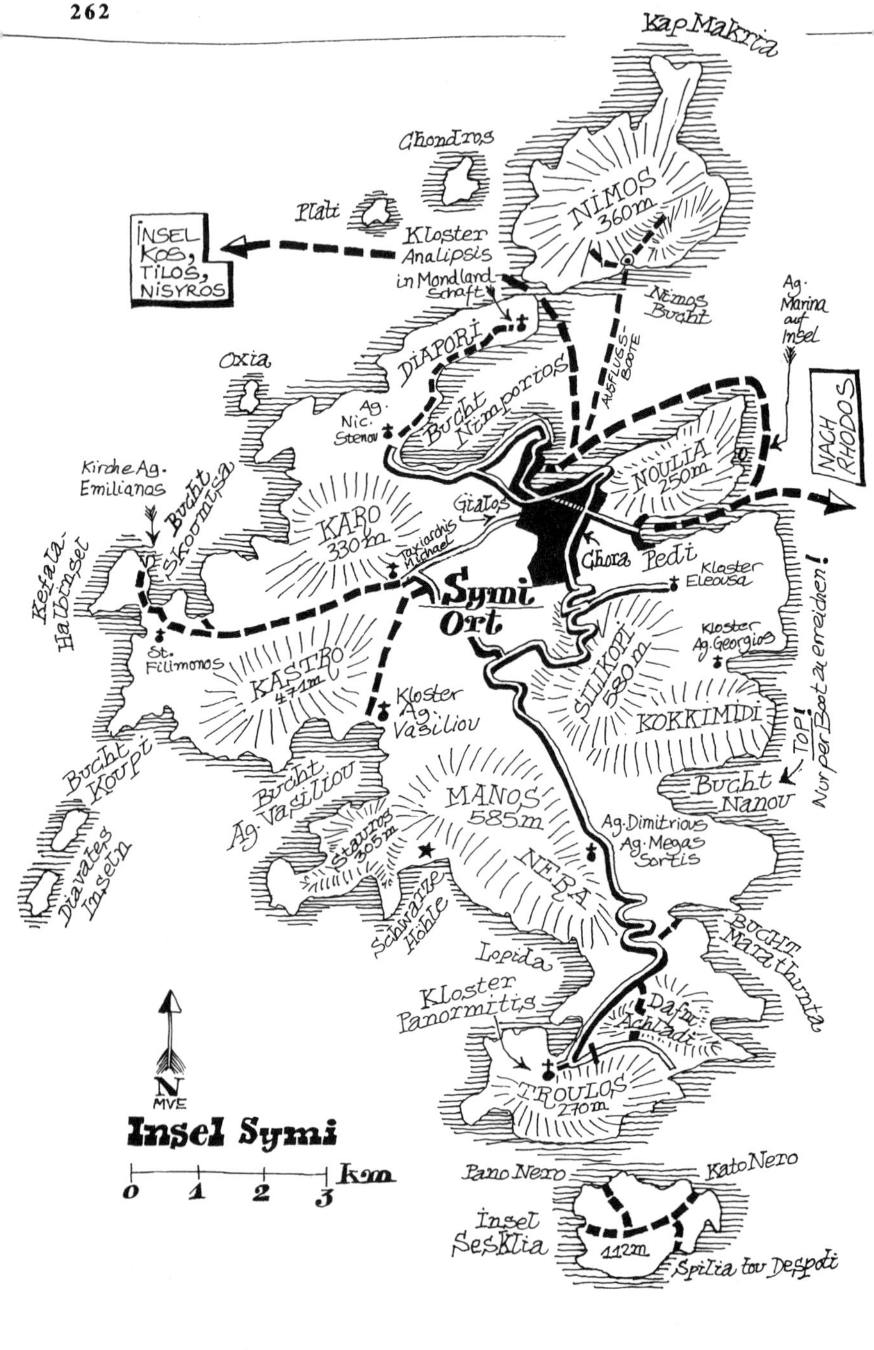
Kap Makria
Chondros
Plati
NIMOS 360m
INSEL KOS, TILOS, NISYROS
Kloster Analipsis in Mondlandschaft
Nimos Bucht
Ag. Marina auf Insel
Oxia
DIAPORI
AUSFLUGSBOOTE
Bucht Nimportos
NACH RHODOS
Ag. Nic. Stenou
NOULIA 250m
Kirche Ag. Emilianos
Bucht Skoumisa
Giatos
KARO 330m
Kefala-Halbinsel
Taxiarchis Michael
Chora
Pedi
Kloster Eleousa
Symi Ort
St. Filimonos
Kloster Ag. Georgios
KASTRO 471m
SILIKOPI 580m
Kloster Ag. Vasiliou
KOKKIMIDI
TOP! Nur per Boot zu erreichen!
Bucht Koupi
Bucht Nanou
Bucht Ag. Vasiliou
MANOS 585m
Diavates Inseln
Stavros 305m
Ag. Dimitrious Ag. Megas Sortis
NERA
Schwarze Höhle
BUCHT Marathunta
Lopida
Kloster Panormitis
Dafni
Achladi
TROULOS 270m
N
MVE
Insel Symi
0 1 2 3 km
Pano Nero
Kato Nero
Insel Seskli
112m
Spilia tou Despoti

Insel Symi

Ein Inselchen 23 km nördlich von Rhodos, wird vor allem von Rhodos Urlaubern besucht. Symi ist eher karg und wirkt unfreundlich, hat aber einen durchaus reizvollen Hauptort:

Malerisch ziehen sich die Häuser in der Bucht von Symi am Berg hoch. Heute hat die Insel knapp 4.ooo Einwohner, früher war sie eine reiche Insel, deren Erwerbsquelle im Schiffsbau, Handel und der Schwammtaucherei bestand.

Bei allem Ausflugsrummel ab Rhodos: schöne Badebuchten, gute Wander-Möglichkeiten, und ab ca. 17 Uhr (wenn die letzten Ausflugsboote die Insel verlassen), kehrt auf der Insel Ruhe ein.

Verbindungen

Schiff: ab Piräus GROSSFÄHREN via Kos nach Symi und weiter nach Rhodos derzeit nur 1 mal/Woche. Sie transportieren auch Autos, für Symi aber definitiv nicht nötig, siehe unten!

REGIONAL-SCHIFFE: tägl. von Kos meist via Nisyros, Tilos nach Symi und von hier weiter nach Rhodos. Die Überfahrt benötigt Zeit, zudem kleine Schiffe, die bei Wellengang entsprechend schaukeln.

STRECKE Kos -> Nisyros ca. 2 Std., Nisyros -> Tilos ca. 1 1/2 Std., Tilos -> Symi ca. 2 Std. 15 Min., Symi -> Rhodos knapp 2 Std. Inklusiv der jeweiligen Stops im Hafen ist man somit ab Kos -> Symi gut 1/2 Tag unterwegs.

Eine beschauliche Form des Reisens, - die zumindest für Urlauber, die ihr Standquartier auf Kos aufgeschlagen haben, kaum Symi als Tagesausflug erreichen läßt (Übernachtung nötig, u.U. aber keine schlechte Idee, da Symi lohnt).

Als Trip ab Rhodos zwar kürzere Entfernung, trotzdem auch hier Übernachtung auf Symi nötig. Das Normalboot legt zuerst in der Bucht von PEDI an, einem winzigen verträumten Ort unterhalb der Altstadt Symis. Es gibt dort nur wenige Häuser und ein kleines Cafe. Viele Besucher steigen schon hier aus, in der Annahme es sei Symi-Stadt. Man muß dann aber über den Berg in die Altstadt und von dort aus 53o Stufen in den Hafen absteigen. Sicher sehr schön, jedoch in der Mittagshitze anstrengend.

PREISE: sind auf Regionalschiffen in Relation der Entfernung geschenkt. Rhodos -> Symi rund 1o DM/Person.

SCHNELLBOOTE: im Sommer täglich ab Kos (1 1/2 Std.), ab Rhodos (45 Min.) - sowie von Symi nach Tilos (1 Std.) und weiter nach Kos (ca. 1 Std.). Abfahrt Rhodos: Mandraki Hafen bzw. Kos: Hafen.

Per Schnellboot sind Tagesausflüge nach Symi ab Kos oder Rhodos möglich, Rückkehr am selben Abend. Die Überfahrt allerdings rund 3 mal so teuer wie auf Regionalfähren.

Zu buchen entweder als reine Personenpassage, - oder als pauschaler Ausflugstrip mit

Reiseveranstalter, wobei Service vor Ort (Ausflüge, Besichtigungen, teils auch Essen) inkl. ist. Programm prüfen: einige Schiffe fahren vormittags bis Symi/Ort, den man sich auf eigene Faust ansehen kann, Mittagessen. Danach geht's per Schiff runter zur schönen Südbucht Panormitis, Baden, und am Nachmittag retour nach Rhodos.

Wer das Schnellboot als reine Personenpassage bucht (also keine organisierte Tour), - muß nicht unbedingt auch am selben Tag mit dem Schiff zurückfahren. Von daher lassen sich die Schnellboote auch dazu einsetzen, um in relativ kurzer Zeit Nachbarinseln zu erreichen und Urlaubszeit einzusparen.

PS: im Aufenthaltsraum der Ausflugsfähre "Symi I" befinden sich in einer Glasvitrine große Modellschiffe des bekannten Modellschiffbauers Polias von Symi, der Aufträge aus der ganzen Welt erhält.

Eigenes Auto mitnehmen hat auf Symi wenig Sinn, da es kaum Straßen gibt. Wenn Auto, so mit der tägl. Ausflugsfähre "Symi I", die pro Fahrt 1 PKW mitnehmen kann, sowie 1 x/Wo. mit der Linienfähre.

Insel Transporte

Bus: Kleinbusse fahren im Bereich Symi/Ort zwischen Gialos -> Chorio -> Pedi stündlich, im Sommer bei Bedarf häufiger. Der Fahrpreis rund 3,5 DM pro Strecke. - Organisierte Touren im Sommer ab Symi/Ort zum Panormitis Kloster ca. 3o DM.

Taxis: nur wenige auf der Insel. Fahren in der Regel nicht runter nach Panormitis/Insel-Süden. Und wenn, dann nur gegen teuren Aufpreis, den man vorab aushandeln sollte! Abgesehen davon, ist dieser Inselbereich schöner per Badeboot zu erreichen.

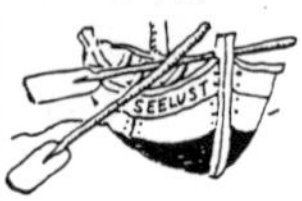

Badeboote: im Sommer jede Menge zu allen wichtigen Inselstränden. Lohnende gibt's viele auf der äußerst buchtenreichen Insel.

Vermietung von **Mopeds**, **Roller** ab ca. 4o DM/Tag inkl. freier Kilometer (kein Kunststück bei der Kleinräumigkeit der Insel!). - **Autos**: Jeeps ca. 9o DM/Tag, nur wenige im Angebot, zudem kaum nötig: Badeboote sind schöner, um die Buchten zu erreichen (vielfach übrigens nur per Boot möglich, siehe z.B. Nanou-Bucht!).

KARTEN: sehr gute Inselkarte "SYMI-TOURIST MAP", auch Wanderwege eingezeichnet und im Ort erhältlich.

GESCHICHTE: gemäß griech. Mythologie kommt der Name der Insel von *Syrene*, der Tochter des Königs Ialyssos. Ein Liebhaber habe sie geraubt, so die griech. Sage, und sich mit ihr auf der Insel niedergelassen. Vermutlich repetiert dies die Inbesitznahme der

Insel ca. 1.ooo v. Chr. durch die Dorer.

Im Altertum war Symi berühmt für ihren Wein (angebaut im Inselinneren) und ihr gutes Olivenöl, der griech. Geschichtsschreiber Strabon berichtet hiervon. Zur römischen und byzantinischen Epoche, auch zur Zeit der Johanniter und später der Türken auf Rhodos war Symi eng wirtschaftlich und politisch an Rhodos angebunden.

Wegen der Vielzahl an Buchten waren die Inselbewohner von je her gute Bootsbauer. Während noch im Altertum das Inselinnere von dichten Zypressen- und Fichtenwäldern bewachsen war, kam das Holz zum Schiffsbau später vom naheliegenden türkischen Festland. Das "Skafi" (vergl. Modell im Kloster Panormitis) galt als eines der schnellsten Segelschiffe. Vom 13o9 - 1522 gehörte die Insel den Johannitern (geschützt durch eine Festung) und die Inselbewohner waren wichtige Schiffsbauer für die Johanniter und ihre Kreuzzüge im östl. Mittelmeer. Der Schiffsbau führte zu hohem Reichtum der Insel zur Johanniter-Epoche.

Nach Eroberung der Stadtfestung Rhodos durch die Türken 1522 ergaben sich die Symioten kampflos den Türken und assoziierten sich mit diesen, um Privilegien für die Insel zu erreichen:

Neben der Tradition als gute Schiffsbauer waren die Symioten erfahrene und mutige Schwammtaucher. In einem Abkommen mit den Türken wurde die Ablieferung einer bestimmten Menge an Schwämmen pro Jahr plus Zahlung einer Pauschalsumme vereinbart. Gleichzeitig erhielt Symi u.a. das Privileg, mit seinen schnellen Schiffen türkische Post zwischen Konstantinopel und anderen Küstenorten des türkischen Reiches zu transportieren. Gleichzeitig erhielt die Insel weitgehende Freiheit, Handel zu betreiben und wegen der Schnelligkeit ihrer Schiffe umfangreiche Aufträge für den Warentransport.

Schiffsbau, Schwammtaucherei und Handel führten zu einer weiteren Blütezeit der Insel, die ihren Höhepunkt Mitte des verg. Jahrhunderts hatte. Im Hafenort bis rauf zur Chora lebten rund 2o.ooo Menschen (heute ca. 3.5oo Einwohner), - reiche Architektur an Handelshäusern, von Reedern, Schiffsbauern und Handelsunternehmern. Ihre Häuser sind heute noch weitgehend erhalten. Der Ort zählt zu einem der schönsten der östlichen Ägäis und wurde zu Recht unter Denkmalsschutz gestellt!

Zum Niedergang kam es 1912, als die Italiener den Dodekanes eroberten. Um die Macht der Insel zu brechen, wurden harte Beschränkungen auferlegt.

Insbesondere hatten aber auch zwischenzeitlich schnelle Dampfschiffe (in Eisenbau!) die früheren Segelschiffe aus Holz abgelöst. (Vergl. z.B. Kykladeninsel Syros, ab Ende 19. Jhd. im Ägäisbereich führend im Eisen-Schiffsbau!).

1948 kam Symi wie die anderen Dodekanes-Inseln zu Griechenland. Leergefischte Gründe im Ägäisbereich führten zudem zum Niedergang der Symi-Schwammfischerei (vergl. Kapitel Insel Kalymnos!), die Folge war hohe Auswanderungsrate ab Beginn der 5o-er Jahre. Jobs in Athen oder Übersee (USA bis Australien) waren für die Symioten lukrativer als das karge Leben auf ihrer Heimatinsel. Symi verarmte und wurde entvölkert. Zu erneutem Aufschwung kam es erst ab Mitte der 7o-er Jahre, als SYMI zum beliebtesten Ausflugsziel ab Rhodos wurde. Heutige Haupteinahmequelle ist der Tourismus.

★ Symi/Ort — ca. 3.5oo Einw.

Ausgesprochen schöne Lage an enger Inselbucht. Der Hafenort GIALOS, dessen weiße Häuser sich am kargen Hang raufziehen, gehört zu einem der schönsten der Ägäis und wurde unter Denkmalsschutz gestellt (vergl. Kapitel "Geschichte Symi").

Der Besucherrummel im Sommer beginnt gegen 1o Uhr, wenn die ersten Boote von Rhodos eintreffen und endet gegen 17 Uhr, wenn diese wieder ablegen.

Ansonsten traumhaft schön gelegen, enge Gassen. Der Charme liegt im Verborgenen. Am frühen Morgen, wenn die Sonne über der türkischen Küste aufsteigt, das Grau in Grau des Hafenortes präzisiert und die weißen Häuser vor den kargen Bergen erstrahlen lässt. Tagsüber im gleißenden Licht der Ägäis und zu Beginn der Dämmerung, wenn das "Amphitheater" Symi seine Lichter einschaltet, die sich im Wasser der engen Bucht widerspiegeln...

"**Hotel Nireus**", direkt hinter dem Fähranleger. Modernes Neugebäude, sauber mit Privatbad.

"**Hotel Aliki**", nahe Fähranleger. Das 3-stöckige Traditionshotel wurde renoviert. Hohe Fenster und Zimmer im alten Stil, viele mit Meeresblick, Privatbad mit Wannen bzw. Dusche. Im Aufenthaltsraum TV, Bibliothek, Möglichkeit für Schachspielen und Baststühle. Bei

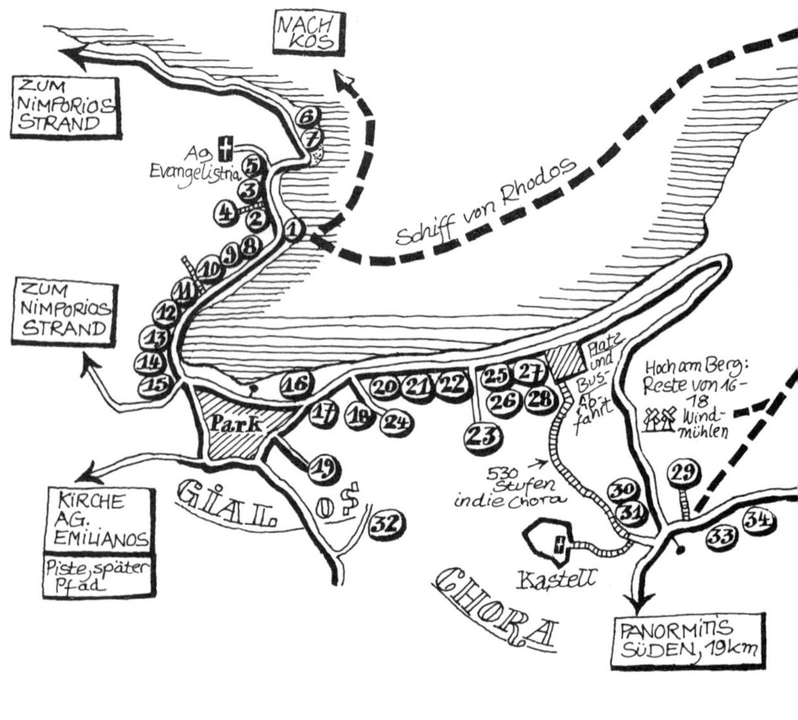

allem Positiven wirkte das "Aliki" für uns allerdings etwas versnobt. 15 DZ bei satten ca. 1oo DM die Nacht.

"**Hotel Dorian**", über Stufen oberhalb des "Aliki". Ein ehemaliges Symi-Haus wurde in Perfektion restauriert. Auch wenn viele Zimmer keinen Meeresblick haben: sie sind sauber, oft groß, mit breitem Doppelbett, Privatbad. Unterschiedliche Ausstattung: teils geht's gemütlich über Treppe rauf zum Schlafbereich. Auf dem Dach Solaranlage, dort auch Hafenblick. 9 DZ, ca. 5o - 1oo DM je nach Saison.

"**Hotel Panormitis**", nahe dem Fähranleger und direkt am Fels der Hafenbucht, der im Sommer die Hitze reflektiert, die sich in den Räumen staut. DZ ab ca. 6o DM.

"**Hotel Grace**", oberhalb der Hafenbucht im Tal zur Chora. Ein renoviertes Symi-Haus, Frühstücksterrasse unter wildem Wein. Die 7 Zimmer Standard-möbliert mit Dusche und Balkon, DZ ca. 6o - 7o DM je nach Saison. Im Nebenhaus (selber Besitzer) Appartements, ca. 6o DM/Nacht.

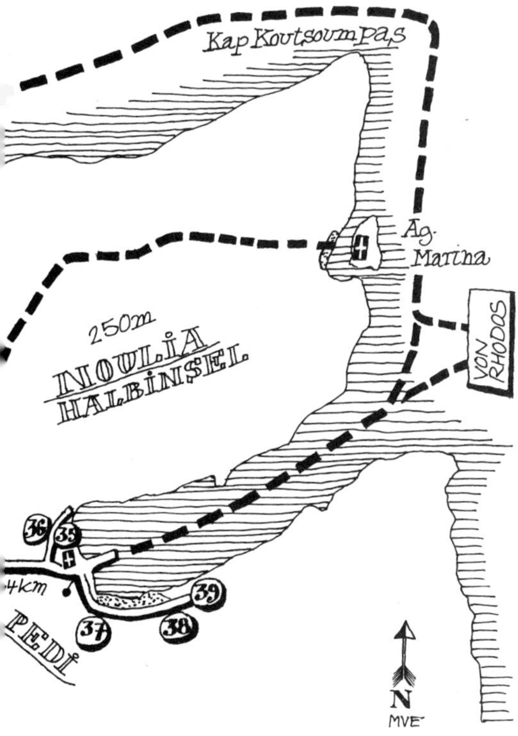

SYMI/ORT
Gialos - Chora - Pedi

1 Schiffsanlege und Uhrenturm von 1881
2 Hotel Nireus
3 Hotel Aliki
4 Hotel Dorian
5 Bootswerft
6 Disco
7 Strandbad/ Umkleidekabinen
8 POST/Hafenpolizei
9 Fastfood, daneben Taverne
1o Blanchie´s Bar, daneben Schwammcenter
11 Pizzeria
12 Hotel Panormitis
13 Muschel/Gewürzladen
14 Rest. Symi
15 Schwammverkauf
16 Fischmarkt
17 Rest. Opera House, daneben Caf. Miglia
18 Rest. Intern.
19 OTE
2o Pizza, daneben Snackbar
21 Rest. mad. Butterfly
22 Rest. O´Stabis
23 Tav. Merakis
24 Cafeteria Sirina
25 BANK
26 OLYMPIC AIRWAYS
27 Caf./Pension Helenis
28 Rest. Traveller
29 MUSEUM
3o Taverne Georgios
31 Taverne Panorama
32 Hotel Grace
33 Taverne mit schönem Blick
34 Taverne Ta Balamida
35 Billis Tolis Taverne
36 Schiffsbau
37 Hotel Pedi Beach
38 Cafe/Bar
39 Schiffsbau

"**Kafet./Pension Helena**", unten an der Uferstraße, selber Besitzer wie "Grace". DZ ca. 5o DM, meist Hafenblick.

Privatzimmer: breites Angebot im Ort, Preise je nach Saison, Lage und Blick bis zu ca. 4o DM/DZ. Außerhalb der HS läßt sich u.U. handeln. Vermittlung der Zimmer am Fährhafen, bzw. im Ort.

Ebenso **Ferienvillen**, Vermittlung z.B. über "Symi Tours", Postanschrift: "Symi Tours GR 856 oo Symi, Griechenland". Sowie in Tavernen des Hafenortes, angeblich auch vom Büro Olympic Airways (Karte Nr. 26) vermittelt.

Die Preise liegen je nach Ausstattung, Größe des Hauses und Vor- bzw. Hauptsaison bei ca. 3o - 6o DM pro Tag. Zur HS langfristig vorbuchen und Vermietung nur wochenweise.

Zwischenzeitlich haben auch Reiseveranstalter in der BRD die Vermittlung von Symi-Ferienhäusern übernommen. Es handelt sich vorwiegend um renovierte Häuser im Hafen-Bereich, Listen der Veranstalter über die Griech. Fremdenverkehrszentrale.

Weitere Übernachtungsmöglichkeiten auf der Insel in der Chora, in Pedi und im Kloster Panormitis/ Inselsüden. Details siehe dort.

Die Tavernen und Restaurants im Hafenbereich sind in der Regel auf Massentourismus eingestellt, teuer und zur HS mittags überfüllt. Die Küche glänzt mit Durchschnittlichem, bzw. bietet Fast-Food oder o8/15- Pizzen.

Am besten bei unserem Check war im Hafenbereich "TRAVELLERS" (Karte: Nr. 28), allerdings früh kommen, sonst gibt's keinen Sitzplatz. Bei derartigem Massentourismus kann z.B. auch Travellers "versumpfen" (= schlecht werden).

Eine Vielzahl weiterer Tavernen und Pizzerias siehe unserer Symi- Stadtplan. Auch hier gilt: die im Plan angegebenen Tavernen können ihren Koch, Besitzer und Namen wechseln.

Das Problem liegt darin, daß sich die "Gastronomen" im Hafenbereich durchaus bewußt sind, daß ihre Gäste in der Regel Ausflügler ab Rhodos sind. Sie kommen einmal und danach nicht mehr. Warum also Exquisites bieten: schneller Drachme per o8/15 und überteuerter Küche sind attraktiver.

Wer gute Küche sucht, klettert zunächst mal schweißtreibend rauf in die Chora und wird dort eventuell in Seitengassen fündig. Die Dinger sind allerdings äußerst klein und versteckt.

Tip ist hier u.a. "GEORGIOS" in der Chora an der Haupttreppe (ca. bei Treppenstufe 38o - 45o): immer recht voll und viel Trubel. Bisher durfte man noch in die Kochtöpfe schauen, was wohl längst nicht mehr selbstverständlich ist. Das Essen ist gut, griechisch und reichlich, die Preise o.k. Bei guter Stimmung greift einer der Leute der Taverne zum Schifferklavier und spielt alte Seemannslieder.

★ Gialos/Chora

Die schmale Uferstraße am Hafen dokumentiert nochmals, daß Mitnahme

Kiesel-Mosaik in der AG. PANTELEIMON-Kirche/Chora Georgiana versenkt ein Schiff....

eines eigenen Autos auf Symi nicht sinnvoll ist: es gibt kaum Parkmöglichkeit. Praktisch nur am Fähranleger und Uhrenturm (Karte: Nr. 1). Die CHORA ist erreichbar über eine 2 km lange und extrem schmale Asphaltstraße. Die Durchfahrt in der Chora hat teils eine Steigung von 1o % und ist so verwinkelt (keine Kennzeichnung!), daß sich der Orts-Unkundige leicht verfährt und Rückstoßen problematisch wird. Keine Parkmöglichkeit oben in der Chora, erst am Ortsausgang Ri. Pedi.

Nicht ohne Grund benutzen die Inselbewohner ab Hafen KLEINBUSSE, die stündlich (zur HS öfters) die Strecke rauf in die Chora und rüber nach Pedi fahren. Sie sind wendig und schmal für die engen Gasen. Fahrpreis ca. 3,5 DM.

Zu Fuß: ab Hafenbucht und Platz (siehe Karte!) ein steiler 53o-Stufenpfad (siehe Karte). Kostet Kondition in sommerlicher Hitze, bergauf ca. 3o Min., aber Superblick auf den Hafen und Nordbuchten der Insel!

CHORA: trotz Bombardierung im 2. Weltkrieg noch viel Authentisches erhalten. Enges Gassengewirr um das KASTELL, eine Johanniterfestung aus dem 13. Jhd. - Weiterhin ein lohnendes VOLKSKUNDE- MUSEUM (Karte: 29) mit Trachten, Kunsthandwerk und archäologischen Funden (Münzen, Amphoren etc.) sowie eine Reihe von Tavernen mit Superblick über die Bucht.

AG. PANTELEIMON- KIRCHE: schönes Kieselmosaik, - vielfach auch in den Vorhöfen der Häuser. Die Chora ist blitzblank und für Architektur-Interessierte ein Leckerbissen!

Die Symi-Chora ist Beispiel perfekter neoklassizistischer Häuser des verg. Jhds. und Blütezeit der Insel. Hier oben war das Klima wegen Höhe frischer und angenehmer, weswegen sich viele der Symi-Handelsunternehmer hier niederließen oder zusätzliche Häuser besaßen. Auch das Innere der Häuser ist reich ausgestattet mit dem tradit. Moussándra, einem reich mit Zierschnitzwerk verziertem Balkon im Inneren des Hauptzimmers. Sehenswert in der Chora auch die APOTHEKE mit neo-klassizistischer Fassade.

Übernachtung in der Chora ist in jedem Fall Tip wegen Superblick über den Inselnorden, seine Buchten und die türkische Küste.

Es gibt Privatquartiere, allerdings nur sehr wenige (Vermittlung unten im Hafen). Ansonsten derzeit 2 Hotels mit fantastischem Blick, allerdings nur wenigen Zimmern. Zur Hochsaison sind sie schnell ausgebucht.

"**Hotel Village**", zu empfehlen. DZ mit Bad und Balkon sowie Frühstück ca. 45 - 65 DM je nach Saison.

"**Hotel Fiona**", rund 4o m entfernt von der "Georgios-Taverne". Ein relativ neues Haus mit großen, sauberen Zimmern inkl. Dusche/WC. Ein Teil der Zimmer vorn raus mit Balkon und taumhaft schönem Blick auf den Hafen; fantastisch abends: das Lichtermeer. DZ mit Frühstück je nach Saison ca. 45 - 7o DM.

Privatzimmer in der Chora oft mit Superblick, aber sauteuer. Für Minizimmer ohne eigenes Bad werden oft bis zu 5o DM / DZ verlangt. Wer sich unten im Hafen auf einen der "Schlepper" einläßt, die Zimmer in der Chora versprechen, - darf zunächst rauf in die Chora und weiß nicht, was ihn dort erwartet. Wer sich dagegen in der Chora auf eigene Faust auf die Suche macht, ist mit schwerem Gepäck in engen Gassen unterwegs und sucht lang, denn viele Privatzimmer gibts nicht, wie auch Leser bestätigten.

EINKAUFEN: im Hafenbereich von Symi/Ort dominieren neben Kitsch (Zeus, Apollon etc. in Gips, kitschige Umhängetaschen etc.) - der Verkauf von Schwämmen. Man geht hier konform der Vermarktung der Insel der "Schwammtaucher", die sie schon lange nicht mehr ist. Vergl. auch Kapitel "Ägäis-Schwammtaucherei", siehe Kalymnos- Kapitel.

Supermitbringsel sind Schiffsmodelle vom Modellschiffsbauer Polias. Anfertigung nur auf Bestellung und nicht billig, dafür 1 a! - Lohnend sind der Inselhonig und Kräuter.

✶ Pedi (ca. 25o Einw.)

Ab Chora 1,4 km - einzige weitere Siedlung der Insel (außer Klöstern). Liegt am Ende einer kleineren Schwemmebene (Mandel-, Granatäpfel- und Feigen-Bäume), in Fortsetzung enge fjord-ähnliche Meeresbucht.

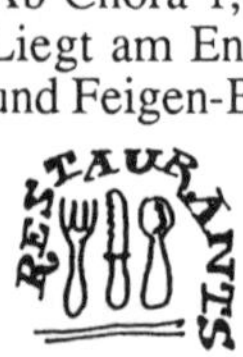

"TAVERNA TA BALAMIDA" liegt noch oberhalb der Schwemmebene. Ein einfacher Landgasthof mit bunten Lämpchen draußen. Am Samstag gibt's Bouzoukimusik live. Der Besitzer war früher Kapitän auf der "Symi I". Spezialität: Oktopus und Kalamari vom Grill. Große Portionen, preiswert, mit dem Koch waren wir allerdings weniger zufrieden.

Anschließend runter ins Tal. Zu Fuß benötigt man bergab Chora ca. 15 Min., ansonsten besagter Kleinbus. An der Straße die derzeit einzige Autowerkstätte der Insel und (verdammt noch mal!) ein E-WERK, welches Erdöl zur Stromgewinnung verbrennt, statt daß man die auf der Insel reichlich vorhandene Wind- und Sonnenenergie nutzt!

PEDI liegt am Ende einer tief eingeschnittenen fjordähnlichen Bucht und besteht aus wenigen Häusern. Am Fähranleger die Kirche Ag. Georgios sowie im Umkreis zwei Schiffswerften für den Kaikibau.

"**Hotel Pedi Beach**", neben riesiger Palme direkt am Strand. Das zweistöckige Gebäude besitzt rund 6o Zimmer und ist relativ modern (gebaut 1988). Angenehme Rezeption, TV- und Barraum, Frühstückzimmer. Die Terrasse mit Sonnenschirmen zur Bucht. Große Zimmer mit Radio, TV, dunklen Möbeln und mittelgroßem Bad, dezent grün gefließt, Spiegel. Die meisten Zimmer mit Blick auf die fjordähnliche Bucht. Ein Hotel mit angenehmer Atmosphäre und solidem Komfort. Problem allerdings der nicht immer optimale Strand. DZ mit Frühstücksbuffet je nach Saison ca. 6o- 95 DM, - sofern nicht durch Pauschalveranstalter ausgebucht.

Privatzimmer: mehrere im Ort. Preise je nach Saison ca. 4o DM fürs DZ.

"TAVERNE BILLIS TOLIS", bei kleinem Fischerhafen, Sitzgelegenheiten direkt am Wasser. Besonders schön am Abend, wenn der Ausflugsrummel weg ist, und sich die Lichter der Taverne im Wasser widerspiegeln. - Entlang der Bucht von Pedi weitere Tavernen.

BADEN: Sand/Kieselstrand und kristallklares Wasser in der windgeschützten engen Bucht. Je nach Windverhältnissen kann sich in der engen Bucht aber auch einiges an Dreck anschwemmen bei dann nicht mehr optimalen Badebedingungen. - Im Sommer Badeboote zu den Nachbarbuchten.

INSEL-INNERES:

Die äußerst Buchten- reiche und nur ca. 12 km lange/ 9 km breite Insel besitzt steile Berge, die Höhen bis zu 6oo m (Manos im Inselsüden) erreichen. Vielfach kahl, so die 25o m hohe Bergkette des NOULIA östl. von Symi/Ort. In anderen Regionen teils aber noch Kiefernwälder.

Außer SYMI/ORT und PEDI keine weiter Siedlungen. Dafür aber an die 1oo Kirchen und Klöster. Kaum eine andere Insel der Ägäis ist derart dicht "bedeckt", ausgenommen der Insel Tinos/Nördl. Kykladen.

Symi lohnt nicht nur wegen seines schönen Ortes, sondern auch für Wanderungen und Baden.

Strände: der Hauptort hat im Zentrum keinen eigenen; wegen relativ klarem Wasser springen die Leute seitlich des Hafens von der Mole ins Wasser. Mal was anderes.

Nördlich (vergl. unseren Ortsplan, Nr. 7) gibt's ein kleines Strandbad mit Umkleidekabinen und ca. 7o m Kiesel. Sehr klares Wasser, aber schon im Juni recht voll. Am Strand Taverne und nebenan Disco.

NIMPORIOS- BUCHT: westlich des Hafens und über schmale Küstenstraße zu erreichen, bzw. in Abkürzung des Kaps über den Berg. Als Wanderung sehr lohnend wegen schönem Ausblick über die Buchten des Insel-Nordteiles. Allerdings Badeschuhe mitbringen, denn es gibt im Wasser jede Menge Seeigel!

Am nordwest. Ende der Bucht das Ag. Nicolaos Stenou Kloster oberhalb und etwas versteckt gelegen. Dort hat man auch Mosaiken ausgegraben. Man findet sie unter einem kleinen Schutzdach neben der Kirche, zu der Treppen raufsteigen.

Ein 2,5 km Pfad führt weiter zur Nordspitze der Insel (siehe Karte). Grandioser Pfadverlauf oberhalb der Steilküste mit Superblick auf Symi/Ort! Der Trail führt einsam in die Mondlandschaft des kargen Nordkaps. Th. Nero unten am Meer mit Mini-Fels, Boots-Anleger und Kirche neben Bäumen.

INSEL NIMOS: nördlich Symi vorgelagert. Ein riesiger Bergklotz im Meer mit 36o m Höhe und fast senkrecht aufsteigenden Bergwänden. An der Südseite der Insel ein kleiner Hafen.

Die Insel besitzt, ausgenommen von Hütten der Ziegen - und Schafhirten keine Siedlung. Im Sommer Ausflugsboote ab Symi/Hafen.

PEDI: tief eingeschnittene, fjordähnliche Bucht an der Nordostküste von Symi. Wegen kurzer Entfernung zu Symi/Ort der Hauptbadestrand der Inselbewohner. Der Strand: Sand/Kies, meist sehr klares Wasser,- bei Schlechtwetter jedoch viel Dreck in die Bucht reingespült. Tavernen und häufige wie billige Busverbindung ab Symi/Ort.

Die weiteren INSELBUCHTEN und -STRÄNDE der Insel Symi sind entweder zeitaufwendig per Schusters Rappen zu erreichen (siehe "Inselwanderungen"). Bzw. im Sommer per BADEBOOTEN ab Symi/Hafen. Abfahrt gegen 9 - 1o Uhr morgens, retour am späten Nachmittag:

AG. MARINA: liegt östlich der Noulia-Halbinsel (siehe Symi/Ort- Karte). Zu erreichen im Sommer per Badeboot ab Symi Hafen, ca. 2o - 3o Min.

Der Strand klein aber schön. Bei unserem Check jedoch leider viele Stechmücken, aber super Wasser. Der Strand liegt unterhalb der kargen Bergkette des Noulia in kleiner Bucht mit vorgelagertem Felseiland Ag. Marina und gleichnamigem Kloster.

Ag. Marina kann auch per Wanderung erreicht werden: Ab Symi/ Chora und dortiger Windmühlen (siehe unsere Symi-Ortskarte!) geht's über die karge, baumlose Bergkette des Noulia ostwärts bis zur Bucht runter. Wegen der Kargheit der Landschaft kaum Orientierungsprobleme, immer ostwärts!

Der Trail ist durch rote Punkte gekennzeichnet und benötigt ab Chora rund 1 1/2 Std. Bei der sommerlichen Hitze auf Symi extrem schweißtreibend. Ebenso ist die Bucht ab Pedi Strand in ca. 45 Min zu erreichen.

Von der Bucht kann man zur vorgelagerten Insel rüberschwimmen. Das Boot ab Symi/Hafen dürfte jedoch die "luftigere und windfrischere" Wahl für Ag. Marina sein. Mini-Sandbucht und auf der Insel ein verlassenes Kloster.

AG. GEORGIOS: nächste Bucht südl. Pedi an der Ostküste. Kieselstrand und gute Wasserqualität. Zu erreichen im Sommer per Badeboot ab Symi/ Ort bzw. Pedi. Die Ag. Georgios Bucht ist von Steilküste eingegrenzt, am Ufer das Kloster Ag. Georgios.

NANOU- BUCHT: der Strand gilt als einer der besten und schönsten der Insel. Nur per Schiff zu erreichen. Im Sommer per Boot ca. 1 Std. ab Symi/Hafen, bzw. ca. 3o Min. ab Pedi. Sehr großer Kiesstrand, gutes Revier zum Schnorcheln. Am Ufer Olivenbäume.

KEFÁLA HALBINSEL: an der Westküste von Symi. Keine Straßenverbindung, im Sommer Badeboote (ab Gialos) zur östl. von Kefála vorgelagerten Mini- Insel mit Kirche AG. EMILIANOS. Sie ist ab Halbinsel durch kurzen Damm verbunden. Zum Baden allerdings steinig, und im Wasser Seeigel.

Die KEFÁLA Halbinsel ist via Land ab Symi/Gialos in guter 1- Tageswanderung retour zu erreichen: Ab Hafen 3 km Erdpiste zum Kloster Taxiarchis Michael Roucouniotis (von Einheimischen kurz und knapp "Michael" oder "Mihael" genannt). Zweitgrößtes Kloster der Insel nach Panormitis im Insel-Süden. Von hier wird über einen 4,5 km - Pfad zwischen den Gipfeln des Karo (33o m) und des Kastro hindurch die Kefalos Halbinsel erreicht. Relativ viel Vegetation und Schatten, jedoch unterwegs keine Siedlung, so daß man Essen mitbringen sollte!

AG. VASILIOU- BUCHT: tief eingeschnitten im Südwesten der Insel, bei Bedarf im Sommer Badeboote. Kann auch über Pfad erreicht werden, der Nähe Kloster Taxiarchis Michael beginnt und steil runter zur Bucht führt.

Symi/Chora »→ Kloster Panormitis

2o km, einzige Inselstraße in den Süden. Sie schlängelt sich von der Chora an den steilen Berghängen des SILIKOPI (58o m) rauf, Superblick retour auf die Chora, Symi-Hafen und Pedi wie die vorgelagerte türkische Küste. Eine der schönsten Bergstrecken im Dodekanes!

Es geht weiter durch karges, rauhes Inselinneres, - immer wieder schöner Küstenblick! Nach 6 km ab Chora in der Höhe Nadelholzwäldchen und Olivenbäume, später km 8 Getreideanbau.

Zunächst relativ geradliniger Verlauf der Straße, die durch Waldabschnitte führt, km 1o: die alte Klosteranlage "AG. MEGAS SORTIRIS". Der freundliche Landwirt, der im Klostergebäude lebt, zeigte uns die Anlage mit Unterkunftsräumen und 2 Kirchen (Fresken von 1727), Kirchenfest am 6. August.

3oo m nach Kloster Super-Panoramablick über die Buchten Lopida und Panormitis! In Serpentinen steil runter, teils in den Fels geschlagen. Unten kleines Kiefernwäldchen und Ende der Straße beim

✶Panormitis Kloster

Direkt am Wasser mit Betonmole und Uferpromenade wie für kleinere Provinzstadt. Die langgestreckten Gebäude wirken modern, die Kirche mit ihrem hohen Glockenturm stammt von 1783, der Glockenturm von 19o5.

Die Klostergründung soll bereits in das 5. und 6. Jahrhundert zurückreichen. Das Kloster hat ausgedehnte Besitzungen nicht nur auf der Insel, sondern auch auf Kreta, Rhodos und Kos. - Eine Tafel am Klostereingang erinnert an ein Massaker, als im 2. Weltkrieg deutsche Truppen das Kloster heimsuchten und u.a. den Abt ermordeten. 1945 diente das Kloster als Aufnahmelager griech. Flüchtlinge aus der Türkei.

Schutzpatron ist Michael Panormitis, gleichzeitig Schutzpatron der Seefahrer. Kirchenfest und Wallfahrt am orthodoxen Pfingstfest und am 8. November.

Gleich beim Eingang ein Restaurant mit Terrasse: im Inneren ein kahler Raum mit Konserven und Ladentheke. Sehr gute Klosterbäckerei, offen ab 9 Uhr, mit das beste Brot im Dodekanes während unserer Recherchreisen. Wer will, kann im Kloster übernachten, recht preiswert bei ca. 25 DM fürs DZ. Es gibt 35o Betten.

Das Remmi-Demmi beginnt dann gegen 11 Uhr, wenn die Ausflugsboote an der breiten Betonmole vor dem Kloster landen. Wenn die Schiffssirenen ertönen, steht der Abt bzw. sein Vertreter auf den Klosterstufen empfangsbereit, und das KLOSTER- MUSEUM wird aufgeschlossen. Die Kirche ist jedoch jederzeit offen, jede Menge Weihrauchgefäße, Votivgaben und Fresken.- Sehenswerte KLOSTER-BIBLIOTHEK.

Man hat sich entschieden, voll den Besucherströmen offen zu stehen. Sie bringen nicht nur jede Menge Geld für den Erhalt des Symi-Panormitis, sondern finanzieren auch den Fortbestand der anderen Besitztümer. Von "Kloster" im althergebrachtem Sinne eines Ortes der Hingabe zu Gott kann daher beim Panormitis tagsüber keine Rede sein.

Spätestens 16 Uhr tritt wieder absolute Ruhe ein, und die Gäste, die sich im Kloster einquartiert haben, sind unter sich. Schöne Wanderungen auf den Dafni Achladi und den Troulos (27o m), Inselsüdspitze mit Blick rüber auf die Bergkette der Nachbarinsel Rhodos.

Insel Sesklia

1,5 km südlich und durch eine Meeresstraße von der Südspitze von Symi getrennt. Die Insel gehört ebenfalls zum Klosterbesitz von Panormitis und wird landwirtschaftlich genutzt. Anlegestellen in Pano- und Kato Nero. Zahlreiche Pfade durchziehen die bergige Miniinsel.

Im Süden eine kleine Höhle (Spilia tou Despodi). Der Überlieferung nach soll sie in früheren Jahrhunderten den Piraten (Symi und Sesklia war wegen der Vielzahl an Buchten ein beliebter Schlupfwinkel!) als Versteck ihrer Schätze gedient haben.

Die Insel wird im Sommer auch von Ausflugsbooten ab Gialos via Panormitis angefahren, Fahrzeit ca. 2 Std. Wer will, kann also den Besuch des Klosters mit Baden auf Sesklia verbinden.

NB.: Nicht nur Unterwasserfischen, insbesondere Tauchen mit Ausrüstung und Flasche ist im gesamten Inselbereich Symi und seiner vorgelagerten Mini-Inseln strikt verboten! Grund: es gibt jede Menge Unterwasserwracks aus der Antike bis 18. Jhd., die noch nicht erforscht sind. Wer erwischt wird, muß mit strengen Strafen rechnen!

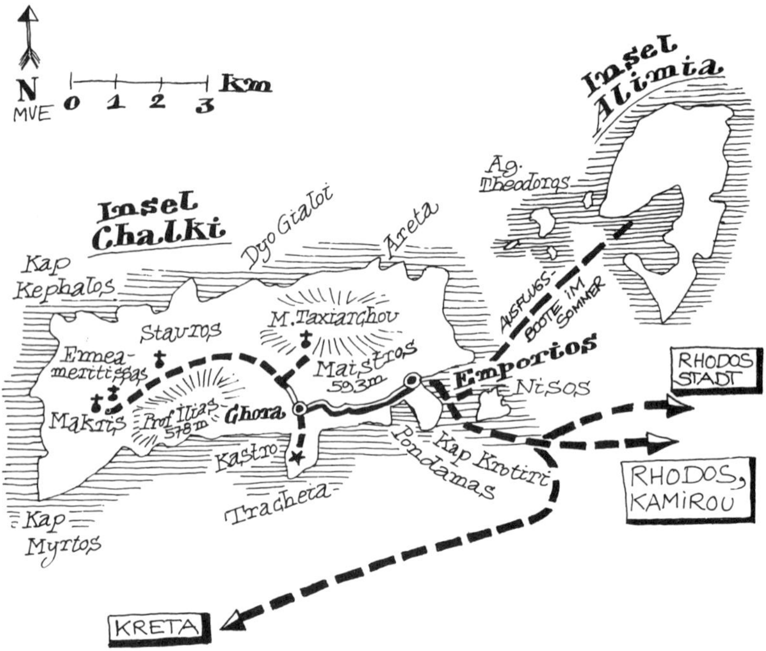
N
MVE
0 1 2 3 Km
Insel Alimia
Ag. Theodoros
Insel Chalki
Dyo Gialoi
Areta
Kap Kephalos
M. Taxiarchou
Stavros
Ermea-merittissas
Maistros 593 m
Emporios
Nisos
RHODOS STADT
Makris
Prof. Ilias 578 m
Ghora
Kastro
Pondamas
Kap Krotiri
RHODOS, KAMIROU
Tracheia
Kap Myrtos
AUSFLUGS-BOOTE IM SOMMER
KRETA

Insel Chalki

600 m- hoher Felsklotz im Meer, mit kargen Berglandschaften, 18 km westl. der Insel Rhodos vorgelagert.

Hauptort und einzige größere Siedlung der Insel ist der Hafen EMPORIOS, der über Tavernen und limitierte Unterkunft verfügt. Im Sommer täglicher Ausflugsbetrieb ab Skala Kamirou/Rhodos.

Ansonsten ist Chalki eine Insel für Kenner, die einfach übernachten wollen. Nähe Emporios kleiner Sandstrand in der Pondomasbucht. Außerhalb der Hitze der Sommermonate schöne Wanderungen in der Bergwildnis.

Verbindungen

Schiff: ab Hafen Skala Kamirou an der Nordküste von Rhodos in der Zeit April. - Okt. täglich kleine Boote rüber nach Emporios/Insel Chalki.Die Überfahrt dauert ca. 75 Min. Die Schiffe fassen 60 - 100 Personen (Überfahrt ca. 10 DM/ Person). Bei stürmischem Wetter keine Überfahrt.

Der Hafen Skala Kamirou wird u.a. auch mehrmals am Tag ab Rhodos/Airport per Bus erreicht. In wieweit der Anschluß klappt, oder eventuell eine Übernachtung eingeschaltet werden muß ist Sache der Fahrpläne.

ACHTUNG: wer vor hat, länger auf Chalki zu bleiben (z.B. für Wanderungen im Frühjahr oder Herbst lohnend), sollte unbedingt einen Zeitpuffer einplanen! Bei Schlechtwetter fahren nicht nur keine Fähren nach Chalki, - sondern kommt man auch von der Insel nicht mehr weg!

Einige der Fähren Rhodos/Stadt -> Kreta machen auch Stop auf Chalki, derzeit allerdings nur selten in der Woche. Auch sie haben das Problem, daß bei Schlechtwetter die Insel Chalki nicht angelaufen werden kann.

Organisierte Tagesausflüge ab Rhodos/Stadt: entweder per Bus + Schiff via Kamirou, - oder per Schiff direkt ab Rhodos/Stadt nach Chalkis.

Auto mitnehmen: kann man sich definitiv sparen! Auf der Insel nur 3 km Straße. Abgesehen davon kann die Fähre ab Kamirou nur 1 PKW mitnehmen.

KARTEN: die derzeit erhältlichen sind nur limitiert brauchbar.

GESCHICHTE: Analog zu Rhodos, Besiedlung durch Dorer ca. 1.100 v. Chr. Die Archäologen fanden Relikte von 3 Apollon-Heiligtümern auf der Insel. Die Dorer bauten ihre Siedlung im Bereich der heutigen Chora, hoch oberhalb des Meers. An der Stelle dieser antiken Akropolis errichteten die Johanniter eine kleinere Festung (12. Jhd. n. Chr.), die den Zugang zur Westküste der Insel Rhodos kontrollierte.

Zur türkischen Epoche auf Rhodos (1522 - 1912) lieferte Chalki zwar beliebten Thymian- Honig an die Mohammedaner, fristete ansonsten aber Randdasein als recht unbedeutende Mini-Insel. Auch blieb Chalki von den Türken weitgehend verschont.

Zu Blütezeit kam es auf Chalki, als Anfang des 19. Jhds. die Insel nach Kalymnos und Symi zur 3. wichtigsten Schwammtaucherinsel des Dodekanes wurde. Der Hafenort Emporios hatte damals rund 4.ooo Einwohner und eine Vielzahl reicher Häuser.

Der Niedergang der Schwammfischerei im Ägäisraum, spätestens in den 5o-er Jahren dieses Jahrhunderts (vergl. Kap. "Kalymnos"), führte zu Verarmung der Insel und hoher Auswanderungsrate.

Heute leben noch rund 4oo Menschen auf Chalki. Sie verdienen sich ihren Lebensunterhalt vorwiegend mit Fischfang. Zwar gibts Ausflugstourismus ab Rhodos. Die Besucher, die in der Regel auf die Insel nur für Tagestrip kommen, lassen (außer in Tavernen) kaum Geld auf der Insel. Es fehlt derzeit nach an touristischer Infrastruktur, was nicht bedeutet, daß auch diese Insel zukünftig touristisch (wegen Nähe zum Rhodos-Airport) erschlossen wird...

★Emporios (ca. 35o Einw.)

Hafen der Insel. Die weißen, meist 2-stöckigen Häuser mit ihren schmalen Fenstern ziehen sich am kargen Hang rauf. Hat als Ort ohne Frage Reiz, ist aber bei weitem nicht so spektaktulär wie der Hafenort der Insel Symi.

Derzeit noch sehr limitiertes Angebot auf der Insel - sowohl was Hotels wie auch Privatquartiere betrifft. Es ist jedoch einiges in Planung und teils auch in Aufbau.

"**Hotel Argyrennia**", Anfang der 9o-er neuerbautes Hotel am Ortsrand vom Emporios. Appartements mit Privatbad, DZ ca. 4o DM inkl. der Geräusche der naheliegenden Stromversorgung per lautem Dieselmotor.

"**Captain´s Pension**" mit schöner Terrasse unter weit ausladendem Baum. Die Zimmer einfach, aber gemütlich und sehr sauber, teils mit Privatbad. DZ ca. 4o DM.

Weiterhin einige **Privatzimmern**, Vermittlung über Tavernen.

In Emporios eine Reihe von Tavernen, die auf den Ausflugstourismus eingestellt sind. Qualität unterschiedlich und nicht immer Tip.

Selbstverpfleger: da der Großteil der Lebensmittel (ausgenommen Fisch) von Rhodos eingeführt werden muß, herrscht gehobenes Preisniveau.

Post, Telefon: im Hafenort. - **Geldwechseln**: derzeit besser vorab in Rhodos. DM-Bargeld auf Chalki klappt (z.B. in Tavernen), mit Schecks aber Probleme. Mit entsprechenden Abzügen rechnen, auch in Sachen Bargeld.

glasklares Wasser in der Hafenbucht von EMPORIOS. Da dort ein spezieller Strand fehlt, gehts von der Mole per Kopfsprung direkt ins Wasser. Bitte vorher aber Wasser-Tiefe abprüfen...

PONDOMAS- BUCHT: rund 1/2 km vom Hafen,- kleiner Sandstrand. Hier auch die Mini-Pension "Pondomas Beach Taverna": einstöckig, sehr einfach aber sauber. Aus dem Erdgeschoß ragen oben die Stahldrähte raus für eventuelle Aufstockung des Hauses.

✶ Chora

Bis Ende des 18. Jhds. befand sich hier oben die Inselsiedlung, wohlgeschützt und versteckt vor Piratenangriffen. Erst zu Beginn der Blütezeit und Schwammtaucherei wurde unten am Meer Emporios gegründet.

Eine 3 km Straße verbindet beide Orte. Von ca. 195o bis Ende der 7o-er Jahre war die Chora unbewohnt. Die Häuser, aber auch die Vielzahl seiner Kirchen verfielen und wurden von Pflanzen überwuchert. Eine Geisterstadt, - Superlage hoch oberhalb der Küste, klare Luft und grandioser Ausblick!

Neuerdings - wenn auch schleppender als auf anderen Ägäis-Inseln kaufen reiche Griechen diese Häuser preiswert und restaurieren sie als Ferienwohnungen, bzw. derartiges ist geplant. Teilweise finden die Restaurierungsarbeiten auch mit finanzieller Unterstützung der griech. Regierung sowie auch der UNESCO statt.

Johanniter- Festung (Kastro): ab der Marienkirche in der Chora führt ein steiler Pfad rauf. Vor den Mauerruinen grandioser 35o m Steilabfall ins Meer! Unterhalb seitlich die Halbinsel Tracheia mit zwei Ministränden, die per Badeboot besucht werden können. Die Festung selber ist üppig überwuchertes Bruchsteinwerk, erbaut vor ca. 7oo Jahren.

Auf Grund derzeitiger Situation gibts auf CHALKI: weder Busse (warum auch bei nur 3 km Straße), kaum Autos und keine Taxis.

Der "Rest" von Chalki ist unwegsames Hochgebirge. Vom Meer gehts fast unvermittelt rauf in 6oo m (Maistros) und 575 m (Prof. Ilias). Ein Pfad schlängelt sich ab Chora zwischen diesen beiden Bergen rauf:

Unterhalb des Maistros-Gipfels liegt das heute verlassene Kloster MONI TAXIARCHOU (gehört zum Panormitis-Kloster/Symi). Es liegt versteckt in dornigem Macchia- und Agavengestrüpp, heute von Mönchen verlassen. Die früher sorgfältig angelegten Anbauterrassen sind verwuchert und verwildert, aber Superblick über die Insel!

WESTSPITZE CHALKI: weit oberhalb des Meeres liegen die Kirchen Ag. Ioannis und Ag. Stavrou. Für die Wanderung benötigt man einen gestreckten Tag retour ab Emporios (16 km).

Nach dem Aufstieg in die Chora (3 km) noch gut 5 km durch karge Berglandschaften, keine Siedlungen. Gutes Schuhwerk ist ebenso nötig, wie Windschutz (mehr als Pulli, wo der Wind durchdringt!), Sonnenschutz, Mitnahme von Trinkwasser und Essen, da unterwegs keinerlei Siedlungen und Versorgungsmöglichkeit.

Im Hochsommer: Knüppelhitze, schattenlos, wobei das Felsgestein zusätzlich reflektiert. Im Grunde eine Sache nur für den Frühling oder Spätherbst, keine Wegmarkierung. Man ist frei auf eigene Orientierung westwärts angewiesen, hat aber wegen der Vegetationslosigkeit der Region gewissen Anhalt am Küstenverlauf. - Unabhängig Jahreszeit sollte man die Wanderung sehr früh am Morgen beginnen, da es dann noch kühler ist. Auch hat man zeitliche Reserve für den relativ langen Retourtrip.

★ Insel Alimia

Zwischen Chalki und Westküste der Insel Rhodos. Die nur ca. 3,5 km breite Insel besteht aus einem 260 m hohen Bergklotz, der sichelförmig eine Bucht umschließt. Das hier liegende Dorf wurde wegen der Unwirtlichkeit der Insel aufgegeben.

Alimia ist heute unbewohnt (ausgenommen der Hütten von Schaf- und Ziegenhirten) und dient als Weideland. Bei Bedarf Ausflugsboote ab Emporios/Insel Chalki sowie ab Skala Kamirou/Insel Rhodos.

Insel Kastelorizon

Griechenlands östlichste Insel, 1oo km von Rhodos und direkt vor der türkischen Küste. Eine karge, sehr gebirgige Insel, die außer der Straße zum Flugfeld keine weiteren Inselstraßen besitzt. Rund 2oo Einwohner im Hafen MEGHISTI, keine weiteren Inseldörfer.

Wegen der abgelegenen Lage kein Massentourismus, obwohl die Insel durchaus entdeckt und in den Sommermonaten recht beliebt bei Rucksacklern ist.

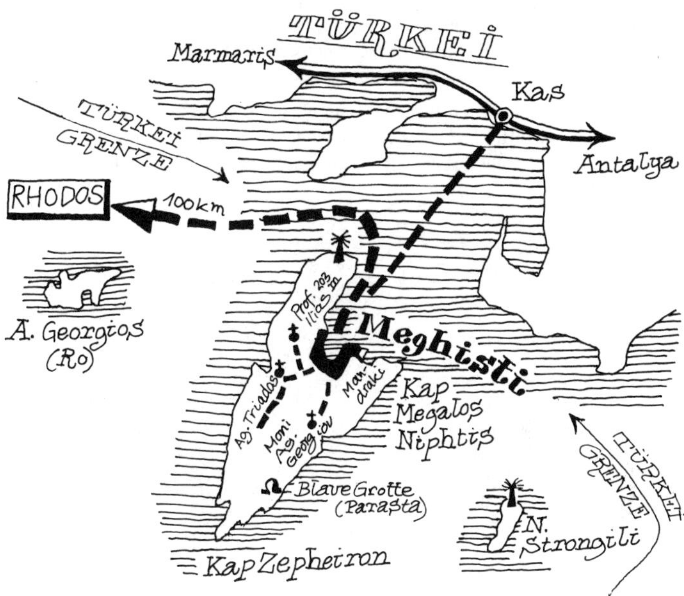

Schiff: nur 2 - 3 mal/Woche ein Personen- und Versorgungsschiff ab Rhodos, das für die 1oo km Strecke rund 5 1/2 - 6 Std. benötigt. Verspätungen sind durchaus drin, bzw. Stornierungen wegen Schlechtwetter. Daher bei der Rückfahrt zeitlichen Puffer einbauen!

Bezügl. Türkeiverbindungen: die Entfernung zwischen Kastelorizon zum türk. Festland beträgt an der kürzesten Stelle nur 2 km, bzw. zum türkischen Hafenort Kas ca. 6 km. Im Sommer Ausflugsboote, allerdings teuer wegen hoher türk. Hafengebühren.

Daß zwischen Kastelorizon und Türkei viel geschmuggelt wird und sich u.U. diese Kaiki-Kapitäne bei ihren nächtlichen Fahrten an abgeschiedene Türkeibuchten auch ein Zubrot im Personentransport verdienen, - ist eine andere Sache. WARNUNG: dies ist eine illegale Einreise. Und wo geschmuggelt wird, gibt's zwangsläufig im Umkreis an den Straßen Stichprobenkontrollen. Wer hier ohne gültigen Türkei- Einreisestempel im Paß erwischt wird, wandert ab ins Gefängnis, und die sind in der Türkei sehr unkomfortabel! Das Abenteuer, hier "per Kaiki nachts an einem einsamen türkischen Gestade zu landen", steht daher in keiner Relation zur hohen Wahrscheinlichkeit, später ohne Stempel im Paß erwischt zu werden!

Flug: 3 mal von Rhodos in kleinen Propellermaschinen nach Kastelorizon. Der Flug dauert ca. 45 Min. 1oo DM. Rechtzeitige Vorausbuchung ist empfehlenswert.

GESCHICHTE: Besiedlung im 11. Jhd. v. Chr. durch die Dorer, 5oo v. Chr. Eroberung durch die Perser. Wegen ihrer geschützten Hafenbucht war die Insel über die Jahrhunderte beliebter Stützpunkt der verschiedensten Fremdherren von Neapolitanern, Venezianern, Türken, Johanniterorden, die das Kastell oberhalb des Hafens ausbauten.

Als ab 2. Hälfte des vergangenen Jhds. die Dampfschiffe aufkamen (sie waren schneller als die früheren Segelschiffe) und sich der Fernhandel ausweitete, - wurde die Mini- Insel KASTELORIZON zum wichtigsten Versorgungshafen auf der Strecke nach Alexandria/ Ägypten.

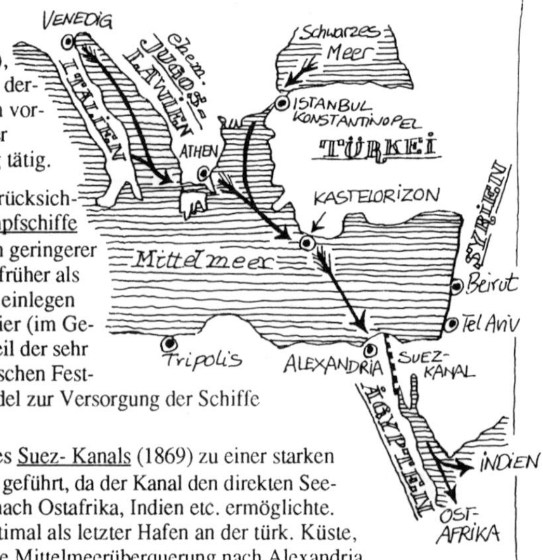

Bis zur Jhd.- Wende stieg die Einwohnerzahl auf 17.ooo (!), eine beachtliche Zahl für eine derartige Mini- Insel! Sie waren vorwiegend in der Versorgung der Schiffe z.B. Kohlebunkerung tätig.

Als Background muß man berücksichtigen, daß die damaligen Dampfschiffe relativ klein waren und wegen geringerer Zulademöglichkeit erheblich früher als heute einen Versorgungsstop einlegen mußten. Kastelorizon hatte hier (im Gegensatz zu Rhodos) den Vorteil der sehr kurzen Entfernung zum türkischen Festland, mit dem intensiver Handel zur Versorgung der Schiffe bestand.

Zudem hatte die Eröffnung des Suez- Kanals (1869) zu einer starken Zunahme des Schiffsverkehrs geführt, da der Kanal den direkten Seeweg für die Kolonialmächte nach Ostafrika, Indien etc. ermöglichte. Und hier lag Kastelorizon optimal als letzter Hafen an der türk. Küste, bevor es auf Direktroute an die Mittelmeerüberquerung nach Alexandria zum Suezkanal ging.

Auch für Segelschiffe (zur Jhd.- Wende noch vielfach im Einsatz) besaß Kastelorizon den Vorteil eines supergeschützten Naturhafens, z.B. bei Stürmen, aber auch als Versorgungsstützpunkt.

Die Kontrolle des Schiffsweges nach Alexandria -> Suezkanal und weiter Indien, Asien, Ostafrika führte bis in die 2o-er Jahre zu hohem Reichtum der Insel, die zugleich eine eigene Handelsflotte von 3oo Schiffen besaß. Der Hafenort besaß rund 4.ooo Häuser.

Die zunehmende Perfektionierung der Schiffe (Dampfschiffe mit größeren Motoren und höherer Kohle- Zuladung, später auch Dieselmotoren) machte den zeitaufwendigen Zwischenstop auf der Insel zu Beginn unseres Jhds. jedoch nicht mehr nötig, weswegen Kastelorizon verarmte und es zu zunehmender Auswanderung kam.

Zwischenepisode 2o-er Jahre: die ersten Verkehrs- und Postflugzeuge waren in ihren Motoren und der Zulademöglichkeit (Passagiere und insbes. Gewicht "Sprit") noch zu schwach, als daß sie lange Strecken Nonstop fliegen konnten. Sie mußten daher häufige Zwischenstops zum Nachtanken einlegen.

Zunächst flogen Postflugzeuge die Strecke von Italien via Griechenland -> Türkei -> Syrien -> Ägypten, also ständig über Land, wo Zwischenstop zum Nachtanken möglich war. Wegen des riesigen Umweges (siehe Karte!) war die Strecke sehr zeitaufwendig.

Die Konstruktion von Wasserflugzeugen (insbes. Typ Dornier) revolutionierte den Flugverkehr. Sie hatten stärkere Motoren und höhere Zuladung. Vor allem konnten sie überall landen, wo Wasser war und benötigten nicht den Bau kostspieliger Airports, an denen es im östlichen Mittelmeer noch fehlte.

Die kürzeste Strecke übers Mittelmeer bestand von Kastelorizon -> Alexandria/Ägypten. Auch hier bewährte sich die große und geschützte Hafenbucht von Kastelorizon als Landeplatz auf dem Direktweg nach Ägypten. So gab es in den 2o-er Jahren u.a. 8 mal/ Woche eine Wasserflugzeug-Verbindung ab Frankreich via Kastelorizon, wo zwischengetankt wurde und weiter nach Ägypten!

Eine Episode der Insel, die Ende der 3o-er Jahren ihr Ende hatte, als US- Flugzeughersteller wie *Boeing* und *Douglas* modernere Propellermaschinen konstruierten, die mit stärkeren Motoren und höherer Zuladung Nonstop Strecken wie Athen -> Alexandria fliegen konnten (Details siehe auch Kapitel "Puget Sound" im VELBINGER Band 54 "Oregon/Washington").

2. Weltkrieg: Die Insel hatte, resultierend aus den "Goldenen 2o-er Jahren", noch rund 3.ooo Einwohner. Im Sept. 1943 Besetzung der Insel durch englische Truppen, die den Großteil der Bevölkerung nach Zypern und Ägypten evakuierten. Im Okt. des gleichen Jahres massive Bombardierung durch die deutsche und italienische Luftwaffe, die den Hafenort fast komplett ausradierten.

Nach Kriegsende kehrten nur die Wenigsten nach Kastelorizon zurück. Der zerstörte Hafenort, insbesondere auch die kargen Inselbedingungen, die selbst für Landwirtschaft kaum Zukunftsperspektiven eröffneten, - erschienen für die Meisten unattraktiv. Per Vertrag kam 1947 Kastelorizon zu Griechenland.

Heute leben auf Kastelorizon rund 3oo Einwohner, die meisten davon im Hafenort Megisti. Auf der kargen Insel kaum Trinkwasser (es wird als Regenwasser in Zisternen gefaßt, - allerdings kaum Regen). Wasserversorgung im Hochsommer per Tankschiff ab Rhodos. Mit Landwirtschaft läß sich kaum was verdienen, und touristisch liegt Kastelorizon abseits der griechischen Landkarte.

★Megisti (ca. 2oo Einw.)

Schöne Lage in der tiefen Inselnordbucht. Die meisten Häuser stammen aus der Zeit nach 1945, 2 stöckig mit hohen Fenstern und Schindelgiebeldach. Es gibt eine Moschee, Post, Tel. sowie Tavernen, in denen es sich gut ißt (Fisch).

Unterm Strich kein steriler Neubauort, und hübsch mit den weißen

Giebeldachhäusern, denen allerdings die Patina verg. Jahrhunderte fehlt.

MUSEUM: sehenswert mit vergilbten Fotos aus der Blütezeit der Insel um die Jhd.- Wende. Eines der Fotos zeigt den Hafen um 192o, voll mit Schiffen sowie Wasserflugzeuge.

"**Hotel Meghistis**", modern, am Hafen. Die 32 Zimmer mit Dusche und Privattoilette, die meisten mit Balkon zum Hafen. DZ je nach Saison ca. 55 - 7o DM.

Mehrere **Pensionen**, die zusammen mit **Privatquartieren** über rund 2oo Betten im Ort verfügen. Teils werden sie bei Ankunft der Fähre im Hafen angeboten, teils sind sie über Tavernen zu erfragen. Übernachtungspreise fürs DZ zur HS ab ca. 25 DM, - zur Vor- und Nachsaison teils billiger.

Im Hafenort mehrere Tavernen, zum Teil exzellente Fischgerichte wie Garnelen, Schwertfisch und Shrimps fangfrisch vom Tavernenbesitzer.Auch vom Preis Genuß.

Wegen fehlender größerer Orte an der türkischen Küste ausgesprochen klares Wasser, - durch die geschützte Lage zudem auch in Vor- und Nachsaison wärmer als im übrigen Griechenland! In Meghisti geht Baden sogar direkt im Wasser des Hafenbeckens: ansonsten heute eine Rarität auf griechischen Inseln!

Mandraki: in der östl. Nachbarbucht Steinestrand, allerdings weniger attraktiv, da es relativ flach ins Wasser geht, dort Wasserpflanzen.

Kastelorizon besitzt keine reinen Sandstrände, zudem sind sie (ausgenommen "Hafenbecken" und Mandraki) nur zu Fuß oder per Boot zu erreichen. Pauschalurlauber, die in GR "Sonne & Sandstrand" suchen, gibts daher auf der Insel nicht. Kastelorizon wird daher vorwiegend von Rucksacklern besucht, die billiges Privatquartier suchen und mit Steinstränden einverstanden sind, sofern die Natur stimmt...

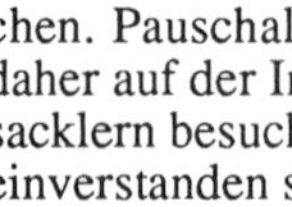

KAIKIS bedienen ab Hafen Megasti im Sommer die Nachbarbuchten der Insel, - aber auch rüber zu den vorgelagerten Mini-Inseln.

BLAUE GROTTE (Parasta): im Sommer Ausflugsboote ab Megasti. Die Meeresgrotte liegt an der Südwestküste der Insel. Der Eingang zur Höhle ist gerade so hoch, daß sich alle im Boot flachlegen müssen. Anschließend rund 45 m lang und bis zu 3o m breit. Ähnlich wie bei der berühmten Höhle von Capri reflektiert das Wasser die Sonne an die Höhlenwände. Ein Teil der Höhlendecke ist eingestürzt und bildet im Wasser eine kleine Insel.

INSELINNERES: ausgenommen die Straße zum Flugfeld gibt es keine weiteren Straßen. Wer die Insel zu Fuß erkunden will, braucht gutes Schuhwerk, Sonnenschutz (Hut/Creme) und genügend Essen/Trinkwasser. Zwar gibts jede Menge von Hirten- und Ziegenpfaden, die das Eiland durchkreuzen, jedoch kaum Schatten und praktisch keine Quellen auf der bis zu 22o m hohen Insel. Eine äußerst karge Felslandschaft. Die Inselklöster und Kirchen sind in der Regel nur von außen zu besichtigen, da verschlossen.

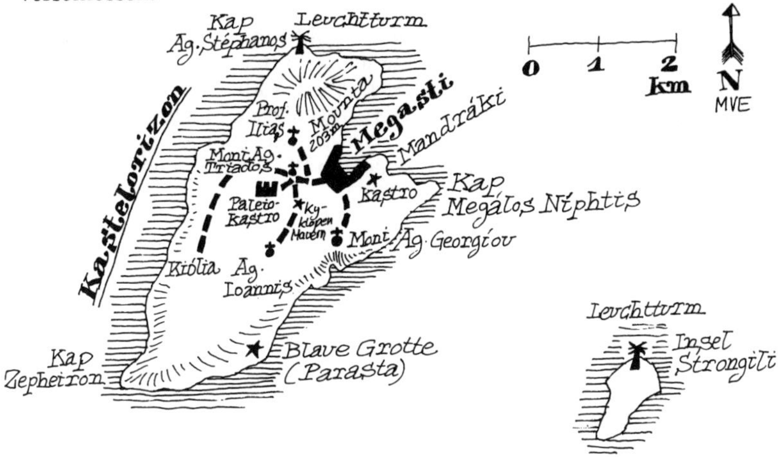

PALAIOKASTRO: hoch oben auf einer steilen Felswand. Die Festung wurde ca. 1.5oo v. Chr. von den Mykenern gebaut. Der Weg rauf ist nicht leicht zu finden, zu erreichen über das Kloster M. Ag. Triados, - oben dann vom Paleiokastro Superrundblick! Gehört zu einem der schönsten Griechenlands! Weite Teile der Insel, sowie im blitzenden Meer gut 18 Miniinseln, - rüber zur türkischen Küste.

Die Festung wurde auch von nachfolgenden Inselherrn, Dorer bis hin byzant. Zeit genutzt, da sie strategisch optimal die Inselbucht wie auch Einfahrt zwischen der Küste überblickte. Im Bereich der Festungsruine Gräber aus der Antike, zerfallene Wasserzisternen, Gewölbe und Hausfundamente.

KYKLOPENMAUERN: südlich des Moni Ag. Triadas am Berg. Zu sehen rund 1oo m Mauerwerk einer mykenischen Befestigung, die vor Angreifern schützte und vermutlich zu einer Burg gehörte.

MONI AG. GEORGIOS: das ehemalige Nonnenkloster liegt in einer Mulde hoch oberhalb der Ostküste. Festungsähnliches Bauwerk mit Pechnasen und Minifenstern. Zu erreichen über steilen Serpentinenpfad ab Megasti.

Optimale Zeit zum Besuch von Kastelorizon ist der Frühling. Dann sind die Tage noch nicht so heiß, und die Maccia blüht. Zu dieser Zeit eine ausgesprochen schöne Insel für Wanderungen wegen ihrer Panoramablicke!

Im Hochsommer lastet brütende Hitze über dem Land und macht Wanderungen kaum komfortabel. Der Sommer ist die Zeit, wo die meisten Urlauber eintreffen, und der Hafenort überquillt. Aus welchen Gründen auch immer die Insel zu dieser Zeit angesteuert wird ("östlichste Insel", und "der Türkei vorgelagert" etc.): Der Hochsommer ist die ungünstigste Zeit!

Herbst: warme Bade- Temperaturen im Meer bis tief in den Oktober. Allerdings von der sommerlichen Hitze ausgedorrtes Land, und für Wanderungen weniger lohnende Jahreszeit.

Nachbar-Miniinseln

AG. GEORGIOS (auch "Ro" genannt): rund 5 km westlich. Außer wenigen Häusern dominieren dort Schafe und Ziegen. - Auf der Mini- Insel STRONGILI (auch "Stroggyli" geschrieben, 5 km östlich) gibt's einen Leuchtturm. Er sichert den östlichen Eingang zur Meghisti-Bucht. Zu Zeiten der Schiffahrt übers Mittelmeer nach Alexandria/Ägypten (siehe Geschichte Kastelorizon) war der Leuchtturm der letzter Punkt, bevor es übers offene Meer ging.

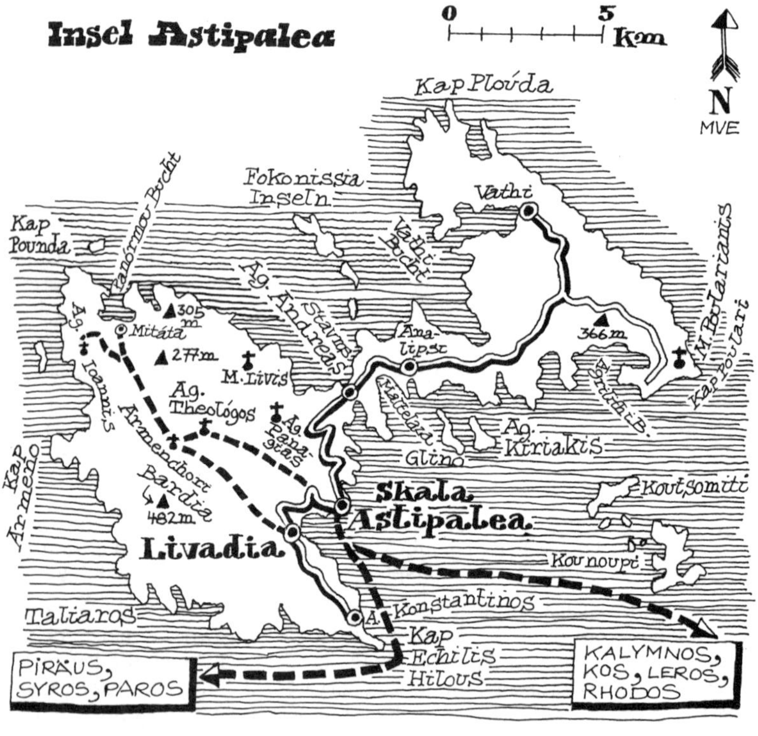

Insel Astipalea

Die weit abseits der Haupt- Tourismusrouten gelegene Insel (ca. 1.8oo Einwohner) hat malerischen Hafen und Chora, jedoch nur limitierte Infra-Struktur für Übernachtung. Strände: Kies bzw. Steine.

Astipalea liegt auf halber Strecke zwischen den Kykladen (z.B. Amorgos) und den Dodekanes Inseln. Die häufigere Schiffsanbindung besteht ab Dodekanes; auch Schnellboote ab Kalymnos, die die Strecke in rund 1 1/2 Std. realisieren.

Verbindungen

Schiff: ab Piräus ca. 2 mal/Woche PERSONEN-/AUTO-FÄHRE. Fahrzeit ca. 1o Std., - fährt je nach Fahrplan weiter nach Leros (+ 3 Std.) und Kalymnos (+ 4 Std.), - oder aber ab Astipalea direkt rüber nach Kalymnos (+ 2 Std.) und weiter nach Kos und Rhodos (+1 Std. bzw. 4 3/4 Std.). Weiterhin gibt es 1- 2 mal/Woche Querverbindungen ab Piräus via Syros und Paros/Kykladen nach Astipalea. Fahrzeit ab Insel Paros -> Astipalea ca. 5 Std. Das Schiff fährt weiter nach Kalymnos und Kos.

Achtung: Verspätungen sind im innergriech. Schiffsverkehr ebenso drin (wegen u.a. Schlechtwetter). Ebenso können sich die Routen und Häufigkeiten via Astipalea ändern, daher neuesten Stand vorab bei der Griech. Fremdenverkehrszentrale in Frankfurt erfragen!

REGIONALFÄHREN: kleinere Schiffe 2 - 3 mal/Woche auf der Strecke der Strecke Rhodos -> Symi -> Tilos -> Nisyros -> Kos -> Kalymnos -> Astipalea -> Kalymnos. Da es sich hier um kleinere Schiffe handelt, dauert die Überfahrt entsprechend länger, z.B. Kalymnos -> Astipalea ca. 3 Std. (statt auf größeren Fähren siehe oben nur 2 Std.). Auch kann die Überfahrt "sehr bewegt" sein; Verspätungen sind ebenso drin, wie Änderung der Routen.

SCHNELLFÄHREN: ab Kalymnos im Sommer nach Bedarf direkt nach Astipalea, Überfahrt ca. 1 1/2 Std., allerdings rund 3 mal so teuer wie die Normalfähren. Dafür läßt sich der Trip als Tagesausflug realisieren.

Nächste **Airports** weit entfernt: PAROS/Kykladen und KOS/Dodekanes. Wegen seltener Schiffsverbindungen, (insbesondere bei Schlecht-Wetter Stornos!) sollte man den Besuch der Insel zeitlich mit Reserve kalkulieren!

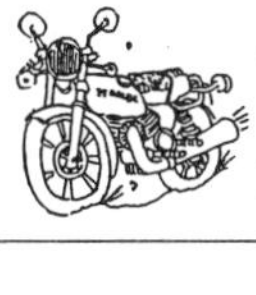

Automitnahme auf den Fähren ist teuer und lohnt wegen der wenigen Inselstraßen nicht.

Auf der Insel in Skala Verleih von Mietmopeds sowie Inselbusse nach Vathi.

GESCHICHTE: Der Name "*Astipalea*" bedeutet "alte Siedlung", - zu Recht. Bereits um 2.5oo v. Chr. wurde das einsame Eiland der Ägäis von den Kretern unter König Minos besiedelt, wie heutige Forschung nachwies. - Um 2.ooo v. Chr. Einwanderung der Mykener ab Peloponnes, - um 8oo v. Chr. Inbesitznahme durch die Dorer.

12o7 - 1522 war die Insel Besitz der venezianischen Familie Quirini, die die Insel als strategischen Stützpunkt für ihren Handel im östlichen Mittelmeer benutzte. Die Festung oberhalb der Chora zeigt noch heute das in Stein gemeißelte Wappen der reichen venez. Handelsfamilie.

In folgenden Jahrhunderten war die buchtenreiche Insel beliebter Stützpunkt für Piraten, die hier ihre Schiffe ausbesserten und für Kaperfahrten in der Ägäis einsetzten. Die Insel hatte hierzu optimale Lage im Zentrum der südl. Ägäis; offiziell war Astipalea von 1522 bis 1821 türkischer Besitz.

183o: Eingliederung ins griechische Königreich, allerdings nur sekundäre Bedeutung, da keinerlei Bodenschätze oder sonstige Bedeutung. 1912 - 47 unter ital. Herrschaft. Nach Beendigung des 2. Weltkrieges kam Astipalea 1947 zu Griechenland.

Haupteinkunft heute Käsewirtschaft (Ziegen/Schafe), - Citrusfrüchte und Fischfang, u.a. auch Hummer. Tourismus gewinnt zunehmende Bedeutung, allerdings noch nicht in Dimensionen eines Paros oder Naxos auf den Kykladen bzw. eines Kos/Dodekanes. Die Insel Astipalea besitzt keinen eigenen Airport und ist nur zeitaufwendig per Schiff zu erreichen, was Pauschaltouristen als Übernachtungsgäste weitgehend ausfiltert.

★Skala/Astipalea

Inselhafen für die Fähren. Tiefblaue Bucht, begrenzt von der Uferstraße. Schiffsagenturen, Post und Tel. Die Häuser ziehen sich den Hang rauf zur Chora (Astipalea). Auf halber Hanghöhe eine Reihe von Windmühlen.

Der Berggipfel mit einer venezianischen Festung aus dem 13. Jhd. und Superblick über die Bucht! Das Eingangstor mit dem in Stein gemeißelten Wappen der venezianischen Handelsfamilie Quirini, der von 12o7- 1522 die Insel gehörte. Tip wegen Blick ist die Taverne unterhalb der Festung. In diesem Bereich auch Privatquartiere mit teils tollem Buchtblick. Direkt über dem Eingang zur Festung die restaurierte Schloßkirche mit weißer Kuppel und hohem Turm.

Fast alle Inselquartiere befinden sich derzeit in Skala sowie rauf zur Chora.

"**Hotel Astynea**", 21 Mith. Karageorgi. Ganzjährig geöffnet, Preise je nach Saison DZ ab ca. 3o DM.

"**Hotel Paradissos**", 24 Mith. Karageorgi. Nur April bis Okt. geöffnet. Vorn raus schöner Blick, DZ je nach Saison ab ca. 4o DM.

"**Hotel Aegean**", ohne Privatbad. Nur Mai bis Sept. geöffnet, DZ ab ca. 3o DM.

Bei den wenigen Hotels und ihrer geringen Bettenzahl kann es zur Hochsaison zu Engpässen kommen. Telefonische Anfrage und Reservierung empfehlenswert. Außerhalb der Hochsaison (z.B. Mai, Juni) meist keine Probleme. Im Winter sind sie geschlossen, ausgenommen des "Hotel Astymea".

Weiterhin gibts im Ort mehrere kleinere **Pensionen** sowie Vermietung von vielen **Privatquartieren**, beide ganzjährig.

Camping: rund 3 km nordwestlich von Skala am Deftero Marmari Strand. Details siehe "Insel-Osten".

Im Hafenort SKALA eine Reihe von Tavernen sowie mehrere Bars, aber auch Disko. Insbesondere letztere sind nur zur Saison geöffnet, - außerhalb trifft man sich in den Lokalen und Tavernen der Einheimischen, die ganzjährig offen sind.

Wegen der abgeschiedenen Lage erfuhr Astipalea in den vergangenen Jahren hohe Auswanderquote. Vielfach im Ausland reich gewordene Griechen haben sich auf der Insel ein Ferienhaus gebaut.

Bus: verbindet ab Skala in den Inselosten via Ag. Andreas/ Marmari nach Vathi, - ebenso nach Livadia, südwestl. von Skala. Damit lassen sich die wichtigsten Strände der Insel erreichen.

Das klippen- und buchtenreiche Archipel mit mehr als 16 vorgelagerten Felseilanden besitzt vorwiegend Kieselstrände, die im Sommer bei Bedarf von Kaikis angelaufen werden. Infos über Abfahrten im Hafen Skala.

★ Livadia

Knapp 2 km südwestlich von Skala, über Straße (Bus) zu erreichen bzw. über einen Fußweg (auch ab Chora, ca. 3o Min.), der die Kurven der Straße teils abkürzt.

In Livadia befindet sich der "beste", zumindest zu Skala und Chora nächstliegende passable Badestrand der Insel. Es handelt sich um eine langgestreckte Kiesbucht, die teilweise Schatten durch Tamarisken besitzt. Derzeit noch keine Hotels im Ort, aber Privatzimmer sowie Tavernen.

Landein erstreckt sich eine fruchtbare Tiefebene zwischen den Inselbergketten Richtung Insel-Nordwest, wo Gemüse, Zitronen und Orangen angebaut werden.

Kieselstrand mit klarem Wasser. Bäume sorgen für Schatten, Tavernen. Eine Piste führt südwärts nach Ag. Konstantinos mit weiteren Badebuchten. Beim Kap Echilis (auch geschr. "Hilous" bzw. "Cheilous"), Nähe der Ag. Konstantinos-Kapelle eine kleine Kiesbucht mit Schilf und Olivenhain.

INSEL- WESTEN

Praktisch unbewohnt. Ziegenpfade erschließen den Westteil der schmetterlingsförmigen Insel. Karges Bergland bis knapp 5oo m Höhe. Die Berghänge gehen steil runter zur klippenreichen Küste. Ein Pfad führt in rund 1 1/2 Std. von Livadia via Ag. Theologos und großartigem Panoramablick zur Kapelle Armenochri. Weiter nordwärts in rund 1 Std. zur blendend weißen Ag. Ioannis Kirche, die hoch über dem Meer liegt. Die Berge im Inselnordwesten erreichen Höhen bis 3oo m.

INSEL- OSTEN

Eine Straße verbindet Skala über den Istmus (bei Stavros) mit dem Insel-Ostteil. Busverbindung ab Skala bis Vathi im Nordosten.

MARMARI: 3 km nördlich von Skala. Der Strand mit Kies, Steinen und etwas Sand ist nicht unbedingt attraktiv. Zudem gibts im Strandbereich praktisch keinen Schatten. Trotzdem befindet sich hier der derzeit einzige Campingplatz der Insel

Camping: knüppelharter Boden und in Größe unzureichende sanitäre Anlagen. Zumindest besteht gewisser Schatten (je nach Stand der Sonne) durch hohes Schilf. Insgesamt nicht unbedingt ein Geheimtip, - zumindest aber mit kleiner Taverne im Areal, wo man sich abends trifft und die "Inselerfahrungen" austauscht, bzw. das Bier hebt...

STAVROS: die engste Stelle des "Schmetterlings" Astipalea. Zwischen dem Ufer der Süd- und der Nordküste sinds gerade mal knapp 5o m. Die Inselstraße führt mitten durch. Baden wegen Strandbedingungen nicht unbedingt optimal.

MALTELAZA: wenige Häuser und Badebucht mit Fischerpier. Für Yachtbesitzer passabler Ankerplatz, da das Wasser beim Kopf des Piers rund 4 m Wassertiefe hat, der Grund Sand-Schlick.

ANALIPSIS: (auch geschr. "Skinóntas" bzw. "Shinonas") besteht aus ca. 5o Häusern und Kiesstrand. Derzeit keine Unterkünfte, der Strand mit Kies und Steinen. Busverbindung nach Skala.

AGRILITHI- BUCHT: Nähe Kap Poulari. Einsame Bucht und Nothafen für Yachtsegler. Keinerlei Versorgungsmöglichkeiten.

VATHY (auch "Bathy" geschrieben) ist nordöstlicher Endpunkt der Inselstraße und dort einziger Inselort. Gelegen an einem tief eingeschnittenen Fjord mit kahlen Berghängen und von Optik wenig attraktiv.

Für Yachtsegler bietet die Bucht Superschutz bei starken Winden, für Urlauber dagegen Bedingungen mit vielen Abstrichen. Schlickiger Boden mit Pflanzen und trübem Wasser. Es gibt Tavernen und wenige Privatquartiere. In der Nähe eine Höhle, die besichtigt werden kann...

in eigener Sache:

Es liegt in der Natur der Dinge, daß bei der Fülle an konkreter Information, die dieses Buch enthält, sich im Laufe eines Jahres einiges ändern kann.

Deshalb bitten wir um Mitteilung von Abweichungen. Wer uns ansonsten irgendwelche ausgefallenen Tips wie neue Routen, schöne Hotels mit viel Atmosphäre oder ähnliches schickt, wird bei der Neuausgabe dieses Buches namentlich zitiert.

Bitte schreibt uns, wir freuen uns über jeden brauchbaren Tip, weil wir es wichtig finden, daß man nicht irgend ein blödes Laberbuch, wie leider viele Reiseführer, mit sich schleppt, sondern etwas, was wirklich nützlich und hilfreich ist.

Griechenland-Redaktion

VERLAG MARTIN VELBINGER

Bahnhofstr. 1o6 - 82166 Gräfelfing

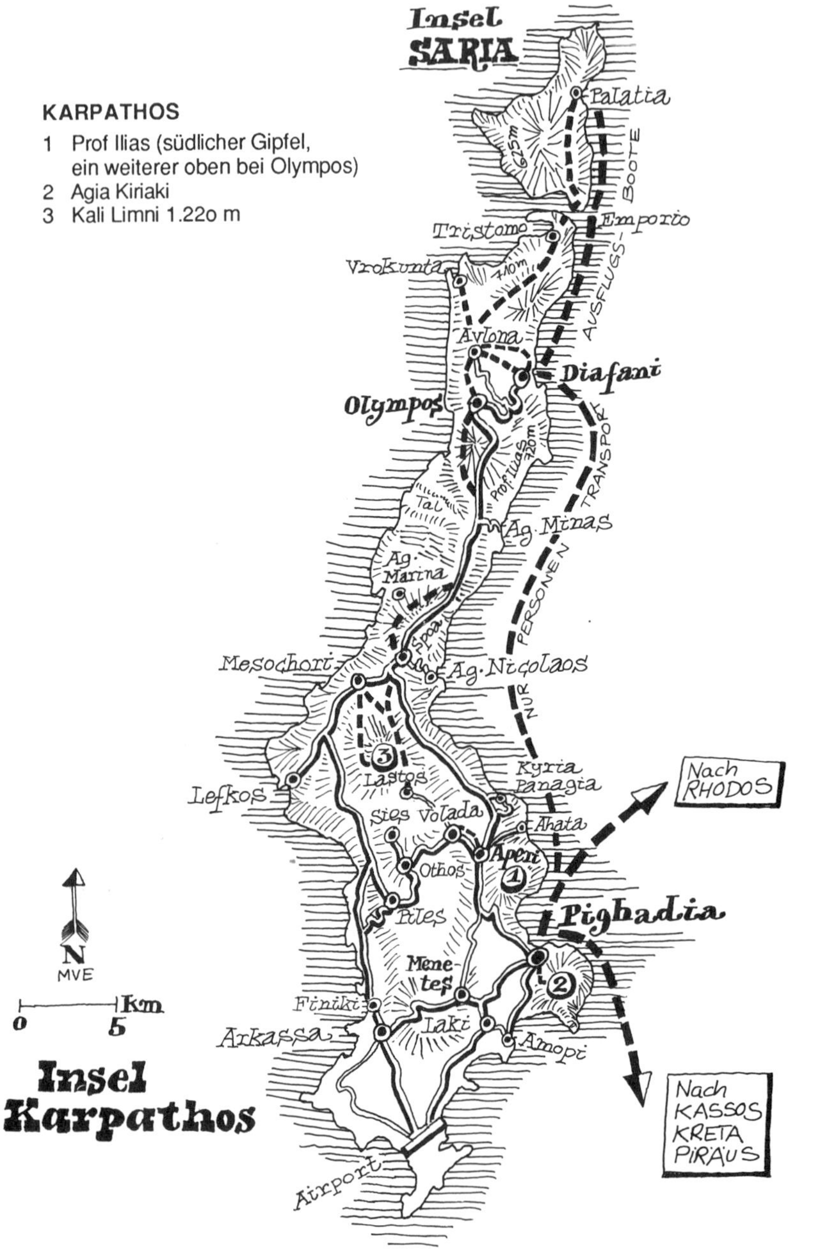
KARPATHOS
1 Prof Ilias (südlicher Gipfel, ein weiterer oben bei Olympos)
2 Agia Kiriaki
3 Kali Limni 1.22o m
Insel SARIA
Palatia
625m
AUSFLUGS-BOOTE
Emporio
Tristomo
Vrokunta
710m
Avlona
Diafani
Olympos
Prof. Ilias 720m
NUR PERSONEN TRANSPORT
Tal
Ag. Minas
Ag. Marina
Spoa
Mesochori
Ag. Nicolaos
Lefkos
Lastos
Kyria Panagia
Nach RHODOS
Sies Volada
Ahata
Aperi
Othos
Piles
Pighadia
Menetes
Finiki
Arkassa
Laki
Amopi
Nach KASSOS KRETA PIRÄUS
Airport
N
MVE
0 5 Km
Insel Karpathos

Insel Karpathos

Einsames Eiland in der Weite der Ägäis zwischen Rhodos und Kreta. Stark gebirgig mit Höhen bis 1.2oo m. Nur ein Teil der Insel ist per Straße erschlossen. Der Rest Wanderpfade.

Karpathos hat schöne Landschaften, malerische kleine Dörfchen, die oft traditionell hoch oben in den Inselbergen liegen (in früheren Jahrhunderten Schutz vor Piratenangriffen!), - viele kleine Buchten mit Sand zwischen Fels und Höhlen, in die das Meer reinbricht und schöne, einsame Bergregionen. Inselhauptort ist PIGHADIA im Südosten der Insel.

Im Griechenland Tourismus der 8o-er ist die Insel zwar entdeckt und von Fremden in der Hochsaison reichlich besucht. Wegen ihrer komplizierten Erreichbarkeit liegt sie jedoch abseits des Massentourismus. Sie ist Tip speziell auch für Leute, die gerne wandern.

Verbindungen

FLUG: zur Saison wöchentlich DIREKTFLÜGE ab München und Düsseldorf nach Karpathos, Flugzeit ca. 3 Std. Es fliegen Charter- Airlines z.B. LTU oder Aero Llyod mit Jets Typ Boeing 757, die rund 2oo Personen fassen. Die Flüge kann man über verschiedene Reiseveranstalter entweder pauschal zusammen mit Hotel buchen, - oder sofern noch Platz in der Maschine auch nur-Flug ohne Übernachtung.

Unterm Strich die schnellste und bequemste Anreise. Der AIRPORT von Karpathos liegt im Inselsüden (ca. 15 km von Pighadia entfernt) und wurde in seiner Landepiste für Jets Anfang der 9o-er Jahre erweitert. Er ist der kleinste internationale Airport von Griechenland.

REGIONALFLÜGE: ab Karpathos mit kleineren Propellermaschinen der Olympic nach Rhodos, Kassos und Kreta sowie Athen. Da diese Maschinen nur relativ wenige Passagiere fassen, sollte man möglichst frühzeitig reservieren (möglich auch bei Olympic- Vertretungen in Mitteleuropa)! Geflogen wird mit Maschinen Typ D 28/Dornier (18 Sitzplätze) sowie nach Athen mit AT 4/Aerospatiale (5o Sitzplätze).

Flugzeit Karpathos -> Athen ca. 2 Std., - nach Kassos ca. 15 Min., - nach Rhodos ca. 4o Min., - nach Sitia/Kreta ca. 2o Min.Nonstop, sofern nicht Zwischenstop auf Kassos.

Preisbeispiel: Rhodos-> Karpathos ca. 6o DM einfach, Karpathos->Sitia ca. 65 DM.

Häufigkeit: nach Rhodos ganzjährlich täglich, andere Destinationen je nach Saison 1 - 4 mal/Woche. Es gibt auch Direktflüge Karpathos -> Athen (je nach Saison 1 - 3 mal/ Woche). Sollten diese ausgebucht sein: per Jet nach Rhodos oder Heraklion/Kreta (häufig am Tag) und von hier mit der Propellermaschinen nach Karpathos. Allerdings Flug rechtzeitig reservieren.

Achtung: die Regionalflüge der Propellermaschinen unterliegen den Wetterbedingungen. Bei Wind oder Stürmen sind Flugverspätungen bzw. Stornierungen von/nach Karpathos möglich, daher entsprechend Zeit als Sicherheitspuffer einplanen!

SCHIFF: ab Piräus 2 mal/Woche. Die Fähre (auch PKW-Transport) kreuzt quer durch die Ägäis. Die Strecke führt zunächst über Kykladeninseln wie Naxos, Paros, Ios, Santorini und weiter nach Heraklion/Kreta. Von hier via Kasos nach Karpathos. Offizielle Fahrzeit rund 26 Std., plus/minus erheblicher Schwankungen je nach Seegang und wegen der vielen Stops unterwegs. Achtung: Route kann sich ändern; zeitweilig verlief sie sogar via Milos, Folegandros. Insbesondere letztere Insel ist sehr anfällig bei Schlechtwetter in der Ägäis.

Das Schiff ist zudem klein, und man sollte recht seefest sein. Abgesehen davon werden die Abfahrtszeiten und Fahrpläne von den Schiffen kaum eingehalten. Aus 26 Std. werden oft 3o oder mehr, - recht stressig ohne Schlaf und keine Kabinen an Bord!

ALTERNATIVEN:

* Großfähre ab Piräus nach Rhodos, tägl., fährt nachts und hat Schlafkabinen. Hier entweder ins Propellerflugzeug (tägl., 4o Min.) oder auf das kleine Fährschiff (ca. 5 Std., 2 mal/Woche) nach Karpathos umsteigen.
* Geht auch via Piräus -> Heraklion/Kreta: tägl. mehrere Überfahrten, die nachts stattfinden, inkl. Kabine und am frühen nächsten Mogen Heraklion erreichen. Von hier je nach neuesten Fahrplänen entweder Fähre nach Karpathos (ca. 7 1/2 Std.), - oder ab Heraklion Bus (ca. 3 Std., häufige Busverbindung) nach Sitia/Kreta und von hier Fähre nach Karpathos (ca. 5 Std.).

  Vorteil beider Strecken: Langstrecken-Nachtfähre mit zudem Schlafmöglichkeit in Kabinen. Ziel Rhodos (lohnende Altstadt) oder Heraklion/Kreta (interessant für den Abstecher u.a. nach Knossos), somit lohnend für Fahrtunterbrechung. Allerdings zahlt man für die jeweilige Überfahrt per Schiff inkl. Schlafkabine je nach Klasse fast so viel, wie wenn man gleich bis Rhodos oder Heraklion fliegt.

Kreta -> Karpathos -> Rhodos: ca. 2 - 3 mal Woche, Details siehe oben.

ZIELHAFEN auf Karpathos ist immer die Inselhauptstadt Pighadia. Ausflugsboote verbinden im Sommer ab Pighadia mit Diafani im Inselnorden (Straße nach Olympos) und zur nördlich vorgelagerten Insel Saria, weiterhin Badeboote zu Stränden.

EIGENES AUTO nach Karpathos mitzunehmen ist wegen der langen Fährüberfahrt teuer und hat wegen Kleinräumigkeit der Insel wenig Sinn. Zudem gibts:

VERMIETER von Autos sowie Mopeds und Motorrädern in Pighadia und Amopi. Allerdings kein billiger Spaß: Kleinwagen kosten ca. 1oo DM/Tag, ein Suzuki Geländewagen ca. 15o DM/Tag. Moped ca. 3o DM, Geländemaschine ca. 4o DM. Grund für die hohen

Mietpreise sind die derzeit noch schlechten Inselstraßen und -Piste, die das Gerät ramponieren. - TANKSTELLEN: rechtzeitig in Pighadia volltanken, denn unterwegs auf Inseltrips ist Nachtanken schwierig bzw. teils nicht möglich.

INSELBUS: ab Pighadia zur Saison mehrmals täglich zum Strand von Amopi, rund 3 km südlich. Weiterhin ganzjährlich 3 mal/tägl. Bus nach Aperi -> Volada -> Othoa -> Piles sowie weitere Verbindungen im Inselsüden.

Achtung: nicht alle Orte der Insel sind hinwärts und am selben Tag retour erreichbar. Anmieten eines Mopeds in Pighadia daher sinnvoll.

TAXI: im Gegensatz zu anderen griech. Inseln sind auf Karpathos Fixtarife üblich, die pro Taxi und Strecke gelten. Z.B. ab Pighadia -> Airport bzw. Finiki/Arkassas ca. 2o DM, - nach Amopi ca. 12 DM, - nach Lefkos im Inselwesten runde 5o DM - und via Inselpiste rauf nach Olympos ca. 14o DM! Preise jeweils einfach. Wer nachts die Strecken fahren möchte, zahlt das Doppelte, - vorausgesetzt er findet einen Taxifahrer.

Größe, Einwohner, Landschaften

Karpathos ist ein langgestrecktes Handtuch von 5o km Länge und teils nur wenige km breit. Just im mittleren Bereich der der Insel steigen die Gebirgsketten bis rauf 1.2oo m. Teils extrem steile Küsten, - vor allem im mitttleren und nördlichen Bereich. Die dortigen Buchten können meist nur per Boot erreicht werden.

Der Inselnorden ist weitgehend kahle Gebirgslandschaft, - in Inselmitte vielfach Pinienanpflanzungen, - im Süden Steineichen und Kiefern sowie in flacheren windgeschützten Lagen Landwirtschaft und Viehzucht. Leider zerstörte ein Großbrand 199o weite Flächen im äußersten Inselsüden beim Airport. Ein anderer Großbrand wütete 1983 im Bereich Spoa - Ag. Minas an der Ostküste, siehe auch "Transinsular- Straße".

Die Gebirgsregionen versorgen die Insel mit reichlich Wasser, da sich hier wegen Inselgipfeln von bis zu 1.2oo m die Wolken "abregnen". Wegen abgelegener Lage und fehlender Wirtschaft seit Ende des 19. Jhd. hohe Auswanderung (Details siehe "Geschichte"). Heute leben auf Karpathos rund 1o.ooo Menschen, davon rund die Hälfte im Inselhauptort Pighadia.

Geschichte: in der Antike war Karpathos dicht bewaldet, wie Geschichtsschreiber berichten. Eine gebirgige Insel in der Einsamkeit der Ägäis, wo sich Fischer niedergelassen hatten, - aber auch in einsamen Buchten die Piraten ihre Schiffe reparierten und Nahrung sowie Trinkwasser aufnahmen.

Auch während der römischen und byzantinischen Epoche lag Karpathos abseits der Hauptrouten. Seit 1312 Besitz der Venezianer, und selbst 147o nur rund 3oo Einwohner. Häufige Piratenangriffe hatten die Bevölkerung dezimiert, bzw. viele Einwohner flüchteten auf andere Inseln. Hauptort von Karpathos war seit ca. 12. Jhd. das im Norden gelegene Elymbos (Olympos).

1538 wurde Karpathos von den Türken erobert, die der Insel eine Reihe von Privilegien gaben. Ziel und Zweck: 1522 hatten die Türken Rhodos erobert (siehe Seite 2o5) und wollten sich durch die Inbesitznahme der vorgelagerten Insel Karpathos auch in diesem Bereich der Ägäis vor potentiellen Angreifern absichern. Daß die Türken ab Karpathos nicht nur Fischfang, sondern auch eigene Piratenschiffe betrieben, ist separates Kapitel.

Für Karpathos war die türkische Epoche ab 1538- 1912 eine Periode gewissen Wohlstandes, - gleichzeitig Anstieg der Bevölkerung auf für damalige Zeiten beachtliche 1o.ooo Einwohner (ein Wert, den u.a. London besaß).

Im 18. Jhd. Gründung neuer Siedlungen,- Megálo Chorrió (das heutige Apéri) wurde Inselhauptstadt, die es bis 1892 blieb, obwohl die Orte Menetés und Olympos an Einwohnern größer waren.

Während der Griech. Revolution zu Beginn 19. Jhd. war Karpathos zeitweilig unabhängig, fiel 1832 jedoch wieder an die Türken, die von hier ihre Stellung in der Ägäis sicherten. - 1912: Annektion der Insel durch die Italiener und deren Besitz bis 1947, als die Insel per Vertragswerk zu Griechenland kam.

AUSWANDERUNG: bereits seit Ende des 19. Jhds., - vor allem aber ab 2o-er Jahre unseres Jahrhunderts begann starke Auswanderung. Eine Insel, - zu weit abgelegen von den Absatzmärkten, - und zudem außer Landwirtschaft/Fischerei ohne sonstige Einkünfte. Viele Inselbewohner sahen auf Karpathos "no future" und wanderten aus nach USA, Kanada sowie Australien.

In den 6o-er und 7o-er Jahren wurden vor allem auch mitteleuropäische Industrienationen insbes. Westdeutschland attraktiv. Damals hatte Karpathos nur noch rund 3.ooo Einwohner, - vorwiegend ältere Menschen, die Grund und Boden "treu blieben". Während die Jugend im Ausland tätig war und die Familien per Geldüberweisung versorgte

Kaum eine andere Ägäis Insel erfuhr eine derart hohe Abwanderungsquote wie Karpathos. Die im Ausland Tätigen hatten bald den Spitznamen *"FRISBEES"* (nach der gleichnamigen Plastik-Wurfscheibe): gut geworfen erreicht sie durch Aufwind perfekt ihr Ziel, - sprich Industrienation mit hohen Löhnen und Einkünften.

Gleichzeitig kommt die "Frisby" aber auch regelmäßig zurück zum Ausgangsspieler (sprich Familie auf Karpathos). Letztere erhielt nicht nur in Abwesenheit ihres Sohnes Geldüberweisungen, sondern auch Kurzbesuch selbigen während dessen Ferien.

Im Prinzip ok., - obwohl die "Frisbees" diesen Begriff nicht gerne hören. Schließlich "baggern" sie im Ausland das Geld ran, das dem Familienunterhalt dient. Sie wollen hier nicht als dämliche "Frisbees" verglichen werden...

TOURISMUS: Kritiker beschweren sich, daß ab Beginn der 8o-er Jahre Karpathos für den Tourismus entdeckt wurde. Dies hätte (zu Recht) die bisherigen traditionellen Inselstrukturen "beschädigt". Strukturen traditionellen, jahrhundertealten Lebens, Kultur und Hausformen.

Es ist sicher zu berücksichtigen, daß man die Zeit nicht zurückdrehen kann. Die abgeschiedene Lage der Insel bedeutete einerseits bis in die 7o-er Jahre hohe Armut: die landwirtschaftlichen Produkte konnten nicht profitabel (wegen langer Wege und ungenügender Verkehrsverbindungen) abgesetzt werden. Folge: viele Kaprioten wanderten aus, nach Athen, nach Mitteleuropa als Gastarbeiter, aber auch nach USA.

Ähnlich wie auf anderen Ägäis Inseln wurden fruchtbare Landflecken nicht mehr bewirtschaftet, - schlichtweg waren die Löhne z.B. der Fabriken um Athen, bzw. in Mitteleuropa oder USA erheblich lukrativer und ein Teil dieser Löhne wanderte in Form Geldüberweisungen an Eltern und auf Karpathos verbliebene Verwandte.

Kaum eine andere Ägäis- Insel war zugleich derart abgeschieden gegenüber gängiger Verkehrsrouten wie Karpathos. Bereits Mitte/Ende 19. Jhd. hatte sich Athen als Metropole Griechenlands entwickelt, - die Schiffsverbindungen der Ägäisinseln sternförmig auf Athen ausgerichtet, - z.B. Athen -> Kreta (und alle dazwischenliegenden Inseln eingebunden), oder Athen -> Rhodos. - Karpathos dagegen lag weit ab. Traditionen konnten sich daher länger bewahren.

✶Nächster Schritt: Deutsche (wie auch der damalige Verfasser eines 1oo- Seiten Karpathos Buches) landeten ca. Beginn der 8o-er Jahre auf der Insel. Zu seinem "Befremden" stellt der Buchschreiber fest, daß die Insel "keinesfalls mehr unberührt" ist, sondern Bestandteil der Reiseprospekte. Die "Ursprünglichkeit der Insel" reizt ihn, - aber welch Schande: auch andere Reiseführer berichten über die Insel, so MERIAN, - BLAUE FÜHRER, selbst die Alternativen!

Björn Engholm (früherer Ministerpräsident von Schleswig Holstein) entdeckte die Insel Anfang der 8o-er Jahre und sieht die Dinge realistischer: "Während früher Olympos ein Geheimtip war... nehmen die touristischen Ströme unaufhaltsam zu." Weiter schreibt er "Olympos gerät damit in Gefahr, nicht mehr kulturelles Erlebnis zu sein, - sondern Kulisse des Massentourismus. Daraus den Griechen einen Vorwurf zu machen wäre ebenso unredlich wie die Touristen zu beschimpfen; von der Neugier und dem Wohlstand der Reisenden haben viele Einheimische ihren bescheidenen Wohlstand."

✶Stand 2. Hälfte der 9o-er Jahre: der Ausbau des Inselairports für Jets ab Mitteleuropa (eröffnet Anfang 9o-er) führte zu intensivem Tourismus zur Sommersaison. Jede Menge an Urlaubern, die vorwiegend im Südteil der Insel logieren und hier Jobs wie Einkünfte für die Inselbewohner schaffen.

Heute ist die Einwohnerzahl wieder auf rund 1o.ooo angestiegen. Zahlen, die sich auf die Tourismus-Saison Ostern bis Herbst beziehen, wo sich Geld verdienen läßt. Im Winter suchen viele Inselbewohner Jobs im Ausland.

✶ Pighadia

Hauptort im Südosten der Insel (in Karten teils auch mit *"Karpathos"* eingetragen). Seit Beginn der 9o-er Jahre boomt der Ort gewaltig. Jede Menge an modernen Beton- Skelettbauten entstanden im Zusammenhang der im Sommer über den neuen Inselairport einfliegenden Urlauber.

Der Ort ist schön an einer weiten Bucht gelegen: zu Beginn Sandstrand, später Kieselstrand, Bäume. Am Kai eine Taverne neben der andern, dazwischen Kolonialwarenläden, Supermärkte, Schiffsbüros und Bank. Echt kapriotische Häuser sind kaum noch zu finden; alles von TV bis Moped hat Einzug gehalten, tagsüber satter Autoverkehr. Alte Häuser wurden weitgehend im Rahmen des Baubooms abgerissen.

Aus der Epoche der Italiener auf der Insel (1912 - 47) stammt das von ihnen gebaute RATHAUS, zugleich dort untergebracht ein kleines Regional- MUSEUM mit Münzen, Vasen, Keramik etc.

Geschichte: die Bucht von Pighadia diente in früheren Jahrhunderten als Hafen für die Inseldörfer wie Menetes und Aperi. Gemäß Funden wurde die Bucht bereits in der Antike als Hafen genutzt.

Erst zu Beginn unseres Jahrhunderts erbauten die Italiener während ihrer Inselherrschaft (1912- 47) an dieser Stelle den Hauptort der Insel. Die Bucht mit windgeschützter Ostlage war die günstigste für einen modernen Hafen. Heute laufen über Pighadia sämtliche Fleisch- und Gemüseimporte zur Versorgung der Insel, wie auch die Fährverbindungen.

Im Gegensatz zu anderen Inseldörfern mit ihren engen Gassen und teils Treppen - wurde das moderne Pighadia zu Beginn unseres Jahrhunderts für den Autoverkehr konzeptioniert. Heute endloser Gestank in den engen Straßen, obwohl zwischenzeitlich einige für den Autoverkehr gesperrt wurden.

Am Strand von Pighadia wurden 1992 die Reste einer BASILIKA aus dem 5. Jhd. (AG. FOTINI) entdeckt und teils ihre Säulen wieder aufgerichtet. Weiterhin am Südende der Bucht AG. KIRIAKI, ein antikes Heiligtum, Demether geweiht.

Keinesfalls gibt es "lediglich 3 Tavernen" wie noch veraltete Reiseführer behaupten. Das heutige Pighadia ist im Sommer "full- tourismo" mit jeder Menge an Remmi- Demmi, auch Night Clubs und Bars. Vorteil: bester Inselstützpunkt, zudem viele Auto- und Moped-/Motorrad Vermieter, allerdings hohe Preise wegen weitgehend schlechter Inselstraßen, - Details siehe "Verbindungen".

Unterkunft

Zwischenzeitlich gibts rund 3.5oo Betten auf der Insel, davon rund 2.4oo im Hauptort Pighadia. Vorwiegend handelt es sich in Pighadia um kleinere Hotels und Pensionen mit ca. 2o bis max. 15o Betten, quotiert meist B bis C Klasse. Hinzu kommt eine Vielzahl an Privatquartieren, die das Bettenangebot des Insehauptortes auf ca. 3.ooo steigern. Trotz der Vielzahl an Betten kann es zur HS zu Engpässen kommen, siehe unten!

"**Hotel Romantica**": B- Klasse quotiert, 9o Betten. Geöffnet April bis Okt. Liegt zwischen Zitronenbäumen und nicht weit vom Strand entfernt. DZ ca. 1oo DM je nach Saison. Tel.: 2261.

"**Blue Bay**", C- Klasse quotiert. 8o Betten. Günstige Lage zwischen Strand und Ort (ca. 1,5 km). Übernachtung im DZ ca. 8o DM, abhängig von Auslastung des Hotels und Saison.

"**Karpathos Hotel**", D- Klasse, 28 Zimmer, die meisten mit Privatbad. Geöffnet ganzjährig, Preise abhängig Auslastung und Saison. Tel.: 22347.

"Possirama Bay", A- Klasse, neu erbaut mit derzeit rund 15 möblierten Appartements und Küche. Große Balkons zum Meer, rund 1/2 km vom Ortszentrum entfernt. Preise abhängig je nach Saison, Größe des Appartements und Auslastung.

"**Miramare Bay**", B- Klasse, 82 Betten mit Privatbad, Balkon zum Meer und Swimmingpool. DZ je nach Saison ab ca. 9o DM aufwärts. Tel.: 22345.

Privatquartiere: zur Saison jede Menge im Ort. Die Preise richten sich an Ausstattung, Größe des Zimmers aber auch Nachfrage. Zur HS bei Unterkunfts- Engpässen im Ort bis zu 5o DM.

ACHTUNG: die Hotels und Pensionen sind ansonsten meist an Reiseveranstalter vergeben. Wer nicht pauschal "Flug & Unterkunft" ab Mitteleuropa bucht, muß auf eigene Faust vor Ort im Sommer (Juni - Sept.) mit erheblichen Engpässen bei Unterkunft rechnen! Abgesehen davon sind derartige Pauschaltrips für Karpathos meist die billigere Wahl, als wenn man sich vor Ort eine Unterkunft sucht.

Essen: egal ob man sich im Supermarkt selber verpflegt oder ins Restaurant/ die Taverne geht - auf Karpathos teurer als auf anderen griech. Inseln.

Entlang der Hafenpromenade und am Strand viele Tavernen sowie Restaurants. "LAND AND SEA TAVERNA": gute Fisch- und Fleischgerichte. - "TO KYMA": Traditionsgrieche mit Terrasse zum Meer und Grillgerichten. - "ANEMOUSSA": italienische Gerichte auf Terrasse an der Strandpromenade. Im Rahmen der momentanen starken touristischen Expansion der Insel kommen ständig neue Tavernen hinzu, bzw. bisherige wechseln Besitzer und Namen sowie Küchenqualität.

Der Ortsbadestrand von Pighadia ist zu Beginn sandig mit Bäumen, später übergehend in Kieselstrand. Im Sommer stark überlaufen. Alternative sind die Sandstrände um Amopi rund 5 km südlich (Bus) oder Finiki an der Westküste (ca. 1o km). - Weiterhin im Sommer Badebbote ab Pighadia nördlich nach z.B. Ahata (Kies) und Kiria Panaghia (Kiesbucht zwischen Felsen). Weitere Details zu Stränden siehe unten.

SÜDLICHES KARPATHOS

beherrscht von den hohen Begen der Inselmitte, an dessen Südhängen und Ausläufern die Dörfer APERI (ehemalige Inselhauptstadt), VOLADA (schön zwischen Aprikosen und Mandelbäumen), OTHOA und MENETES liegen.

Im südlichen Karpathos befinden sich auch die derzeit meistbesuchten Strände der Insel. Es handelt sich um Sand- oft aber auch Kiesstrände.

★Amopi

Rund 5 km südlich von Pighadia, im Sommer mehrmals tägl. Busverbindung. Kapital des Ortes ist sein

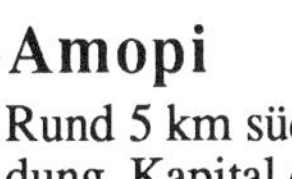

sauberer Sandstrand, teils auch Kies. Südwärts gibts weitere Badebuchten. Es gibt Unterkünfte (in Ausbau, geplant Großhotels wegen Nähe zum Airport) sowie Tavernen.

Weitere Bautätigkeit südwärts in den Buchten bis Airport, die gute Windbedingungen für Surfer bieten, - z.B. "Hotel Irini" mit Surfschule.

Vor allem der Bereich Amopi bis Airport ist Hauptentwicklungszone der Karpathos- Tourismusplaner. Grund: die dortigen Strände sowie die kurzen Transferzeiten vom Airport zum Hotel.

Die zweite Erschließungszone befindet sich an Stränden der Südwest-Küste (z.B. Finiki, Details unten), wo ebenfalls bereits Einiges gebaut wurde und in Zukunft noch entstehen wird.

Tourismus: Die Meinung der Inselbevölkerung hierzu ist gespalten: einerseits bringen Urlauber Geld und Arbeitsplätze. Dies auf einer Insel, die von letzterem nicht unbedingt gesegnet ist und hohe Auswanderung aufweist. Zudem fördert der griech. Staat den Bau von Hotels im Süden von Karpathos mit großzügigen Krediten, die bis zu 4o % vom Staat übernommen werden. Seit Erweiterung des Inselairports für internat. Jets wird daher viel Geld in die Entwicklung einer tourist. Infrastruktur und den Bau von Hotels investiert.

Andere Bevölkerungsgruppen von Karpathos sind mit dieser Entwicklung wenig einverstanden! Sie argumentieren zu Recht, daß der einströmende Tourismus die Inseltraditionen zerstört. So unter anderem im Bereich Kunsthandwerk: bisher hochwertige Fertigung von Keramik, Wandteppichen oder fein verzierten Lederstiefeln in Inseltradition.

Eine Verflachung des bisher hochwertigen Kunstgewerbes, - hervorgerufen durch einfliegende Touristenmassen, - die Durchschnittliches bis hin zu Kitsch (a la Adonis- Figur) kaufen, da "preiswertes Urlaubssouvenir". Und damit die bisherige und in Anfertigung teure Kunst - z.B. hochwertiger Wandteppiche - kaputtmachen.

Kaum eine andere Insel der Ägäis konnte wegen ihrer abgeschiedenen Lage so lange ihre Inseltraditionen bewahren wie Karpathos. Dies auch in Bezug traditioneller Lebensformen des Familienverbundes. Hier gilt u.a.: die Frau hat jungfräulich zu bleiben, bevor sie heiratet!

Inselbewohner, die den Traditionen verbunden sind, - sehen in den neuerdings zuströmenden weiblichen Touristinnen (die sich am liebsten total per FKK am Strand "auspacken" - oder zumindest Busen "open air" präsentieren) Gefahren, - dito in den Diskos von Pighadia.

Und die Inseljugend von Karpathos freut sich nach reichhaltigem TV- Genuß, - wie "freies Leben und Liebe" aussieht. Zudem Urlauber, die Leben und Geld auf die Insel bringen. Teils bringt auch die vom Vater begründete Taverne Gewinne und erspart die bisher notwendige Auswanderung. Freie Liebe zwischen Inselbewohnern/-innen zu Urlaubsgästen hin wie her... welches Welten positiv oder negativ verändert. Karpathos, eine Insel im Aufbruch.

Gegen touristische Erschließung der Insel Karpathos wehren sich insbesondere auch die Inselbewohner, die als Gastarbeiter hart in den USA, Kanada oder Mitteleuropa Geld rangebaggert haben, um sich auf Karpathos als Alterswohnsitz niederzulassen.

Sie fordern das Verbot jeglichen Verkauf von Land an Unternehmer, die dort Hotels errichten wollen. Verständlich, da sie ihre Insel im Altersruhestand alleine und ohne Fremde genießen wollen.

★Finiki

an der Südwestküste, zu erreichen über die Straße nach Arkassa bzw. ab

Airport. Früher ein einsamer Strand, der nunmehr touristisch erschlossen wurde mit Hotels und Tavernen. In Arkassa, einem Dorf erst 1860 gegründet, gibt es die Reste einer alten Wassermühle. Quer durch Arkassa eine Schlucht, im Umfeld des Ortes Ackerbau teils auf mit Steinen befestigten Terrassen.

★Lefkos

Ehemaliges Fischernest an der Westküste mit Tavernen, Privatquartieren und Hotels. Befindet sich ebenfalls in Erschließung durch weitere Hotelneubauten. Björn Engholm (siehe "Geschichte") logiert hier. Derzeit gilt Lefkos als einer der schönsten Küstendörfer der Insel; bleibt zu hoffen, daß durch die Hotelneubauten das Bild nicht zerstört wird.

Oberhalb des Ortes die Reste einer Festung sowie eine weitere auf dem vorgelagertem Inselchen Sokastro.

3 kleinere Buchten mit weißem Sandstrand an kleiner Landzunge. Seitlich Fels, optimal zum Schnorcheln. Bei starken Winden wegen offener Westlage entsprechende Wellen und Brandung am Strand.

★Menetes

Dorf im Süden der Insel an den Hängen des dortigen rund 500 m hohen Gipfels. Es wurde im Mittelalter als Fluchtsiedlung vor Piratenangriffen gegründet. Sehenswert die Ortskirche mit Ikonen, im Kafeneion nach Schlüssel fragen. Schöner Blick vom Ort auf die Ostküste sowie Pighadia und Amopi.

Es gibt Tavernen, derzeit jedoch keine Unterkunft außer eventuell bei Privat. Busverbindung ab Pighadia.

★Aperi

In Inselkarten auch "*Aperia*" verzeichnet, ein Bergdorf an den Hängen des PROF. ILIAS (ca. 400 m). Gegründet Anfang des 19. Jhd. als Verwaltungshauptstadt der Insel, welches es bis 1892 blieb. Schöne Gartenanlagen und reiche Villen.

Aperi rühmt sich, eines der reichesten Dörfer Griechenlands zu sein. Viele Inselbewohner, die in die USA, Kanada, Australien etc. ausgewandert waren und dort zu Reichtum kamen, schickten zunächst ihre Kinder nach Karpathos zu deren Großeltern, damit die Kinder den Kontakt zur Insel nicht verlieren und diese lieben lernen. Es gibt in Aperi eine eigene High School. - Als Alterswohnsitz bauten sich die Auswanderer dann reiche Häuser in Aperi, um auf die Insel zurückzukehren und hier den Lebensabend zu verbringen.

Exponate mit Fotos z.B. vom "friend Rockefeller" etc. in einigen Ortstavernen. Sehenswert auch die Ortskirche mit einer Ikone, die einiges an Wundertätigkeit vollbrachte, - so u.a. Errettung eines Jungen in Seenot an einem Kliff...

AHATA: wenige km östlich über Serpentinenstraße runter ans Meer, Tavernen. Der Hafen von Aperi wird im Sommer auch mit Badebooten ab Pighadia erreicht.

KYRA PANAGIA: schöne Badebucht nordöstlich von Aperi, über eine Stichstraße zu erreichen. Begrenzt von Felsen, unten Sandbucht. Übernachtung im "Hotel Akropolis" direkt oberhalb der Bucht. Nur wenige Zimmer (DZ ca. 8o DM), langfristig vorab reservieren, - weitere Übernachtungsmöglichkeit in Tavernen, allerdings auch hier derzeit nur wenige Zimmer. Frage der Zeit, wann auch diese Bucht touristisch erschlossen wird. Im Sommer Badeboote ab Pighadia nach Kyria Panagia.

★Volada/Lastos

Bergdorf südl. an den Hängen des höchsten Inselgipfels Kalimni, der mit 1.22o m höchster des Dodekanes ist. Eine Straße führt von Aperi nach VOLADA, einem hübschen Dorf mit weiß gestrichenen Häusern und den Ruinen eines venezianischen Forts aus dem 13. Jhd. Damals war Karpathos im Besitz der venez. Adelsfamilie Coronao, die die Insel "Scarpanto" nannten. Sie war einer ihrer Stützpunkte für den Handel im östlichen Mittelmeer. Im Ort Kafeneions, jedoch keine Unterkunft außer eventuell bei Privat (im Kafeneion fragen). Busverbindung ab Pighadia.

Ab Volada führt eine ca. 5 km Stichpiste nordwärts nach LASTOS, dem höchst gelegenen Dorf der Insel knapp unterhalb des Gipfels des Kalimni. Karge und unwirtliche Landschaften; oft kräftige Winde. Manko: kein öffentlicher Transport mit Bussen.

Zu Fuß ab Aperi -> Volada knapp 1 Std. Von hier nochmals ca. 2o Min.rauf zur Ruine der Venezianer. Großartiger Panoramarundblick! Ab Volada rauf nach Lastos (sofern kein Transport per Autostop bzw. Taxi) entlang der Straßenpiste rund 1 Std.

Ab LASTOS bestehen Trails östlich und westlich um den Gipfel des Kalilimni nordwärts nach Spoa und Mesochori. Trotz relativ kurzer Entfernung auf der Karte (ca. 5 km Luftlinie) mit gestrecktem Tag rechnen. Es gibt unterwegs keinerlei Siedlungen, daher Lebensmittel und Trinkwasser mitbringen. Probleme kann auch die fehlenden Wegmarkierung bereiten: es geht über Hochweideflächen in 1.ooo m Höhe, wobei das Vieh dutzende an Pfaden trampelt... Orientierung ist fast ausschließlich der Berggipfel des Kalimini, der sich je nach Wetterlage in Nebelbänke einhüllt. Einen Trail, den man nur bei entsprechender Ausrüstung (Kleidung, Lebensmittel, Schuhwerk etc.) realisieren sollte.

★Othos

Bergdorf rund 4 km westlich von Aperi und ab hier per Straße zu erreichen. In Reiseführern oft als "höchstes Bergdorf" gepriesen, - wobei man offenbar Lastos "außer acht" ließ. Othos wurde in der 2. Hälfte unseres

Jahrhunderts in einigen Häusern liebevoll restauriert. Bedeutend für Denkmalsschützer sind die hölzernen Balkons mit Schnitzwerk. In der Umgebung eines der wichtigen Weinanbaugebiete der Insel.

Keine Unterkünfte in Othos, außer bei Privat (in Kafeneions fragen). Im Ort einkleines Heimatmuseum mit Dokumentation zu Inseltraditionen.

★Piles

Weiteres Bergdorf im südwestlichen Bereich des Kalimini und wenige km von Othos entfernt. Der Ort lebt von Landwirtschaft und Weinanbau. Im Gegensatz zu anderen Inseln des Dodekanes (z.B. Symi) ist Karpathos relativ wasserreich. Die Quellen werden in Rohren gefaßt, und das Wasser zu den Anbauflächen geleitet. Manchmal steht auch eine Kapelle oder sogar Kirche über der Quelle. Letzteres ist u.a. in Piles der Fall.

NÖRDLICHES KARPATHOS

Der Norden der Insel erheblich karger an Vegetation und nur dünn besiedelt. Ebenfalls hohe Gebirgsketten bis rund 72o m, deren Hänge steil zum Meer runterfallen.

Wichtigster Ort: OLYMPOS oben in den Bergen. Das Dorf gilt als einer der schönsten von Karpathos; hier haben sich noch eine Vielzahl alter Traditionen erhalten - zugleich im Sommer Ziel von Touristenmassen.

Trotz Existenz einer Inselstraße vom Süden rauf in den Inselnorden (Details siehe unten) ist das **SCHIFF** nach wie vor das Haupttransportmittel. Abfahrt Pighadia im Sommer gegen 8.3o Uhr. Die Fahrt geht entlang der Küste mit ihren steilen Klippen und Bergvorsprüngen. Sie macht Spaß, guter Sonnenschutz, Ankunft Diafani nach ca. 2 Std. Preis inklusiv des Bustransportes rauf nach Olympos ca. 45 DM/Person. Rückkehr in Pighadia gegen 18 Uhr.

STRASSE: mit dem Bau der Transinsular- Straße von Spoa nach Olympos wurde 1979 begonnen, Fertigstellung 1981. Vorher war Diafani und Olympos nur per Eselspfad bzw. per Schiff zu erreichen.

Die Erdpiste führt hier am Steilhang der Gebirgsketten entlang, die an dieser schmalsten Stelle der Insel innerhalb von 1 bis 2 km ab Meer auf 6oo bis 7oo m aufsteigen.

Von daher nicht nur äußerst kostspielig im Bau. Die Catterpillars mußten hier eine Kerbe in den steilen Hang schlagen, welches zu Erosion der Hänge führte: Nach den allwinterlichen Regenfällen wird die Straße immer wieder zugeschüttet oder weggeschwemmt. Ein verheerendes Großfeuer 1983 hat in Zerstörung des wichtigen (das Erdreich haltenden) Wurzelwerkes zusätzlich beigetragen.

Der Waren- und Personenverkehr geht daher nach wie vor per Boot entlang der Küste - teils aber auch via Straße je nach deren Zustand. Die Fahrt ist aufregend, teils auch gefährlich in ihren steilen Haarnadelkurven. Mit eigenem Fahrzeug, Motorrad etc. sehr vorsichtig in Kurven fahren und die langen Bremswege auf der Schotter-/Erdpiste einkalkulieren!

Landschaftlich ist die Strecke ohne Frage sehr lohnend, kann derzeit aber nur mit Off- Road Fahrzeugen (Jeep, Suzuki etc.) oder geländegängigen Motorrädern befahren werden.

Im Nachherein stellt sich die Frage, ob sich der Bau der sehr kostspieligen Transinsular- Straße gelohnt hat und sinnvoll war. Sie verbindet den Inselsüden mit den wenig hundert Einwohnern, die im Inselnorden leben. Die Instandhaltung der Straße wurde so teuer, so daß man sich heute die Kosten spart und billiger den Transport per Boot realisiert.

✶Diafani

Der Hafen für Olympos im Norden der Insel. Ein kleines Fischernest an der wild zerklüfteten Ostküste. Im Ort Taverne, Kafeneions, keine Bank aber OTE. Die Geldwechselei (sofern nötig) besorgt Nik Orphanos, der im Ort eine gute Taverne "Orphanos" besitzt und auch ansonsten in Geldsachen rundum mitmischt (Travelbüro, Übernachtung, Bootstrips etc.)...

Abgesehen vom Hafenbecken zur "Abkühlung" in Warterei auf Bus rauf nach Olympos oder Boot nach Pighadia - liegt der beste nächstgelegene Strand rund 3o Min. nördlich zu Fuß mit schattigen Pinien. - Im Sommer Badeboote zu Stränden auf der nördl. vorgelagerten Insel Saria (Details siehe dort).

"**Chryssi Akti**": kleines E- Klasse Hotel mit 11 Zimmern Nähe der Stelle, wo die Boote landen. Ganzjährig geöffnet, sauber, aber keinen Superkomfort erwarten. DZ je nach Saison ca. 5o DM.

In Diafani eine Vielzahl an **Privatquartieren**, die bei Ankuft des Schiffes dort angeboten werden. Preise sind Verhandlungssache und liegen in Vor/Nachsaison bei ca. 25 DM, zur HS Frage von Angebot und Nachfrage.

Eine 1o km Serpentinenstraße führt ab Diafani rauf nach Olympos in den Bergen. Zur Ankunft des Schiffes unten im Hafen warten Busse, die im Sommer die Urlaubermassen raufkarren. Der Trip ist im Pauschalticket ab Pighadia inkl., - wer zu Fuß raufwandern will, braucht rund 1 1/2 Std., wobei der Pfad die Serpentinen der Straße abkürzt. - Taxi: ca. 2o DM, je nach "Auslastung" auch teurer.

✶ Olympos (Elymbos)

Bis hin in die 80-er Jahre schien in Olympos die Zeit stillzustehen. Alte Traditionen wurden aufrecht erhalten, die des Brotbackens mit Naturteig, Trachten und Kunstgewerbe wie Webarbeiten, Lederkunsthandwerk etc.

Heutige Urlaubermassen im Sommer, die Olympos als "1-Tagestrip" besuchen, wirken sich nicht unbedingt positiv aus. Es gibt noch traditionelles Kunsthandwerk - aber zunehmend verdrängt von touristischem Souvenir- Ramsch. Die "alten Frauen in Tracht" trifft man, - aber Frage der Zeit, wie lange noch.

Olympos war bisher Eldorado erhaltener griechischer Traditionen, die sich länger als in anderen Gebieten Griechenlands erhalten konnten.

Geschichte: Die Ursprünge von Olympos liegen im Dunkel der Geschichte und sind bis heute nicht geklärt. Bereits in der Antike soll sich hier eine Siedlung befunden haben, - eine von vielen Theorien, die auf mündlichen Überlieferungen basieren und nicht gesichert sind.

✶ Heutige Forschung vermutet, daß Olympos um ca. 1.000 n. Chr. gegründet wurde. Seine Bewohner seien Hirten der Insel gewesen, die sich hier oben in den Bergen niedergelassen hätten, - gemäß anderer Überlieferungen seien es Siedler aus Kleinasien gewesen etc. - Unter Umständen waren es aber Bewohner der Insel Karpathos, die unten am Meer ihre Siedlungen hatten und vor den damals ständigen Piratenangriffen rauf in die Berge flüchteten. Die Lage von Olympos oben auf dem Felsplateau war vom Meer aus nicht einsehbar, - zudem war die Insel damals dicht bewaldet. Die Bewohner von Olympos hatten somit den Schutz eines "Verstecks".

✶ Gemäß mündlicher Überlieferungen war Olympos von Anbeginn befestigt. Da die Siedlung über die Jahrhunderte hinweg ständig erneuert wurde, sind praktisch keinerlei Reste erhalten, die die Überlieferung "Siedlungsfestung" belegen. Es gab 2 Bevölkerungsgruppen: die "*tsopánides*" hatten den Vorzug, innerhalb der Festungsanlagen und ihrem Schutz zu leben, - während die "*despéries*" ärmeren Bevölkerungsschichten angehörten und außerhalb des Kastros lebten.

✶ Zur Zeit der türkischen Herrschaft auf Karpathos (ab 1538) entwickelte sich eine Schicht von Großgrundbesitzern, die allmählich die wirtschaftliche bis hin zu gesetzgebenden und religiösen Macht auf sich konzentrierte. Ihre Vorherrschaft sicherten sie sich auch durch Erbschaft: nie wurde bei Tod das Vermögen (insbes. Grundbesitz) unter den Erben aufgeteilt, sondern kam ausschließlich an den erstgeborenen Sohn/die Tochter.

✶ HÄUSER: wer in Olympos ankommt, sieht eine Steinwüste karger Landschaft und Fülle an quadratischer Hauskuben mit zwei oder mehr Fenstern. Vom Äußeren kaum optisch attraktiv, sondern eher entäuschend, - vergleicht man dies mit dem hübschen Ortsbild eines Mykonos, Naxos oder Syros. Die Schönheit eines Hauses von Olympos entfaltet sich in seinem Inneren.

Die traditionelle Bauform ist 1-stöckig als 1-Raum Haus. Es besitzt ein Terrassendach und nur wenige Fenster, um die Hitze des Tages abzuschirmen. Die Mauern sind dick und bestehen meist aus aufeinandergeschichteten Schieferplatten. Das Dach wird von Holzbalken getragen, die bei einer Spannweite von mehr als 5 m im Inneren des Hauses

Stützpfeiler *("Stylos")* besitzen. Letztere haben zugleich symbolische Funktion: verglichen mit dem Oberhaupt der Familie; an Festtagen wird analog die Säule zu Ehren des Oberhauptes geschmückt.

Über die Eingangstür erreicht man den unteren Teil des Raumes. Erhöht angeordnet an der Schmalseite des Raumes der *"souphás"* (Schlafbereich). Gering oberhalb das *"panossoúpi"*, der Bereich zur Aufbewahrung der Bettwäsche, teils auch als erweiterter Schlafbereich genutzt.

Unterhalb des *"soúphas"* ist ein Abstellbereich für z.B. Tonkrüge und Lagerung von Früchten und anderen Lebensmitteln untergebracht. Das Geländer des *"soúphas"* ist mit Schnitzwerk versehen und (vor allem bei Festen wie Heirat) mit Webteppichen überhangen.

Im unteren Teil des Hauses (auf Niveau der Eingangstür) befindet sich der Aufenthaltsraum. Er ist mit Teppichen ausgelegt, in besonders schön ausgestatteten Häusern auch mit Mosaik aus farbigen Kieselsteinen. Hier trifft man sich, hier wird gefeiert. Gegessen wird am *"sophrás"*, einem Tisch, der seitlich an der Wand zum Schlafgemach steht.

In früheren Jahrhunderten gab es keinerlei Abwasserleitungen im Haus. Sämtliche Geschäfte von Geschirr- und Wäschewaschen bis Toilettenbedürfnisse wurden außerhalb des Hauses erledigt. Grund, daß die Bevölkerung von Olympos landwirtschaftlich orientiert war und z.B. Toilettenbedürfnisse in der "freien Natur" erledigte, welches die teure Installation von beispielsweise Toilettenanlagen im Haus ersparte. Sie kamen erst nach Ende des 2. Weltkrieges in den Häusern von Olympos auf.

Zu Beginn unseres Jahrhunderts fand starke Veränderung statt: gegenüber früherer Segelschiffverbindungen erreichten fortan Dampfschiffe und später Dieselmotordampfer die Insel. HAFEN für Olympos war nach wie vor DIAPHANI. Trotzdem lag die Insel fernab der Hauptrouten der Ägäis - und Olympos konnte trotz hoher Auswanderungsraten seine Traditionen erhalten. Die Transinsularstraße (1981) hat daran wenig geändert.

Wie sich die Dinge seit Eröffnung des internat. Airports von Karpathos (Anfang 9o-er Jahre) für Olympos weiterentwickeln, steht offen. Derzeit schwemmt es allsommerlich Touristenmassen rauf nach Olympos, die oft nicht die genügende Sensibilität für das reiche Kulturgut des Ortes mitbringen à la "wo sans denn de oiden Fraun im Dirndl?" oder: "kiek ma, die Alte is scharf!" (und klack auf Kodak abgelichtet).

Es soll sogar Mitglieder von Reisegruppen gegeben haben, die sich beim Tourleiter beschwerten, weil sie nicht genügend "alte Frauen in Tracht" vor die Kamera bekamen und einen Teil des Reisepreises zurückverlangten...

Üble Hubertusjagd auf Menschen: die alten Frauen, verbunden mit den Traditionen des Dorfes, fühlen sich vielfach verletzt, wenn sie pur als "Foto-Souvenir" ablichtet werden. Sie wollen als das gesehen werden, was sie repräsentieren: Wahrung griechischer Traditionen und menschlicher Würde. Fotografieren ist ok., wenn man vorher fragt und sich insbesondere für den Menschen und das, was er an Tracht repräsentiert, - interessiert. Wer kein Griechisch spricht: auch Gesten können viel sagen.

Junge Leute in Olympos gibt es kaum noch. Sie sehen keinen Sinn eines kargen Lebens auf dem Hochplateau und wollen vor allem auch nicht im Hochsommer wie "Freiwild" von den Touristenhorden per Kamera "abgeknallt" werden.

Haupt- Kampfzeiten im sommerlichen Olympos sind ca. 11 - 16 Uhr. Hier brechen die Ausflüger in den Ort. Die Lyra wird rausgekramt oder gar mit

Verstärkern "alte Karpathos- Folksongs" für Besuchergruppen rausgedröhnt. Außerhalb der Zeiten ist Olympos ein friedliches Bergnest. Der wilde Wein wuchert noch, aber längst hat die Glühbirne die früheren Öl- und Petroleumlampen abgelöst. Bitte deswegen nicht böse sein (so geschehen in anderen Reiseführern): Die kulturelle Erhaltung von Traditionen findet wo anders statt, als in "Erhaltung von Öl- und Petroleumlampen".

Kleines MUSEUM am Ortseingang zu Inseltraditionen. Keine Dokumentation im Stil didaktisch perfekter mitteleuropäischer Museen erwarten, - so doch sehenswert.

"**Hotel Aphrodite**", am Ortsrand von Olympos. Ein modernes, mehrstöckiges Haus am Hang mit Blick. Allerdings nur wenige Zimmer, DZ mit Balkon und Bad ca. 4o DM je nach Saison.

Im Ort viele **Privatquartiere**. Vor Anmieten persönlich ansehen. Zum Teil moderne Sachen ohne Flair, - teils aber auch in traditionellen alten Olympos- Häusern. Die Zimmer sind zur HS schnell ausgebucht bzw. je nach Nachfrage hohe Preise.

Eine lohnende 3- 4 Std. Wanderung führt von Olympos zunächst via Feldweg nördlich zum (nur im Sommer bewohnten) Ort AVLONA und von dort über die Bergketten runter zum Meer/Diafani. - Bzw. ab Avlona in ca. 2 km ans Meer runter nach VROKUNTA (in Karten auch Vourgounda oder Wrukunta geschrieben): In einer Höhle eine kleine Kapelle, Feldbetten und Tische mit Stühlen fürs Kirchenfest. Zwischen den Klippen kleine Sandbuchten, schön zum Baden, sofern das Meer ruhig ist.

Ein anderer Pfad führt von Avlona runter zur Meeresstraße zwischen der Insel Karpathos und der kleinen Nachbarinsel SARIA. Der Pfad ist teils schwierig zu finden und zudem beschwerlich über steiniges Gelände. Der Meeresarm zwischen beiden Inseln ist an der schmalsten Stelle bei Emporio nur ca. 3o m breit. Warnung: nicht rüberschwimmen, je nach Wind kann es starke Meeresströmung geben! Details zur Insel Saria Seite 3o8.

TRANSINSULAR- WANDERUNG von Olympos -> Spoa/Aperi: benötigt kompletten Tag und gute Ausrüstung (siehe unten). Zwar teils spektakulärer Blick auf die Küste, jedoch im mittlerem Bereich von Karpathos erhebliche Zerstörungen durch Waldbrände.

Seit Fertigstellung der Straßenpiste 1981 ist der ehemalige Verbindungspfad von Olympos nach -> Spoa zugewuchert und schwierig zu finden, auch da die neue Straße ihn vielfach schneidet und man die Anschlußstellen schlecht findet. Man muß mit ca. 6- 8 Std. rechnen, Essen und Trinkwasser mitnehmen, unterwegs zwar Quellen, die aber schwierig zu finden sind. Dann wieder brachliegende Felder und halbzerfallene Hütten, denn viele Bewohner von Karpathos sind in die USA ausgewandert. Es geht u.a. durch Pinienwälder, wilden Majoran, vorbei an Zitronenbäumen und durch Olivengärten.

Das erste Teilstück ab Olympos verläuft (im Gegensatz zur Straße!) westlich am Hang des Prof. Ilias entlang. Die Einheimischen zeigen den Beginn des ehemaligen Eselpfades. Großartige Ausblicke.

Problem dieses Teilbereiches: es gibt hier am Berghang des Prof. Ilias einige Außengehöfte der Olympos Siedlung mit verzweigenden Pfaden. Prinzipiell Höhe halten und den Berg umrunden: ca. 3 km nach Olympos über einen Bergsattel und links um den Berg rum über einen Paß, Pfad trifft ca. 4 km nach Olympos auf die Straßenpiste.

Der Straße folgt man weitere ca. 4 km, sie führt auf einen hohen Bergzug hin. Er steigt fast senkrecht aus dem Meer auf, 7oo m hoch. Die Straße umgeht ihn an der Ostflanke, der alte Olympos - Spoa Pfad steigt an seiner Westflanke rüber. Beginn des Pfades etwas schwierig zu finden, etwa dort, wo die Straßenpiste auf die Bergflanke trifft. Über einen Hang mit losem Gestein gehts rauf zum Bergsattel rechter Hand der Straße. Oben diverse Abzweigungen von Pfaden, die zu Sommersiedlungen der Bewohner von Spoa führen, Macchia, später Wald. Wir haben uns hier leider verfranzt und sind, da die Dunkelheit bald bevorstand, retour zur Straße gegangen. Wie Einheimische uns später berichteten: etwa 5o Höhenmeter oberhalb der Straße und auf der Bergschulter eine Abzweigung: der direkte Wanderpfad nach Spoa führt hier runter in ein steiniges Bachbett, später Wald. Bzw. oben auf der Bergschulter rechts die Umwegroute via Agia Marina. Trifft später wieder auf den Direktpfad. Wer die Wanderung macht, möchte uns bitte Infos schicken.

SPOA: ein kleines Nest unten in einer Talsenke, Kafeneion und Taverne mit einfacher Übernachtungsmöglichkeit. Busverbindung derzeit nur ca. 4 mal/Woche mit Pighadia. Auskunft über Transportmöglichkeiten (eventuell auch privat) im Kafeneion bzw. Taverne. Details zur Wanderung Spoa -> Lastos -> Volada siehe "Volada/Lastos".

✶ Insel Saria

Direkt nördlich an die Insel Karpathos anschließend und durch einen schmalen Meeresarm getrennt. Die relativ kleine Insel Saria steigt rund 625 m aus dem Meer auf; ein paar Schafhirten, Hütten, Ziegen und öde Felslandschaften, ansonsten heute unbewohnt.

In der Antike befand sich auf der damals bewaldeten Insel Saria das Königreich Nissyros, kaum Überreste. Der Hafen des Königreiches hieß Palatia (im Nordosten der Insel) und wurde in der byzantinischen Zeit mit neuen Häusern sowie kleiner Kirche überbaut. Gleichzeitig über Jahrhunderte Piratenstützpunkt sowie Abholzung der Wälder zum Bau bzw. Reparatur von Schiffen.

Im Sommer Badeboote ab Diafani/Karpathos rauf in die Bucht von Palatia/Insel Saria. Verlassen morgens den Hafen von Diafani und kehren am Spätnachmittag zurück. Guter Sonnenschutz nötig (Creme, Hut etc), da kaum Vegetation. - Ebenfalls Badeboote ab Diafani durch die Meeresstraße zwischen Karpathos und Saria westwärts zu Badebuchten von Tristamo und Vrokunta an der Nordspitze von Karpathos. - Abfahrten abhängig von Wind und Wetter sowie touristischer Nachfrage.

Insel Kassos

Südwestl. der Insel Karpathos vorgelagert (12 km Luftlinie).
Auf den ersten Blick ein kahles Eiland, steile und unzugängliche Küsten - außer im Nordwesten. Hier liegt der Hafen EMBORIO *und der Hauptort* FRY *(auch "Phry" genannt).*

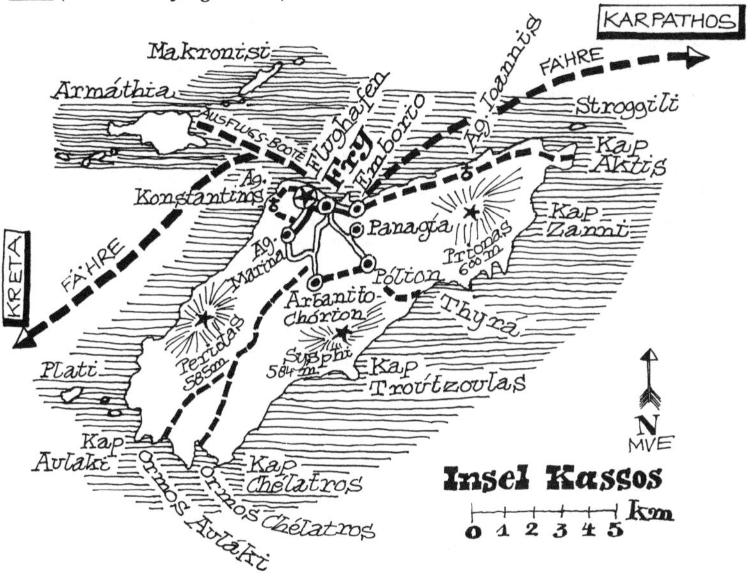

SCHIFF: derselbe Dampfer, der von Rhodos nach Karpathos fährt, macht anschließend in Kassos Zwischenstation, bevor er nach Kreta weiterfährt.

Fahrzeit zwischen Karpathos und Kassos ca. 1 1/2 Std., weiter bis Heraklion/Kreta ca. 5 Std. Verspätungen oder Stornierungen bei schlechtem Wetter sind durchaus drin. Der Hafen der Insel Kassos ist klein und bei Schlechtwetter sehr schwer anzufahren.

FLUG: Propellermaschine der Olympic mit 18 Sitzplätzen. Kommt von Kreta und fliegt weiter via Karpathos nach Rhodos. Zur HS ist es sehr schwierig, insbesondere auf der Strecke Kassos -> Karpathos -> Rhodos Platz zu bekommen. Nach Kreta geringfügig "leichter". Grund: kleine Maschine. Zudem Stornierungen bei schlechtem Flugwetter.

Die Landepiste für die Propellermaschinen der Olympic liegt rund 1 km westlich des Hauptortes Fry und ist über eine Piste zu erreichen.

Wegen seiner abgelegenen Lage ist Kassos zwar entdeckt, aber derzeit kaum touristisch erschlossen. Es gibt nur wenige Unterkünfte im Hauptort FRY (Phry) und im Sommer nur wenige ausländische Urlauber.

Auf der rund 2o km langen und max. 6,5 km breiten Insel KASOS leben heute nur ca. 1.6oo Einw.

Geschichte: in der Antike erwähnt Homer in seiner "Ilias", daß von Kassos Schiffe zur Eroberung von Troja aufbrachen. Um 1.ooo v. Chr. von den Dorern besiedelt, die beim heutigen Dorf Pólion ihre Siedlung hatten (Archäologen fanden hier eine Nekropole). - 13o6 kam die Insel (im Zusammenhang auch Karpathos) in Besitz der venez. Familie Coronao und fiel später an die Türken.

Unabhängigkeit erst im 18. Jhd. und Blütezeit der Insel. Albaner ließen sich auf der Insel nieder (Ortschaft Arbanitochórion). Kassos wurde (neben u.a. Mykonos, Skyros, Hydra und Spetse bei Athen) zu wichtiger Macht in der Handelsschiffahrt. Die Segelschiffe der Reeder von Kassos kreuzten auf dem Mittelmeer bis hin nach Alexandria/Ägypten. Dies führte zu hohem Reichtum auf der Insel, die trotz ihrer kleinen Abmessungen bald auf eine Einwohnerzahl von 12.ooo anstieg.

Während des griechischen Freiheitskampfes gegen die Türken (ab 1821) wurde Kassos von den Türken 1824 angegriffen, sein Hafen zerstört und viele Inselbewohner verschleppt oder getötet. Andere Kassos- Bewohner flüchteten.

Zwar kehrten manche der Bewohner auf die Insel zurück, nachdem sich die Lage beruhigt hatte. Der frührere Wohlstand als reiche Reeder- Insel konnte jedoch nicht mehr erreicht werden, da es zwischenzeitlich zu viele Konkurrenzunternehmen auf anderen Inseln gab.

Während des Bau des Suez- Kanals (1859- 61) wanderten viele Kassosbewohner nach Ägypten aus, da dort mehr Geld zu verdienen war. - Als Ende des Jahrhunderts dann die Dampfschiffahrt die früheren Segelschiffe (und deren Weften u.a. auf Kassos) ablösten, - führte dies zu weiterer Auswanderung. In der Neuen Welt (USA, Kanada) aber auch Australien gab es erheblich besser dotierte Jobs als auf der Mini- Insel Kassos.

Um 1912, als die Italiener den Dodekanes besetzten, gab es auf Kassos nur noch rund 6.5oo Einwohner. Eine Zahl, die sich weiter reduzierte (193o: 1.2oo Einw.). Auch die Eingliederung von Kassos in den Griechischen Staat (5o-er Jahre) konnte daran nichts ändern. Die Dörfer der Insel sind teils verlassen, - zumal es auch wegen fehlender guter Strände kaum Chance im Tourismus gibt.

★ Emborio/ Fry (Phry)

Hafen der Insel ist **EMBORIO** an der Nordküste. Bei starken Winden (nicht selten in dieser exponierten Lage der Ägäis) sind Landemanöver der Fähren schwierig oder unmöglich. D.h.: das Fährschiff wartet bzw. fährt unverrichteter Dinge weiter... Die Katzen im Hafen von Emborio (siehe Anmerkung andere Reiseführer) haben wir nicht gesehen; vielleicht waren sie gerade anderweitig auf Mäusejagd beschäftigt.

FRY (auch Phry genannt) ist Hauptort der Insel, rund 1 km vom Hafen per Küstenstraße entfernt. Insgesamt rund 1.4oo Bewohner. Tel., Bank, und Olympic Airways Büro; in beiden Orten preiswerte Hafentavernen.

Fry hebt in Schmucklosigkeit des Ortsbildes nicht gerade vom Hocker.

Zementierte Gassen und wahllos hingebaute Häuser, teils verwinkelte Gassen. In den Kafeneions (wie nicht anders zu erwarten) Kommunikations-Zentrum.

Die wenigen Unterkünfte der Insel konzentrieren sich weitgehend auf den Hauptort Fry.

"Anagenissos": C- Klasse quotiert. Die Zimmer mit Blick zum Meer, teils auch hinten raus. Geöffnet April bis Dez. DZ je nach Lage und Saison ab ca. 35 DM. Besitzer engagiert sich im Tourismus, also auch Touren sowie in Gemischtwarenladen etc.

"Anessis": ebenfalls C- Klasse. Ganzjährig geöffnet, DZ ca. 3o DM.

Weiterhin gibts im Ort **Privatquartiere**, in Kafeneions fragen. Preise sind Verhandlungssache, abhängig von Saison und Nachfrage.

Im Sommer bei Nachfrage Boote rüber zur nordwestlich vorgelagerten Insel ARMATHIA. Hier der beste Strand der Region.

Interessant 2 HÖHLEN in der Nähe des Ortes Fry: die E. Kamares sowie knapp 2 km weiter die Tropfsteinhöhle Selai (Einheimische nach dem Weg fragen).

★Inselinneres

Ab FRY führen kurze Straßenverbindungen zu den Dörfern an den Rändern des Talkessels um Fry. Hier befindet sich der Haupt-Siedlungsbereich der ansonsten kargen Insel.

AG. MARINA: frühere Inselhauptstadt am Westrand des Talkessels, besitzt Kirchen und viele verlassene Häuser.

ARBANITOCHÓRIO: Dorf im 18. Jhd. von Albanern gegründet. Sie brachten damals die Insel zu Wohlstand in Begründung von Reedereien und Schiffsbau (siehe Geschichte).

PANAGIA: Dorf am östlichen Rand des Talkessels. Eine Vielzahl der Häuser ist heute verlassen. Die Kirche mit hohem Campanile. Im oberen Ortsteil mehrere Tonnengewölbe- Kirchlein, finanziert von ausgewanderten Inselbewohnern.

POLION: hier befand sich um 1 ooo v. Chr. eine Siedlung der Dorer. Heute ein einsames Dorf mit vielen verlassenen Häusern. Ein Trail führt runter zur Südostküste bei Thyrá.

Der Rest der Insel ist derzeit nur per Eselspfad und zu Fuß zu erreichen.

Griechisches Alphabet

Zwischenzeitlich findet man ZWEI-SPRACHIGE BESCHILDERUNG (griech. Schrift - plus: die uns gewohnte lateinische) in allen Tourismusgebieten, auf den Wegweisern fast aller wichtigen Landstraßen, sowie im Zentrum von Athen und seinen wichtigen Straßen.

Wer abseits der ausgetretenen Routen reist, kommt jedoch immer wieder in die Situation, Schilder rein in Griechischer Schrift zu lesen: kann ein Wegweiser für eine Seitenpiste sein, Straßennamen in Provinznestern etc.

Griech.		entspricht Aussprache	Griech.		entspricht Aussprache
Α	α	= a (kurz wie "an")	Ν	ν	= n
Β	β	= w	Ξ	ξ	= x wie "Xylophon
Γ	γ	= g (vor a, o, u)	Ο	ο	= offenes "o" wie "Ofen"
		= j (vor e,i)	Π	π	= p
Δ	δ	= weiches engl. "th" wie "those"	Ρ	ρ	= r *
Ε	ε	= e (kurz, offen wie "Eck") .	Σ	σ	= s wie "fassen"
Ζ	ζ	= s (weich wie "Hase")	Τ	τ	= t
Η	η	= i (hart wie "Tinte")	Φ	φ	= f
Θ	θ	= hartes engl. "th" wie "thing"	Χ	χ	= ch wie "Kirche"
Ι	ι	= j wie "jeder"	Ψ	ψ	= ps wie "Kapsel"
Κ	κ	= k	Ω	ω	= langes "o" wie "oben"
Λ	λ	= l	ΟΥ	ου	= ou
Μ	μ	= m			

* kein rauchiges, hinten im Rachen gesprochenes "r" wie im Hochdeutsch, - sondern ein "r" wie es im Bayrischen- oder Fränkischen Dialekt, bzw. im Spanischen vorn am Ansatz der Schneidezähne gerollt wird.

AKZENTE sind auf die griech. Schreibweise gesetzt, die die Betonungsstelle angeben. WICHTIG: genau an der Stelle betonen, wo der Akzent angebracht ist!

Im Gegensatz zum Deutschen, wo man allenfalls blöd angesehen wird, wenn man "Schlafánzug" statt "Schláfanzug" sagt, - ist es im Griechischen absolut wichtig, an der richtigen Stelle zu betonen. Sonst sind die Chancen, verstanden zu werden gleich Null.

Telefon - Buchstabierungs - Kode:

A Aléxandros	H Iraklis	N Nikólaos	T Timoléon
B Vasílios	Θ Theódoros	Ξ Xenofón	Y Ypsílantis
Γ Geórgios	I Ioánnis	O Odisséfs	Φ Fótios
Δ Dimítrios	K Konstantínos	Π Periklís	X Chrístos
E Eléni	Λ Leonídas	P Ródos	Ψ Psáltis
Z Zoí	M Menélaos	Σ Sotírios	Ω Oméga

SCHREIBWEISE: vorweg: es gibt keine festen Übertragungsregeln von der griechischen in die lateinische Schrift. Dies bedeutet, daß ein und derselbe Ort (z.B. Chorefto im Pilion) - genauso richtig "Horefto" im Pelion geschrieben werden kann.

Hinzu kommt, daß insbesondere bei abgelegenen griechischen Dörfern oft 3 oder mehr verschiedene Schreibweisen üblich sind, die oft komplett voneinander abweichen. Beispiel: Insel Naxos: das Dorf Koronis schreibt sich genauso richtig als Koronida und Komaki, noch extremer: Engares = Egares und Mitria, oder: Tripodes = Viales. Bei zu großen Abweichungen haben wir dies in einem Kasten zu Beginn des Kapitels aufgelistet.

Ebenso weichen bei Inselkarten die Höhenangaben der Berge oft um 30 m und mehr voneinander ab.

Kleiner Wortschatz

(mit Lautschrift!) (für den Anfänger)
& Betonung

ORIENTIERUNG

Archäolog. Stätte	archäótitäs tis äládos
Ausgang	éxodos
Badestrand	plas
Berg	wunó
Botschaft	presvia
Boulevard	leofóros
Dorf	chorjó
dort	eki
Eingang	ísodos
Fluß	potamós
Geschäft	magasí
Haus	spíti
hier	edo
Insel	nisí
Kino	sinemá
Kirche	eklisía
Kreuzung	djastáwrosis
Landkarte	chartis
links	aristerá
Museum	musíon
oben	epano
Platz	platía
rechts	dhexiá
Restaurant	estiatório
Stadtplan	schedjoghráfima tis póläos
Stadt	póli
Stockwerk	pátoma
Straße	dhrómos
die nächste Straße	o prótos dhrómos
..... zweite Straße	... dhéfteros dhromos
Tempel	naós

Türe	porta
unten	kato
wie erreicht man...?	apo pu pai kanis stis...?
wieviel km sind es nach	pósa chiliómetra íne os to ...?
wie weit ist es zu Fuß nach ...?	pósi óra tha páme me ta pódia os ...?
wo ist?	pu íne?

ORIENTIERUNG

Auskunft

gibt es hier ...?	ipárchi ädó ...?
ist dieser Platz frei?	ínä äläfthäri aftí i thási?
wann?	póte
wann beginnt die Vorstellung?	ti óra archísi i parástasi?
wann ist geöffnet?	pótä ínä anichtó?
warum?	giati?
wie heißt das auf deutsch (griechisch)?	pos lájätä aftó järmaniká (äliniká)?
wie spricht man dieses Wort aus?	pos profáratä aftí i láksi?
wie lange wird es dauern?	póso keró tha diarkéssi?

Im Hotel ....

ich möchte ein billiges (gutes) Hotel	télo éna fthinó (kaló) xenodochío
ich reise heute abend (morgen früh) ab	tha fígho apópse (áwrio to proí)
kann ich das Zimmer sehen?	boró na do to domátio?
wecken Sie mich um 8	tha me xipnísete stis ochtó
wie ist der Preis?	piá íne i timí?
Einzelbettzimmer	dhomátion me éna krewáti
Doppelbettzimmer	dhomátio me dhió krewátia

Im Hotel

Frühstück	proinó
Gepäck	aposkevés
Hotel	xenodhochío
mit Bad	me lutro
Pension	pansión
die Rechnung !	to logariasmó!
heißes Wasser	zesto nero
Zimmer	domátio
haben Sie Zimmer?	échete dhomátia?
hat dieses Zimmer fließendes Wasser?	échi to domátio trechúmeno neró?
ich bleibe 1 Nacht	tha míno mía nichta
ich möchte ein anderes Zimmer	télo álo dhomátio

TRANSPORT

TRANSPORT

Abfahrt	anachórisis
Ankunft	áfixis
Bahnhof	stathmós
Boot	
Bus	leoforío
Endstation	térma
Fähre	porthmío
Fahrkarte	isitírjo
Fahrkartenschalter	thirída
Fahrplan	dromolójio
Flughafen	aerodrómio
Flugzeug	aeropláno
Gepäck	aposkevés
Gepäckaufbewahrung	apothíki aposkewón
Hafen	limáni
Haltestelle	stásis
Moped	motopodílato
Motorrad	motosikléta
Reisebüro	ghrafíon taxidíon
Rückfahrkarte	isitírjo me epistrofí
Schiff	plío
Zug	tréno
wann fährt ...?	póte févgi ...?
was ist die beste Verbindung nach ...?	pjá íne i kalíteri singinonía ja ...?
wohin fährt dieser Zug?	ja pu pái aftó to tréno?
wo muß ich umsteigen?	pu prépi nalákso tréno?

Im Restaurant★

Gastwirtschaft	estjatórjo
gebacken	tighanitós
gebraten	psiméno
gekocht	wraßtós
geröstet	tis skáras
geschmort	tis kazarólas
Kellner	garsóni
Messer	majchéri
Teller	pjáto
bitte zahlen!	télo na pliróso!
bringen Sie mir bitte	férte mu parakaló
Herr Ober, die Speisekarte bitte	garsón, tongatá logho parakaló
ist dieser Tisch noch frei?	íne eléfthero aftó to trapési
wo kann man gut und billig essen?	pu borí na fái kanís kalá kje ftiná?

★: Siehe auch die Kapitel "Essen in Griechenland" & "Kafenion" (unter Allg. Tips)!!

Trinken★

Bier	bíra
Flasche	botílja
Glas	potíri
Kaffee	kafes
Kognak	koniák
Limonade	lemonáda
Milch	ghála
Mineralwasser	metallikón
Ouzo	úso
Raki	rakí
Tee	tzái
Trinkwasser	pósimo neró
Wasser	neró
Wein	krasí
........rot	máwro krasí
........weiß	áspro krasí
........geharzt	rezína

Essen★

Baklawa	baklawás
Beefsteak	biftáki
Blätterteig	buréki
Bohnen	gigántes
Braten	psitó
Brot	psomí
Butter	wútiro
Eier	awghá
Eis	paghotó
Fisch	psári
Fischsuppe	psarósupa
Fleischklößchen	sudsukákia
Fleischspieße	suwlákia
Garnelen	garídes
gemischer Salat	saláta miktí
Gemüse	lachaniká
griechischer Salat	choriatikí saláta
Gulasch	kokinistó
Hackfleisch	kimás
Hammelfleisch	arní
Hammelragout	patsás
Huhn	kóta
Käse	tirí
Kartoffeln	patátäs
Kebab (geröstet)	käbáb
Kotelett	brisóla
Krebse	karawídes

Essen

Kuchen	pásta
Musaka	musaká
Obst	frúta
Oliven	äljás
Pommes frites	patátäs tighanitás
Pudding	putínga
Reis	rísi
Rindfleisch	wodinó kráas
Salz	aláti
Schafskäse	féta
Schweinefleisch	chirinó kráas
Spaghetti	spajáti
Tintenfischchen	kalamarákia
Würstchen	loukánika
Wurst	salámi
Yoghurt (+ Knofel)	tzatzíki
Zucker	sáchari

KOMMVNIKATION:

Auf Wiedersehen	chére (chérete)
bitte	parakaló
danke	efcharistó
Frau (Anrede)	kiría
guten Tag	kalí méra
guten Abend	kalí spéra
gute Nacht	kalí níchta
gute Reise	kaló taxídhi
Hallo	ghiá su
Herr (Anrede)	kírie
prost!	ghiá su ↑ s.o.
schönes Wetter	kalokeriá*
schlechtes Wetter	kakokeriá

Regen	wrochí
Sonne	ílios
Verzeihung!	me sinchoríte
ich	egó
du	essí
er, sie, es	aftós, -tí, -tó
wir	emís
ihr, Sie	esís
sie	aftí, -tés, -tá
helfen Sie mir!	wojthíste me!
ich bin Deutscher	íme jermanós
.... Österreicher	...... aftriakós
.... Schweizer	...... etwetós

ich spreche nicht griechisch ★	dhe miló eliniká
ich verstehe Sie nicht	dhe sas katalawéno
sprechen Sie deutsch?	miláte jermaniká?
.... englisch	.... angliká
sprechen Sie langsam	milísete sigá
verstehen Sie?	katalawénete?
wie geht es Ihnen?	ti kanete?
.... Dir	.. kanis

EINKAUFEN

Badeanzug	majó
Badehose	majó
Farbfilm	ánchromo film
Haarwaschmittel	sambuán
Handtuch	pätsáta
Hautcreme	kráma tu prosópu
Hemd	pukámiso
Hose	pandalóni
Hut	kapálo
Kamm	chtáni
Kasse	tamíon
Kleid	fóräma
Klopapier	chartí ijías
Pullover	pulówär
Schmuck	kósmima
Schuhe	papúzja
Seife	sapúni
Sonnenöl	ládi ja ton íljo
Sonnenbrille	jaljá ilíu
Streichhölzer	spírta
Tabak	kapnó
Zeitung	efemerída
Zigaretten	tsigára

1oo Gramm	äkató ghramárja
1 (1/2) Kilo	(misó) kiló
1 (1/2) Liter	(misó) lítro
das gefällt mir	aftó mu aréssi
das gefällt mir nicht	aftó dhe mu aréssi
das ist zu teuer	aftó íne polí akriwó
geben Sie mir bitte	dóstä mu parakaló
haben Sie ...?	ájchätä ...?
ich brauche	chriásomä
ich möchte	thélo
wieviel kostet das?	póso káni?

Griechische GESCHÄFTE:

– Lebensmittel
– Metzger
– Bäcker
– Obst & Gemüse
– Reinigung
– Schuster
– Buchhandlung
(von oben nach unten)

ΠΑΝΤΟΠΩΛΕΙΟΝ
pandopolíon

ΚΡΕΩΠΩΛΕΙΟΝ
kräopolíon

ΑΡΤΟΠΩΛΕΙΟΝ
artopolíon

ΛΑΧΑΝΟΠΩΛΕΙΟΝ
lachanopolíon

ΚΑΘΑΡΙΣΤΗΡΙΟΝ
katharistírjon

ΥΠΟΔΗΜΑΤΟΠΟΙΕΙΟΝ
ipodimatopiíon

ΒΙΒΛΙΟΠΩΛΕΙΟΝ
wiwljopolíon

GELD + POST + BEHÖRDEN

Bank	trápäsa
Brief	ghráma
Briefmarken	ghramatósima
Devisen	sinalaghma
Ferngespräch	ipärastikó tiläfónima
Geld	chrímata
Hauptpostamt	kendrikón tachidhromíon
Karte	kárta
Kleingeld	psila
Luftpost	aeroporikós
Paket	dhéma
Pass	dhiawatírio
Polizist	astifílax
Polzeirevier	astinomikó tmíma
Post	tachidhromíon
postlagernd	post- restánd
Reisescheck	tzäk taxidíu
Scheck	epitagí
Telefongespräch	tilefónima
Telefonzelle	tilefonikós thálamos
Telegramm	tilegráfima
Visum	thäórisis

ich möchte ein Gespräch nach... anmelden	télo na anangílo éna tilefónima ja...
ist Post für mich da?	írthe tachidromío ja ména?
können Sie wechseln?	boríte na chalássete?
nichts zu verzollen?	típota na dhilósete?
wo ist die Post?	pu íne to tachidhromío?

ARZTBESUCH

ich habe hier Schmerzen	écho pónus edó
ich habe Kopfweh	écho ponokéfalo
ich habe Fieber	écho piretós
wann hat der Arzt Sprechstunde?	póte déchete o jatrós?
was fehlt Ihnen?	ti échete?

Apotheke	farmakío
Arm, Hand	chéri
Arzt	jiatrós
Aspirin	aspiríni
Auge	máti
Bauch	kiliá
Blut	éma
Durchfall	diárja
Erkältung	kriolójima
Hals	lemós
Halsschmerzen	ponólemos
Herz	kardhiá
Infektion	mólinsis
Kopf	kefáli
Kopfschmerzwn	ponokéfalos
Klinik	klinikí
Krankenhaus	nosokómion
Magenschmerzen	stomachóponos
Medikament	fármako
Mund	stóma
Nase	míti
Ohr	aftí
Schlafmittel	ipnotikó
Sonnenbrand	égavma
Tablette	diskíon
Thermometer	thermómetro
Tropfen	staghónes
Verband	epídesis
Verstopfung	diskiljótita
Zahn	dhóndi
Zahnarzt	odhontíatros
Zahnschmerzen	ponódhontos

ARZTBESUCH

Auspuff	exátmissi
Autoschlüssel	klidiá aftokinítu
Batterie	bataría
Benzin	venzíni
Bremse	fréno
Diesel	petrélio
Ersatzteil	andalaktikón
Führerschein	ádhia odhigú
Keilriemen	imándas
Kühler	psijíon
Kupplung	simbléktis
Licht	fos
Lichtmaschine	dhinamomichaní
Luftdruck	píessi aéros
Motor	motér
Motoröl	ládi michanís
Parkplatz	chóroß ßtasmáfßäoß aftokiníton
Reifen	lásticho
Super	súper
Werkstatt	ergastírion
Windschutzscheibe	parbrís
..... Liter Benzin	..... lítra vensíni

Auto

mein Auto ist kaputt	to aftkínitó íne chalasménos
wie teuer wird die Reparatur sein?	póso tha stichísi i episkewí?
wo ist die nächste Tankstelle (Werkstatt)?	pu íne to plisiésteron pratírion vensínis (sinergíon)?

Toilette	tualéta
"Damen"	jinekón
"Herren"	andrón
"besetzt"	katiliménon
"frei"	eléftheron

"Raucher"	kapnistón
"Nichtraucher"	mi kapnistón

"offen"	aniktó
"geschlossen"	klísto

gut	kaló
schlecht	kakó

der, die, das	o, i, to
die (Plural)	i, i, ta

ja	ne, malista (stärker)
nein	ochi
nicht	dhen

gelb	kítrino
grün	prásino
blau	ble
rot	kókino
weiß	áspro
schwarz	máwro

Deutschland	jermanía
Österreich	afstría
Schweiz	elwetía

Dolmetscher	djermiéfs
Eintrittskarte	isitírjo
Führer	odighós

Morgen	proí
Mittag	messiméri
Nachmittag	apógewma
Abend	wrádhi
heute	símera
gestern	chtés
morgen	áwrio

★

es ist 1 Uhr	íne mía
in 3 Tagen	sä tris máräs
um 12 Uhr 3o	stis dódäka kjä triánda
um Viertel vor (nach) 12	stis dódäka pará (kjä) tátarto
wie spät ist es?	ti óra íne?

Januar	januárjos
Februar	fäwruárjos
März	mártjos
April	apríljos
Mai	májos
Juni	júnjos
Juli	júljos
August	áwghußjos
September	säptámwrjos
Oktober	októwrjos
November	noámwrjos
Dezember	däkámwrjos

Montag	dheftéra
Dienstag	tríti
Mittwoch	tetárti
Donnerstag	pémpti
Freitag	paraskewí
Samstag	sáwato
Sonntag	kiriakí

Woche	ewdhomádha
Monat	mínas
Jahr	chrónos

ZAHLEN

1	éna
2	dhío
3	tría
4	tésara
5	pénde
6	éxi
7	eftá
8	ochtó
9	enjá
1o	déka
11	éndeka
12	dódeka
13	dekatría
14	dekaésara
15	dekapénde
16	dekaéxi
17	dekaeftá
18	dekaochtó
19	dekaenjá
2o	íkosi
21	íkosi éna
22	íkosi dío
3o	triánda
4o	saránda
5o	penínda
6o	exínda
7o	ewdomínda
8o	oghdónda
9o	enenínda
1oo	ekató
2oo	diakósja
3oo	triakósja
1ooo	chílja
2ooo	dío chiljádes

INDEX

NOTIZEN

NOTIZEN

NOTIZEN

NOTIZEN

TITELÜBERSICHT

SÜDOST - EUROPA

Bd. o4 Griechenland/ Gesamt .... 44,- DM
Bd. 3o Griechenland/ Kykladen .... 36,- DM
Bd. 32 Griechenland/ Dodekanes .... 36,- DM
Bd. 21 Kreta .... 42,- DM
Bd. 35 Ungarn .... 32,- DM
Bd. 41 Österreich/Ost ...... 32,- DM
Bd. 42 Österreich/West .... 32,- DM
Bd. 16 Jugoslawien/Gesamt 36,- DM
Bd. 34 Jugoslawien/ Inseln-Küste .... 32,- DM

SÜD - EUROPA

Bd. 11 Toscana/Elba .... 36,- DM
Bd. 15 Golf von Neapel/ Campanien .... 36,- DM
Bd. 12 Süditalien .... 36,- DM
Bd. 14 Sardinien .... 39,8o DM
Bd. 23 Sizilien/ Eolische Inseln... 39,8o DM
Bd. o6 Südfrankreich .... 42,- DM
Bd. 46 Côte d'Azur/ Provence .... 42,- DM
Bd. 13 Korsika .... 39,8o DM

SÜDWEST - EUROPA

Bd. o5 Portugal/Azoren/ Madeira .... 46,- DM
Bd. 48 Andalusien .... 36,- DM

WEST - EUROPA

Bd. 25 Bretagne/Normandie/ Kanalinseln .... 46,- DM
Bd. 26 Französische Atlantikküste/Loire .... 42,- DM
Bd. 24 Irland .... 42,- DM
Bd. 17 Schottland .... 42,- DM
Bd. 57 Wales .... 32,- DM
Bd. 27 Südengland .... 44,- DM

NORD - EUROPA

Bd. 18 Schweden .... 44,- DM
Bd. 28 Skandinavien/Nord 39,8o DM
Bd. 29 Finnland .... 39,8o DM
Bd. 5o Dänemark .... 44,- DM
Bd. 19 Norwegen/Süd-Mitte 46,- DM

STÄDTEFÜHRER

Bd. o7 Paris .... 36,- DM
Bd. 1o Wien .... 29,8o DM

AMERIKA

Bd. 53 USA/Kalifornien... 46,-- DM
Bd. 54 USA/Oregon Washington .... 46,-- DM
Bd. 58 USA/Südwesten.. 46,-- DM
Bd. o8 Bahamas/ Florida .... 26,8o DM
Bd. o2 Südl. Karibik ...... 39,8o DM
Bd. o3 Mexiko .... 42,-- DM
Bd. 36 Chile/Antarktis/ .... 42,-- DM
Bd. 37 Venezuela/ Guyanas .... 39,8o DM
Bd. 38 Kolumbien/ Ecuador .... 39,8o DM
Bd. 39 Brasilien .... 39,8o DM
Bd. 56 Argentinien Paraguay/Urug... 39,8o DM

NAHER OSTEN/AFRIKA

Bd. 44 Togo .... 32,- DM
Bd. 43 Kenya .... 36,- DM
Bd. 51 Marokko .... 36,- DM